DAS KOSMOS-HANDBUCH
ROSEN

Teasing Georgia®

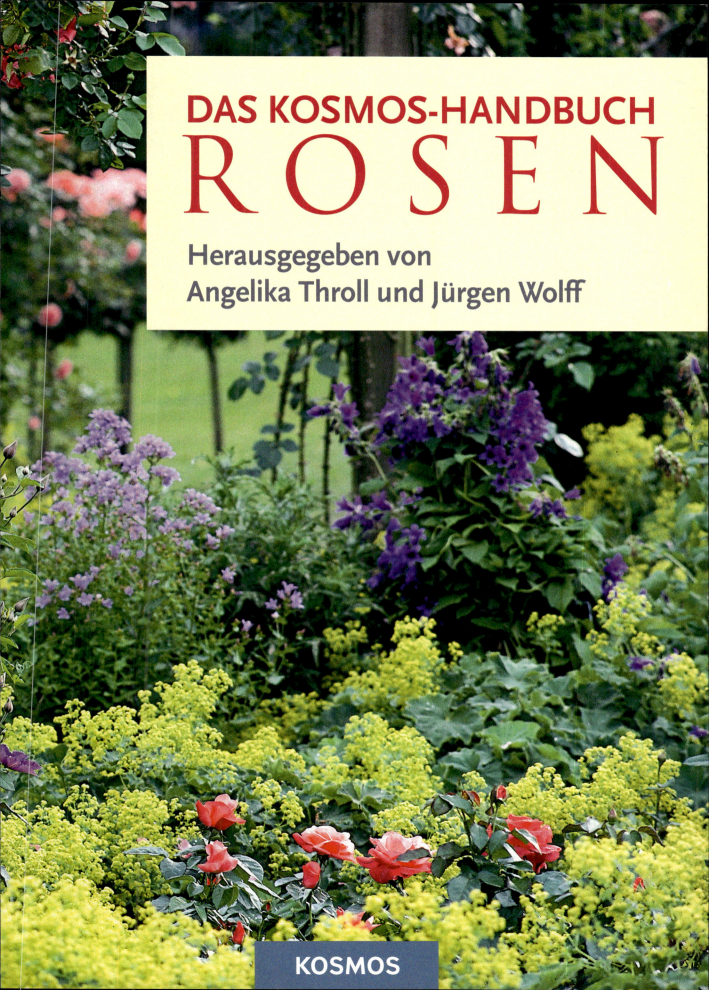

DAS KOSMOS-HANDBUCH
ROSEN

Herausgegeben von
Angelika Throll und Jürgen Wolff

KOSMOS

INHALT

Inhalt

Rugela

Herausgeber und Autoren	6
Vorwort	8
Zum Verständnis der Pflanzenporträts	9

Gestalten mit Rosen 10
Grundsätzliches zur Gestaltung 12
Beete und Rabatten 14
Gestalten mit Strauchrosen 18
Rosenecken 20
Klassiker 22
Sitzplätze und Rosen-Terrassen 26

Rosen-Praxis 30
Rosen im Garten –
Verwendungsmöglichkeiten 32
Auswahl und Einkauf 34
Die richtige Pflanzung 36
Rosenpflege im Sommer 38
Pflanzenschutz 40
Rosen schneiden 44
Rosen im Winter 46
Vermehrung 48

Rosen und ihr Freundeskreis ... 50
Rosen und ihre Begleiter 52
Stauden 54
Sommerblumen 58
Kräuter 60
Schlingpflanzen 61
Bäume und Sträucher 62

Rosen-Rezepte 64
Lukullische Rosenfreuden 66
Geschenke
aus dem Rosengarten 68
Fruchtig süß oder edel herb –
Rosenaroma bietet alles 70
Balsam für Körper, Geist
und Seele 72

Züchtung und Geschichte 74
Rosenzüchtung
im neuen Jahrtausend 76
Geschichte der Rosen 82
Rosarien und Rosengärten 86

Ambiente®

INHALT

Die schönsten und besten Rosen 90

Beetrosen
Weiß und creme 92
Gelb und orange 95
Rosa und violett 101
Rot 110

Edelrosen
Weiß und creme 116
Gelb und orange 118
Rosa und violett 127
Rot 136

Kleinstrauchrosen
Weiß und creme 142
Gelb und orange 146
Rosa und violett 148
Rot 156

Strauchrosen
Weiß und creme 160
Gelb und orange 162
Rosa und violett 170
Rot 184

Kletterrosen
Weiß und creme 188
Gelb und orange 190
Rosa und violett 194
Rot 200

Zwergrosen
Weiß 204
Gelb und orange 204
Rosa und violett 206
Rot 208

**Wildrosen
und naturnahe Gartenrosen**
Weiß und creme 210
Gelb und orange 212
Rosa und violett 214
Rot 218

Rosen-Finder 220

Bezugsquellen 238
Sachregister 242
Register der Rosenarten
und Sorten 243
Rosennamen
in anderen Ländern 246
Sortenschutznamen 247
Impressum 249

Phlox Meidiland®

ude Monet®

Crocus Rose

Erotika®

Herausgeber, Autoren, Mitarbeiter

Jürgen Wolff, 1947 in Hamburg geboren, ist Herausgeber des vorliegenden Buches. Er war mehrere Jahre Ressortleiter beim Hamburger Abendblatt, seit 1984 ist er in der Redaktion MEIN SCHÖNER GARTEN, die er seit 1995 als Chefredakteur leitet. Er veröffentlichte zahlreiche Bücher, unter anderem als Herausgeber „Die mein schöner Garten Enzyklopädie der Gartenpflanzen" und „Mein schöner Garten".

Angelika Throll ist Diplom-Gartenbauingenieurin und Herausgeberin dieses Buches. Sie arbeitet seit fast 20 Jahren als Gartenredakteurin und ist als Redaktionsleiterin Garten im KOSMOS-Verlag tätig. Sie veröffentlichte mehrere Bücher, auch als Herausgeberin, zum Beispiel „Die mein schöner Garten Enzyklopädie der Gartenpflanzen" und „Mein schöner Garten".

Ursula Braun-Bernhart, 1958 in Gengenbach geboren, war langjährige Redakteurin bei MEIN SCHÖNER GARTEN und dort für die Bereiche Nutzgarten, Floristik, Gesundheit und Kräuter verantwortlich. Die Autorin hat eine Ausbildung in Heilpflanzenkunde und Phytotherapie und ist heute verantwortliche Redakteurin bei LISA Blumen & Pflanzen. Für dieses Buch verfasste sie das Kapitel „Rosen-Rezepte". Im KOSMOS-Verlag sind zahlreiche Bücher von ihr erschienen, darunter „Kräuter & Gewürze" und „Balkon & Terrasse", außerdem ist sie Co-Autorin mehrerer Gartenbücher.

Gerd Hartung, Jahrgang 1951, ist gelernter Kaufmann und Baumschulgärtner. In der Rosenschule BKN Strobel erwarb und erweiterte er seine praktischen und theoretischen Kenntnisse rund um die Rose, die mit der Gründung eines Rosen-Spezialversandes im Jahre 1999 einen vorläufigen beruflichen Höhepunkt erreichte. Er ist Mitglied in diversen Pflanzenliebhaberge-

Diamond Border®

sellschaften und ehrenamtlich im Vorstand des Fördervereins Europa-Rosarium Sangerhausen tätig. Er gilt als sachkundiger und geschätzter Gesprächspartner, hält Vorträge und leitet Seminare und schrieb das Kapitel „Rosen-Praxis" in diesem Buch.

Peter Ludy arbeitet seit 15 Jahren als Leiter des Rosariums in Zweibrücken und beschäftigt sich seit 30 Jahren mit Rosen. Er schreibt oft für den ROSENBOGEN, die Zeitschrift des Vereins deutscher Rosenfreunde und wirkt auch an den Jahresbüchern mit. Der Stadtgartenmeister schrieb das Kapitel „Rosen und ihr Freundeskreis".

Thomas Proll, 1967 geboren, ist ausgebildeter Baumschulgärtner und studierte von 1990 bis 1995 Gartenbauwissenschaften an der Universität Hannover. Seit 1996 ist er bei der weltbekannten Firma W. Kordes' Söhne als Züchtungsleiter für die Entwicklung neuer Gartenrosen-Sorten verantwortlich. In Fachkreisen und bei Rosenliebhabern ist er gern gehörter Redner und immer für eine Diskussion „rund um die Rose" zu haben. Der Gartenbau-Ingenieur schrieb das Kapitel „Rosenzüchtung im neuen Jahrtausend".

Christian Schultheis ist der Juniorchef des Rosenhofes Schultheis. Der begeisterte Rosenzüchter ist bereits die fünfte Generation der ältesten deutschen Rosenschule, die 1868 gegründet wurde.

Die Rosenschule ist spezialisiert auf historische, seltene und moderne Rosen, die sie deutschlandweit an private Rosenliebhaber versendet. Der Gartenbau-Ingenieur schrieb das Kapitel „Gestalten mit Rosen" und einige der Rosenporträts, besonders die der historischen Rosen und Rambler.

Dr. Burkhard Spellerberg ist seit 17 Jahren als Referent für den Sortenschutz von Ziergehölzen beim Deutschen Bundessortenamt zuständig. Zudem übernahm er 1993 die Koordination der Allgemeinen Deutschen Rosenneuheitenprüfung (ADR) und beschäftigt sich seit Jahrzehnten mit Rosen. Der promovierte Gartenbau-Ingenieur beurteilte im Kapitel „Die schönsten und besten Rosen" die Blattgesundheit und ergänzte die von den Züchtern ausgewählten Rosensorten.

Eilike Vemmer, 1941 geboren, leitet seit 1997 den Rosenfreundeskreis Hannover im Verein Deutscher Rosenfreunde (VDR) und seit 1999 das „Kasseler Rundgespräch", eine jährliche Fortbildungsveranstaltung zu wechselnden Rosenthemen. Sie ist im Beirat der Stiftung des Vereins Deutscher Rosenfreunde Europa-Rosarium Sangerhausen. Sie schreibt und hält Vorträge zu Rosen, Rosengeschichte und Rosenpflege. Für dieses Rosenbuch verfasste sie das Kapitel „Geschichte der Rosen" und „Rosarien und Rosengärten".

Dr. Reinhard Witt, Jahrgang 1953, aus dem oberbayerischen Ottenhofen hat einen Fachbetrieb für naturnahe Gartenplanung. Der vielfache Buchautor, Mitgründer und Vorstand des Naturgarten e.V. beschäftigt sich seit über 20 Jahren mit Naturgärten und heimischen Wildpflanzen, besondere Vorliebe hegt er für naturnahe Gartenrosen. Weitere Infos über: www.reinhard-witt.de

HERAUSGEBER, AUTOREN, MITARBEITER

Mitwirkende Rosenzüchter und -versender

BKN Strobel
Pinneberger Str. 238
D-25488 Holm-Kreis Pinneberg
Tel.: 04103-121212
Email: info@bkn.de
Internet: www.bkn.de

David Austin Roses Ltd
Bowling Green Lane
Albrighton
Wolverhampton WV7 3 HB
Großbritannien
Tel.: 0044-1902-376371
Fax: 0044-1902-375177
Email: deutsch@davidaustinroses.com
Internet: www.davidaustinroses.com

Pépinières et Roseraies Georges Delbard
Malicorne
F-03600 Commentry
Tel.: 0033-470643334
Fax: 0033-470645861
Email: commercial@delbardpro.com
Internet: www.delbard.com

Lacon GmbH
J.-S.-Piazolostr. 4
D-68759 Hockenheim
Tel.: 06205-4001 und 06205-7033
Fax: 06205-18674
Email: info@lacon-rosen.de
Internet: www.lacon-rosen.de

Heidetraum®

Sunlight Romantica®

Lens Roses
Redinnestraat 11
B-8460 Oudenburg
Belgien
Tel.: 059 (0) 267830
oder 0032 (0) 59267830
Fax: 059 (0) 265614
oder 0032 (0) 59265614
Email: info@lens-roses.com
Internet: www.lens-roses-com

Noack Rosen
Im Waterkamp 12
33334 Gütersloh
Tel.: 05241-20187
Fax: 05241-14085
Email: Noack-Rosen@t-online.de

ROSAROT Pflanzenversand
Besenbek 4b
25335 Raa-Besenbek
Tel.: 04121-423884
Fax: 04121-423885
Email: hartung-rose@t-online.de
Internet: www.rosarot-pflanzenversand.de

Rosen-Union eG
Steinfurther Hauptstraße 27
61231 Bad Nauheim-Steinfurth
Tel.: 06032-965301
Fax: 06032-86220
Email: info@rosen-union.de
Internet: www.rosen-union.de

Rosenhof Schultheis
Bad Nauheimerstr. 3
61231 Bad Nauheim-Steinfurth
Tel.: 06032-81013
Fax: 06032-85890
Email: bestellen@rosenhof-schultheis.de
Internet: www.rosenhof-schultheis.de

Rosenwelt Tantau
Tornescher Weg 13
25436 Uetersen bei Hamburg
Tel.: 04122-7084
Fax: 04122-7087
Email: tantau@rosen-tantau.com
Internet: www.rosen-tantau.com

W. Kordes' Söhne
Rosenschulen GmbH & Co KG
Rosenstraße 54
D-25365 Kleinoffenseth-Sparrieshoop
Tel.: 04121-48700
Fax: 04121-84745
Email: info@kordes-rosen.com
Internet: www.gartenrosen.de

Weitere Mithilfe

Susanne Haslage (Unterstützung bei der Durchsicht und Beurteilung der Sorten)
Andrea Kögel, Chefredakteurin der Zeitschriften „Garten & Wohnen" und „GartenTräume"
Reinhard Noack, Noack Rosen
Bernd Weigel, Präsident des Vereins Deutscher Rosenfreunde

Gärtnerfreude®

Vorwort

Viele große europäische Rosenzüchter und Experten haben sich für dieses Buch zusammengetan. Sie haben alles aufgeschrieben, was man wissen muss, um Rosen erfolgreich im eigenen Garten zu pflegen. Und sie haben die besten und gesündesten Sorten porträtiert.

Eine Gloria Dei, die rote Duftwolke® und das bekannte Schneewittchen® haben längst Geschichte geschrieben. Aber es kommen viel versprechende neue Spitzensorten nach. Jahrelang haben zahlreiche Züchter daran gearbeitet. Denn die neuen Sorten sind gesund und pflegeleicht, wunderschön und auch für Einsteiger bestens geeignet. Den ein oder anderen Sorten-Geheimtipp haben sie auch für Sie eingebaut!

Dieses Buch ist etwas ganz Besonders – genauso wie es Rosen sind. Und viele Gartenfreunde wissen es schon lange: Aus der ersten geschenkten Rose wird mit Lust und Liebe ein Rosenbeet und später oft ein ganzer Rosengarten.

Angelika Throll
Redaktionsleiterin Garten
KOSMOS-VERLAG

Bukavu®

Die Leserinnen und Leser von MEIN SCHÖNER GARTEN wissen längst, dass Rosen in meiner persönlichen Pflanzen-Hitliste den ersten Rang einnehmen. Aber ich gestehe gern, dass ich erst zum großen Rosen-Fan geworden bin, seitdem die „Diva" ihre Allüren abgelegt hat.

Die Züchtung neuer Sorten, die auch ohne regelmäßige Behandlung mit Fungiziden ihre Schönheit voll entfalten, hat die Begeisterung für Rosen neu entfacht. Ein entscheidendes Ziel bei der Entstehung dieses Buches war es daher, eine objektive Bewertung der Widerstandsfähigkeit von Rosen gegen die früher fast unvermeidlichen Blattkrankheiten zu erstellen. Dass dies erstmalig in einem Buch gelungen ist, stellt zweifellos eine Pionierleistung dar. Ich bin sicher, dass die Tipps und Beschreibungen aus diesem Buch dazu beitragen, dass es viele neue, glückliche Rosenfreunde geben wird.

Jürgen Wolff
Chefredakteur
MEIN SCHÖNER GARTEN

Gloria Dei

Souvenir de Greuville

Zum Verständnis der Pflanzenporträts

Wir haben für Sie in Zusammenarbeit mit den europäischen Züchtern die schönsten und beliebtesten Sorten ausgewählt. Bei der Entscheidung für oder gegen eine Sorte hat die Rosengesundheit eine wesentliche Rolle gespielt. Lesen Sie dazu den nachfolgenden Abschnitt über die Blattgesundheit.

Alle Rosen können Sie auch in kleinen Gärten pflegen. Und wenn Sie mit Rosen beginnen wollen, dann keine Scheu. Die meisten der vorgestellten Sorten lassen sich von Anfängern erfolgreich im eigenen Grün pflegen. Wählen Sie aus über 620 Sorten ihre Lieblingsrosen aus und lassen Sie sich von den fantastischen Pflanzen verzaubern.

Zur Blattgesundheit

Der Rose haftet immer noch der Ruf an, dass sie krankheitsanfällig ist und nur mit besonderen Gartenkenntnissen erfolgreich im eigenen Garten gepflegt werden kann. Das muss nicht sein. Es gibt mittlerweile unzählige Sorten – ältere und besonders neue, die wenig oder nicht anfällig für die wichtigsten Krankheiten Sternrußtau und Mehltau sind.

Das heißt aber nicht, dass diese Krankheiten in dem einen oder anderen Jahr oder an bestimmten Orten nicht doch auftreten können. Warme trockene Tage zum Beispiel, gefolgt von kühlen taufeuchten Nächten, können selbst an widerstandsfähigen Sorten zu Echtem Mehltau führen. Außerdem passen sich pilzliche Schaderreger im Laufe der Jahre an und es kann zu einem Befall kommen, der in den Jahren zuvor nicht aufgetreten ist.

Und nicht zuletzt spielen auch der Standort und die Pflege eine erhebliche Rolle. Gut versorgte und gepflegte Rosen an einem optimalen Standort werden deutlich weniger krank als die, die mit weniger guten Verhältnissen zurechtkommen müssen.

Wir haben uns für die Vergabe von vier Blättern entschieden. Wissensstand ist das Frühjahr 2004.

🍃🍃🍃🍃 = Höchste Blattgesundheit, ein Befall konnte bisher auch unter ungünstigen Witterungs- und Standortbedingungen nicht oder nur sehr selten beobachtet worden.

🍃🍃🍃 = Die Sorte kann unter ungünstigen Witterungs- und Standortbedingungen zeitweise befallen werden, jedoch regeneriert sie sich aus eigener Kraft. Eine Pflanzenschutzmittelbehandlung ist nicht erforderlich.

🍃🍃 = Eine einmalige Behandlung mit den im ökologischen Anbau zugelassenen Mitteln reicht aus, um ein sortentypisches Wachstum zu erzielen. Ein gelegentlicher Befall kann dennoch auftreten, wird jedoch gut überwachsen.

🍃 = Die Sorte sollte vorbeugend mit zugelassenen Pflanzenschutzmitteln behandelt werden, um ein sortentypisches Wachstum zu erzielen.

Zur Erklärung: Edelrosen sind leider nicht so blattgesund wie beispielsweise Kleinstrauchrosen. Daher werden Sie vier Blätter bei den Edelrosen eher selten finden können. In der Edelrosenzüchtung ist durch die Sorte FOCUS® aus dem Züchterhaus Noack ein neuer Maßstab in der Gesundheit dieser Klasse geschaffen worden.

Ganz wichtig: Eine Rose, die nur ein Blatt bekommen hat, ist nicht weniger gartenwürdig als die anderen, sie besitzt sicherlich andere Vorzüge. Sie ist aber pflegeintensiver und braucht gegebenenfalls eine Behandlung mit Pflanzenschutzmitteln. Wenn Sie dies tun, dann haben Sie genauso viel Freude wie an den blattgesünderen Sorten. Beobachten Sie Ihre Rosen. Nach zwei, drei Jahren werden Sie wissen, wo ihre Vorzüge und Nachteile liegen und Sie können entsprechend reagieren.

Zeitgemäß sind jedoch sicherlich die gesunden Sorten!

Pflegeleicht

Wir haben all die Rosen als pflegeleicht bezeichnet, die mit eher wenig Aufwand im eigenen Garten gepflegt werden können. Rosen sind jedoch insgesamt eine pflegeintensive Gruppe, was den Schnitt und die Winterpflege betrifft. Diese Zeit muss man aufbringen, sie wird jedoch durch einzigartige Blüten und teils wunderbaren Duft belohnt.

Zu den Namen in anderen Ländern

Teilweise haben die im Folgenden vorgestellten Rosen in anderen Ländern andere Katalognamen. Vielleicht sehen Sie bei einem Besuch eines Rosengartens im Ausland Sorten, die Sie gerne im eigenen Garten pflegen wollen. Und vielleicht ist es sogar eine Sorte, die Sie ganz einfach zu Hause kaufen könnten, aber eben unter einem anderen Namen. Daher haben wir für Sie die Namen zusammengestellt. Sie finden Sie beim jeweiligen Sortenporträt.

Höhe

In den Beschreibungen finden Sie die zu erwartende Wuchshöhe. Es kann passieren, dass Sie Rosen pflegen, die etwas höher werden oder auch kleiner bleiben. Das ist möglich und zeigt einmal wieder, dass wir es mit der Natur zu tun haben.

Zur Einteilung der Sorten

Die Sorten sind in folgende Gruppen unterteilt:
- Beetrosen, siehe Seite 92
- Edelrosen, siehe Seite 116
- Kleinstrauchrosen, siehe 142
- Strauchrosen, siehe Seite 160
- Kletterrosen, siehe Seite 188
- Zwergrosen, siehe Seite 204
- Wild- und Naturformen, siehe Seite 210

Innerhalb dieser Gruppen haben wir die Rosen nach der Blütenfarbe geordnet:
- Weiß und Creme
- Gelb und Orange
- Rosa und Violett
- Rot

Gestalten mit Rosen

Wenn Zeus den Blumen eine Königin geben wollte, müsste die Rose diese Krone tragen. (Sappho)

Rosen verzaubern durch unvergleichlichen Charme. Es ist Vergnügen pur durch einen Rosengarten zu gehen. Und hat man einmal diese wunderbaren Pflanzen für den eigenen Garten entdeckt, wird man mehr und mehr in ihren Bann gezogen. Jedes Jahr findet man doch noch ein Plätzchen für eine neue Sorte: im Staudenbeet, als Begrüßung an der Eingangspforte oder im Topf auf der Terrasse.

Immer wieder hört man, Rosen seien die Königin unter den Gartenblumen. Luxus-Geschöpfe sind sie schon, aber auch Multitalente, wenn es um die Gestaltung geht. Die richtigen Sorten verwandeln Beete in Blütenmeere, Sitzplätze in Duftoasen und Hauswände in Märchenträume.

Duftzauber®

GESTALTEN MIT ROSEN

Grundsätzliches zur Gestaltung

Rosen sind mit ihrer Vielfalt an Farben und Formen nicht aus unseren Gärten wegzudenken. Fast in jeder Gartensituation kann man mit Rosen besondere Effekte erzielen, die den Garten zum Leben erwecken.

Wer heute einen neuen Garten anlegt oder seinen alten Garten umgestalten möchte, sollte die vielen Gestaltungsmöglichkeiten mit Rosen nutzen. Hat man seinen persönlichen Gartenstil gefunden, kann man mit dem Auswählen der dafür geeigneten Rosen beginnen.

Edelrosen und Beetrosen können in klassischen Rosenbeeten gepflanzt werden. Die sehr vitalen Kleinstrauchrosen verwendet man als Beeteinfassung oder in kleinen Rabatten. Mit Strauch- und Wildrosen kann der Garten mit Gruppenpflanzungen verschönert, mit Blütenhecken begrenzt oder eingeteilt werden. Allein stehende Solitärstrauchrosen setzen als Blickfang im Garten besondere Akzente. Mit Kletterrosen und Ramblern werden Wände zu Blumenmeeren und können alte Bäume neu erblühen.

Immer größere Bedeutung kommt in der modernen Gartengestaltung der Kombination von Rosen mit Begleitstauden und Gräsern zu. Hier lassen sich Kontraste in Farben und Formen setzen. Einmal blühende Rosen mit besonderer Herbstfärbung oder reichem Hagebuttenansatz können besonders gut durch Stauden und Gräser ergänzt werden.

Benutzen Sie Gartenelemente wie kleine Mauern, Hecken und Rosenbögen, um Ihren Garten in verschiedene Bereiche einzuteilen. Jeder Gartenweg sollte ein Ziel haben. Führen Sie ihn vorbei an Beeten und Rabatten, vielleicht durch Bögen zu einem mit Ramblern überwachsenen Pavillon. Achten Sie darauf, nicht zu viele Farben zu verwenden und überladen Sie Ihren Garten nicht – die meisten Gärten werden zu dicht gepflanzt. Denken Sie immer auch an ruhige Flächen, wie Rasen, Teiche oder große, flache Staudenbeete.

Standort

Die Schönheit und Gesundheit der Rosen hängt neben der Sortenwahl entscheidend vom richtigen Standort ab. Rosen sind Sonnenanbeter und sollten deshalb auch entsprechend gepflanzt werden. Es gibt keine Rosen, die sich im Halbschatten wirklich wohl fühlen, es gibt nur Rosen, die ihn tolerieren. Strauchrosen, Kleinstrauchrosen und Kletterrosen macht der Halbschatten meist nur wenig aus. Beetrosen und Edelrosen haben, bis auf wenige Ausnahmen, dort dagegen nichts zu suchen. Rosen sollten ebenfalls nicht in Ecken mit stauender Hitze, an Mauern mit Dachüberstand oder überdachten Terrassen gepflanzt werden. Denn dort sind die Lieblingsplätze von Spinnmilben und Mehltau.

Abstand zu Begleitern

Es gibt viele Rambler-Rosen, die sich sehr gut eignen, in Bäume zu klettern. Hierbei sollte darauf geachtet werden, dass die Rose nicht im unmittelbaren Wurzelbereich des Baumes sitzt, da es dort meistens sehr trocken ist. Man kann entweder die Rosen im Abstand von etwa 1,5 m zum Baum pflanzen oder einem großen Kübel den Boden durchschlagen und diesen mit der Rose vergraben. Vor großen Hecken oder Gehölzen sollte auch immer mindestens 1 m Abstand eingehalten werden.

Bei der Kombination von Rosen mit Stauden sollte genau darauf geachtet werden, welche Stauden sich zur Unterpflanzung eignen. So kann ein sich selbst aussäender Storchschnabel schnell ein Rosenbeet überwuchern und die Rosen verkümmern lassen. Hier sollte man Arten und Sorten verwenden, die sich nicht selbst aussäen und wenig Ausläufer bilden. Lavendel passt zwar gut zu Rosen, sollte aber nicht zu dicht gepflanzt werden. Es eignen sich der kompakte Hain-Salbei oder der schlank wachsende Rittersporn. Auch hier sollte eher etwas weiter gepflanzt werden, um den Rosen noch genügend Wurzelplatz zu lassen.

Abstand zwischen Rosen

Die Pflanzdichte muss in jedem Fall Beachtung finden. Zu eng gepflanzte Rosen ergeben schon nach kurzer Zeit prächtige Beete, in den Folgejahren werden sie aber viel zu üppig und stören sich gegenseitig beim Wachstum. Pflanzen Sie Ihre Rosen dem Wuchscharakter entsprechend. Der Abstand

Mit Lavendel lassen sich sehr schöne Rosenarrangements gestalten. Jedoch sollte man ihn immer in einem Abstand von mindestens 50 cm zu Rosen pflanzen. Das ist sehr wichtig, weil er schnell 1 m breit werden kann und mit seinem starken Wurzelwerk die Rosen behindert.

GRUNDSÄTZLICHES ZUR GESTALTUNG

bei Beetrosen und Teehybriden sollte 4 bis 5 Pflanzen/m² betragen. Kleinstrauchrosen werden meist nach kurzer Zeit so üppig, dass 3 bis 4 Pflanzen/m² völlig ausreichen. Strauchrosen sollten etwa 1 bis 1,5 m² Platz bekommen. In Gruppenpflanzungen können natürlich auch mehrere im Abstand von ungefähr 0,6 m zusammengesetzt werden.

Farben kombinieren

Mit jeder Farbe kann ein besonderer Effekt in einer Pflanzung erzielt werden. Die Farben können durch die Kombination entweder verstärkt oder abgeschwächt werden. Die Wirkung von Farben kann grob in warme (gelb, orange, rot) und kalte (weiß, rosa, violett, blau) Farbtöne unterschieden werden. Dies gilt jedoch nicht grundsätzlich, da zitronengelb oder karminrot eher eine kühle Atmosphäre schaffen. Warme Farben drängen sich stark in den Vordergrund und verkürzen deshalb optisch Entfernungen im Garten. Ein üppiges Beet mit roten Rosen ist besser in der Nähe von Sitzplätzen aufgehoben als im Hintergrund eines Gartens.

Kühlere Farben hellen dunkle Gartenbereiche auf und schaffen Weite. So kann ein weißer Rambler in einer dunklen Kiefer wahre Wunder erzielen. In einem sehr kleinen Garten können mit kühleren Farben eher harmonische Beete entstehen als mit kräftigen warmen Farben, mit denen er schnell überladen wirken kann.

Schnittrosen aus dem Blumenladen – leider nichts für den Garten!

Wer hat beim Anblick eines wunderschönen Blumenstraußes vom Floristen nicht schon davon geträumt: „Genau diese Rose möchte ich für meinen Garten". Von diesem Traum heißt es aber leider Abschied nehmen. Seit den 60er Jahren etwa wird in der Rosenzüchtung gezielt auf Schnittrosen hingearbeitet, wobei Eigenschaften wie Haltbarkeit, Ertrag und Stiellänge im Vordergrund stehen. Die meisten unserer Schnittrosen werden heute in Ländern mit geeigneten Klimaten angebaut (Afrika oder Südamerika). Die dort angebauten Sorten sind meist so empfindlich für Frost und anfällig für Krankheiten, dass sie in unserem rauen Klima im Garten nicht lange überleben würden. Ganz gewiss gibt es aber unter den Gartenrosen genügend Schönheiten, die sich auch für den Vasenschnitt eignen.

von Thomas Proll

Hält man ein Rosenbeet Ton in Ton, benutzt man eng im Farbkreis zusammenliegende Farben. So ergeben Dunkelgelb, Orange und Dunkelorange eine warme Farbwirkung und passen gut zueinander.

Die geeigneten Farben für einen interessanten Farbdreiklang finden sich, indem man ein gleichseitiges Dreieck oder ein Dreieck mit nur zwei gleichlangen Seiten in den Farbkreis legt. Die Spitzen des Dreiecks zeigen auf kombinierbare Farben. Es kann natürlich auch nur ein Zweiklang aus diesen Farben verwendet werden.

Farben, die sich im Farbkreis gegenüberstehen, bezeichnet man als Komplementärfarben. Sie ergänzen sich besonders gut in ihrer Farbwirkung und Leuchtkraft.

Die kräftig rosa Kleinstrauchrose 'Rosy Carpet' blüht üppig vor einer Pflanzung aus dunkelblauem Rittersporn 'Finsteraahorn'. Im Hintergrund leuchtet die hellrosa 'Felicia', die, wie alle Moschusrosen, auch im Halbschatten sehr vital wächst. Beide Rosensorten sowie der Rittersporn sollten aber keinesfalls im Tropfbereich von Bäumen gepflanzt werden.

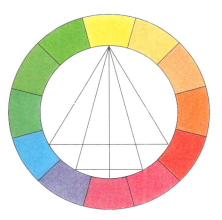

Die Spitzen der Dreiecke und die Mittellinie zeigen, welche Farben gut zusammenpassen (Text Mitte rechts).

GESTALTEN MIT ROSEN

Beete und Rabatten

Rosenbeete und gemischte Rabatten sind die Zierde eines jeden Gartens. Auch wenn sich Gestalt und Form der Rabatten im Laufe der Zeit geändert haben, steht die Rose noch immer im Mittelpunkt.

Beim Anlegen eines klassischen Rosenbeetes kann man mit strengen geometrischen Formen einen Hauch von Renaissance wieder aufleben lassen. Etwas moderner können sie in lang gezogenen Inselgruppen Eingänge verschönern, lange Wege begleiten und Rasenflächen abgrenzen. Es sollten immer größere Gruppen einer Sorte gepflanzt werden. Je größer die Beete, desto mehr Farben können verwendet werden. Wählen Sie bei den Edel- oder Beetrosen solche Sorten aus, die in einheitlicher Höhe gehalten werden können. Die Form des Beetes kann durch eine Einfassung mit niedrigem Buchs oder angrenzende Rasenflächen noch verstärkt werden.

Man muss nicht, wie allgemein angenommen, bei klassischen Beeten vollkommen auf Stauden verzichten. Um eine bessere Begehbarkeit der Beete zu gewährleisten, kann man zwischen den Beeten Wege oder kleine beruhigende Flächen mit silbernem Ziest, graulaubigem Thymian oder Stachelnüsschen (*Acaena buchananii*) bepflanzen. Denn Rosenbeete sind leider sehr pflegeintensiv und man kann nur schlecht in die Beete hineintreten. Die Rosen müssen unbedingt jedes Frühjahr stark zurückgeschnitten werden und auch während der Blüte sollten verblühte Rosen sofort ausgeschnitten werden, damit das Beet nicht unschön wird und eine schnellere Nachblüte erfolgen kann.

Rosenbeete sollten nur in vollsonniger Lage angelegt werden, da die meisten Edel- und Beetrosen nicht für Halbschatten geeignet sind. Für das Frühjahr können Sie mit Tulpengruppen den ersten Höhepunkt im Beet erzielen. Kleine Obelisken mit Strauchrosen, Kletterrosen oder Clematis bepflanzt, bringen etwas Höhe und Abwechslung in die Pflanzung. Auch Hochstämme oder Kaskaden in Kontrastfarben können in klassischen Rosenbeeten eine besonders gute Wirkung erzielen.

Gemischte Rabatten

So genannte Mixed Borders sind heute besonders im Trend. Hierbei sollten immer einige Gehölze und Strauchrosen das Grundgerüst bilden. Verwenden Sie wenige hohe Strauchrosen im Hintergrund, um die Rabatte nicht zu dicht zu gestalten, zum Beispiel eine Wildrose wie *Rosa moyesii* 'Fenja'. Diese wird nicht zu dicht und hängt locker in andere Stauden hinein. Besonders gute Wirkung bringt sie im Herbst, wenn ihre

Lupinen eignen sich besonders gut zur Kombination mit Strauchrosen. Hier wirken sie nicht so wuchtig und fügen sich mit ihren interessanten Blütenkerzen gut in die Rabatte ein. Da es sie in mehreren Farben gibt, sind sie vielfältig mit Rosen kombinierbar.

Gräser (hier Blaustrahlhafer, Avena) setzen mit ihren filigranen Halmen einen wunderbaren Kontrast zum kompakt wachsenden blauen Salbei im Vordergrund und setzen niedrig wachsende Rosen auch im Hintergrund in Szene.

BEETE UND RABATTEN

großen, flaschenförmigen Hagebutten durch den ganzen Garten leuchten. Oder wie wäre es mit der magentarosafarbenen *Rosa inermis* 'Morletti' mit einer scharlachroten Herbstfärbung? Ausgehend von dieser Grundbepflanzung werden die Stauden in den passenden Farben und Höhen ausgewählt. Pflanzen Sie Stauden immer in Gruppen, um eine gute Wirkung zu erzielen. In der Rabatte sollten neben den Rosen einige höhere Stauden wie Goldrute (*Solidago*), Wald-Geißbart (*Aruncus dioicus*), Glockenblumen (*Campanula latifolia*) in kleinen Gruppen gepflanzt werden. Mittelhohe Stauden wie Flammenblume (*Phlox*) oder auch Indianernessel (*Monarda*) wirken besser in etwas größeren Gruppen. Vor allem flach wachsende oder niedrige Stauden werden immer flächig gepflanzt. Besonders Schleifenblume (*Iberis sempervirens*), Karpaten-Glockenblume (*Campanula carpatica*) oder der sehr niedrige, dunkelblaue Salbei (*Salvia* 'Marcus') eignen sich zur Unterpflanzung von Rosen.
Um die Rabatte lebhafter zu gestalten, werden auch hohe Stauden im Vordergrund gepflanzt. Mit Himmels-Astern (*Aster laevis*) erreichen Sie Höhe, ohne die Sicht zu verbauen.
Bei lang gezogenen Rabatten empfiehlt es sich, einige dominierende Stauden

Diese Rabatte besticht durch ihre Vielzahl kühler Töne sowie Blatt- und Blütenformen. Die violettfarbene Rose fügt sich harmonisch in die Rabatte aus blauer Katzenminze, gelbem Frauenmantel und blauen Glockenblumen.

Graham Thomas® als Hochstammrose gezogen, setzt in jedem Staudenbeet Akzente.

regelmäßig zu wiederholen. Achten Sie dabei darauf, dass Sie die Gruppen besonders bei Wiederholungen unterschiedlich groß gestalten. Es ist kein Problem, zum Beispiel Rittersporn auch in verschiedenen Farben zu verwenden.
Pflanzen Sie herbstblühende Stauden in den Vordergrund, da sonst im Herbst durch schon eingezogene oder abgeblühte Stauden Lücken entstehen können. Besonders niedrige Stauden, wie die Kissen-Aster (*Aster dumosus*), eignen sich hervorragend. Sie bilden dichte und kompakte Büsche. Herbstblühende Rosen dürfen natürlich auch nicht fehlen. 'Bonica® 82', 'Schneewittchen®' oder die Bourbonrose 'Souvenir de la Malmaison' blühen bis zum Frost. Für den Vorfrühling sind Zwiebelpflanzungen aus Dichternarzissen, Schneeglöckchen und Traubenhyazinthen unerlässlich. Diese werden dicht an dem Gehölz- und Rosenbereich gepflanzt, da hier wenig Bodenbearbeitung vorgenommen werden muss.

GESTALTEN MIT ROSEN

Sonnige Rabatte

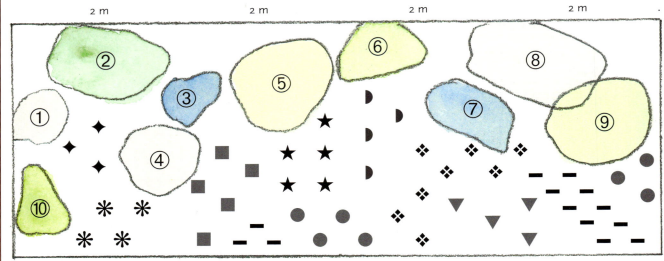

① 'Boule de Neige'
② Viburnum bodnantense 'Dawn'
③ Delphinium
④ 'Thisbe'
⑤ 'Graham Thomas®'
⑥ Miscanthus
⑦ Delphinium (2 ×)
⑧ 'Maxima'
⑨ 'Moonlight'
⑩ Stipa
✱ Campanula carpatica (4 ×)
■ 'Little White Pet' (4 ×)
★ Salvia 'Mainacht' (5 ×)
● Aster dumosus (7 ×)
▶ Phlox paniculata (4 ×)
▼ 'Friesia®' (4 ×)
— Iberis sempervirens (11 ×)
❖ Acaena buchananii (8 ×)
◆ Lilien (3 ×)

Halbschattige Rabatte

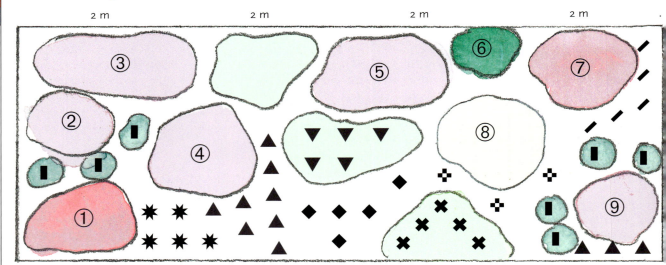

① Camellia sasanqua 'Navajo'
② Anemone japonica
③ 'Mme Alfred Carrière'
④ 'Penelope'
⑤ 'Provence Panachée'
⑥ Aruncus dioicus
⑦ Camellia japonica 'Nuccio's Pearl'
⑧ 'Prosperity'
⑨ 'Stanwell Perpetual'
▮ Hosta in Sorten (6 ×)
✱ Heudera (5 ×)
▲ Tiarella cordifolia (11 ×)
◆ 'Little White Pet' (5 ×)
■ Aconitum napellus (5 ×)
✖ Campanula portenschlagiana (6 ×)
❖ Alchemilla mollis (3 ×)
/ Epimedium (5 ×)
▼ Imperata cylindrica 'Red Baron' (5 ×)

BEETE UND RABATTEN

Wohl kaum ein Zierstrauch bringt solch eine üppige Blütenfülle wie die im Hintergrund wachsende Ramblerrose 'Maria Lisa' (rosarot). Die Beete sind mit Rosen und Stauden wie in einem Bauerngarten bepflanzt.

Planung und Anlage eines Beetes

Um bei der Planung eines Beetes die richtigen Pflanzen auswählen zu können, sollten vorab die genauen Lichtverhältnisse des Platzes herausgefunden werden. Es ist nicht nur entscheidend, ob das Beet im Hausschatten liegt, es können auch auf Südseiten größerer Bäume und Hecken die Lichtverhältnisse im Tagesverlauf so verändern, dass dies bei der Sortenwahl beachtet werden muss. Ein sonniges Beet sollte mindestens sechs bis acht Stunden sonnig sein, wobei die meisten Sonnenstunden in der Mittagszeit liegen müssen. Plätze mit ausschließlich Morgen- und Abendsonne gelten bereits als halbschattig.

Ein Beet in der Sonne

Für ein sonniges Beet von etwa 8 x 3 m bietet sich folgende Pflanzung an: Bilden Sie eine Grundstruktur mit den zwei großen Strauchrosen 'Maxima®' und 'Graham Thomas®'. Mit winterblühenden Gehölzen wie Schneeball (*Viburnum* × *bodnantense* 'Dawn') oder der stark duftenden *Lonicera* × *purpusii* bringt die Rabatte schon im Februar einen ersten Blütenflor. Zwischen den Strauchrosen lockern Gräser wie *Miscanthus* und *Stipa* das Bild auf. Als Vorpflanzung dienen die zwei locker überhängenden Moschusrosen 'Thisbe' und 'Moonlight' sowie die aufrecht wachsende 'Boule de Neige'. Rittersporn, Gartenphlox und Hain-Salbei blühen auch noch, wenn die Rosen eine kleine Pause einlegen. Im Vordergrund blühen niedrige 'Friesia®' und 'Little White Pet' bis zum Herbst und werden dann durch die üppigen Kissen-Astern (*Aster dumosus*) unterstützt. Die flach wachsenden Zwerg-Glockenblumen (*Campanula carpatica*), Schleifenblumen (*Iberis sempervirens*) und Stachelnüsschen (*Acaena buchananii*) wachsen schnell offene Flächen zu. Lassen Sie noch etwas Platz für ein paar Zwiebelpflanzen wie Lilien oder Narzissen.

Schattenpracht

Bei halbschattigen Rabatten sollten nur sehr robuste Rosen und Begleitstauden aus dem Lebensbereich Waldrand verwendet werden. Bei einer Rabatte von 8 x 3 m ist folgende Pflanzung geeignet: Im Hintergrund kann eine schön buschig wachsende Kletterrose 'Mme Alfred Carriere' an einem Obelisken hochranken. Strauchrosen wie 'Provence Panachée', 'Penelope', 'Prosperity' oder 'Stanwell Perpetual' sind öfter blühend und kommen gut im Halbschatten zurecht. Für die meisten einmal blühenden Strauchrosen ist Halbschatten ebenfalls kein Problem. Die kompakt wachsende 'Little White Pet' eignet sich auch hier sehr gut zur Vorpflanzung vor größeren Strauchrosen. Als Gehölze sind winterharte Kamelien zu empfehlen. Für den Vordergrund eignet sich die breit buschige und herbstblühende *Camellia sasanqua* 'Navajo'. Die frühjahrsblühende, eher aufrecht wachsende *Camellia japonica* 'Nuccio's Pearl' wirkt im Hintergrund als immergrüner Sichtschutz.

Als hohe Begleitstauden wählen Sie Wald-Geißbart (*Aruncus dioicus*), Eisenhut (*Aconitum*), *Anemone japonica* und *Anemone sylvestris*. Funkien können in verschiedenen Sorten immer in kleinen Gruppen wiederholt gepflanzt werden. Frauenmantel (*Alchemilla mollis*) fügt sich durch sein ansprechendes Laub gut in jede Rabatte ein. Offene Flächen werden von Elfenblume (*Epimedium*), Waldschaumkerze (*Tiarella cordifolia*), *Heuchera* und Dalmatiner Glockenblume (*Campanula portenschlagiana*) schnell zugewachsen.

GESTALTEN MIT ROSEN

Gestalten mit Strauchrosen

Strauchrosen sind beliebte Gestaltungselemente und für jeden Gartentyp geeignet. Ihre vielen guten Eigenschaften machen sie besonders für Garteneinsteiger interessant.

Kleinstrauchrosen sind die robustesten Rosen und spielen deshalb die wichtigste Rolle in der modernen Rosenzüchtung. Sie wachsen meist überhängend und eignen sich bestens für Rabatten oder Einzelpflanzungen. Sie haben den großen Vorteil, dass sie den ganzen Sommer über blühen und sich sogar meistens selbst ausreinigen. Deshalb benötigen sie viel weniger Pflege als Polyantha-Rosen. Es gibt sehr viele Kleinstrauchrosen-Sorten, die von 40 cm bis 150 cm hoch werden. Die niederen und breit wachsenden Sorten werden meistens für bodendeckende Bepflanzungen, Beete und kleine Böschungen benutzt.

Die höheren Sorten werden in großen Mengen für große Flächen im öffentlichen Grün oder in Parks gepflanzt. Sie können aber auch als kleine, unkomplizierte Hecken gepflanzt werden, die nur selten geschnitten werden müssen. Die meisten Sorten tragen Hagebutten bis in den späten Herbst und bescheren so der heimischen Vogelwelt noch reichlich Nahrung.

Strauchrosen können entweder einzeln, in Gruppen oder in Rabatten gepflanzt werden. Eine besonders üppige Blüte

Eine typische Bauerngartensituation mit üppig blühenden historischen Rosen. Die wunderbar duftende gallische Rose 'Versicolor', ein Sport (Mutation) der Apothekerrose 'Officinalis', wird gesäumt von blauem Rittersporn, rosafarbenem Fingerhut und weißen Glockenblumen. Gartenphlox, links neben 'Versicolor' wird Anfang August bis September die Blütenhoheit der Rabatte übernehmen. Der Rittersporn wird nach der Blüte zurückgeschnitten, damit er im August nochmals blüht.

GESTALTEN MIT STRAUCHROSEN

Kleinstrauchrosen blühen unermüdlich und können nicht nur den Boden in ein Blütenmeer verwandeln. Mit ihren überhängenden Blütentrieben können viele spielend niedrige Zäune überwachsen.

'The Fairy', eine beliebte Kleinstrauchrose, wächst und blüht üppig und wird ca. 60 cm hoch. Die kräftig rosafarbene 'Heidetraum®' wächst deutlich kompakter und blüht ebenfalls bis in den Herbst. Beide können mühelos Böschungen bedecken und fordern nur minimalen Pflegeaufwand für diese Gartensituation. Tipp: Mit frühblühenden Blumenzwiebeln können Sie sich auch schon im Frühjahr an einem farbenfrohen Beet erfreuen.

bringen historische Sorten hervor. Die meisten Sorten sind stark gefüllt, haben einen ausgezeichneten Duft und wachsen leicht überhängend. Aber auch ungefüllte Sorten, die später kugelige oder flaschenförmige Hagebutten ansetzen, haben ihren Reiz. Moderne Strauchrosen blühen öfter und haben einen aufrechteren Wuchs. Leider sind nur wenige duftend, werden jedoch aufgrund ihrer längeren Blütezeit oft bevorzugt. Die meisten Strauchrosen können aufgebunden auch als kleine Kletterrosen verwendet werden und sind für niedrige Gestelle, wie Obelisken oder Pyramiden, besser geeignet.

Rosenduft liegt in der Luft

Allerdings nur, wenn Sie die richtigen Sorten pflanzen, das heißt solche, die als ausgesprochen stark duftend gekennzeichnet sind. Als leicht oder mittelstark duftend beschriebene Rosen werden Ihre Erwartungen dagegen in der Regel nicht erfüllen. Als wirkliche Duftrosen empfehlen kann ich unter anderem die Sorten 'Frederic Mistral®', 'Duftwolke®', 'Blue Parfum®', 'Chartreuse de Parme®', 'Lolita®', 'Rose de Resht®' und 'The McCartney Rose®'.

von Andrea Kögel

Rosengerüste eignen sich ausgezeichnet, um einer Strauchrose besonderen Ausdruck zu verleihen. Die Rosen können Ausmaße und Höhen erreichen, die sonst nicht möglich wären. Die Beetrose 'Leonardo da Vinci®' bildet so eine Blütensäule von 2 m Höhe. Binden Sie nicht blühende Triebe möglichst waagrecht an, um diese zur Blüte anzuregen.

GESTALTEN MIT ROSEN

Rosenecken

In jedem Garten finden sich Plätze und kleine Ecken, die durch Rosen besonders an Wirkung gewinnen. Im Gegensatz zu Rabatten können hier schon wenige Rosen Akzente setzen.

Kleine Mauern und gemauerte Wege, die sich dem Gelände anpassen, erleichtern die räumliche Teilung eines Gartenabschnitts. Durch Rosenbögen und kleine Rosenhecken lässt sich der Garten in viele Bereiche unterteilen und es entstehen kleine Rosenecken. Der Gartenweg führt an Freiflächen vorbei, die zum Verweilen und Entspannen einladen. Beim Durchschreiten des Rosenbogens fällt der Blick auf den durch hohe Clematissäulen verdeckten Gartenbereich. Kleine verwinkelte Beete und unerwartete Blütenfülle lassen sich durch diese geschickte räumliche Trennung verbergen und machen den Garten interessanter.

Hecken und Mauern sind Gestaltungselemente, die in keinem Garten fehlen dürfen. Sie teilen den Garten in abgetrennte „Gartenzimmer" und lassen eine sehr unterschiedliche Gestaltung dieser Bereiche zu. So kann man den Stil von klassischen Edelrosenbeeten geschickt von natürlichen Gartenbereichen mit Strauch- und Wildrosen trennen, obwohl diese eigentlich dicht beieinander liegen.

Lichtere Teilungsmöglichkeiten wie die Verwendung verzinkter Obelisken, die mit schwach wachsenden Ramblern schnell überwachsen sind, lassen auch Durchblicke in andere Gartenteile zu, wodurch trotz Trennung die Weite eines Gartens erhalten bleibt. Hierzu eignen sich besonders die rote 'Chevy Chase', die lachsgelbe 'Ghislaine de Féligonde', die violettblaue 'Veilchenblau' oder die stachellose, weiße 'Lykkefund'. Da hier schon ein lebhafter Hintergrund besteht, reicht eine niedrige Vorpflanzung mit Kleinstrauchrosen und farblich abgestimmten Stauden und Gräsern völlig aus.

Vor dichteren Rot- oder Weißbuchenhecken müssen die Vorpflanzungen mehr Lebendigkeit ausstrahlen.

Je nach Sonneneinstrahlung sollten auf den schattigeren Seiten mehr Strauchrosen, wie zum Beispiel die Moschus-

ROSENECKEN

Eindrucksvoll nehmen Ramblerrosen wie 'Bobbie James' (weiß) und 'Chevy Chase' (rot) ganze Baumkronen in Besitz und lassen ihre langen Blütentriebe bis auf den Boden hängen. In wenigen Jahren kann nur eine Rose mächtige Ausmaße von 5–10 m Höhe annehmen. Deshalb sollten die verwendeten Bäume noch recht stabil sein und einen Stammumfang von mindestens 50 cm aufweisen. Rosen wie Rosa helenae, 'Lykkefund' oder 'Goldfinch' setzen viele rote oder goldgelbe Hagebutten an und lassen die Bäume im Herbst noch einmal im Rampenlicht stehen.

rosen 'Felicia', 'Penelope', 'Trier' oder 'Moonlight', verwendet werden. Auf der sonnigeren Seite können alle modernen Strauchrosen, Edel- und Beetrosen Verwendung finden. Üppig blühende und überhängende Kleinstrauchrosen sind schöne Begleiter von Gartenwegen.

Rosenecken überzeugen nicht durch überladene Beete, sondern durch interessante Ideen, die schon durch kleine Rosengruppen, unterstützt von passenden Gehölzen und Stauden, zu erreichen sind.

Ein überreichlich blühender Rosenbogen mit der Ramblerrose 'Mosel' lädt zum Eintreten in den Garten ein. Die im Vordergrund wachsende Portlandrose 'Mme Boll' duftet vorzüglich und wird gern für die Vase geschnitten.

GESTALTEN MIT ROSEN

Klassiker

Die klassischen Verwendungsformen der Rosen sollten in keinem Garten fehlen, denn hier werden die Schönheit und Eleganz einer Rosensorte besonders gut zur Geltung gebracht.

Kaskadenrosen

Die Kaskadenrose ist der Mittelpunkt im Rosengarten. Sie bringt Höhe und einen interessanten Blickfang in jeden Garten. Klassisch sollte die Kaskadenrose einen 1,40 m hohen Stamm und möglichst kaskadenförmig herabhängende Triebe haben. Dies wird am besten durch weichtriebige Kleinstrauchrosen oder schwach wachsende Ramblersorten erreicht. Als Kleinstrauchrosen eignen sich unter anderem 'Heidetraum®', 'White Meidiland®' oder 'Swany®'. An Ramblern sind Sorten wie 'New Dawn', 'Super Excelsa®' oder 'Ghislaine de Féligonde' besonders zu empfehlen. Die meist von Baumschulen angebotenen, öfter blühenden Kletterrosen wachsen zu aufrecht und können nur durch Kaskadenrosenstützen mit beweglichen Armen in die gewünschte Form gebunden werden.

Hochstammrosen

Hochstammrosen sind vielfältig einsetzbar und können Wege oder Auffahrten begleiten. Ihr Stamm ist zirka 0,90 m hoch. Auf Hochstamm können alle Edelrosen und Romantischen Rosen veredelt werden. Alle Damaszener-

Clematis eignen sich vorzüglich, um von unten verkahlende Strauch- oder Kletterrosen zu bedecken. Idealerweise schattiert die Rose sogar den Fuß der Clematis. Hier windet sich Clematis 'Königskind' in der Strauchrose 'Rosarium Uetersen®' empor. Die sternförmigen und grazil wirkenden Clematisblüten bilden einen ausgezeichneten Kontrast zur stark gefüllten und üppigen Rosenblüte.

KLASSIKER

Ein in klassischer Kreuzform angelegter Rosengarten ist immer symmetrisch an angrenzenden Häusern oder Hecken ausgerichtet. Die klaren Linien des Gartens werden durch den Einfassungsbuchs und die mit Kies abgestreuten Wege verstärkt. Beide Elemente wirken beruhigend und halten farbenfrohe Beete im Zaum. Am geeignetsten ist der niedrig bleibende Buxus sempervirens 'Suffruticosa'. Eine im Gartenzentrum wachsende Hochstammrose zieht unweigerlich die Blicke auf sich und hebt sich durch grüne Unterpflanzung sehr gut vom üppig gewachsenen Garten ab.

und Portlandrosen bezaubern auch durch ihren Duft. Besonders schöne Sorten sind 'Mme Boll', 'Rose de Resht' oder 'Jacques Cartier'. Diese Sorten zeichnen sich zudem durch ihre extreme Winterhärte aus, die gerade auf Hochstamm eine der wichtigsten Auswahlkriterien darstellt. Sie brauchen bei der Überwinterung in unseren Breiten nicht oder nur wenig eingepackt zu werden. Fast alle Edelrosen müssen dagegen unbedingt eingepackt oder umgelegt und eingegraben werden.

Rosengirlanden

Leider wenig verwendet werden Rosengirlanden, die zwischen den Hochstammrosen an einem Seil entlanggezogen werden. Die Hochstammrosen sollten hierbei in etwa 3 bis 4 m Abstand gepflanzt werden. In der Mitte können schwach wachsende Rambler gesetzt und nach beiden Seiten am Seil als Girlande gebunden werden. Diese etwas pflegeaufwändige Form der Rosenverwendung ist bestimmt in jedem Garten ein viel beachtetes Detail.

Rosenbögen

Rosenbögen finden sehr breite Verwendung am Eingang des Gartens, über einer Gartenbank oder zur Trennung von Gartenteilen. Formschöne, runde Rosenbögen sind durch weichtriebige Rambler zu erreichen. Diese meist im Juni und Juli blühenden Sorten sind leicht am Bogen anzubinden. Der Bogen ist von oben bis unten dicht belaubt und blühend. Für eine Blüte bis zum Herbst können großblumige Clematis-Hybriden dazu gepflanzt werden. Mit öfter blühenden Kletterrosen lässt sich eine längere Blütezeit erreichen, jedoch sind diese steiftriebig und wachsen über den Bogen hinaus. Ihre Blütentriebe stehen fast immer wie Besen über dem Rosenbogen. Um im unteren Bereich auch Blüten zu erzielen, müssen junge Triebe möglichst waagerecht gebunden werden.

GESTALTEN MIT ROSEN

Rosen wurden schon immer gern in die Nähe von Teichen oder kleinen Seen gepflanzt, in denen sich die vielen Blüten spiegeln können. Die kugeligen Blüten der 'Raubritter' bezaubern ebenso wie die nelkenförmigen Blütenbüschel der Sorte 'Pink Grootendorst'. Der rosige Hintergrund wird durch eine überreich mit Ramblern bewachsene Pergola bestimmt. Hier wurden bekannte Rambler wie 'Kiftsgate', 'New Dawn' und 'Rambling Rektor' verwendet. Gerade bei solch stark wachsenden Sorten sollte die Pergola aus einem soliden Material sein, da die voll erblühten Rosen bei einem Regen sehr schwer werden können und schon manche Pergola unter dem Gewicht zusammengebrochen ist.

Rosen sind gut kombinierbar mit den großblumigen Clematis-Hybriden. Diese bilden nicht so viel Laub und sind in der Regel schnittverträglich. Das ist wichtig, da die Rosen im Frühjahr geschnitten werden müssen und man beim Schnitt nicht so sehr auf die Clematis zu achten braucht. Wildsorten sollten nicht in Rosen wachsen, da sie nur am zweijährigen Holz blühen und dies den Rosenschnitt verkompliziert. Sie wachsen meist viel zu üppig und würden mit ihrem Laub die Rosen zu sehr bedecken. In der Kombination mit einmal blühenden Ramblerrosen sollte man zweimal blühende Clematis-Sorten verwenden. Zu empfehlen sind zum Beispiel: 'The President' (blau), 'Prince Charles' (hellblau), 'Hagley Hybird' (rosaviolett), 'Henryi' (weiß) oder 'Kardinal Wyzynski' (rot).

Auch die blauen Staudenclematis *Clematis integrifolia* und *Clematis integrifolia* 'Durandii' kann man gut in Rosenbeete integrieren. Sie werden wie alle Stauden im Frühjahr stark zurückgeschnitten.

Rosenhecken

Sehr beliebt sind Rosenhecken, die als undurchdringliche, blühende Zäune die Gärten begrenzen. Bei der Gestaltung mit diesen Hecken gibt es viele Möglichkeiten. *Rosa rugosa* und ihre Hybriden sind die am weitesten verbreiteten Rosenhecken. Sie blühen das ganze Jahr, fruchten reich und ziehen das ganze Jahr viele Vögel und Insekten an. Diese sehr robusten, 1 bis 2 m hohen Hecken sind pflegeleicht und es gibt sie in allen Farben. Schon im Mai fangen Hecken aus *Rosa pimpinellifolia*-Hybriden wie 'Double Yellow', 'Singel Red' oder 'Stanwell Perpetual' an zu blühen. Diese unter 1 m hohe und sehr stachelige Hecke trägt schwarze Hagebutten. Alle Wildarten sowie *Rosa gallica* und *Rosa alba* eignen sich für Vogelschutzhecken. Sie werden um die 2 m hoch und wachsen zu undurchdringlichen Blütenhecken zusammen. Durch den starken Wuchs der Sorten sollte mindestens ein Pflanzabstand von 1 m eingehalten werden, auch zur Grundstücksgrenze. Für den Vogelschutz eignen sich auch die sehr stacheligen und reich Hagebutten tragenden Sorten *Rosa sweginzowii* 'Macrocarpa', 'Fenja' – eine rosa blühende *Rosa moyesii*-Hybride – oder die im Blatt stark nach Apfel duftende *Rosa rubiginosa*. Aber auch die wild wachsende *Rosa multiflora* ist geeignet. *Rosa multiflora* wirkt wie ein „singender" Busch, da sie viel von Bienen und Hummeln besucht wird. Großblumig und duftend sind Hecken aus *Rosa alba*, *Rosa gallica* und *Rosa damascena*-Hybriden. Sie können auch lebhaft untereinander gemischt gepflanzt werden. Sehr beliebt hierfür sind 'Maxima', 'Celsiana', 'Maiden's Blush', 'Königin von Dänemark' und die tiefviolette 'Charles de Mills'. Öfter blühend sind Hecken aus modernen Strauchrosen, die jedoch mehr Pflege durch Schnitt und Ausputzen der verblühten Rosen benötigen. Schöne und robuste Sorten sind 'Westerland®' oder 'Centenaire de Lourdes®'.

Üppig berankt die reich blühende rote Kletterrose 'Santana©' eine Pergola und beherrscht von oben dominant die Szenerie. Das Rot verkürzt die Entfernungen und lässt den Garten kleiner wirken. Die gelben Steppenkerzen (Eremurus) können sich besonders gut vor dem roten Hintergrund absetzen.

Die gelbe 'Lichtkönigin Lucia®' hat glänzend grünes Laub und ist eine schöne gelbe Strauchrose. Sie wird bis 2 m hoch und blüht bis zum Herbst. Gesäumt von blauem Rittersporn, gelber Steppenkerze (Eremurus) und gelben Taglilien (Hemerocallis) kommt sie besonders zur Geltung.

Nicht immer nur Geranien – Rosen auch für den Balkonkasten!

Der wahre Rosenfreund will sich am liebsten überall mit Rosen umgeben – warum also nicht auch auf dem Balkon? Das Pflanzen von Rosen im Blumenkasten scheitert aber meist an den langen Wurzeln von veredelten Sorten, die eine Pflanztiefe von mindestens 30 cm brauchen. Die Lösung sind stecklingsvermehrte Rosen, die mit einem kleineren Topfballen geliefert werden und problemlos in den Kasten passen. Ideal sind zierliche Sorten wie die rosafarbene 'Knirps®', deren reiche Blütendolden in mehreren Floren über den ganzen Sommer erscheinen.

von Thomas Proll

GESTALTEN MIT ROSEN

Sitzplätze und Rosen-Terrassen

In der heutigen hektischen Zeit freut sich jeder über einen Platz, an dem er sich entspannen und Ruhe finden kann. Was eignet sich hierfür besser als ein stiller Sitzplatz in einer Gartenecke, der mit Farb- und Duftkompositionen aus Rosen und Rosenbegleitern zur Erholung einlädt.

Ein Farbspiel aus weißem Bartfaden, blauvioletten Glockenblumen und Veronika sowie rosafarbene Rosenblüten lädt zum Verweilen ein.

In bequemen Gartenmöbeln macht man sich gerne Gedanken zur Gestaltung der Terrasse. Die Bepflanzung sollte den Nutzen der Terrasse stärken. Kann mein Nachbar mir auf den Teller schauen, so brauche ich eine höhere Abpflanzung. Ist alles frei, möchte ich gerne einen weiten Blick in den Garten haben. Als Sichtschutz können Rankwände mit Strauch- oder Kletterrosen bepflanzt werden. Hierzu eignen sich ganz besonders klein bleibende Rambler wie 'Super Dorothy®', 'Super Excelsa®' oder Strauchrosen, die buschig wachsen und lange blühen. Geeignet sind alle kleinblumigen Moschata-Hybriden wie 'Pax', 'Trier®', 'Felicia' und 'Penelope'. Auch großblumige Strauchrosen eignen sich für einen guten Sichtschutz. Ohne viel Arbeit wachsen 'Ulrich Brunner Fils', 'Provence Panachée' und 'Jacques Cartier'. Als Beipflanzung eignen sich Stauden, die bodendeckend sind, und flach wachsende Rosen wie 'Sternenflor'. Die kleinen weißen Sternchenblüten blühen den ganzen Sommer und duften angenehm. Ebenfalls sehr ausdauernd blüht 'Little White Pet'. Die kleinen roten Knospen entwickeln sich zu blendend weißen, stark gefüllten, kleinen Pomponröschen.

Bei einer niedrigeren Abpflanzung kann man alle niedrigen Kleinstrauchrosen und Beetrosen verwenden. Um etwas Abwechslung und Höhe in diese Pflanzungen zu bekommen, können Zwergstammrosen oder Hochstammrosen dazwischen gesetzt werden. Besonders beliebt sind die gut duftenden Damaszenerrosen auf Zwergstamm, da sie genau auf Sitzhöhe blühen und ihren wunderbaren Duft verströmen. 'Rose de Resht' oder 'Souvenir de la Malmaison', veredelt auf 50 cm hohen Stämmen, eignen sich gut für die Kübelbepflanzung. Auch duftende Edel- und Beetrosen können in Kübeln gut verwendet werden. Schwach wachsende Stauden eignen sich in größeren Kübeln zur Beipflanzung, wobei nur wenige mit dem hohen Nährstoffangebot, das für Rosen nötig ist, zurechtkommen. Sie wuchern zu stark und können eventuell auswintern.

Vom viel gerühmten Lavendel als Beipflanzung in Kübeln ist vollkommen abzuraten, da er zu stark wurzelt und die Rosen aushungert. Er lässt die Rose spätestens nach drei Jahren sehr mager aussehen. Daher sollte Lavendel in extra Töpfen als Gestaltungselement dazugestellt werden.

Rosen in Kübeln und Balkonkästen

Haben Sie schon gewusst, dass der Wuchscharakter der Rose die Größe des Topfes oder Balkonkastens bestimmt? Eine Strauchrose braucht einen größeren Kübel, da sie höher wächst, somit mehr Triebe und Blätter ausbildet und zur Versorgung ein stärkeres Wurzelsystem braucht. Im Gegensatz zu einer Patiorose, die etwa 40 cm hoch wird, ein kleineres Wurzelwerk besitzt und somit auch in einem tieferen Balkonkasten wachsen kann.

von Reinhard Noack

SITZPLÄTZE UND ROSEN-TERRASSEN

Besser eignen sich niedriger Salbei, kleine Glockenblumen und Zwergschleierkraut. Je mehr Töpfe auf der Terrasse aufgestellt werden, desto pflegeaufwändiger ist sie. Vor allem die Bewässerung von Hand braucht täglich viel Zeit. Heute gibt es jedoch Bewässerungssysteme, die die Pflanzen auch bei längerer Abwesenheit mit ausreichend Wasser versorgen.

Um Spaß an einer grünen Terrasse zu haben, sollte diese möglichst nicht überdacht sein. Viele Pflanzen vertragen die trockene Luft nicht, Mehltau und Spinnmilben fühlen sich dort jedoch besonders wohl. Eine tagsüber ausgefahrene Markise beeinträchtigt Ihre Pflanzen nicht und ist in jedem Fall eine gute Alternative.

Sitzgelegenheiten sollten immer lebhaft gestaltet werden, damit sie das ganze Jahr attraktiv sind. Die im Hintergrund stehende 'New Dawn' kann nach der Blüte durch im Kübel oder kleinen Töpfen gepflanzte, einjährige Sommerblumen abgelöst werden. Hierzu eignen sich besonders Fleißige Lieschen, Petunien, Duftgeranien und Nelken.

Abgeschirmt durch Strauchrosen und hohe Stauden kann man ungestört abschalten. In Kübeln kann ein kleiner Küchengarten nicht nur kulinarisch, sondern auch durch angenehmen Duft genossen werden. Minzen, Salbei, Rosmarin, Origanum und Thymian lassen sich sehr gut in Töpfen und Schalen kultivieren.

Auf was Sie bei Rosen in Töpfen achten müssen

Grundsätzlich kann man fast jede Rose im Topf kultivieren. Manche Sorten eignen sich aufgrund ihrer kompakten Wuchsform allerdings besonders gut. Darauf wird meist bei den Pflanzenbeschreibungen hingewiesen. Aber auch ausladende Kletterrosen können mit Hilfe eines Gestells oder Obelisken im Kübel gebändigt werden.

Am Anfang reicht ein Kübel von etwa 12 Litern Inhalt. Tauschen Sie entweder alle zwei Jahre die Erde aus oder topfen Sie sie in einen nächstgrößeren Kübel um. Sie können entweder reine Rosenerde verwenden oder diese mit guter Gartenerde mischen. Zur Erdverbesserung eignen sich noch Lava und Gesteinsmehlgranulate. Die Erde ist meistens vorgedüngt und sollte deshalb nicht nochmals mit Dünger versetzt werden. Nach der ersten Blüte können Sie entweder mit Langzeitdünger oder mit organischem Rosendünger eine weitere Düngergabe geben. Zwischendurch kann natürlich bei Bedarf auch zusätzlich flüssig oder über das Blatt gedüngt werden.

Achten Sie darauf, dass Rosen in Kübeln aus Terrakotta viel mehr Wasser verbrauchen als in Plastikkübeln und deshalb öfter gegossen werden müssen.

Sorgen Sie für guten Frostschutz, indem Sie den Kübel mit Luftpolsterfolie oder Kokosmatten einwickeln. Alle Kübel, deren Durchmesser kleiner als 40 bis 50 cm ist, können leicht durchfrieren und sollten besser frostfrei überwintert werden.

Oft wird die Terrasse im Sommer zu heiß. Ein schattiges Plätzchen auf einer Bank unter einem Rosenbogen oder ein Pavillon überrankt mit Ramblern ist ideal, um auch an solchen Tagen Ruhe und Erholung zu finden. 'Taunusblümchen' darf an meinem Sitzplatz nicht fehlen. Die Blüte ist klein, violettrosa und leicht gefüllt wie viele Rambler, aber der Duft ist betörend. Die ganze Umgebung ist von lieblichem Rosenduft erfüllt – zum Entspannen ideal. An einen Pavillon sollten nur ein bis zwei Rambler gepflanzt werden, sonst kann der Sitzplatz schnell wie eine Höhle aussehen. Die Umpflanzung kann gut durch Strauchrosen unterstützt werden. Alles sollte einmal im Jahr gut ausgelichtet werden.

Traum in Weiß

Besondere Ruhe finden Sie auf einem Sitzplatz, umgeben mit weiß blühenden Pflanzen. Sie denken, ein weißer Garten sei langweilig? Weit gefehlt. Fast jede Pflanzenart bringt eine weiße Form hervor; dadurch entstehen unterschiedliche Weißtöne und Blütenformen. Das dazugehörige grüne Laub von rötlich über goldgelb bis silbrig und im Herbst die Hagebutten bringen ausreichend Abwechslung. Viele weiße Blüten sind nicht nur duftend, sondern hellen ihren Garten auf. Eine große Strauchrose *Rosa alba* 'Semiplena' im Hintergrund und die gefüllte Bourbon-Rose 'Boule de Neige' sollte man hierbei nicht vergessen. Als niedrigere Strauchrose verwenden Sie 'Glamis Castle', 'Lady Romsey' und die ungefüllte 'White Wings'. Als Zwischenpflanzung können 'Sternenflor' und 'Little White Pet' gesetzt werden. Kombinieren Sie sie mit Nachtviolen (*Hesperis matronalis* 'Alba'), Fingerhut (*Digitalis purpurea* 'Alba') oder weißem Rittersporn (*Delphinium* 'Snow Dwarf'). Klein bleibend wächst die weiße Karpaten-Glockenblume (*Campanula carpatica* 'Bressingham White').

Ganz natürlich

Falls Ihnen das alles zu ordentlich erscheint, probieren Sie es doch mal mit einem naturnahen Garten. Er bedeutet wenig Pflegeaufwand und kann sehr farbenfroh sein. Verwendet werden hier meist wurzelechte heimische Wildrosen oder deren Hybriden, die auch alle schöne Hagebutten ausbilden. Werden auch nordamerikanische oder asiatische Wildrosen gepflanzt, blüht Ihr Garten bis in den Herbst hinein. Den Mittelpunkt kann eine Blumenwiese für Ihren Liegestuhl bilden – die Vogel- und Insektenwelt wird es Ihnen danken.

Sind Ihre Beete schon alle verplant oder es ist kein Platz mehr um Rosen zu pflanzen, dann setzen Sie Ihre Rosen doch einfach in Kübel. Sie können diese flexibel in der Nähe der Veranda aufstellen und gerade abgeblühte durch andere Kübel mit blühenden Rosen ersetzen. So lässt sich auch ein enger Raum besser nutzen. Sind Ihnen die Blühpausen zwischen den Blütenfloren zu lange, können Sie durch frühzeitigen Schnitt verschiedene Rosentöpfe in ihrer Entwicklung zurückhalten. Diese kommen dann erst später zur Blüte. Vor allem überhängende Sorten sehen in Kübeln gut aus.

SITZPLÄTZE UND ROSEN-TERRASSEN

Wählen Sie standfeste, dickwandige Töpfe oder Kübel, damit nicht schon bei geringen Frösten Schäden an den Wurzeln eintreten. Die Kübel können aus Holz, Steingut, Terrakotta oder Beton sein. Achten Sie beim Kauf darauf, dass die Terrakotta-Töpfe frosthart sind. So mancher schöne Kübel ist schon nach wenigen Jahren zersprungen.

Auch in einem Bauerngarten darf eine Bank nicht fehlen. Zwischen Centifolien, wie 'Cristata' und 'Fantin Latour' sowie Moosrosen lässt sich auch heute noch das frisch geerntete Gemüse putzen. 'Cardinal de Richelieu' gehört ebenso in jeden Bauerngarten. Sie können sich wundervolle Sträuße aus diesen dick gefüllten historischen Rosen zusammenstellen, die zudem noch sehr stark duften.

Kletterkünstler

Der Sitzplatz vor der Hauswand zwischen herabhängenden Kletterrosen ist besonders abends einer der schönsten Plätze. Die Wand strahlt die gespeicherte Wärme ab, so dass man sich noch lange dort aufhalten kann. Jedoch gerade wegen der Strahlung müssen die Rankgerüste möglichst 20 bis 30 cm vor der Wand stehen, damit ausreichend Luft zwischen Rosen und Wand zirkulieren kann. Bei einem Dachvorsprung sollten Sie die Rose auf jeden Fall davorsetzen, damit sie in der Nacht genügend Feuchte bekommt. Auch die gesündesten Sorten können dort sonst von Mehltau und Spinnmilben befallen werden. Um viele Blütentriebe zu erzielen, sollten vor allem Kletterrosen möglichst waagerecht an der Rankwand aufgebunden werden. Alte, abgeblühte Triebe werden entfernt, damit die Rose nicht langsam vergreist, sondern immer wieder gezwungen wird neu durchzutreiben. Es ist die Mühe wirklich wert!

Rosen für Wintergärten und Dachterrassen

In Wintergärten finden sich fast nur immergrüne Pflanzen. Auch einige Rosen lassen sich hier prächtig kultivieren. Alte Teerosen, wie 'Maréchal Niel' oder 'Gloire de Dijon', sind besonders gut geeignet. So können ausgepflanzt oder in Kübeln schon im Spätwinter bis Frühjahr die ersten Rosenblüten genossen werden. Der angenehme Teerosenduft der kletternden, schwefelgelben 'Maréchal Niel' kann nicht nur Ihre Sitzgelegenheit im Wintergarten sondern das ganze Haus erfüllen. Auch Chinarosen wie 'Perle d'Or' oder 'Mlle Cecile Brunner' lassen sich leicht vortreiben. Die stark rankende *Rosa banksiae lutea* blüht schon im März überreich mit kleinen gelben Büschelblüten. Diese nicht winterharte Sorte ist besonders gut für große Wintergärten geeignet.

Auf Dachterrassen sollten nur die winterhärtesten und robustesten Sorten in Kübeln gezogen werden, da oft keine Möglichkeit zur Überwinterung gegeben ist. Deshalb werden auch nur dickwandige oder innen isolierte Kübel verwendet. Am leichtesten sind Dachterrassen mit großen Pflanzbeeten zu bepflanzen. Die Rosen fühlen sich hier sehr wohl, da ausreichend Luftbewegung vorhanden ist.

Da bei der Vielzahl der Sorten die Auswahl schwer fällt, ist es meist eine gute Entscheidung, sich die Sorten in einem Rosengarten oder Rosarium vorher anzuschauen und auch die Nase mitentscheiden zu lassen. So können Sie die richtigen Sorten auswählen und haben immer Freude an ihren Rosen.

Blühzeitraum verlängern

Ein altes Wissen, das langsam in Vergessenheit gerät: Durch eine bestimmte Schnitttechnik kann man die Blütezeit bei Florblühern, wie zum Beispiel Edelrosen und Beetrosen, verlängern. Indem man während der Wachstumsphase einen Teil der Neutriebe auf die Hälfte der Trieblänge zurückschneidet, wird der Blühzeitraum um ungefähr 14 Tage verlängert. Achtung: Bei dauerblühenden Rosensorten sollte diese Technik allerdings nicht angewendet werden. von Reinhard Noack

Rosen-Praxis

Wo du eine Rose züchtest, mein Freund, kann keine Distel wachsen. (Frances Hodgson Burnett)

Rosen gehören zu den Gehölzen und begleiten uns bei richtiger Pflege jahrzehntelang auf unserem Lebensweg. Sonnig wollen sie es haben und Luft zum Atmen brauchen sie. Der Boden muss locker und tiefgründig sein. Suchen Sie den besten Standort aus.

Welche Sorten sind die besten für mich? Diese Frage lässt sich nicht so einfach beantworten. Ein guter Tipp ist, sich in Rosengärten die Sorten im Juni und später im August oder September noch einmal anzusehen. Adressen für Rosengärten finden Sie auf den Seiten 86 bis 89.

Gloria Dei

Rosen im Garten – Verwendungsmöglichkeiten

Am Anfang stellt sich sicher die Frage, welche Rose am besten zu Ihnen und Ihrem Garten passt. Ganz gleich, ob Sie üppig gefüllte Alte Sorten, elegante Edelrosen oder die natürlichen Wildformen bevorzugen, das Angebot der Rosenschulen ist beinahe unüberschaubar. Im Laufe der Jahrhunderte ist es Rosenzüchtern auf der ganzen Welt gelungen, eine Vielzahl an Sorten und Formen zu kreieren.

Beetrosen

Beetrosen sind kompakt wachsende, in der Regel nicht höher als 60 cm werdende Rosen, die, wie der Name sagt, beetweise oder in Gruppen gepflanzt werden. Unter diesem Sammelbegriff werden zwei Sortengruppen, die Polyantha-Rosen und -Hybriden und die Floribunda-Rosen und -Hybriden zusammengefasst. Erstere gehen auf die Wildart *Rosa multiflora* zurück und besitzen Doldenblüten oder große Blütenbüschel. Die Einzelblüten – gefüllt oder einfach – bleiben relativ klein. Die gefüllten Sorten sind mit ihren locker bis prall gefüllten kugelrunden Blüten äußerst attraktiv. Sie duften eher selten und sind weniger gut für den Vasenschnitt geeignet.

Floribunda-Rosen sind aus Kreuzungen von Polyantha-Rosen mit Edelrosen hervorgegangen, was sich in der Blütenform niederschlägt. Es gibt aber auch Sorten mit eher becherförmigen Blüten. Eine Trennung zwischen Polyantha- und Floribunda-Rosen ist heute praktisch nicht mehr möglich, deshalb haben wir in diesem Buch alle Sorten den Beetrosen zugeordnet (siehe ab Seite 92).

Beetrosen wirken vor allem in Gruppen. Neuere Sorten erfreuen zudem durch wetterfeste Blüten, gesundes Laub und vitalen Wuchs und einer Blütezeit bis in den Oktober.

Edelrosen

Edelrosen sind „die" Rosen im klassischen Sinn und in einer unglaublichen Farb- und Duftvielfalt erhältlich. Sie wachsen straff aufrecht und werden zwischen 80 und 100 cm hoch. Besonders gut wirken sie in kleinen Gruppen oder als Beetbepflanzung.

Die großen, meist stark gefüllten, edel geformten Blüten sitzen auf langen Stielen einzeln oder zu mehreren in Büscheln. Der erste Flor erscheint im Juni, der zweite – höher wachsende – bis in den September und Oktober hinein.

Die großen Blüten eignen sich besonders gut für den Vasenschnitt.

Kleinstrauchrosen

Diese Rosengruppe ist noch relativ jung und ist auch unter der Bezeichnung Flächen- oder Bodendecker-Rosen bekannt. Wie der Name sagt, bleiben sie relativ klein und sind besonders für weniger große Gärten geeignet. Ihre herausragenden Eigenschaften sind die Blühwilligkeit, die vielfältigen Wuchsformen (da bleibt kein Wunsch unerfüllt!) und nicht zuletzt die sehr gute Blattgesundheit. Betörende Düfte findet man bei dieser Gruppe allerdings selten.

Strauchrosen

Eigentlich sind alle Rosen Sträucher, da sie mehrtriebig sind und verholzen. Zur Gruppe der Strauchrosen werden aber nur solche Arten gezählt, die besonders starktriebig und überwiegend öfter blühend sind sowie zwischen 1,2 und 2 m groß werden. Das Farbspektrum ist unüberschaubar und die Blütenformen reichen von einfach schalenförmig (un-

Beetrose Aspirin® Rose

Edelrose Porta Nigra®

Strauchrose Mein schöner Garten®

ROSEN IM GARTEN — VERWENDUNGSMÖGLICHKEITEN

Kleinstrauchrose Romantic Roadrunner®

Zwergrose Medley® Soft Pink

Historische Rose Königin von Dänemark

gefüllt) bis zu stark gefüllten großblumigen Sorten. Sie eignen sich für die Einzelstellung, Gruppen- und sogar Heckenpflanzungen.

Kletterrosen

Zu den Kletterrosen zählen eigentlich zwei Sortengruppen, die Climber und Rambler. Rambler, die auch Schlingrosen genannt werden, haben lange biegsame Triebe und blühen meist nur einmal im Jahr. Sie sind besonders für Pergolen und Bögen geeignet oder auch, da sie durchaus 3 bis 6 m hoch werden, frei wachsend in Bäumen.

Das Gegenteil dazu sind Climber, die mit ihren dicken, sparrig-steifen aufrechten Trieben etwa 2 bis 3 m hoch werden und sich deshalb gut für Spaliere, Obelisken oder Lauben eignen. Ihre Blüten ähneln Beet- oder Edelrosen und stehen einzeln oder in Büscheln. Ursprünglich von Standorten am Waldrand stammend, vertragen Kletterrosen auch feuchtere Böden und als junge Pflanzen sogar Halbschatten. Ideal sind Südost- oder Südwestwände, die Schutz vor scharfen Winden und der Mittagssonne bieten.

Trotz ihrer Wüchsigkeit eignen sich Kletterrosen gerade auch für kleinere Gärten, da sie sich mit ihren bogigen Trieben leiten und mit Schnitt im Zaum halten lassen. Eine Besonderheit sind Kaskaden- oder Trauerrosen, das sind auf Hochstämmchen veredelte Kletterrosen.

Zwergrosen

Zwergrosen sind, wie der Name sagt, sehr niedrig und buschig wachsende Rosen. Sie sind öfter blühend und eignen sich auf Grund ihres Wuchses besonders für Beeteinfassungen, Töpfe, Kübel und Balkonkästen.

Wildrosen und Naturformen

Wildrosen oder Naturformen wachsen meist locker strauchförmig, sind einmal blühend und besonders für Gruppen- und Heckenpflanzungen im naturnahen Garten geeignet. Ihre Blüten sind eine beliebte Insekten- und Bienenweide und die Früchte (Hagebutten) locken im Herbst und Winter viele Vögel und andere Tiere an.

Historische oder Alte Rosen

Zu den Historischen Rosen zählt man all jene Rosensorten, die es schon vor der Einführung der ersten Edelrosen (1867) gab. Zu diesen gehören Gallica-, Alba-, Centifolia- oder Damaszenerrosen, die durch ihre üppig gefüllten und herrlich duftenden Blüten bestechen.

Englische Rosen

Der englische Rosenzüchter David Austin beschäftigt sich seit den 60er-Jahren des 20. Jahrhunderts mit dieser Gruppe und hat viele Sorten kreiert, die die Form und den Duft der Historischen Rosen mit den Farben, dem Öfterblühen und der Robustheit moderner Hybriden kombinieren.

Kletterrose Super Dorothy®

Wildrose (Rosa pimpinellifolia)

Englische Rose Heritage®

ROSENPRAXIS

Auswahl und Einkauf

Da das Rosensortiment heute beinahe unüberschaubar ist und es bei der Auswahl nicht nur auf die richtige Sorte ankommt, muss man beim Rosenkauf die wichtigsten Qualitätskriterien sicher erkennen können. Vor allem bei Billigangeboten lohnt sich ein kritischer Blick.

Beim Durchblättern von Zeitschriften, Büchern, Katalogen oder beim Einkaufen in Gartencentern oder Gärtnereien fällt das große Angebot an Rosen auf. Zusätzlich zur Fülle an Sorten muss man sich auch zwischen verschiedenen Verkaufsformen entscheiden.

Eine gut sortierte Rosen- oder Baumschule ist am ehesten zu empfehlen, besonders wenn man Wert auf kompetente Beratung legt. Aber auch Gärtnereien und Gartencenter bieten im Herbst und Frühjahr eine große Auswahl an wurzelnackten oder wurzelballierten Rosen. Containerrosen werden fast ganzjährig angeboten.

Wurzelnackte Rosen

Am häufigsten und in der größten Vielfalt werden Rosen im Herbst und Frühjahr als wurzelnackte Ware angeboten. Da sie schnell austrocknen, sollten sie möglichst sofort nach dem Kauf gepflanzt werden. Sie sind im Vergleich zu anderen Verkaufsformen preiswert, da Handhabung und Versand relativ einfach sind. Wenn man wurzelnackte Rosen im Herbst kauft, aber erst im Frühjahr pflanzen kann, ist es möglich, diese in feuchter Gartenerde eingeschlagen zu überwintern. Wenn man die Triebe vor dem Einlagern mit Steinmehl einstäubt, verhindert man den Befall der wurzelnackten Rosen mit Fäulnis erregenden Pilzen.

ADR-Rosen

Das ADR-Prädikat ist eine Auszeichnung, die von der Allgemeinen Deutschen Rosenneuheitenprüfung (ADR), einem Arbeitskreis aus Vertretern des Bunds deutscher Baumschulen, Rosenzüchtern und unabhängiger Experten, vergeben wird. Die Prüfung orientiert sich an Merkmalen wie Wirkung der Blüte, Duft, Wuchsform, Reichblütigkeit, Winterhärte und nicht zuletzt als wichtigstes Kriterium an der Widerstandsfähigkeit gegen Krankheiten. In elf verschiedenen Rosensichtungsgärten, die über die ganze Bundesrepublik von Nord nach Süd und Ost nach West verteilt sind, werden die ADR-Prüfsorten ohne jegliche Behandlung mit Pflanzenschutzmitteln kultiviert und jährlich bewertet. Nach drei Jahren entscheidet das Prüfgremium, ob der Sorte das ADR-Prädikat verliehen wird. Allein die Tatsache, dass von über 1.500 Sorten, die der Prüfung unterzogen wurden, bis zum Jahr 2000 nur 121 die begehrte Auszeichnung erhielten, ist ein Zeichen für die Strenge der Beurteilung. Rosensorten, die nach einiger Zeit den strengen Qualitätskriterien nicht mehr genügen, wird das Prädikat wieder aberkannt.

Rosenangebot

Wurzelnackte Rosen trocknen schnell aus und müssen daher auch sofort gepflanzt werden.

Ballierte Rosen pflanzt man meist direkt ein, da sich die Ballierung im Laufe der Zeit zersetzt.

Container-Rosen können außer bei Frost jederzeit gepflanzt werden, sind aber auch am teuersten.

AUSWAHL UND EINKAUF

Ballierte Rosen

Eine verbreitete Angebotsform, die speziell in Gartencentern und im Gartenfachhandel anzutreffen ist, sind vorverpackte (ballierte) Rosen. Die Wurzeln sind durch ein Substrat geschützt und mit einem Drahtgeflecht, einem Baumwollnetz oder einer mitpflanzbaren Pappverpackung ummantelt. Man kann sie meist direkt einpflanzen, da sich die Ballierung im Laufe der Zeit zersetzt. Auf der Verpackung ist genau beschrieben, ob man das Ballennetz entfernen muss oder nicht.

Container-Rosen

Im Gegensatz zu wurzelnackten oder ballierten Rosen werden Containerrosen nicht nur im Frühjahr und im Herbst, sondern auch im Sommer angeboten und können jederzeit gepflanzt werden. Im Topf haben sie schon einen optimalen Wurzelballen entwickelt und wachsen schnell an. Sie sind durch den höheren Kultur- und Pflegeaufwand in der Gärtnerei hochpreisiger.

Güteklassen erkennen

In Deutschland, Österreich und der Schweiz werden Rosen in zwei Qualitätsklassen angeboten. Die beste Qualität, Güteklasse A, zeichnet sich durch mindestens drei starke, gesunde Triebe und ein besonders gut verzweigtes Wurzelsystem aus. Rosen der Güteklasse B haben dagegen nur zwei Triebe und müssen ein nicht ganz so stark verzweigtes Wurzelsystem aufweisen. Das gilt auch für Rosen, die auf Hochstämmchen veredelt wurden.

Eine Rose der Güteklasse A hat durch das besser ausgebildete Wurzelsystem bessere Startbedingungen und die höhere Anzahl an Trieben garantiert vor allem bei Pflanzen, die als Solitär gepflanzt werden sollen, einen harmonischeren Wuchs. Wer Erfahrung mit Rosen hat und größere Beete anlegen möchte, ist aber auch mit Rosen der Güteklasse B auf der sicheren (und günstigeren) Seite.

Gesunde Triebe

Beim Kauf sollte man unbedingt auf gesunde, feste Triebe achten. Rosen, deren Triebe Rillen, Verletzungen oder Verfärbungen aufweisen, sind falsch ge-

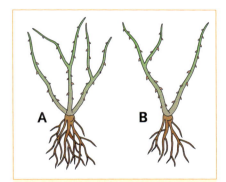

Rosen der Güteklasse A müssen immer drei Triebe und ein gut verzweigtes Wurzelwerk besitzen, jene der Güteklasse B haben nur zwei Triebe und weniger Wurzeln.

So gedeihen Rosen am schönsten

- Sandige Lehmböden oder Lößböden, die wasserdurchlässig, gut durchlüftet, tiefgründig und nicht verdichtet sind, sind ideal. Saure Moorböden eignen sich nicht.
- Gut verrotteten Mist als Grunddüngung einbringen, schafft ideale Startbedingungen.
- Wurzeldruck und Schatten von Bäumen vermeiden, da Rosen keine Konkurrenz mögen.
- Ein sonniger, aber nicht zu heißer Standort ist ideal. Direkte Südlagen, vor allem vor Häuserwänden und Mauern muss man vermeiden.
- Ein sanfter Luftzug sorgt für Durchlüftung und Luftzirkulation. Bei stehender Luft werden Rosen anfällig für Sternrußtau.

Sind diese Bedingungen erfüllt, hat man mit seinen Rosen, wenn sie regelmäßig mit Sachverstand gepflegt werden, lange Freude.

lagert oder geerntet worden oder sogar von Krankheiten befallen.

Auch die Wurzeln werden vor dem Kauf einer Qualitätskontrolle unterzogen. Sie sollten nicht gebrochen oder eingerissen sein. Wenn unter der Wurzelrinde nach vorsichtigen Kratzen ein helles Gewebe zum Vorschein kommt, ist das ein Zeichen guter Qualität. Braune oder schwärzliche Verfärbungen an der Wurzel deuten auf eine nicht lebensfähige Pflanze hin.

Links: Gute Qualität, Rinde ohne Verletzungen; rechts: Rinde beschädigt, schlechte Qualität

Nicht vergessen: Der Herbst ist die beste Pflanzzeit!

Während der letzten Jahre werden in Gärtnereien, Garten-Centern oder Baumärkten immer mehr eingetopfte Rosen, so genannte Container-Rosen, angeboten. Das hat den Vorteil, dass im Frühjahr und den ganzen Sommer hindurch gepflanzt werden und man sich die Sorten in blühendem Zustand aussuchen kann. Aber dieses ständige Angebot von Rosen hat uns bequem gemacht, denn eigentlich ist der Herbst die beste Pflanzzeit. Die klassische (und günstigere) Angebotsform sind die wurzelnackten Rosen, die, pflanzt man sie zeitig im Herbst, im noch warmen Boden neue Wurzeln bilden und es mit einer kräftigen Blüte im folgenden Sommer danken. Von einer erst spät im Frühjahr gepflanzten Rose kann man keine Wunder erwarten. Also, auch wenn es im Oktober/November stürmt und regnet – raus in den Garten! Die Blütenpracht im Sommer wird Sie für die Mühe entschädigen!

von Thomas Proll

ROSENPRAXIS

Die richtige Pflanzung

Wenn die Wahl getroffen und die Rosen gekauft sind, mag mancher mit der Pflanzung kaum warten. Da Rosen in verschiedenen Formen im Handel sind, die vor der Pflanzung unterschiedlich behandelt werden müssen, sollte man sich unbedingt vorher kundig machen, damit die Freude anhält.

Grundsätzlich muss bei allen Rosen, egal ob wurzelnackt, balliert oder im Container, vor der Pflanzung der zukünftige Standort vorbereitet werden.
Das Pflanzloch sollte etwa doppelt so breit wie der Wurzelballen sein und so tief, dass die Wurzeln ohne Knicken eingesetzt werden können. Die Veredlungsstelle sollte 5 Zentimeter unter der Erdoberfläche liegen.
Wenn man vor der Pflanzung gut verrotteten Pferde- oder Rindermist in den Boden einarbeitet, hat die Rose von Anfang an optimale Startbedingungen.
Nach dem Pflanzen ist durchdringendes Gießen wichtig, damit zwischen Wurzeln und Boden keine luftgefüllten Löcher bleiben. Auch später ist vor allem an heißen Sommertagen auf ausreichende Bewässerung zu achten.

Wurzelnackte Rosen pflanzen

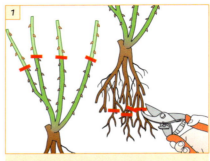

Wurzel- und Triebschnitt
Vor dem Pflanzen wurzelnackter Rosen werden die Triebe auf etwa 20 cm eingekürzt. Auch beschädigte Wurzeln sollten mit einer scharfen Schere abgeschnitten werden. Die Wurzelspitzen leicht anschneiden, um sie zu neuer Wurzelbildung anzuregen. Dabei so wenig wie möglich wegschneiden!

Wässern
Damit die Rose einen guten Start zum Anwachsen bekommt, wird sie vor der Pflanzung für 12 Stunden gewässert. Die Triebe und Wurzeln können sich so prall mit Wasser voll saugen. Stellen Sie die Rose mindestens bis zur Veredlungsstelle, besser vollständig ins Wasser.

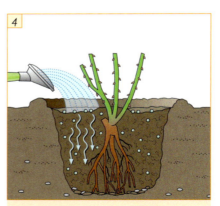

Pflanzlochtiefe
Das Pflanzloch soll einen Durchmesser von mindestens 40 cm haben und so tief sein, dass die Wurzeln nicht geknickt werden und die Veredlungsstelle noch 5 cm unter der Erdoberfläche liegt. Der Boden des Pflanzloches sollte etwas aufgelockert werden.

Angießen
Wenn das Pflanzloch mit einem Gemisch aus dem Aushub, Kompost oder verrottetem Mist aufgefüllt und gut angetreten worden ist, durchdringend und intensiv wässern. Ein kleiner Wall um das Pflanzloch sorgt dafür, dass das Wasser direkt zu den Wurzeln sickert.

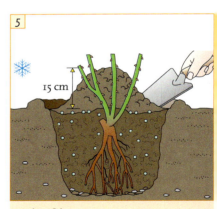

Anhäufeln
Zum Schutz vor Wind und Frost werden Rosen im Herbst und auch im Frühjahr immer 15 cm hoch mit Gartenerde angehäufelt. Bei Frühjahrspflanzung können Sie die Anhäufelung bei bedecktem Himmel entfernen, wenn die Rose deutlich ausgetrieben ist.

DIE RICHTIGE PFLANZUNG

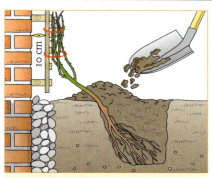
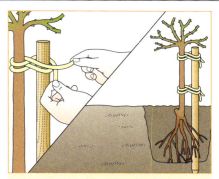

Containerrosen pflanzen
Containerrosen können im Gegensatz zu ballierten und wurzelnackten Rosen auch im Sommer gepflanzt werden. Vor dem Pflanzen werden sie gut gewässert, bis sich die Erde mit Wasser voll gesaugt hat. Anschließend wird der Topf vorsichtig entfernt. Lässt er sich nicht lösen, kann man den Topf auch mit einer Gartenschere zerschneiden. Wenn der Ballen schon sehr stark durchwurzelt ist, empfiehlt es sich, die äußeren Wurzeln mit einer Kralle zu lockern.
Die Rose wird in das so vorbereitete Pflanzloch gesetzt, sodass die Veredlungsstelle ungefähr 5 cm unter der Bodenoberfläche liegt.

Kletterrosen pflanzen
Damit sich Kletterrosen an einer Hauswand optimal entwickeln, sollten sie etwa 50 bis 60 cm von der Wand entfernt gepflanzt werden. Direkt an der Hauswand ist es oft zu trocken oder der Boden durch Drainagen ungeeignet. Eine Rankhilfe im Abstand von 10 cm zur Hauswand gewährleistet eine ausreichende Luftzirkulation, die Pilzkrankheiten vorbeugt.
Dir Rose wird leicht schräg in das Pflanzloch gesetzt, die Veredlungsstelle etwa 5 cm unter der Erdoberfläche, und zur Wand geleitet.
Die Triebe am Gerüst befestigen und Anhäufeln.

Hochstammrosen pflanzen
Hochstammrosen müssen auf jeden Fall mit einem Pflock gestützt werden, damit sie Wind und anderen Belastungen widerstehen können. Damit die Wurzeln nicht beschädigt werden, wird der Pflock vor der Pflanzung ins Pflanzloch eingeschlagen. Der Abstand zum Stamm sollte 5 bis 10 cm betragen. Nach dem Einsetzen wird der Stamm an beiden Enden mit einer stabilen Schnur, zum Beispiel aus Kokosfasern, mit einem doppelten Achterknoten gesichert. Damit die Schnur nicht einwächst und die Rinde verletzt, muss man die Knoten regelmäßig kontrollieren und bei Bedarf erneuern.

Rosa blühende Zwergrose Zwergkönigin 82®

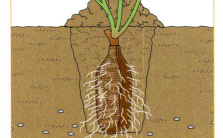

Ballierte Rosen pflanzen
Ballierte Rosen werden im Prinzip wie wurzelnackte Rosen behandelt. Je nach Hersteller ist auf der Verpackung angegeben, wie Sie vorgehen müssen. Das Pflanzloch sollte etwa doppelt so breit wie der Ballen sein. Setzen Sie die Rose ein, sodass die Veredlungsstelle 5 cm unter der Erdoberfläche ist. Die Erde andrücken, gut wässern und anhäufeln.

ROSENPRAXIS

Rosenpflege im Sommer

Pflegeleichte Rosen – die mag es sicher geben, aber ganz ohne regelmäßige Pflege und Beobachtung wird keine Rose auf Dauer gedeihen. Gießen, Düngen, Schneiden und Entfernen abgeblühter Knospen, das Abtrennen von Wildtrieben sowie die Kontrolle auf Schädlinge und Krankheiten gehören zu den wichtigsten Pflegearbeiten im Sommer.

Gießen

Rosen stellen zum Glück keine besonders großen Ansprüche an die Wasserversorgung. Sie mögen weder einen feuchten, sumpfigen Standort noch gedeihen sie an trockenen, öden Stellen. Beim Wässern sind eigentlich nur wenige Grundregeln einzuhalten.
Bei Bedarf durchdringend und nicht über das Laub oder die Blüten gießen. Bei Bedarf gießen heißt nicht, dass Rosen nach einem bestimmten Rhythmus gegossen werden sollen, sondern dass der Boden, in dem sie gedeihen, gleichmäßig feucht gehalten wird.
Durchdringend bedeutet, dass es besser ist, die Rose lieber etwas seltener, aber dafür ausgiebig zu gießen, damit das Wasser tief in den Boden einsickern kann.
Häufiges, oberflächliches Gießen verleitet die Pflanze dagegen zur Bildung vieler Feinwurzeln dicht unter der Erdoberfläche und das macht sie empfindlich gegen Trockenheit.

Düngen

Eine gute Ernährung ist Voraussetzung für gesunde Rosen. In der Natur herrscht ein feines Gleichgewicht im Boden, aus dem die Pflanzen die von ihnen benötigten Nährstoffe aufnehmen. Im Garten bestimmen Sie, was wo wachsen und blühen soll, und so müssen den Pflanzen zusätzliche Nährstoffe zugeführt werden. Die wichtigsten Nährstoffe sind Stickstoff (N), Phosphor (P) und Kalium (K), gefolgt von Calcium (Ca) und Magnesium (Mg). Zusätzlich braucht die Rose wie alle Pflanzen noch eine ganze Reihe weiterer Elemente in geringer Konzentration, die so genannten Spurenelemente. Auf der sicheren Seite ist man, wenn man seine Rosen im Frühjahr mit einem Volldünger, der alle notwendigen Nährelemente enthält, versorgt und Ende Juni noch einmal nachdüngt. Ein organischer Volldünger reicht aus.
Wie überall gilt auch hier, viel hilft nicht unbedingt viel. Zu viele Nährstoffe, vor allem zu viel Stickstoff, machen die Pflanze weich und anfällig für Krankheiten. Von Anfang Juli an sollte man das Düngen einstellen, damit die Rosen feste Triebe bilden und gut durch den Winter kommen.

Mulchen

Eine Mulchschicht, die den Boden um die Rose bedeckt, hat viele Vorteile. Sie verhindert ein schnelles Austrocknen der Oberfläche und hält die Feuchtigkeit länger im Boden. Keimende Unkräuter werden unterdrückt und der Boden durch die Verrottung langsam und gleichmäßig mit Nährstoffen versorgt. Der dabei entstehende Humus spielt zudem eine wichtige Rolle bei der Verbesserung der Bodenstruktur. Zum Mulchen eignen sich Strohhäcksel, Rohkompost, Gras oder verrotteter Mist. Je frischer das Mulchmaterial ist, desto höher ist allerdings die Gefahr, dass Nährstoffe aus dem Boden gezogen werden. Verrotteter Rinder- oder

Beim Gießen beachten: Nur auf den Boden, nicht über die Blätter und Blüten gießen.

Bei Mangelerscheinungen sind schnell wirkende Flüssigdünger am besten geeignet.

Eine Mulchschicht schützt vor Austrocknung und verhindert Unkrautbewuchs.

ROSENPFLEGE IM SOMMER

Pferdemist ergeben, im Herbst aufgebracht, eine ideale Mulchschicht.

Hacken

Regelmäßiges, oberflächliches Hacken hat mehrere positive Wirkungen auf den Boden und damit auf die Rosen, die in ihm wachsen.

Durch das Aufbrechen der Erdoberfläche werden Verkrustungen, die beim Gießen entstehen können, gelockert, sodass der darunter liegende Boden wieder atmen kann. Keimendes Unkraut wird entfernt und durch die Unterbrechung der Bodenkapillaren ein Austrocknen verhindert.

Hacken Sie nicht zu tief, damit die empfindlichen Rosenwurzeln nicht verletzt werden.

Regelmäßiges Hacken (ohne die Wurzeln zu beschädigen) verhindert Austrocknung und Unkrautwuchs.

Unkraut

Eigentlich sollte man keine Pflanze mit der unschönen Bezeichnung „Un"-Kraut belegen. Aber die Rosen im Garten sollen ja auch zur Geltung kommen und nicht zwischen Quecke, Melde, Gräsern und Brennnesseln verschwinden. Unkräuter konkurrieren mit der Rose um Wasser, Nährstoffe und Licht. Das beste Mittel, um unerwünschte Kräuter im Zaum zu halten, ist die Vorbeugung. Eine Mulchschicht, regelmäßiges Hacken und das rechtzeitige Entfernen aufkeimender Unkräuter mit Stumpf und Stiel sind die einzige Alternative. Vom verlockenden Gebrauch von Herbiziden (Unkrautvernichtungsmitteln) sollte man absehen, da sie den Rosen und der Umwelt schaden!

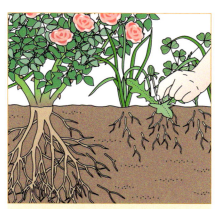

Unkräuter sollten regelmäßig entfernt werden, da sie mit der Rose um Wasser, Licht und Nährstoffe konkurrieren.

Das Handwerkszeug zur Rosenpflege

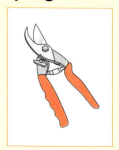

- Scharfe Rosenschere

- Kleine Astsäge

- Lupe zur Schädlingskontrolle

- Handschuhe

- Hacke   • Spaten

- Geduld und Augenmaß

Pinzieren im Frühsommer verlängert die Blütezeit!

Um einen gleichmäßigen und längeren ersten Flor zu haben, kann man Rosen pinzieren. Das bedeutet, dass vorwitzige Triebe auf etwa 5 cm zurückgeknipst werden. Ein starker zweiter Flor lässt sich dadurch erreichen, dass nach dem 1. Flor die Triebe auf etwa 30 cm zurückgeschnitten werden. Danach ist fünf Wochen „Funkstille" – oft ist man in dieser Zeit sowieso in Urlaub. Und dann erhält man eine prächtige zweite Blütenperiode. Tut man das nicht, kann man sich den ganzen Sommer über an einigen Blüten erfreuen, aber eben nicht in der Fülle und Pracht, die uns Rosen auch im Herbst noch bieten können.

von Bernd Weigel

Bernd Weigel Rose®

ROSENPRAXIS

Pflanzenschutz

Lange stand die Rose im Ruf, Krankheiten und Schädlinge geradezu magisch anzuziehen und ohne den Einsatz von Pflanzenschutzmitteln nicht überleben zu können. Diese Ansicht mag auf die eine oder andere Sorte vielleicht zutreffen, doch mittlerweile hat sich bei den Rosenzüchtern der Trend zu robusten und wenig anfälligen Sorten durchgesetzt.

Allgemeines

Leider haben nicht nur passionierte Gärtnerinnen und Gärtner, Rosenliebhaber und Blumenfreunde ein Auge auf die Königin der Blumen geworfen, sondern auch einige unerwünschte Besucher. Rosen können im Garten von etlichen Schädlingen, vor allem verschiedenen Insekten, und Krankheiten befallen werden.

Bei den tierischen Schädlingen sind dies neben der Rosenblattlaus, der Rosen-Blattrollwespe, der Rosen-Zikade, dem Rosen-Triebbohrer auch Rosen-Blattwespe und die Gemeine Spinnmilbe. Pilzkrankheiten, die empfindlichen Rosen zu schaffen machen, sind Rosenrost, Grauschimmel, Rußtau, Falscher und Echter Mehltau und nicht zuletzt der größte Feind des Rosenblatts, der Sternrußtau. Eine Bekämpfung muss nicht immer mit der „chemischen Keule" geschehen, oft hilft es, befallene Blätter und Triebe zu entfernen und zu vernichten. Sie gehören aber nicht auf den Kompost, da sich dort Pilze oder verborgene Insektenlarven weiterentwickeln können. Ein kräftiger Wasserstrahl hat schon so manche Blattlauskolonie von zarten Rosenknospen gespült. Und Marienkäfer und Florfliegen sowie deren Larven sind Weltmeister im Vertilgen von Blattläusen aller Art.

Wer seine Rosen regelmäßig kontrolliert, Verblühtes entfernt und sie beobachtet, erkennt Krankheiten und Schädlinge so rechtzeitig, dass sie selten zu einem Problem werden. Kranke Blätter, die im Herbst fallen, auf jeden Fall entfernen und verbrennen oder im Hausmüll entsorgen.

Nur gesunde Rosen halten auch in der Vase lange.

Leider sind einige der schönsten und am stärksten duftenden Rosen älteren Datums besonders anfällig. Bei diesen kommt man um eine (vorbeugende) Behandlung mit Pflanzenschutzmitteln gegen Pilzkrankheiten (Fungizide) nicht herum. Die gesetzlichen Bestimmungen zum Einsatz von Pflanzenschutzmitteln im Hausgarten sind in den letzten Jahren sehr streng geworden und viele Mittel nicht mehr erhältlich. Lassen Sie sich in einer Gärtnerei, Ihrer örtlichen Pflanzenschutzberatungsstelle (Adressen im Telefonbuch) oder einem Gartencenter genau beraten und befolgen Sie die Anweisungen und Dosierungsanleitung auf der Verpackung genau. Falsch eingesetzte Spritzmittel fördern resistente Krankheiten, schaden der Umwelt, der Rose und nicht zuletzt Ihrer eigenen Gesundheit.

Pflegefehler

Den Ruf, häufiger unter Krankheiten zu leiden als andere Pflanzen, verdankt die Rose weniger einer außergewöhnlichen Anfälligkeit, sondern dem oft nicht optimalen Standort, der die Rose schwächt und dann erst anfällig macht. Ein Gang durch viele Gärten zeigt, dass der gewählte Standort in zwei Drittel bis vier Fünftel aller Fälle nicht optimal ist!

Rosen mögen weder in der Nähe großer Bäume vom Wurzeldruck „unterdrückt" werden noch in deren Schatten stehen. Ein sonniger Standort ist viel besser, doch die direkte Südseite vor einer Hauswand ohne Schutz vor brennender Mittagssonne ist wiederum abträglich. Stehende Luft, vor allem wenn sie warm und feucht ist, begünstigt den Pilzbefall mit Sternrußtau und auch Mehltau, sodass im schlimmsten Fall selbst robuste Rosensorten befallen werden können.

Rosen, die unter Nährstoffmangel leiden, sind genauso anfällig für Schaderreger wie solche, die zu üppig versorgt werden und nur weiche Triebe bilden.

Bei der Pflanzung im Herbst schützt ein Mantel aus Tannenreisig vor austrocknender Wintersonne. Wer Hochstamm- oder Trauerrosen im Winter in Plastik- oder Luftpolsterfolie einpackt, um sie vor Frost zu schützen, darf sich im Frühjahr nicht über mit Schimmel oder anderen Pilzen befallene Blätter und Triebe wundern.

Auch ein zu früher Rückschnitt oder zu spät angebrachter oder entfernter Winterschutz stören die Rose in ihrer Entwicklung und machen sie für Krankheiten empfindlicher.

PFLANZENSCHUTZ

Schädlinge

Im Folgenden werden die wichtigsten tierischen Schädlinge vorgestellt, die Schadsymptome erklärt und Abhilfe bei einem Befall beschrieben. Für alle Schädlinge sind im Fachhandel entsprechende Präparate erhältlich, die bei starkem Befall eingesetzt werden können. Wenn in Ihrem Garten Kinder spielen, sollten Sie auf den Einsatz von Spritzmitteln ganz verzichten.

Rosen-Blattlaus
Diese meist grün gefärbte Blattlausart saugt an Knospen und Triebspitzen. Dadurch verkrüppeln junge Blätter und Blütenknospen.
Abhilfe: bei leichtem Befall von Hand absammeln oder am frühen Morgen mit Wasser abspritzen.

Rosen-Triebbohrer
Trockene, braune Triebspitzen sind ein Anzeichen für einen Befall mit dem Rosen-Triebbohrer. Die Larven fressen sich im Triebinneren sowohl auf- wie auch abwärts und bringen den darüber liegenden Trieb zum Absterben.
Abhilfe: Befallene Triebe einige Zentimeter unter dem abgestorbenen Teil entfernen und mit dem Hausmüll entsorgen.

Rosen-Blattrollwespe
Diese Blattwespe legt ihre Eier an den Blatträndern ab, die sich dann schützend um die Larve rollen, vergilben und abfallen.
Abhilfe: Befallene Blätter entfernen und auch vom Boden absammeln. Mit dem Hausmüll entsorgen, da sich die Larven auf dem Kompost weiterentwickeln.

Rosen-Blattwespe
Die Larven der Blattwespe fressen an der Blattunterseite und verursachen unschöne Schadstellen, die nach einiger Zeit austrocknen und Löcher hinterlassen.
Abhilfe: Befallene Blätter entfernen und mit dem Hausmüll entsorgen.

Rosen-Zikade
Zikaden sind kleine, grünliche, springende Insekten, die auf der Blattunterseite saugen und dadurch an der Blattoberfläche weißliche Verfärbungen verursachen.
Abhilfe: Mit Insektizid am frühen Morgen spritzen. Dabei ist wichtig, vor allem die Blattunterseite zu benetzen.

Gemeine Spinnmilbe
Spinnmilben sind keine Insekten, sondern gehören zu den Spinnentieren. Sie sind mit bloßem Auge fast nicht zu erkennen und treten besonders bei heißem, trockenem Wetter auf. Ein Befall zeigt sich aber bald durch die feinen Gespinste an der Blattunterseite und zwischen den Blättern. Die Blätter zeigen dann eine feine, grauweiße Sprenkelung.
Abhilfe: Befallene Triebe komplett entfernen und mit dem Hausmüll entsorgen.

ROSENPRAXIS

Pilzkrankheiten

Pilzkrankheiten sind bei Rosen sehr gefürchtet. Vor allem ungünstige Standorte, warme und feuchte Witterung und fehlende Durchlüftung begünstigen den Befall mit Sternrußtau, Mehltau oder anderen Pilzkrankheiten. In vielen Fällen hilft eine Brühe aus Schachtelhalm, um die Rosen vorbeugend zu stärken: Ein halbes Kilo frischer Schachtelhalm über Nacht in fünf Litern Wasser ziehen lassen, am nächsten Tag eine halbe Stunde kochen und abseihen. Alle zwei Wochen die Rosen mit dieser Brühe, im Verhältnis 1:5, besprühen.

Abgeblühtes, Schnittgut und abgefallene Blätter immer sofort entfernen. Viele Pilzsporen überdauern lange im Boden und können immer wieder zu Neuinfektionen führen. Der Kompost ist also keine geeignete Entsorgungsmöglichkeit.

Wenn der Befall zu stark ist oder empfindliche Sorten im Garten gedeihen sollen, hilft nur eine Spritzung mit Fungiziden (Spritzmittel gegen Pilzkrankheiten). Lassen Sie sich im Fachhandel beraten!

Was man über Resistenzen wissen muss

Es gibt viele verschiedene Möglichkeiten, die eine Pflanze gegen Krankheiten oder Schädlinge resistent und widerstandsfähig machen können. Die Pflanze kann Stoffe entwickeln, die dem Schädling nicht schmecken, ihm schaden, sie kann aber auch durch Bildung besonders robuster Zellen oder einer dicken Wachsschicht das Eindringen erschweren. Eine besonders raffinierte Methode, sich vor Pilzerregern zu schützen, ist eine extreme Überempfindlichkeit. Dringt zum Beispiel ein Mehltaupilz in eine Pflanzenzelle ein, die dann sofort abstirbt, kann sich der Pilz nicht weiter ausbreiten und stirbt selbst ab.

Die richtige Ernährung macht's!

Eine gute Ernährung ist Voraussetzung für gesunde Rosen. Ich rate eher zu **organischem Volldünger** als zu Einzelnährstoffdünger. Im Herbst hat sich Mulchen mit verrottetem Mist bewährt. Rindenprodukte sind ungeeignet, da sie Stickstoff aus dem Boden ziehen. Wenn Rosen nicht gut wachsen, versuchen Sie es einmal mit Flüssigdünger, am besten gleich nach dem Austrieb. Wirkungsvoll ist aber auch eine Gabe nach dem ersten Flor. Stechen Sie mit dem Spaten etwa 30 bis 50 cm neben der Rose in den Boden und geben Sie den Flüssigdünger direkt an die Wurzeln.

von Bernd Weigel

Grauschimmel
Gräuliche Pilzrasen an Blättern, Knospen und jungen Trieben, die braune, trockene Flecken bilden, sind ein Anzeichen für Grauschimmel oder Botrytis. Abhilfe: Überdüngung, vor allem mit Stickstoff, der zu weichen, anfälligen Trieben führt, vermeiden und befallene Triebe entfernen. Schachtelhalmbrühe zur Vorbeugung sprühen.

Echter Mehltau
*Ein mehliger weißer Belag an Blattoberseite, Trieben und Knospen, den man leicht abwischen kann, tritt besonders bei warmem, feuchtem Wetter auf. Befallene Pflanzenteile wachsen deformiert weiter.
Abhilfe: Für gute Durchlüftung sorgen, damit das Laub schnell abtrocknen kann. Befallene Blätter sofort entfernen. Empfindliche Sorten vorbeugend spritzen.*

Falscher Mehltau
*Der Falsche Mehltau zeigt sich mit grauen Pilzbelägen auf der Blattunterseite und braun-violetten Flecken an den entsprechenden Stellen auf der Oberseite. Der Belag lässt sich nicht abwischen. Er tritt auch bei trockener Witterung auf.
Abhilfe: Ein luftiger Standort und eine Kalium-betonte Düngung reichen meist aus. Vorbeugend Schachtelhalmbrühe spritzen.*

PFLANZENSCHUTZ

Sternrußtau
Runde, schwarzbraune Blattflecken mit strahligem Rand sind die Kennzeichen dieser am meisten gefürchteten Rosenkrankheit. Befallene Blätter vergilben zunächst und fallen dann ganz ab.
Abhilfe: Für gute Durchlüftung sorgen, befallene Blätter sofort entfernen (auch am Boden) und ausgewogen düngen. Empfindliche Sorten vorbeugend spritzen.

Rußtau
Auf den klebrigen Ausscheidungen (Honigtau) von Blattläusen und anderen saugenden Insekten siedelt sich dieser Pilz an. Er überzieht die Blätter mit einem schwarzen, rußähnlichen Belag.
Abhilfe: Blattläuse und andere saugende Insekten müssen bekämpft werden, der Pilz an sich schädigt die Rose nicht, sieht aber unschön aus.

Rosenrost
Kleine, orangerote schwielige Flecken, die im Frühling an Trieben erscheinen, sind Vorboten des Rosen-Rosts, der im Sommer die ganze Blattoberseite mit gelb-orangefarbenen Flecken überzieht. An der Unterseite zeigen sich erst orangerote, später schwarze Pusteln.
Abhilfe: Befallene Triebe zeitig zurückschneiden.

Dank richtiger Standortwahl und guter Pflege erfreut die gelbe Graham Thomas® mit wunderschönen Blüten.

ROSENPRAXIS

Rosen schneiden

Ein regelmäßiger und fachgerechter Schnitt fördert das Wachstum und die Blütenbildung von Rosen. Außerdem wird die Verjüngung gefördert und die Wuchsform beeinflusst. Die verschiedenen Sortengruppen zeigen unterschiedliches Wachstum und werden dementsprechend individuell geschnitten.

Allgemeines zum Rosenschnitt

Rosen zu schneiden mag für den Einsteiger auf den ersten Blick eine eigene Kunst sein. Doch wenn man einige wenige Grundregeln beachtet, kann jeder die Rosen im eigenen Garten ohne Probleme selbst schneiden.

Die Wahl des Werkzeugs ist einfach. Eine scharfe Rosenschere und eine kleine Astsäge sind alles, was man braucht. Beim Werkzeug ist die Qualität besonders wichtig, denn ein sauberer, glatter Schnitt (ohne Ausfransen der Schnittstelle) vermindert die Infektion der Schnittstelle mit Schaderregern. Die Schnittführung ist für die Gesundheit der Triebe und die weitere Entwicklung besonders wichtig. Die Triebe werden oberhalb eines Auges schräg abgeschnitten. So kann kein Wasser auf der Schnittstelle stehen bleiben oder sich im Markkanal sammeln, was zu Fäulnis führen kann. Damit das Auge nicht verletzt wird, wird der Schnitt etwa einen halben Zentimeter oberhalb gesetzt. Ist der Schnitt zu tief, besteht die Gefahr, dass das Auge eintrocknet, bleibt zu viel stehen, können am Ende Krankheitserreger in den Zweigstumpf eindringen.

Der viel zitierte Hinweis, nur „auf Außenauge" zu schneiden, das heißt, immer über einem nach außen zeigenden Auge zu schneiden, ist nicht unbedingt sinnvoll. Vor allem bei größeren Rosenbeeten würde man Stunden brauchen.

Ganz unproblematisch ist der Schnitt von Kleinstrauchrosen, die auch Bodendeckerrosen genannt werden. Sie vertragen sogar den Rückschnitt mit einer Motorsense oder einer Heckenschere.

Richtige Schnittführung: schräg vom Auge weg.

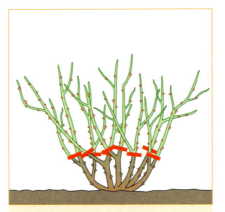

Edel-, Beet- und Zwergrosen I
*Bei Rosen, die in diese Kategorien fallen, bilden sich die Blüten am diesjährigen Holz. Der kräftige Rückschnitt fällt also in das Frühjahr, am besten im März, wenn die Forsythien blühen. Aus den wenigen Augen treiben kräftige Triebe, die reich blühen. Je tiefer der Rückschnitt, desto weniger, aber dafür stärkere Triebe werden gebildet.
Ein Rückschnitt im Winter birgt das Risiko von Frostschäden, weil keine „Reserve" an der Rose bleibt, die zurückfrieren kann.*

Rosen schneiden

Will man Strauchrosen schneiden, benutzt man am besten nur eine Astschere oder Säge. Alte Triebe werden nach fünf bis sieben Jahren herausgenommen. Junge starke Triebe belässt man.

Auch bei den Kletterrosen dürfen die Triebe nicht uralt werden. Dann ist überhaupt kein Durchkommen mehr. Triebe, die älter als sechs Jahre sind, werden herausgenommen, ebenso alle, die nicht richtig blühen, sowie die dünnen Triebe.

von Bernd Weigel

Edel-, Beet- und Zwergrosen II
In einem zweiten Schritt können nun kranke, alte und abgestorbene (erfrorene) Triebe entfernt werden. Die restlichen, kräftigen Triebe werden bei Edel- und Beetrosen auf 20 bis 30 cm, bei Zwergrosen auf 10 bis 15 cm eingekürzt. Je tiefer der Rückschnitt, desto weniger, aber dafür stärkere Triebe werden gebildet. Der oft zitierte Rat, auf außen stehende Augen zu schneiden, ist unsinnig. Fachleuten und Rosenprofis fehlt dazu schlicht die Zeit und die Rosen gedeihen trotzdem.

ROSEN SCHNEIDEN

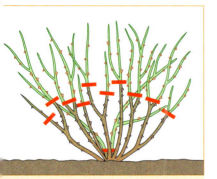

Öfter blühende Strauchrosen
Öfter blühende Strauchrosen lässt man, abgesehen von kleineren Auslichtungsmaßnahmen, einige Jahre wachsen. Ein frühzeitiger Rückschnitt verhindert, dass sie im Laufe der Jahre ihre charakteristische Form bilden. Man entfernt mit einer kleinen Astsäge – alle fünf bis sieben Jahre – alte Grundtriebe an der Basis, also in Bodennähe. Abgestorbene und kranke Triebe werden selbstverständlich jährlich entfernt.

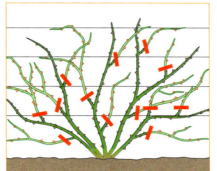

Öfter blühende Kletterrosen
Öfter blühende Kletterrosen blühen sowohl am mehrjährigen Holz als auch an diesjährigen Trieben. Ein leichter Rückschnitt im Frühjahr, bei dem junge kräftige Langtriebe stehen bleiben und Seitentriebe auf vier bis fünf Augen eingekürzt werden, reicht völlig. Dünne Triebe werden genauso wie solche, die älter als sechs Jahre sind, herausgenommen.

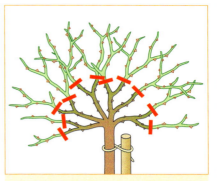

Hochstammrosen
Da Hochstammrosen nichts anderes als auf Stämmchen veredelte Beet-, Edel- oder auch Zwergrosen sind, werden sie nach denselben Regeln wie diese geschnitten.
Im Frühjahr werden die Triebe auf 20 bis 30 cm, beziehungsweise 10 bis 15 cm zurückgenommen. Dabei muss man besonders auf eine gleichmäßige, runde Kronenform achten.

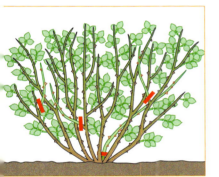

Einmal blühende Strauchrosen
Einmal blühende Strauchrosen blühen an mehrjährigen Trieben. Deshalb werden sie praktisch nicht zurückgeschnitten. Abgestorbene und kranke Triebe werden regelmäßig mit einer Säge entfernt. Bei Bedarf kann die Rose nach der Blüte etwas ausgelichtet oder in Form geschnitten werden.

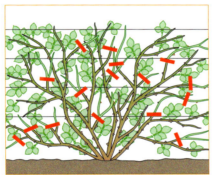

Einmal blühende Kletterrosen
Einmal blühende Kletterrosen blühen nur am mehrjährigen Holz. Deshalb werden sie nicht im Frühling geschnitten, da ein kräftiger Rückschnitt die Blüte im Sommer verhindern würde. Es reicht, die Rose nach der Blüte auszulichten und abgestorbene oder kranke Triebe zu entfernen.

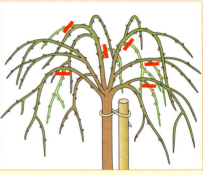

Trauerrosen
Wenn man eine Kletterrose auf Hochstämmchen veredelt, so erhält man eine Trauer- oder Kaskadenrose. Sie werden wie Kletterrosen im Frühjahr behutsam ausgelichtet, damit die Wuchsform nicht zerstört wird.

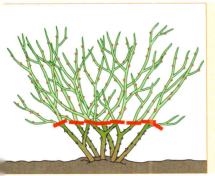

Kleinstrauchrosen
Kleinstrauchrosen werden auch Bodendeckerrosen genannt und können im dreijährigen Rhythmus zurückgeschnitten werden. Sie vertragen auch einen jährlichen Rückschnitt, wie wir es von den Beet- und Edelrosen kennen. Diese Rosen tolerieren sogar den Einsatz von mechanischen Heckenscheren oder Fadenhäckslern. Rückschnitttermin ist am besten immer dann, wenn die Forsythien blühen.

Kleinstrauchrose Nemo®

ROSENPRAXIS

Rosen im Winter

Rosen sind in der ganzen nördlichen Hemisphäre verbreitet und deshalb je nach Herkunft unterschiedlich gegen winterliche Kälte und Frost gewappnet. Häufig sind gelb- oder zweifarbige Rosen in manchen Gegenden frostgefährdet. Mit dem richtigen Winterschutz ist aber die kalte Jahreszeit kein Problem.

Rosen im Winter

Rosen sind im Winter gleich mehreren Gefahren ausgesetzt. Da ist zum einen die Kälte, die zum Erfrieren ganzer Triebe führen kann, und zum anderen austrocknende Winde. Gegen Kälte und Wind hilft das Anhäufeln und Abdecken der Rosen mit Erde und Tannenreisig. Wenn an sonnigen Tagen die Wintersonne die Triebe erwärmt, kann es passieren, dass die Rose beginnt, Pflanzensäfte in ihre Triebe zu leiten, um mit dem Austreiben zu beginnen. Eine Frostnacht kann nun die Leitgefäße zum Platzen bringen und die Triebe schädigen. Ein Schutz aus Reisig – besonders von Fichten, Tannen oder anderen Nadelgehölzen – verhindert eine zu starke Erwärmung der Rose bei Wintersonne. Ein Frostschutz oder eine Abdeckung aus Plastik führt unweigerlich zu Problemen, da keine Luftzirkulation stattfinden kann und sich in der durch Schwitzwasser feuchten Umgebung Pilzkrankheiten ausbreiten. Eine Umhüllung aus Sackleinen oder Vlies ist besser geeignet.

Winterschutz bei Kleinstrauchrosen

Ein tiefes Pflanzen von Bodendecker-/Kleinstrauchrosen erspart das alljährliche Anhäufeln als Winterschutz, was gerade bei diesen Rosengruppen in einer älteren Anpflanzung immer schwieriger wird. Die Veredlungsstelle der Rosenpflanze sollte in diesem Fall etwa 5 cm in die Erde gepflanzt werden. Gleiches gilt für stecklingsvermehrte Rosen, die Ansatzstelle zwischen Wurzel und Trieb sollte auch 5 cm tief in die Erde gesetzt werden, um den gleichen Effekt zu erzielen.

von Reinhard Noack

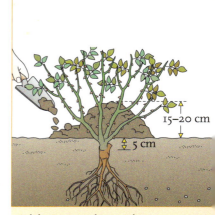

Edel-, Beet- und Strauchrosen
Veredelte Rosen brauchen im Winter einen Schutz. Die Veredlungsstelle sollte sowieso 5 cm unter der Erdoberfläche liegen, zusätzlich wird ab November etwa 15 bis 20 cm mit Gartenerde angehäufelt.

Abdecken
Zum Schutz vor Wintersonne und austrocknendem Wind wird die Rose mit Reisig abgedeckt. Im März kann diese Abdeckung entfernt werden. Mit dem Abhäufeln wartet man jedoch besser noch, bis die Frostgefahr gebannt ist.

Angehäufelt und mit Fichten- oder Tannenreisig abgedeckt, überstehen Rosen den Winter.

ROSEN IM WINTER

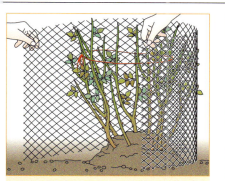

Strauchrosen
Strauchrosen, deren Triebe vorher locker zusammengebunden werden, überstehen den Winter am besten, wenn nach dem Anhäufeln eine Umrandung mit Maschendraht zusätzlich mit Laub gefüllt wird. Eine Ummantelung mit großen Schilfrohrmatten ist eine gute Alternative.

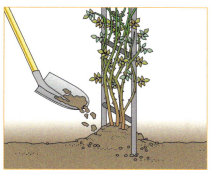

Kletterrosen anhäufeln
Kletterrosen besitzen mehrjähriges und einjähriges Holz, an dem sich im Sommer üppige Blüten bilden. Deshalb müssen sie besonders geschützt werden. Man häufelt etwa 20 cm hoch an und kann den Wurzelbereich auch zusätzlich noch mit einer Schilfrohrmatte abdecken.

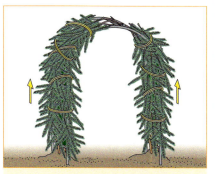

Kletterrosen mit Reisig abdecken
Die Triebe der Kletterrosen werden mit Tannenreisig vor Frost, Sonne und Wind geschützt. Dazu bindet man das Reisig schuppenförmig überlagernd am Klettergerüst fest. Auch grobes, luftdurchlässiges Sackleinen ist geeignet.

Rosen im Topf
Rosen im Topf werden ab November an einen Platz gestellt, der sie vor Wind und Sonne schützt. Der Topf wird mit einem Maschendrahtgeflecht eingefasst und anschließend mit Laub großzügig eingefüttert. Die Erdfeuchte des Topfsubstrates sollte regelmäßig geprüft werden.

Hochstammrosen I
Bei Hochstammrosen wird der Wurzelfuß wie bei allen anderen Rosen auch angehäufelt und der Stamm mit Tannenreisig umwickelt. So kann kein Sonnenbrand an der Rinde entstehen.

Hochstammrosen II
Die Kronenmitte der Hochstammrose mit Holzwolle auspolstern und locker zusammenbinden. Anschließend wird die Krone spitzkegelig mit Sackleinen oder Tannenreisig umhüllt. Keine Plastiktüten oder -folie verwenden!

Damit Hochstammrosen so prächtig blühen, brauchen sie im Winter einen besonderen Schutz vor Frost, Wind und austrocknender Wintersonne.

ROSENPRAXIS

Vermehrung

Rosen selbst zu vermehren ist gar nicht so kompliziert, wie man meinen mag – zumindest die Vermehrung über Stecklinge oder Steckhölzer. Eine Vermehrung aus Samen ist zwar möglich, aber man erhält niemals ein Abbild der ursprünglichen Sorte. Um sortenreine Nachkommen zu erhalten, müssen Rosen veredelt oder über Stecklinge oder Steckhölzer vermehrt werden.

Allgemeines vorweg

Rosen können auf verschiedene Arten vermehrt werden. Da ist zuerst die Aussaat. Weil aber alle Rosensorten eine Vielzahl anderer Sorten und Arten in ihrem Stammbaum haben, spalten die Nachkommen sehr stark auf, da sich bei den Nachkommen die Eigenschaften beider Elternteile zeigen. So erhält man kein exaktes Abbild der Mutterpflanze oder eine gleichmäßige Mischung der Eigenschaften von Samenträgerin und Pollenspender (Mutter- und Vaterpflanze), sondern ein nicht vorhersagbares Potpourri von Farben und Formen.

Im Gegensatz dazu sind die Nachkommen bei der vegetativen Vermehrung immer ein exaktes Abbild der Mutterpflanze, da sie schließlich aus einem Teil von ihr (Steckling, Steckholz, Auge) hervorgehen. Die meisten Edelrosen haben nicht die Wuchskraft, um auf einer eigenen Wurzel zu gedeihen, sodass sie auf eine wüchsige Wildrosenunterlage veredelt werden müssen.

Die Vermehrung mit Stecklingen oder Steckhölzern bietet sich vor allem bei wüchsigen Rosen wie Wildrosen an, aber auch viele Kletter-, Strauch- und Kleinstrauchrosen können so vermehrt werden. 'The Fairy' bietet sich für erste Experimente zur Stecklingsvermehrung besonders an, da sie eigentlich immer ohne Probleme Wurzeln bildet. Viele Rosensorten sind von Züchtern mit einem Sortenschutz versehen und dürfen nicht kommerziell vermehrt werden. Schließlich haben diese jahrelange Züchtungsarbeit in die Entwicklung neuer Sorten gesteckt. Gegen ein kleines Veredlungsexperiment im eigenen Garten hat aber niemand etwas einzuwenden.

Stecklinge

Rosen können leicht über Stecklinge vermehrt werden. Die beste Zeit, um Stecklinge zu schneiden, ist im Juni und Anfang Juli. Der ausgewählte Trieb sollte gesund, gut ausgereift, aber noch nicht zu verholzt sein. Der Steckling sollte etwa 5 bis 10 cm lang sein. Außer den beiden obersten werden alle Blätter entfernt.

Steckhölzer

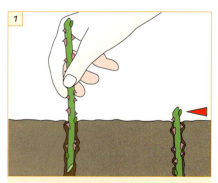

Für die Vermehrung mit Steckhölzern schneidet man im späten Herbst oder im zeitigen Frühjahr etwa 15 bis 20 cm lange, etwa bleistiftdicke verholzte Stücke aus einem Rosentrieb. Diese werden dann so tief in den Boden gesteckt, dass nur noch das oberste Auge zu erkennen ist. Vorsicht: Nicht verkehrt herum stecken.

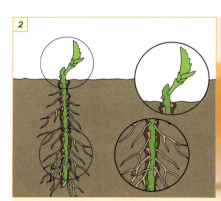

Stecken Sie den Steckling in ein Gemisch aus ungedüngter Blumenerde und Sand, decken Sie den Topf mit durchsichtiger Folie ab und halten Sie die Erde feucht. Der Platz darf nicht zu sonnig sein, da sich sonst die Luft im Innern zu stark aufheizt. Nach einigen Wochen bilden sich die ersten Wurzeln. Im Winter muss die Jungpflanze aber noch frostfrei stehen und kann erst im nächsten Frühjahr ins Freie gepflanzt werden.

Nach einigen Monaten haben sich Wurzeln und ein kleiner Trieb gebildet. Damit sich die Rose schön verzweigt, werden die neuen Triebe mehrmals eingekürzt.
Mit Steckhölzern kann man schnell eine größere Anzahl Rosen, zum Beispiel für eine Wildrosenhecke oder als Veredlungsunterlage, gewinnen.

VERMEHRUNG

Veredeln

1. Die meisten Rosen werden auf wüchsige und robuste Wildrosenunterlagen veredelt. Im Frühjahr pflanzt man die in Baumschulen erhältlichen, wurzelnackten Unterlagen ein, damit sie bis zum Veredlungstermin im Sommer gut anwachsen.

2. Im Juli/August ist der beste Zeitpunkt zur Veredlung (Okulation) gekommen. Ab Mitte Juli bis Ende August kann veredelt werden, dann löst sich die Rinde besonders gut. Der Wurzelhals wird mit einem Tuch gesäubert und die Rinde mit einem scharfen Messer T-förmig eingeschnitten. Am besten geht das mit speziellen Veredlungsmessern.

3. Von ausgereiften Trieben der Rosensorte (Edelreiser), die man vermehren möchte, entfernt man alle Blätter und Stacheln. Anschließend wird ein etwa 3 cm langes Rindenstück, auf der Unterseite mit einem feinen Holzspan, auf dem eine Knospe sitzt, in Wuchsrichtung mit einem scharfen Messer ausgeschnitten.

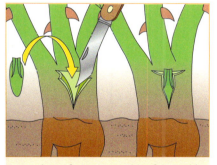

4. In den T-förmigen Spalt auf der Wildrosenunterlage wird nun das Auge in Wuchsrichtung eingeschoben. Das Auge soll sich ungefähr in der Mitte des senkrechten Schnitts befinden. Der überstehende Rest wird waagrecht entlang des T-Balkens gekappt.

5. Damit sich das Auge nicht lösen kann, wird die Veredlungsstelle mit Bast oder einem speziellen Veredlungsgummi umwickelt. So hat das Auge (Edelreis) direkten Kontakt mit den Pflanzensäften der Unterlage, kann nicht austrocknen und wächst an. Im Herbst muss diese Veredlungsstelle zum Schutz vor Frost unbedingt angehäufelt werden.

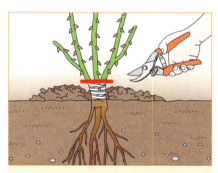

6. Wenn die Veredlung erfolgreich war werden im Mai oder Juni die neuen Triebe der Rose etwas zurückgeschnitten, um eine bessere Verzweigung zu fördern. Bei großer Trockenheit das Gießen nicht vergessen! Im Herbst, also ein Jahr nach der Veredlung, kann die Rose umgepflanzt werden.

Die wüchsige Kleinstrauchrose 'The Fairy' lässt sich hervorragend über Stecklinge vermehren.

Rosen und ihr Freundeskreis

*Es erröten wie die Mädchen nun
die Hecken, seht nur hin.
Oh die Rose, ach die Rose ist
der Blumen Königin. (Sappho)*

Rosen vertragen sich gut mit vielen unserer bekannten Gartenpflanzen. Mit Stauden, Gräsern und Sommerblumen oder Kletterpflanzen und Kräutern lassen sie sich wunderschön kombinieren. Ob Ton in Ton oder bunt gemischt – das kann man ganz nach Lust und Laune entscheiden. Rosen mögen es nicht, wenn ihnen Pflanzen zu sehr auf die Pelle rücken. Schattendruck von Bäumen beispielsweise ist sehr schlecht. Und auch dem Wurzeldruck von Pflanzen, die zum Wuchern neigen, sind Rosen nicht gewachsen. Auf den nächsten Seiten haben wir für Sie eine Auswahl an über 100 Pflanzen zusammengestellt.

Lawinia® und Clematis

ROSENFREUNDE

Rosen und ihre Begleiter

Die Rose ist die Königin unter den Blumen. Was aber ist eine Königin ohne ihre Prinzessinnen oder ihren Hofstaat? Genauso wie einer Königin müssen unseren Rosen die entsprechenden Begleiter zu Seite stehen.

Kleine Rasenflächen werden hier von rosafarbenen und weißen Rosen, violettem Garten-Salbei (Salvia nemorosa) und blassgelber Schafgarbe (Achillea) umrahmt.

In der Natur wird es immer bestimmte Pflanzengemeinschaften geben. Da wir in unseren kleineren Gärten die Natur die Gemeinschaften nicht selbst aussuchen lassen können, müssen wir oft, möglichst sachte, eingreifen. Dazu kommt noch, dass auch unsere eigenen Vorstellungen von einem Garten einfließen sollen. Jede Pflanze hat ihre eigenen Bedürfnisse, die mit den Ansprüchen der Rosen übereinstimmen müssen. Die Rosen sind Sonnenkinder, also müssen die Begleitpflanzen auch sonnenverträglich sein. Alle Pflanzen benötigen Wasser und Nährstoffe, die Sie den Pflanzen zusätzlich zur Verfügung stellen müssen. Jede Pflanze, die bei Rosen steht, benötigt also noch zusätzliche Nährstoffe, Wasser und natürlich auch Platz.

Es gibt auch Pflanzen, die Blattläuse magisch anziehen. Es ist selbstverständlich, dass man diese Pflanzen nicht verwendet. Andererseits haben wir eine Menge Blumen, die nicht so leicht befallen werden. Gleiches gilt auch für Pflanzenkrankheiten.

Stauden

Eine sehr wichtige Pflanzengruppe, die als Begleiter von Rosen in Frage kommt, sind die Stauden. Stauden sind mehrjährige, krautige Pflanzen, deren grüne Teile im Herbst absterben und deren Wurzeln im Frühjahr wieder neue Pflanzen hervorbringen. Die Stauden, wie alle anderen Pflanzen auch, sollten immer in einem gebührenden Abstand zu den Rosen gepflanzt werden. Man unterscheidet Stauden, die als Leitpflanzen dienen, also höhere Stauden, und solche, die als Bodendecker oder Begleiter verwendet werden. Sie sind in der Regel niedriger. Sie sollten auch darauf achten, dass die Blütezeit der Stauden nicht nur in der Hauptblüte der Rosen liegt, sondern dass sie auch in der Blühpause der Rosen ihre Pracht zeigen. Bevorzugte Blütenfarben sind Blau, Gelb, Grau und Weiß. Natürlich kann man aber auch rote Stauden vor gelbe Kletterrosen pflanzen oder orangefarbene Stauden zu roten Strauchrosen stellen.

Bevor Sie Pflanzen kaufen, schauen Sie sich bei Ihren Nachbarn und Bekannten um. Wenn diese entsprechende Pflanzen haben, sprechen Sie mit ihnen. Sicher überlassen sie Ihnen gerne im Austausch gegen eigene Pflanzen Teile ihrer Stauden. So sparen Sie nicht nur Geld, sondern bekommen auch Pflanzen, die das Klima in Ihrer Region vertragen.

Stauden in Weiß und Grün

Weiße Pflanzen werden oft als Friedhofsgewächse bezeichnet. Herrliche weiße Lilien lockern aber jedes Rosenbeet auf. Das Pfingstveilchen blüht sehr früh und erfreut uns lange vor der Rosenblüte. Weiße Glockenblumen wiegen sich im Wind und verleihen den Beeten Bewegung. Spät blüht die Herbst-Anemone, die mit ihren weißen einfachen Blüten den Garten immer bereichert. Sehr viele Wolfsmilchgewächse mit weiß-grünen Blättern sind ideale Nachbarn zu Rosen. Sie sollen auch Wühlmäuse vertreiben.

STAUDEN

Madonnenlilie

Königslilie

Botanischer Name	Deutscher Name	Standort	Blütezeit	Blütenfarbe	Wuchshöhe in cm	Tipps
*Anemone-Japonica-*Gruppe	Herbst-Anemone	Sonne	IX–X	weiß	60–80	verschiedene Sorten in vielen Farben
Campanula latifolia 'Alba'	Wald-Glockenblume	Sonne–Halbschatten	VI–VII	weiß	90–110	wächst auch im Schatten
Gypsophila-Hybride 'Happy Festival'	Schleierkraut	Sonne	VI–VIII	weiß	60–70	zum Trocknen geeignet
Gypsophila paniculata 'White Festival'	Rispen-Schleierkraut	Sonne	VI–VIII	weiß-rosa	80–100	keine Staunässe, nach der Blüte zurückschneiden
Lilium candidum	Madonnenlilie	Sonne	VI–VII	weiß	80–150	auf Lilienhähnchen achten
Lilium regale	Königslilie	Sonne	VII–VIII	weiß	80–120	Pflanzung 2–3 × so tief wie der Knollendurchmesser
Viola sororia	Pfingstveilchen	Sonne–Halbschatten	IV–V	weiß	15–25	humoser Boden

53

Glockenblume

Rispen-Scheierkraut 'Bristol Fairy'

ROSENFREUNDE

Stauden in Gelb, Orange, Rot und Rosa

Unter den unzähligen verschiedenen Stauden sind natürlich einige besser und andere weniger gut als Rosenbegleitpflanzen geeignet.

Sehr gut eignet sich die gelbe Schafgarbe zu Rosen. Die Sorte 'Coronation' wird etwas höher und lockert damit die oft strengen Rosenbeete etwas auf. Als sehr pflegeleichte Staude hat sich bei uns auch die rosafarbige Bergenie erwiesen. Storchschnabel ist in vielen Farben im Handel und auch gut als Bodendecker zu verwenden.

Akeleien sind in vielen Sorten auf dem Markt. Darunter herrliche rote Sorten mit einem langen Sporn. Eine wunderschöne und sehr lange haltbare Staude ist die Taglilie, die es in allen Orangetönen zu kaufen gibt.

Sonnenhut 'Goldsturm'

Bergenie 'Morgenröte'

Frauenmantel

Botanischer Name	Deutscher Name	Standort	Blütezeit	Blütenfarbe	Wuchshöhe in cm	Tipps
Achillea filipendulina 'Coronation Gold', 'Parker'	Schafgarbe	Sonne	VII–IX	gelb	80–100	Pflanze nach ca. 4 Jahren teilen
Alchemilla mollis 'Robustica'	Frauenmantel	Sonne	V–VII	zartgelb	30–50	gleich nach der Blüte zurückschneiden
Allium giganteum	Riesenlauch	Sonne	VI–VII	violett	130–170	bei strengem Winter mit Laub abdecken
Aquilegia-Hybriden 'Crimson Star'	Akelei	Sonne–Halbschatten	V–VI	karminrot mit gelber Glocke	50–80	McKana-Gruppe hat viele Blautöne mit weißer Glocke, besonders langer Sporn
Asphodeline lutea	Junkerlilie	Sonne	V–VI	gelb	70–90	mehrere Jahre am gleichen Standort stehen lassen, Winterschutz
Bergenia cordifolia 'Morgenröte'	Bergenie	Sonne–Halbschatten	IV–V	rosa	35	verträgt kurze Trockenheit, weiße Sorte 'Silberlicht'
Epimedium grandiflorum 'Rose Queen'	Elfenblume	Sonne–Halbschatten	IV–V	gelb-weiß	15–30	kann mit Rasenmäher/Heckenschere geschnitten werden
Epimedium pinnatum 'Elegans'	Elfenblume	Sonne–Halbschatten	IV–V	gelb	30–40	wächst auch im Schatten
Eremurus bungei	Steppenkerze	Sonne	VI–VII	gelb	150–200	keine Staunässe, Winterschutz
Eremurus robustus	Steppenkerze	Sonne	VI–VII	hellrosa	180–220	Winterschutz

STAUDEN

Heiligenkraut

Junkerlilie

Botanischer Name	Deutscher Name	Standort	Blütezeit	Blütenfarbe	Wuchshöhe in cm	Tipps
Geranium sanguineum 'Aviemore'	Storchschnabel	Sonne	V–IX	karminrot	20–30	bildet Ausläufer
Geranium × cantabrigiense	Storchschnabel	Sonne–Halbschatten	VI–VII	rosa	20–30	bis auf den Boden zurückschneiden
Heliopsis helianthoides	Sonnenauge	Sonne	VII–IX	gelb	120–140	im Frühjahr bis zum Boden zurückschneiden
*Hemerocallis-*Hybriden	Taglilie	Sonne	VI–IX	von gelb bis braun	60–110	mehrere Jahre am gleichen Standort
Liatris spicata 'Floristan Violett', 'Floristan Weiß'	Prachtscharte	Sonne	VII–X	violett	80–100	auf Wühlmäuse achten
Lilium martagon	Türkenbund-Lilie	Sonne–Halbschatten	VI–VII	violett oder rot	150–180	bis zum Ende der Blüte reichlich wässern
Phlox paniculata	Staudenphlox	Sonne	VI–VIII	viele Farben	60–100	auf Mehltau achten
Rudbeckia fulgida var. *sullivant*' 'Goldstern'	Sonnenhut	Sonne	VII–X	goldgelb	50–70	kein Sandboden
Salvia nemorosa 'Amethyst'	Salbei	Sonne	VI–VII	violett	60–80	geringer Nährstoffbedarf
Santolina chamaecyparissus	Heiligenblume	Sonne	VII–VIII	gelb	10–30	Einfassungspflanze, Winterschutz
Sedum floriferum 'Weihenstephaner'	Fetthenne	Sonne	VI–VII	gelb	10–20	Einfassungspflanze
Sedum telephium 'Matrona'	Fetthenne	Sonne	VIII–IX	rosa	20–70	Rückschnitt im Frühjahr

Zier-Lauch

Steppenkerze

Türkenbund-Lilie

ROSENFREUNDE

Blaue Stauden

Alle blauen Pflanzen sind klassische Rosenbegleiter. Bei den Stauden gibt es eine Vielzahl von geeigneten Arten und Sorten.

Die etwas höheren Sorten des Rittersporns sind ein herrlicher Kontrast zu Rosen. Das Kaukasus-Vergissmeinnicht blüht nicht nur sehr früh, es verhindert auch durch seine großen Blätter das Ausbreiten von Unkräutern. Sehr apart wirkt zur Hauptblütezeit der Rosen das blauviolette Hornveilchen. Es wächst flach über dem Boden und behindert die Rosen nicht. Salbei ist ebenfalls ein idealer Begleiter zu Rosen. Das Krätzkraut blüht genau dann, wenn die meisten Rosen eine Blühpause einlegen. Die blauen Blüten des Eisenhutes erfreuen uns auch noch im Herbst, wenn die Rosenblüte bereits nachlässt.

Zier-Salbei

Rittersporn

Eisenhut

Ballonblume

Botanischer Name	Deutscher Name	Standort	Blütezeit	Blütenfarbe	Wuchshöhe in cm	Tipps
Aconitum carmichaelii 'Arendsii'	Eisenhut	Sonne	IX–X	blau	100–130	verträgt leicht sauren Boden
Aconitum × cammarum 'Bicolor'	Eisenhut	Sonne	VII–VIII	blau mit Weiß	90–110	im November 5–10 cm über dem Boden zurückschneiden
Aster amellus	Berg-Aster	Sonne	VII–IX	blau	50–60	verträgt keine Staunässe
Brunnera macrophylla	Kaukasus-Vergissmeinnicht	Sonne–Halbschatten	IV–V	blau	30–50	verträgt keine Trockenheit, nach der Blüte zurückschneiden, nicht 'Betty Bowring'
Campanula persicifolia	Glockenblume	Sonne–Halbschatten	VI–VII	blau	80–100	ist für Stütze dankbar
Delphinium × belladonna 'Völkerfrieden'	Rittersporn	Sonne	VI–VII	blau mit weißem Auge	90–110	keine Staunässe, nach der Blüte; Rückschnitt bringt 2. Blüte
Delphiniun cultorum Pacific-Hybriden	Rittersporn	Sonne	VI–VIII	mittelblau mit weißem Auge	60–200	im Frühjahr düngen
Erigeron-Hybriden	Feinstrahl	Sonne	VI–VIII	blau	60–80	viele Sorten in verschiedenen Farben, Rückschnitt bringt 2. Flor
Platycodon grandiflorum	Ballonblume	Sonne–Halbschatten	VII–VIII	blau	40–60	bei Aussaat, den Samen nicht mit Erde abdecken
Salvia × superba	Salbei	Sonne	V–VIII	dunkelblau	30–50	im Frühsommer durch Stecklinge vermehren
Scabiosa caucasica 'Blauer Atlas'	Krätzkraut	Sonne	VII–IX	dunkelblau	70–80	gegen Nässe und Kahlfrost empfindlich
Verbena bonariensis	Hohes Eisenkraut	Sonne	VII–X	lavendelblau	90–120	Kaltkeimer, verträgt Trockenheit
Veronica teucrium	Ehrenpreis	Sonne	V–VII	hellblau	20–40	keine Staunässe
Viola cornuta	Hornveilchen	Sonne	VI–VII	blauviolett	10–25	verträgt keine längere Trockenheit

Gräser

Unter den vielen Rosenbegleitpflanzen nimmt die große Familie der Gräser eine herausragende Stellung ein. Die Gräser sind in der Mehrheit sehr anspruchslose Pflanzen, die mit fast jedem Boden zufrieden sind. Achten Sie aber immer darauf, dass die Gräser Horste bilden und nicht verwildern. Alle Ausläufer bildenden Sorten sind mit Vorsicht zu verwenden, denn sie haben einen starken Drang sich auszubreiten und in die Rosenbeete zu wachsen. Die Pflanzen dann zu bändigen ist keine leichte Arbeit, da die Gräser auch in die Rosenpflanzen wachsen.

Wenn der Wind leicht weht, bringt der oft filigrane Habitus der Gräser Bewegung in den Garten und lockert die Rosenbeete auf. Wenn die Rosen im Winter eingegangen sind, kann man diese Lücken problemlos mit Gräsern füllen.

Ein weiterer großer Vorteil der Gräser ist, dass jeder Gartenliebhaber diese Pflanzenfamilie leicht selbst vermehren kann. Dazu nimmt man Horste, die im Laufe der Jahre zu groß geworden sind, im Frühjahr aus dem Boden, sticht mit den Spaten kleine Stücke mit Wurzeln ab und pflanzt diese wieder ein. So werden die Pflanzen immer verjüngt und vergreisen nicht so schnell. Die Gräser treiben im Frühjahr aus und blühen, je nach Sorte, von Juni bis August. Die Ähren werden nach der Blüte nicht abgeschnitten, da diese im Winter, wenn sie mit Reif bedeckt sind, wunderschön aussehen. In den Grashorsten finden Insekten und Vögel im Winter Schutz.

Erst im Frühjahr werden die vertrockneten Triebe zurückgeschnitten. Dabei sollte die Pflanze bis auf den Boden abgeschnitten werden, damit alle vertrockneten Pflanzenteile entfernt sind. Ziehen Sie anschließend vorsichtig einen Rechen durch den Grashorst und harken Sie auch die kleinsten abgestorbenen Teilchen heraus.

Botanischer Name	Deutscher Name	Standort	Blütezeit	Wuchshöhe in cm	Tipps
Avena sempervierens	Blaustrahlhafer	Sonne	VII–VIII	50–80	Rückschnitt erst ab März
Bouteloua olygostachya	Moskitogras	Sonne	VII–IX	50	sehr anspruchslos
Briza media	Zittergras	Sonne	V–VI	40	Vermehrung durch Teilen im Mai/Juni
Calamagrostis olygostachia	Reitgras	Sonne	VII–VIII	150	sehr anspruchslos
Carex buchananii	Fuchsrote Segge	Sonne	VIII	40	im Herbst nicht abschneiden, da bei Raureif besonders schön
Carex grayi	Morgensternsegge	Sonne	VII–VIII	80	Blüte zum Trocknen geeignet
Deschampsia caespidosa 'Bronzeschleier'	Waldschmiele	Sonne	VI–VII	80–100	gut für Trockensträuße
Koeleria glauca	Schillergras	Sonne	VI–VII	60	Rückschnitt im März
Luzula sylvatica	Hainsimse	Sonne–Halbschatten	V–VI	40	wintergrün
Miscanthus sinensis 'Gracillimus'	Chinaschilf	Sonne	IX–X	150	erst im März zurückschneiden
Miscanthus sinensis 'Variegata'	Chinaschilf	Sonne	IX–X	150	sehr gut für Vasenschnitt geeignet
Pennisetum compressum	Lampenputzergras	Sonne	VIII–IX	80	keine Staunässe
Stipa barbata	Reiherfedergras	Sonne	VII–VIII	80	sehr schöne lange Grannen
Stipa gigantea	Goldährengras	Sonne	VI–VIII	150	Winterschutz

Morgensternsegge

Federborstengras

Chinaschilf 'Variegata'

ROSENFREUNDE

Sommerblumen

Wenn eine schnelle und intensive Farbwirkung erwünscht ist, sind Sommerblumen die richtige Wahl. Sie haben den Vorteil, dass sie meist keine Blühpause einlegen, sondern bis zum ersten Frost blühen. Die Palette der Sommerblumen ist sehr umfangreich. Denken Sie daran, dass auch sie eigene Ansprüche an Boden, Klima und Platz haben. Sie sollten immer darauf achten, dass der Sommerflor nicht zu nahe an die Rosen gepflanzt wird. Wenn Sie die Pflanzen kaufen, sind diese normalerweise noch sehr klein. Deshalb pflanzt man leicht etwas zu dicht, weil man das enorme Wachstum der Einjährigen nicht beachtet. ==Nach sehr kurzer Zeit haben die Pflanzen ihren Platz ausgefüllt und bedrängen die Rosen.== Sie wachsen in die Rosen hinein und behindern die unteren Blätter und Austriebe.

Da Sommerblumen normalerweise öfter gegossen werden und ihre Blätter außerdem viel Wasser verdunsten, erhöht sich zudem die Luftfeuchtigkeit im Bereich der Rosen – die Gefahr von Pilzkrankheiten steigt. Wenn Sie also Sommerblumen zu Rosen pflanzen, so lassen Sie beiden Pflanzenarten den nötigen Platz.

Gazanie 'Morgensonne Bronce'

Schmuckkörbchen

Botanischer Name	Deutscher Name	Standort	Blütezeit	Blütenfarbe	Wuchshöhe in cm	Tipps
Ageratum houstonianum, 'Schnittstar Blau'	Leberbalsam	Sonne	V–X	blau	30–50	gute Wasser- und Nährstoffversorgung, auf Weiße Fliege achten
Argyranthemum frutescens	Strauchmargerite	Sonne–Halbschatten	V–X	weiß	40–60	auf Blattläuse achten, gute Wasser- und Nährstoffversorgung
Begonia semperflorens	Begonie	Sonne–Halbschatten	V–X	viele Sorten und Farben	15–30	nicht zu dicht pflanzen, verträgt Trockenheit
Brachyscome multifida 'Moonlight'	Australisches Gänseblümchen	Sonne–Halbschatten	VI–IX	weiß	10–20	Sorte 'Break O'Day' blüht malvenblau
Campanula medium 'Champion Blau'	Marien-Glockenblume	Sonne	VI–VII	blau	60–80	gute Wasser- und Nährstoffversorgung
Centaurea cyanus 'Blauer Junge'	Kornblume	Sonne–Halbschatten	VI–IX	leuchtend blau	80–100	verblühte Stiele gleich abschneiden
Cosmos bipinnatus	Schmuckkörbchen	Sonne	VII–X	weiß, rosa bis lila	70–80	gut gedüngter Boden
Dianthus chinensis	Kaisernelke	Sonne–Halbschatten	VI–VIII	rosa, rot lavendel und weiß	15–30	sehr viele Sorten im Handel, zum Teil duftend
Dimorphotheca sinuata	Orangefarbenes Kapkörbchen	Sonne	VI–IX	orange, in der Mitte gelb	25–35	wenig gießen, keine Staunässe
Gazania-Hybride 'Czardas Golden Yellow'	Mittagsgold	Sonne	V–X	gelb, in der Mitte braun	25–35	stickstoffarm düngen, wenig gießen

SOMMERBLUMEN

Botanischer Name	Deutscher Name	Standort	Blütezeit	Blütenfarbe	Wuchshöhe in cm	Tipps
Iberis amara 'Empress'	Bittere Schleifenblume	Sonne	V–VIII	weiß	15–20	Rückschnitt nach der Blüte bringt 2. Blüte
Impatiens walleriana	Fleißiges Lieschen	Sonne	VI–Frost	verschiedene Sorten und Farben	15–20	regelmäßig gießen und düngen, keine Staunässe
Lobelia fulgens	Männertreu	Sonne–Halbschatten	V–X	blau	30–50	keine Staunässe
Lobularia maritima 'Snowdrift'	Duftsteinrich	Sonne	V–X	weiß	10–20	liebt Trockenheit, Sorte 'Orientalische Nächte' blüht violett, Bienenweide
Osteospermum ecklonis	Kapmargerite	Sonne	VI–IX	verschiedene Sorten und Farben	30–40	regelmäßig düngen, auf Schnecken achten
Rudbeckia hirta 'Indian Summer'	Rauer Sonnenhut	Sonne	VII–X	gelb, innen braun	50–70	regelmäßig den Boden lockern
Salvia farinacea 'Catima'	Zier-Salbei	Sonne–Halbschatten	V–X	blau	100	keine Staunässe, auf Schnecken achten
Senecio cineraria 'Silberzwerg'	Kreuzkraut	Sonne	VII–VIII	gelb	60–80	nach Frost nicht abräumen – Blattschmuck im Winter
Verbena-Hybriden	Verbene	Sonne	VI–X	viele Sorten und Farben	15–30	keine Staunässe, welke Blüten entfernen

Kornblume

Kapmargerite

Strauchmargerite

Leberbalsam

ROSENFREUNDE

Kräuter

Die Verwendung von Kräutern zu Rosen ist noch nicht sehr verbreitet. Viele Kräuter passen aber aufgrund der ähnlichen Ansprüche sehr gut zu Rosen. Sie sollten einmal mit einigen Pflanzen experimentieren. Sehr viele Kräuter haben aber einen besonderen Duft, der den Rosenduft durchaus hervorheben oder verstärken kann. Es gibt aber auch sehr viele Rosen, bei denen durch Züchtung der Duft verloren ging. Über dieses Manko kann der feine Geruch nach Rosmarin und anderen Duftkräutern hinweghelfen. Salbei, in den verschiedenen Sorten, ist zu Rosen immer gut zu verwenden.

Viele der genannten Kräuter sind allerdings leider nicht winterhart. Diese Pflanzen sollte man im Winter mit Laub oder Tannenreisig schützen.

Günsel

Currykraut

Rosmarin

Garten-Salbei

Botanischer Name	Deutscher Name	Standort	Blütezeit	Blütenfarbe	Wuchshöhe in cm	Tipps
Ajuga reptans	Günsel	Sonne	V–VI	dunkelblau	5–10	guter Bodendecker
Artemisia absinthium	Wermut	Sonne	VI–VII	gelb unscheinbar	100	leichter Rückschnitt im Frühjahr stimuliert das Wachstum
Helichrysum italicum	Currykraut	Sonne	V–VIII	dunkelgelb unscheinbar	60	intensiver Duft
Origanum vulgare	Dost	Sonne	VII–VIII	weiß oder rosa	60	Blätter für mediterrane Küche geeignet
Rosmarinus officinalis	Rosmarin	Sonne	VIII–IX	blau	100	nicht immer winterhart
Salvia officinalis	Salbei	Sonne	VI–VIII	blau-rot	80	Verwendung gegen Halsentzündung
Teucrium chamaedrys	Gamander	Sonne	VII–IX	rosa	50	zur Beeteinfassung geeignet

SCHLINGPFLANZEN

Schlingpflanzen

Schlingpflanzen sollten nicht in unmittelbarer Nähe zu Rosen verwendet werden. Alle Schlinger sind naturgemäß stark wachsend. Sie machen den Rosen durch die hohe Saugkraft der Wurzeln Wasser und Nährstoffe streitig. Diesen Nachteil kann man auch nicht durch zusätzliches Düngen ausgleichen. Die Wurzeln würden diese Nährstoffe ebenfalls gerne aufnehmen und die Schlingpflanzen würden umso stärker wachsen.

Natürlich eignen sich Schlingpflanzen zur Begrünung von Mauern und Zäunen, besonders dort, wo Rosen nicht besonders gute Bedingungen vorfinden. Sehr viele Kletterpflanzen sind so genannte Selbstklimmer, Pflanzen die ohne Kletterhilfe an Mauern, Wänden und Pergolen hochwachsen. Selbstverständlich können Sie durch ein geschicktes Begrünen von unschönen Mauern den Rosenbeeten einen besonderen Rahmen bieten. Einige Schlingpflanzen haben sich im Rosengarten als Rosenbegleiter recht gut bewährt.

Rosafarbene Kletterrosen und violettblaue Clematis sind ein farbenprächtiges Duo.

Botanischer Name	Deutscher Name	Standort	Blütezeit	Blütenfarbe	Wuchshöhe in m	Tipps
Aristolochia macrophylla	Pfeifenblume	Sonne	V–VII	außen gelbgrün, innen purpur	bis 10	Nistplatz für Vögel
Clematis-Hybriden	Clematis	Sonne–Halbschatten	VI–X	viele verschiedene Sorten und Farben	2–8	Clematis wünschen Schatten im Wurzelbereich
Hydrangea petiolaris	Kletter-Hortensie	Sonne–Halbschatten	VI–VII	weiß	bis 5	Haftwurzeln können den Verputz beschädigen
Lonicera heckrottii	Geißblatt	Sonne–Halbschatten	VI–IX	außen rötlich, innen gelb	bis 5	Duftpflanze

Geißblatt

Kletter-Hortensie

ROSENFREUNDE

Bäume und Sträucher

Bäume und Sträucher sind als Rosenbegleiter nicht immer einfach. Natürlich schaffen sie Gartenräume, bilden Sichtschutz und halten Lärm und Staub von Straßen ab. Viele Bäume haben aber ein weit verzweigtes Wurzelwerk. Rosen vertragen allerdings keine Wurzeln, die in die Beete wachsen. Diese Wurzeln entnehmen dem Boden Wasser und Nährstoffe, die den Rosen nicht mehr zur Verfügung stehen. Eine vermehrte Düngung hilft nicht viel, da die Wurzelkraft der Bäume um ein Vielfaches höher ist als die der Rosen. Ausladende Kronen sind auch nicht gerade für Rosen geeignet, da diese Schatten bringen. Wenn also Rosen und Bäume zusammenpflanzt werden, sollte man nur kleinkronige Bäume verwenden, die möglichst tiefe Wurzeln ausbilden.

Natürlich kann man Bäume als Solitärpflanzen verwenden, die einem Garten eine besondere Note bescheren. Es gibt auch eine Menge Sträucher, die sich mit Rosen kombinieren lassen. Auch ihnen sollte man – wie den Bäumen – genügend Platz lassen und die Rosen in einem gebührenden Abstand pflanzen. Als Begleitpflanzung zu Rosen eignen sich Laubgehölze besser als Nadelbäume. Nachstehend einige Bäume und Sträucher, die sich im Rosengarten Zweibrücken als Beipflanzung zu Rosen gut bewährt haben.

Schmetterlingsstrauch

Botanischer Name	Deutscher Name	Standort	Blütezeit	Blütenfarbe	Wuchshöhe in m	Tipps
Laubgehölze						
Acer negundo 'Variegatum'	Ahorn	Sonne	III–IV	gelb-weiß	bis ca. 5	blüht vor Austrieb
Acer rufinerve	Rotnerviger Ahorn	Sonne	V	grüngelb	bis 8	Herbstfärbung
Amelanchier lamarckii	Kahle Felsenbirne	Sonne	IV	weiß	bis 6	Herbstfärbung
Aralia elata	Japanischer Angelikabaum	Sonne	VIII–IX	weiß	bis 4	bizarrer Wuchs
Berberis buxifolia 'Nana'	Berberitze	Sonne	V	orange-gelb	bis 0,80	blüht selten
Berberis × stenophylla	Berberitze	Sonne	V–VI	goldgelb-orange	bis 2	zahlreiche Blüten
Buddleja davidii 'Black Knight'	Sommerflieder	Sonne	VII–Herbst	purpur bis violett	2 bis 3	lockt Schmetterlinge an
Buxus sempervirens var. *arborescens*	Buchsbaum	Sonne–Halbschatten	III–IV	unscheinbar	bis 4	Bienenweide
Buxus sempervirens 'Suffruticosa'	Einfassungsbuchs	Sonne	IV	unscheinbar	unter 1	Einfassungspflanze
Caryopteris clandonensis	Bartblume	Sonne	VIII–IX	blau	0,70–1	duftet aromatisch
Chamaecyparis lawsoniana 'Silver Queen'	Zypresse	Sonne	V–VI	unscheinbar	bis 8	braucht Platz, wüchsig
Chamaecyparis obtusa 'Nana Gracilis'	Muschelzypresse	Sonne	V–VI	unscheinbar	bis 2,50	im Alter für kleine Gärten geeignet
Cornus cousa	Japanischer Blumenhartriegel	Sonne	V–VI	weiße Hochblätter	bis 6	himbeerartige Früchte
Cotinus coggygria 'Rubrifolius'	Rotblättriger Perückenstrauch	Sonne	VI–VII	gelblich grün	2 bis 3	sehr anspruchslos
Cotoneaster dammeri 'Coral Beauty'	Kriechmispel	Sonne	V–VI	weiß	0,50	orangerote Früchte
Deutzia × magnifica	Sternchenstrauch	Sonne	VI	weiß	3 bis 4	sehr frosthart
Euonymus alatus	Geflügeltes Pfaffenhütchen	Sonne–Halbschatten	V–VI	grünlich gelb	2 bis 3	verträgt starken Rückschnitt

BÄUME UND STRÄUCHER

Botanischer Name	Deutscher Name	Standort	Blütezeit	Blütenfarbe	Wuchshöhe in m	Tipps
Laubgehölze						
Euonymus europaeus	Pfaffenhütchen	Sonne–Halbschatten	V	grün, unscheinbar	3 bis 6	schöne Herbstfärbung
Hamamelis mollis	Zaubernuss	Sonne–Halbschatten	II–III	gelb	3–5	schöne Herbstfärbung
Hydrangea paniculata	Gartenhortensie	Sonne–Halbschatten	VII–IX	weiß	2–3	verträgt Schnitt
Kolkwitzia amabilis	Kolkwitzie	Sonne	V–VI	rosa-weiß	2–3	verträgt Trockenheit
Lavandula angustifolia	Lavendel	Sonne	VI–VII	blau	0,60	nach der Blüte zurückschneiden
Magnolia soulangiana	Gartenmagnolie	Sonne	IV–V	weiß-rosa-violett	4–6	spätfrostgefährdet, interessante Früchte
Magnolia stellata	Sternmagnolie	Sonne	III–IV	weiß	2–3	Spätfrost, angenehmer Duft
Perovskia abrotanoides	Silberstrauch	Sonne	VIII–IX	blau	0,80	jährlich im Februar/März zurückschneiden
Potentilla fruticosa 'Goldfinger'	Fingerstrauch	Sonne	VI–X	gelb	0,80–1	verträgt starken Rückschnitt
Spirea arguta	Spierstrauch	Sonne	IV–V	weiß	1,50–2	strenger Duft
Viburnum × burkwoodii	Schneeball	Sonne	IV–V, XII–X!! Nachblüte	Knospen rosa, ballförmig, Blüte weiß	2–3	angenehmer Duft
Viburnum × carlcephalum	Duftschneeball	Sonne	V	Knospe rosa, Blüte weiß	1,50–2	reich blühend, starker Duft
Nadelgehölze						
Taxus baccata 'Overeyndery'	Kegeleibe	Sonne	III	unscheinbar	4–5	verträgt starken Rückschnitt, gut für Formschnitt
Taxus baccata 'Repandens'	Tafeleibe	Sonne	III	unscheinbar	0,80	sehr frosthart

Spierstrauch

Berberitze

Sternmagnolie

Fingerstrauch

Ein Rosengarten mit Gehölzen und Stauden wirkt zu jeder Jahreszeit attraktiv.

Rosen-Rezepte

Man schenkt sich Rosen nicht allein, man gibt sich selber auch mit drein.
(Carl Zeller)

Nicht nur Gartenfreunde zählen zu den Rosen-Liebhabern, auch immer mehr „Gourmets" gehören dazu. Neben den zahlreichen experimentierfreudigen Hobby-Köchinnen und Köchen ist die Gastronomie gleichermaßen auf den Geschmack gekommen und bietet ihren Gästen kulinarische Köstlichkeiten mit zartem Rosenduft oder dem fruchtigen Aroma der Hagebutten an. In Vergessenheit geratene Rezepte werden wieder ausgegraben und vorzüglich verfeinert, neue kreiert!

ROSEN-REZEPTE

Lukullische Rosenfreuden

Rosen sind einfach wunderbar. Nicht nur im Garten oder als Strauß, sondern auch in der Küche. Es lohnt sich, den unwiderstehlichen Blütenduft in einer erfrischend-spritzigen Bowle oder als süße Köstlichkeit zum Kaffee zu genießen.

Rosen gewinnen in jeder Hinsicht an Bedeutung. Am wenigsten bekannt ist, dass man aus den duftenden Blütenblättern auch feine Gaumenfreuden zaubern kann. Doch diese Idee ist nicht neu. Schon unsere Großmütter wussten den Blütenduft einzufangen. Mit viel Fantasie und Fingerspitzengefühl entstanden schon damals einmalige Desserts, Gebäck und andere Köstlichkeiten, die Festtage – wie zum Beispiel eine Hochzeit oder Taufe – auch in kulinarischer Hinsicht unvergessen machten.

Rosenfreunde auf der ganzen Welt, kreative Köche und experimentierfreudige Genießer haben eine Reihe von Rezepten ausgetüftelt, die nicht nur lecker schmecken, sondern auch leicht nachzumachen sind. Mit den Rosentrüffeln, der Bowle oder dem Rosen-Kirsch-Quark werden Sie viel Aufmerksamkeit ernten. Denn sie schmecken unvergleichlich gut.

Duftrosen für die Küche

Geerntet wird idealerweise vormittags. Am besten verwenden Sie gerade aufgeblühte Blütenköpfe. Auch an trüben Tagen, oder wenn es regnet, duften Rosen, wenn auch nicht ganz so intensiv. Außerdem ist es wichtig, dass die Blüten, die Sie in der Küche verwenden, frei von Schädlingen und Erkrankungen sind und ungespritzt fernab der Straße heranwachsen konnten. Besonders leicht lösen sich die Blütenblätter, wenn Sie den Fruchtknoten vorsichtig mit der Hand entfernen oder mit einem Messer abschneiden. Er schmeckt bitter und wird nicht mit verwendet.

Die Rosenblütenblätter mit einem scharfen Messer in möglichst feine Streifen schneiden.

Unwiderstehliche Rosentrüffel

Zutaten:
- *100 g weiße Schokolade*
- *80 g weiche Butter*
- *1 EL Rote-Bete-Saft*
- *2 EL Rosenwasser (Apotheke)*
- *3 EL Duftrosenblütenblätter, fein gehackt*

Die Schokolade in kleine Stücke brechen und in einer Schüssel im warmen Wasserbad schmelzen lassen. Das Wasser darf dabei nicht kochen! Die Butter schaumig rühren, mit der geschmolzenen Schokolade, Rote-Bete-Saft und Rosenwasser vermischen. Im Kühlschrank auskühlen lassen, bis die Masse formbar ist. Mit einem kleinen Eisportionierer oder Teelöffel 12 gleich große Portionen abstechen und diese in der Handfläche schnell zu Kugeln formen. Die fein geschnittenen Rosenblütenblätter in ein Schälchen geben und die Kugeln nacheinander darin wenden. Die Trüffel gut auskühlen lassen, bevor sie beispielsweise zu Kardamom-Kaffee serviert werden: Dafür 200 ml Schlagsahne mit 1 Messerspitze Kardamompulver und 1 TL Zucker steif schlagen (reicht für etwa 6 Tassen). Heißen Kaffee in Tassen füllen, mit einer Sahnehaube verzieren und mit etwas Zimtpulver bestreuen.

Selbst gemachte Rosen-Pralines schmecken unvergleichlich gut. Das Geschmackserlebnis ist immer wieder anders, je nach Duftintensität der Rose.

LUKULLISCHE ROSENFREUDEN

Diese tolle Kirschcreme ist eine Sünde wert. Feinschmecker genießen dazu Espresso oder ein Gläschen Sekt. Servieren Sie das Dessert gut gekühlt.

Rosen-Creme mit Kirschen

Zutaten für 6 Personen:
- *300 g weiße Schokolade*
- *150 ml Milch*
- *2 EL Rosenwasser (Apotheke)*
- *300 g Schlagsahne*
- *1 EL Zitronenmelisse, fein gehackt*
- *3 EL Duftrosenblütenblätter*
- *500 g Süßkirschen, entsteinen und zuckern*

Die Schokolade in kleine Stückchen brechen. Milch mit Rosenwasser in einen Topf geben, aufkochen und die Schokolade in kleinen Portionen darin auflösen. Dann die Masse abkühlen lassen und dabei gelegentlich umrühren. Die Sahne steif schlagen und zusammen mit der Zitronenmelisse vorsichtig unter die Schokoladenmasse ziehen. Die Rosencreme in Dessertgläser füllen und im Kühlschrank auskühlen lassen. Die Rosenblütenblätter mit einem sehr scharfen Messer in feine Streifen schneiden und diese über die Creme streuen. Die Rosencreme zusammen mit den gezuckerten Kirschen servieren.

Rosenbowle

Zutaten für 12 Personen:
- *500 ml Wasser*
- *250 g Zucker*
- *2 Tassen Blütenblätter von Duftrosen, ersatzweise 4 EL Rosenwasser (aus der Apotheke)*
- *100 ml Zitronensaft*
- *100 ml Cognac*
- *2 l Rosé-Sekt*
- *Eiswürfel*
- *2 Hand voll Duftrosenblüten*

Wasser und Zucker aufkochen, die Blütenblätter hineingeben. Den Topf mit einem Deckel verschließen und die Flüssigkeit darin auskühlen lassen. Den Rosensirup anschließend in ein Bowlegefäß oder eine Karaffe abseihen. Zitronensaft und Cognac dazugeben. Den Sirup kurz vor dem Servieren mit gut gekühltem Sekt auffüllen. Eiswürfel und Duftrosenblütenblätter dazugeben und sofort servieren.

Party-Hit Rosenbowle: Wenn Sie sie weniger stark möchten, auf den Cognac verzichten und stattdessen leichten Weißwein hinzufügen.

ROSEN-REZEPTE

Geschenke aus dem Rosengarten

Köstlichkeiten wie Rosenblütengelee, Rosenzucker oder eine Rosenhimbeersoße werden besonders geschätzt. Denn es gibt sie nur selten zu kaufen, man muss sie selber machen. Und das macht Spaß und geht ganz einfach.

Ein Gläschen selbst gemachtes „Rosenblütengelee" oder eine Dose „Rosenzucker" können der Beginn einer wunderbaren Freundschaft sein. Denn was macht Feinschmecker glücklicher, als über eigene Rosen-Erfahrungen in der Küche zu plaudern? Hinzu kommt, dass Rosen-Rezepte vergleichsweise rar und schon gar nicht in jedem Kochbuch zu finden sind. Deshalb freuen wir uns auch ganz besonders, Sie damit überraschen zu können.

Das Rosenblütengelee passt hervorragend zu warmem und kaltem Fleisch sowie zu süßen Milchspeisen. Und: Es ist ein leckeres Mitbringsel.

Rosen-Himbeersoße

Zutaten:
- *3 Hand voll Duftrosenblütenblätter*
- *80 g Gelierzucker*
- *500 g frische Himbeeren*
- *100–200 g Zucker oder Honig*
- *1 Päckchen Vanillinzucker*

Die Duftrosenblütenblätter behutsam waschen, in eine Schüssel geben und den Gelierzucker dazumischen. Das Ganze im Mörser zerstoßen. Nach Bedarf kann 1 TL Wasser dazugegeben werden. Nun die frischen Himbeeren gut verlesen, mit einer „Flotten Lotte" durchpassieren oder mit dem Pürierstab zerkleinern und durch ein Haarsieb in einen Topf streichen. Das Rosenmus, den Zucker (oder Honig) dazugeben und unter Rühren etwa drei Minuten köcheln lassen, die Rosen-Himbeer-Masse vom Herd nehmen. Die Soße kalt oder warm zu Süßspeisen servieren.

Rosenblütengelee

Zutaten:
- *1 l Duftrosenblütenblätter (die trockenen Blütenblätter behutsam abzupfen und in einen Messbecher geben)*
- *1400 ml Wasser*
- *500 g Diät-Gelierzucker*
- *je 1 Messerspitze Apfelpektin und Vanille*
- *Saft einer ½ Zitrone*

Die Duftrosenblütenblätter mit kochend heißem Wasser übergießen und abgedeckt zwei Tage ziehen lassen. Danach die Flüssigkeit durch ein Sieb abpressen. Das Rosenwasser mit den restlichen Zutaten in einen Topf geben und erhitzen. Das Ganze unter ständigem Rühren vier Minuten aufkochen lassen und sofort in heiß ausgewaschene Gläser mit Twist-off-Deckeln abfüllen und sofort verschließen.
Das Gelee schmeckt zu Süßspeisen oder wie Preiselbeeren verwenden.

Die Himbeersoße passt vorzüglich zu Vanille-Eis, Quark- und Milchspeisen. Man kann sie selbstverständlich auch aus gefrorenen Früchten zubereiten.

GESCHENKE AUS DEM ROSENGARTEN

Vom Rosenzucker setzen Sie den Sommer über am besten mehrere Pfund an. So haben Sie auch stets ein nicht alltägliches Geschenk zur Hand.

Rosenzucker

Zutaten:
- 50 g *Duftrosenblütenblätter, getrocknet*
- 150 g *sehr feiner Zucker*
- 1 Päckchen Vanillinzucker

Die getrockneten Rosenblütenblätter mit dem Zucker im Mörser zerkleinern. Danach in einen Beutel oder ein Gefäß geben. Den puderfeinen Rosenzucker kann man gut zum Bestäuben von Waffeln, Kuchen, Gebäck, Pralinen oder zum Süßen von Desserts verwenden.

Duftrosenblüten sind nicht nur prima Verbündete, wenn es um Alltagswehwehchen geht, ihre unvergleichliche Schönheit ist Balsam für die Seele. Die Blüten und Blütenblätter lassen sich prima trocknen und so für Potpourris und Duftkissen mit Kräutern, beispielsweise Lavendel, Verveine und Pfefferminze nutzen. Zudem kann man auch wunderbare Teemischungen mit Rosenblüten zubereiten.

ROSEN-REZEPTE

Fruchtig süß oder edel herb – Rosenaroma bietet alles

Das Parfüm der Rosen ist so vielseitig wie die Sorten. Deshalb ist es von Vorteil, wenn Sie sich bei der Verwendung Notizen machen. So entsteht im Lauf der Zeit Ihre eigene kulinarische Rosen-Bestseller-Liste.

Mehr als Zierde fürs Auge: Ein paar Blütenblättchen genügen schon um dieses Gurkensüppchen unvergessen zu machen.

Verwenden können Sie, wie bereits erwähnt, alle Duftrosenblüten und Blütenblätter, die ungespritzt und schädlingsfrei in Ihrem Garten oder dem Ihrer Freunde wachsen. Denn die sind in der Regel gespritzt und meist auch nicht mehr frisch genug. Der direkte Weg vom Strauch in die Küche ist immer vorzuziehen. Es ist häufig auch so, dass sich der Duft je nach Tageszeit, Witterung und Grad des Aufblühens verändert. Ungeeignet zum Verarbeiten sind lediglich Rosen vom Floristen.
Einen zarten Erdbeerduft verbreiten zum Beispiel die Sorten 'Aida' und 'Erotika'. Ihr angenehmer Fruchtduft passt besonders gut zu Blattsalaten.

Gurkensüppchen im Rosengartenduft

Zutaten für 4 Personen:
- 400–500 g frische Gurken, geschält und in Würfel geschnitten
- 1 große Tomate blanchiert, abgezogen und ohne Mark gewürfelt
- ¾ l Rinderbrühe
- 100 ml Sahne
- 60 g Butter
- 3 gestrichene EL Mehl
- etwas Herbadox, Worcester-Soße, Salz und Pfeffer aus der Mühle
- 1 Schalotte, ½ Knoblauchzehe
- 1 TL Dijonsenf
- 3 EL frisch gehackte Kräuter (Petersilie, Schnittlauch, Kerbel, viel Dill), duftende Rosenblätter (z. B. der Sorte 'Westerland' oder 'New Dawn')
- 4 EL geschlagene Sahne, 2 EL Creme double

Gurken und Tomaten vorbereiten. Die Rinderbrühe und Sahne aufkochen. 20 g Butter erwärmen und mit dem Mehl verkneten. Die Mehlbutter in die kochende Flüssigkeit rühren, mit den Gewürzen abschmecken und gut auskochen lassen (zirka 10 bis 15 Minuten). Die klein gewürfelte Schalotte in wenig Butter glasieren und 150 g gewürfelte Gurken mitdünsten, restliche Gurken aufbewahren. Den Senf dazugeben und die leicht gebundene, weiße Brühe dazugießen. Alles kurz aufkochen lassen und fein pürieren. Die Suppe mit Creme double und der restlichen kalten Butter gut und kräftig aufschäumen. In den Topf zurückgießen und die frisch gehackten Kräuter beifügen. Mit der geschlagenen Sahne kurz aufwallen lassen. Die erwärmten Tomaten- und Gurkenwürfel in die Teller verteilen und das heiße Süppchen darüber gießen. Mit frisch gehackten Kräutern und Duftrosenblüten dekorieren.

Grundsätzlich können Sie jeden Blattsalat mit Blüten verzieren. Wichtig ist, dass die Rosenblütenblätter ungespritzt und frisch sind.

FRUCHTIG SÜSS ODER EDEL HERB —
ROSENAROMA BIETET ALLES

Eingeladen zur Sommer-Party? Dann bringen Sie doch zu einem frisch geschnittenen Duftrosenstrauß aus dem eigenen Garten und etwas selbst Gemachtes aus der Küche als Gastgeschenk mit. Ein Highlight ist sicherlich frische Rosenbutter.

Blattsalat mit Rosen-Dressing

Zutaten für 6 Personen:
- *Dressing: 1 EL Zucker*
- *150 ml Orangensaft, frisch gepresst*
- *300 g Naturjoghurt*
- *1 EL Rosenwasser*
- *1 EL Weißweinessig*
- *Salz*
- *Salate und Kräuter nach Belieben, z. B. Frisée, Löwenzahn, Rucola, Liebstöckel, glatte Petersilie*
- *2 Hand voll Himbeeren oder andere Beeren der Saison*
- *2–3 Duftrosenblüten*

Zucker bei kleiner Hitze in einer Pfanne hellbraun karamellisieren lassen, mit Orangensaft ablöschen. Die Flüssigkeit auf die Hälfte einköcheln und dann abkühlen lassen. Die ausgekühlte Masse unter den Joghurt heben. Rosenwasser und Essig dazugeben, leicht salzen. Salate, Blüten, Beeren und Kräuter waschen, verlesen, putzen und mit dem Dressing auf den Tellern anrichten.

Für eine Rosenbutter darf der Blütenduft gerne etwas zitronig sein, wie bei der gelben 'Friesia®'. An Holunder erinnert die weiß blühende 'Gruß an Aachen' – ein wunderbares Bukett für Rosenbowle, und ein Hauch von Bittermandel verströmt die berühmte 'Gertrude Jekyll'-Rose. Das Duftempfinden wird von jedem etwas anders interpretiert. Deshalb finden Sie nur durch Ausprobieren Ihren persönlichen Favoriten.

Rosenbutter

Zutaten für 6 Personen:
- *250 g weiche Butter*
- *3 EL Duftrosenblütenblätter, fein gehackt (zusätzlich zum Dekorieren 1 bis 2 Duftrosenblüten)*
- *1 EL Rosenwasser (Apotheke)*
- *1 kleine, rote Zwiebel*
- *Salz, Cayennepfeffer*
- *Saft einer ½ Zitrone*

Butter in einem hohen Gefäß schaumig rühren und alle Zutaten untermischen. Einen Bogen Alufolie oder Pergamentpapier dicht mit den ganzen Duftrosenblütenblättern belegen, behutsam die Butter darauf geben und den Bogen aufrollen. Anschließend die Butter in den Kühlschrank legen. Dort sollte sie bleiben, bis sie benötigt wird. Die Rosenbutter dann nach Belieben dünn auf Baguette oder Vollkornbrot streichen und würzigen Käse wie Tete de Moine oder einen mittelalten Schweizer Bergkäse dazu servieren. Ohne Blütenhülle lässt sich die Butter übrigens sehr gut einfrieren.

ROSEN-REZEPTE

Balsam für Körper, Geist und Seele

Rosen bezaubern in vielerlei Hinsicht. Selbst als Hausmittel hat die Königin der Blumen viel zu geben: Dank ihrer Inhaltsstoffe stärken Rosen Herz und Nerven, dienen der Schönheit und lassen sich im Nu zu wirkungsvollen Pflegemitteln verwandeln.

Aphrodite wusste, warum sie so gerne in Rosen badete: Duftrosen und deren ätherische Öle tun nicht nur der Seele gut, sondern sind ein wahres Schönheits-Elixier. Dieses Vergnügen sollten Sie sich regelmäßig gönnen, besonders aber wenn Sie abgespannt sind und sich gestresst fühlen. Dazu warmes Wasser in die Badewanne fließen lassen, drei bis vier Esslöffel flüssige Sahne hinzufügen und ein paar Duftrosenblüten. Wenn Sie den Rosenduft etwas intensiver möchten, etwa im Winter, empfiehlt sich die Anschaffung eines Rosenöl-Bades. Sehr angenehm ist auch ein Fußbad mit einem Esslöffel Olivenöl, 2 Hand voll Rosenblüten, etwas Salbei und Rosmarin.

Und sollte Sie mal Zorn oder Wut überkommen, empfiehlt Hildegard von Bingen eine Brise Rosen-Salbei-Duft. Dazu 20 g getrocknete Duftrosenblüten und -blätter, 15 g Salbeiblätter und -blüten im Mörser pulverisieren und in eine kleine Dose geben. Bei Bedarf einmal kräftig daran schnuppern.

Wie Sie sehen, kann man nie zu viel Rosen im Garten haben. Am besten pflanzen Sie ganz viele verschiedene Sorten, damit Sie von Mai (natürlich nur im Weinbauklima!) bis in den Herbst hinein in Rosenblüten schwelgen können.

Hamamelis-Rosen-Gesichtswasser mit Lavendel

Zutaten:
- 100 ml Rosenwasser (Apotheke)
- 100 ml Hamameliswasser (Apotheke)
- 1 EL frisch gepresster Zitronensaft
- 3–5 frische, blühende Lavendelstiele

Rosen- und Hamameliswasser zusammen mit dem Zitronensaft in eine saubere Flasche geben. Das Ganze gut durchschütteln. Die Lavendelblütenstängel dazugeben und die Flasche verschließen. Nach zwei Tagen kann das Gesichtswasser verwendet werden. Den Lavendel nach Belieben in der Flasche belassen oder entfernen. Das duftende Gesichtswasser auf Watte träufeln und die gereinigte Gesichtshaut damit abtupfen. Tagescreme wie gewohnt auftragen. Dieses Gesichtswasser erfrischt die Haut, wirkt entzündungshemmend und belebend zugleich.

Pflegende Rosenblütensalbe

Zutaten:
- *2 EL Duftrosenblüten*
- *150 ml sehr gutes Pflanzenöl (z. B. kalt gepresstes Sonnenblumen- oder Olivenöl)*
- *1 Tropfen ätherisches Rosenöl (Bioladen)*
- *50 ml Johanniskrautöl*
- *30–40 g gereinigtes Bienenwachs*
- *½ TL Propolis-Tinktur*

Die Duftrosenblüten in 150 ml sehr gutem Pflanzenöl langsam erhitzen. Sobald sich kleine Bläschen bilden, den Topf vom Herd nehmen und über Nacht stehen lassen. Dann 1 Tropfen ätherisches Rosenöl dazugeben und die Masse erneut erhitzen und abfiltern. 50 ml Johanniskrautöl hinzufügen, kurz erwärmen; 30–40 g gereinigtes Bienenwachs in das Duftöl geben und darin schmelzen lassen. Dabei die Masse immer wieder umrühren. Bevor die Salbe fest wird, ½ TL Propolis-Tinktur einrühren und die Masse in kleine Tiegel abfüllen und gut verschließen. Ungeöffnet ist die Salbe zwölf Monate haltbar, vorausgesetzt sie wird kühl und schattig aufbewahrt, das heißt, sie sollte in einem blickdichten Gefäß gelagert werden.

Einfach wunderbar, wie wohltuend das Gesichtswasser auf die Haut wirkt. Die Zubereitung ist, wie das Rezept zeigt, denkbar einfach.

Rosenblütensalbe wird schön rot, wenn Sie bei der Zubereitung etwas Johanniskrautöl dazugeben.

BALSAM FÜR KÖRPER, GEIST UND SEELE

Rosenessig ist weit mehr als appetitliche Salatbeigabe. Er hilft bei Kopfschmerzen und erfrischt müde Beine an heißen Sommertagen.

Rosenessig

Zutaten:
- 3–4 Hand voll abgezupfte, duftende Wildrosenblüten
- 1 l heller Branntweinessig

Die Wildrosenblüten in eine saubere Flasche geben und mit 1 Liter hellem Branntweinessig übergießen. Das Gefäß verschließen, an einem sonnigen Fensterplatz aufstellen und durchziehen lassen. Die Masse hin und wieder mal kräftig durchschütteln. Danach den Rosenessig in Flaschen abfüllen. Er passt sehr gut an Wildkräuter-Salate.

Diese Kostbarkeit ist schnell gemacht und vielseitig verwendbar. Zum einen natürlich in der Küche und zum anderen bei Verspannungskopfschmerzen. Bei Bedarf etwas Essig auf ein Leinentuch geben und Stirn und Schläfen damit betupfen.

Schon der Anblick dieser Blütenpracht und der Wohlfühl-Elixiere tut gut. Ein selbst gemachtes Rosenwasser zum Beispiel ist nicht nur in der Küche eine feine Sache, sondern auch ideal zur Gesichts- und Körper-Pflege. Dazu etwa vier Hand voll Duftrosenblätter mit frischem Quellwasser übergießen, zudecken, ein paar Stunden an einem sonnenwarmen Platz aufstellen. Danach ein Leinentuch hineintauchen, leicht auswringen und das Gesicht mehrmals damit abwaschen. Rosenwasser (zur Gesundheitspflege und zum Kochen) können Sie auch in der Apotheke kaufen.

Züchtung und Geschichte

> Es ist wichtiger, dass jemand sich über eine Rosenblüte freut, als dass er ihre Wurzel unter das Mikroskop bringt. (Oscar Wilde)

Die Rose blickt auf eine lange Kultur zurück – Millionen von Jahren ist sie alt. Viele Geschichten und hohe Symbolik ranken sich um dieses einzigartige Gewächs. Sie war die Blume der Liebesgöttin Aphrodite. Rote Rosen sind Symbol für die erhörte Liebe, weiße für die schmachtende.

Die vielen Rosenzüchter haben es jedoch erst möglich gemacht, dass wir heute aus so vielen wunderschönen Gartensorten auswählen können. Zehntausende von Sämlingen sind nötig, bis ein Züchter eine neue Sorte „auf den Markt bringt". Und so ist der Arbeit von vielen Züchtern zu verdanken, dass wir uns heute an gesunden, öfter blühenden, dicht gefüllten und mehrfarbigen Rosen im Garten erfreuen können.

ZÜCHTUNG & GESCHICHTE

Rosenzüchtung im neuen Jahrtausend

Im täglichen Sprachgebrauch werden häufig Erwerbsgärtner, die Rosen produzieren, oder Hobbygärtner, die Rosen kultivieren, als Rosenzüchter bezeichnet. Wirkliche Rosenzüchter stören sich manchmal an dieser weitläufigen Verwendung ihrer Berufsbezeichnung, denn mit dem Züchten von Rosen im eigentlichen Sinne ist das Entwickeln neuer Sorten gemeint und nicht die Anzucht von Pflanzen.

Mit wirklicher Rosenzüchtung befassen sich neben einigen Hobbyzüchtern nur wenige Firmen mit professionellem Hintergrund. Grund dafür ist der enorm hohe Aufwand, den es erfordert, um den vielen Rosensorten, die es heute schon gibt, echte Verbesserungen hinzuzufügen. Die folgenden Seiten sollen Ihnen einen Einblick geben in die mühevolle, tägliche Arbeit eines Rosenzüchters und einen Eindruck vermitteln, welche Eigenschaften eine neue Rose heute erfüllen muss, um schließlich in den Handel zu gelangen.

Wie alles begann

Die Ursprünge der Rosenzüchtung, wie wir sie heute kennen, muss man etwa Mitte des 19. Jahrhunderts in Frankreich suchen. Alle Rosensorten, die vor dieser Zeit entstanden, sind als Zufallsprodukte (so genannte freie Abblüten) zu sehen. Diese Zufälligkeit in der Entstehung ist auch der Grund für unser mangelndes Wissen über den Ursprung vieler alter Rosensorten. Wenn es Angaben darüber gibt, so beruhen diese meist mehr auf Vermutungen als auf Tatsachen.

Mit dem Beginn der gezielten Rosenzüchtung entstanden dann schnell neue Rosengruppen und die Menschen versuchten, geleitet von den Schönheitsidealen ihrer Epoche, bestimmte Rosentypen entstehen zu lassen. Einige Eigenschaften, die uns bei den heutigen Kulturrosen als selbstverständlich erscheinen, sind für die frühen Rosenzüchter große Fortschritte gewesen, wie zum Beispiel die Eigenschaft des Öfterblühens, der Einzug neuer Farben wie Gelb und Orange und bestimmte Blütenformen (Edelrosen).

Erst mit der Veröffentlichung der Mendel'schen Gesetze 1865, beziehungsweise deren Wiederentdeckung im Jahr 1900, verstand man endlich auch die biologischen Hintergründe der geschlechtlichen Fortpflanzung von Pflanzen. Das neue Wissen wirkte wie eine Initialzündung auf die Pflanzenzüchtung und an vielen Orten wurde begonnen, die Rose gezielt züchterisch zu bearbeiten. Berühmte Persönlichkeiten dieser Anfangszeit der Rosenzüchtung sind Vibert, Laffay, Robert, Verdier und viele andere.

Die meisten der damals entstandenen Sorten sind relativ schnell wieder verschwunden, da die Eigenschaften ihrer Blüten, ihre Frosthärte oder Blattgesundheit nicht befriedigten. Lediglich in großen Rosarien wie dem von Sangerhausen lassen sich noch einige dieser Relikte bewundern.

Rosenzüchter Werner Noack bei der Selektion der Neuheiten 1979

Die erste nennenswerte Rosenzüchtung in Deutschland fand in der zweiten Hälfte des 19. Jahrhunderts statt und ist untrennbar mit Namen wie Rudolf Geschwind (1829–1910), Hermann Müller (1828–1914) und Peter Lambert (1859–1939) verbunden. Einige ihrer besten Sorten, wie Geschwinds 'Zigeunerknabe', Müllers 'Conrad Ferdinand Meyer' und Lamberts 'Mozart', kann man noch heute bei einigen Spezialbaumschulen bekommen.

Als einer der bedeutendsten Rosenzüchter des 20. Jahrhunderts ist zweifelsohne der legendäre Wilhelm Kordes II. (1891–1976) zu nennen. Seine exzellenten Fachkenntnisse weit über der Bereich der Rosen hinaus und seine Weltoffenheit machten ihn zu einer unvergessenen Persönlichkeit. Viele seiner Züchtungen, wie zum Beispiel die Sorten der berühmten „Frühlings-Serie" ('Frühlingsgold', 'Frühlingsduft') finden sich noch heute in den Handelssortimenten. Außerdem wären viele der heutigen großblumigen Kletterrosen ohne die von ihm gefundene Rosa x kor-

Die Wildrosenhybride Rosa × kordesii – durch sie kam Frosthärte in die modernen Kletterrosen.

desii nicht entstanden. Ihre vorher nicht bekannte Frosthärte setzte neue Maßstäbe und verschaffte dem Namen Kordes Weltruhm.

Neben seinen Rosen verewigte sich Wilhelm Kordes II. auch, indem er vor über 50 Jahren die Allgemeine Deutsche Rosenneuheitenprüfung (ADR) ins Leben rief – eine Institution, die heute aus der Rosenwelt nicht mehr wegzudenken ist.

Wichtige Rosenzüchter der Gegenwart

Will man eine Rose in einem Land fernab ihrer eigentlichen züchterischen Herkunft erfolgreich kultivieren, dann setzt das voraus, dass man sie zuvor gründlich auf die Eignung für die jeweiligen klimatischen Bedingungen getestet hat. Für ausländische Züchter bedeutet das, eine enge Zusammenarbeit mit einem deutschen Vertreter aufzubauen. Eine solche Kooperation ist die zwischen dem weltberühmten Züchterhaus Meilland in Frankreich und der Firma BKN Strobel in Deutschland. Die bekannteste Rose aus dem Hause Meilland ist sicherlich die Edelrose 'Gloria Dei', großer Beliebtheit erfreut sich aber natürlich auch die rosa blühende Beetrose 'Bonica® 82'.

Die Renaissance der nostalgischen Blütenformen während der letzten 20 Jahre hätte ohne den englischen Züchter David Austin sicher nicht stattgefunden. Sein züchterischer Verdienst ist es, den

Rosenzüchter Wilhelm Kordes III. (links) mit Züchtungsleiter Thomas Proll beim Selektieren auf dem Testfeld

'Frühlingsgold' von 1937. Die wohl bekannteste Sorte aus der „Frühlings-Serie", die Wilhelm Kordes II. aus Kreuzungen mit der Wildart *Rosa pimpinellifolia* erhielt.

Charme der Alten Rosen mit der Eigenschaft des Öfterblühens moderner Strauchrosen verbunden zu haben. Zu seinen erfolgreichsten Züchtungen gehören die gelb blühende 'Graham Thomas®' und die rosafarbene 'Heritage®', die auch für deutsche Klimaverhältnisse robust genug sind.

Einige weitere englische Züchterhäuser wie Harkness, bekannt durch seine duftende Kletterrose 'Compassion®'; Fryer, der zuletzt durch die relativ robuste Edelrose 'Exotic®' (Syn.: 'Warm Wishes') Aufsehen erregte, sowie der nordirische Züchter Dickson, bekannt durch die robuste lichtgelbe Edelrose 'Elina®' werden neben vielen anderen Züchtern durch die Steinfurther Rosen-Union in Deutschland vertreten.

Im hohen Norden Europas, in Dänemark, widmet sich die traditionsreiche Firma Poulsen seit inzwischen mehr als 100 Jahren der Züchtung neuer Rosensorten. Mit dem Namen Poulsen wird unweigerlich der Name einer ihrer größten Züchtungen verbunden, der blutroten Edelrose 'Ingrid Bergmann®'. Ein französischer Züchter, dessen Rosen inzwischen auf dem deutschen Markt zu finden sind, ist die Firma Delbard. Besonders ihre robuste Strauchrose 'Centenaire de Lourdes' hat sich auch im raueren deutschen Klima bewährt und findet sich in vielen Gärten. In der deutschen Rosenzüchtung ist das traditionsreiche Züchterhaus Kordes, inzwischen in vierter Generation in Familienbesitz, eine der ersten Adressen. Mehr als 500 Rosensorten sind vom norddeutschen Sparrrieshoop während der letzten 80 Jahre in den Handel gebracht worden. Wer kennt sie nicht, die Klassiker wie die Kletterrose 'Raubritter' oder die orangefarbene Strauchrose 'Westerland®'. Und bekommt sie inzwischen auch mehr Mehltau und Sternrußtau als uns lieb ist, so ist sie doch noch in aller Munde, die weiße Strauchrose 'Schneewittchen®', die unter ihrem Synonym 'Iceberg' Weltruhm erlangt hat.

Ebenfalls im Norden Deutschlands, im holsteinischen Uetersen, ist das Züchterhaus Tantau angesiedelt. Auch von hier ist das Rosensortiment in den vergangenen Jahrzehnten um zahlreiche wertvolle Neuzüchtungen bereichert worden. Zu den bekanntesten gehören hierbei sicherlich die Klassiker 'Super Star®' und 'Duftwolke®' sowie die zweifarbige Edelrosensorte 'Nostalgie®'.

Ein vergleichsweise junges Züchterhaus ist die Rosenschule Noack im westfälischen Gütersloh. Als Werner Noack in den 50er-Jahren mit der Rosenzüchtung begann, war es sein Be-

ZÜCHTUNG & GESCHICHTE

streben, gesündere, widerstandsfähigere Sorten zu entwickeln, als die, die damals die Sortimente dominierten. Diese neue, revolutionäre Sichtweise hat auch andere Rosenzüchter in ihrem Denken beeinflusst und ist als Firmenphilosophie bis heute unverändert. Als herausragende Züchtung muss hier sicher die 1988 eingeführte Kleinstrauchrose 'Heidetraum®' genannt werden, die weltweit unter dem Namen 'Flower Carpet' bekannt und erfolgreich ist.

Ein Jahr in der Züchtungsabteilung

Der Rosenzüchter hat schon zu tun, wenn es für die übrigen Gärtner noch eher ruhig zugeht. In den arbeitsarmen Wintermonaten muss der so genannte Kreuzungsplan erstellt werden. Das heißt, man überlegt sich, welche Rosensorten man in der folgenden Saison als Saatträger („Mutter") oder Pollenspender („Vater") verwenden will und nach welchem Schema sie kombiniert werden sollen. Für den Rosenzüchter heißt es dabei, sowohl sein Fachwissen zu nutzen als auch kreativ zu sein. Diese Mischung von exakten Kenntnissen aus Beobachtung der Sorten und fantasievoller Vorstellungskraft, was aus der Kombination zweier Rosen entstehen kann, macht schließlich den Erfolg der Rosenzüchtung aus. Und trotzdem bleibt vieles von dem, was letztendlich entsteht, hinter den Wünschen des Züchters zurück. Wer mit dem Rosenzüchten beginnt, muss zuerst lernen, mit Enttäuschungen zu leben.

Wirklich „bunt" geht es dann in der Züchtungsabteilung ab Anfang Mai zu, denn durch die zusätzliche Wärme blü-

Reife Hagebutten im Gewächshaus. Die Nummer sagt dem Züchter, wer der Vater der Kreuzung ist.

hen die Rosen in den Gewächshäusern schon viel früher als im Garten. Viele fleißige Hände sind dann nötig, um die Blüten mit sanfter Gewalt zu öffnen, zu entblättern und zu kastrieren, also die Staubgefäße zu entfernen. Diese Arbeit muss früh am Morgen geschehen, bevor die Blüten sich selbst bestäuben können. Die empfindlichen Blüten dürfen hierbei nicht beschädigt werden. Der Pollen einer jeden Sorte wird gesammelt und kann getrocknet am nächsten Tag zur Bestäubung einer anderen Sorte verwendet werden. Diese Bestäubungen folgen dem im Winter erstellten Kreuzungsplan und werden mit dem Pinsel oder auch noch einfacher mit der Fingerspitze durchgeführt. Weil der Züchter nichts dem Zufall überlassen möchte, wird jede Blüte nach der Bestäubung am Blütenhals mit einem nummerierten Klebeetikett gekennzeichnet, das zeigt, welcher Pollen verwendet wurde, also wer der „Vater" dieser Kreuzung ist.

Ist die Bestäubung gelungen, so zeigt sich das nach wenigen Wochen durch ein Anschwellen des Blütenbodens, aus dem sich dann schließlich die Frucht der Rose, die Hagebutte, entwickelt.

Die vielen Hagebutten aus den bestäubten Blüten reifen über den Sommer heran, wobei sie sich langsam dunkelrot färben. Je nach Rosensorte enthalten sie manchmal nur zwei, manchmal aber auch mehr als 20 Saatkörner. Die reifen Hagebutten werden im Herbst geerntet und nach Kreuzungen geordnet, das heißt, immer solche mit gleicher Mutter und gleichem Vater werden zusammensortiert. Die Früchte werden aufgeschnitten, die Saatkörner entnommen, gereinigt und schließlich im Gewächshaus ausgesät.

Gehört dieser Sämling zu den wenigen, aus denen schließlich eine Rosensorte wird? Aus durchschnittlich 40 000 Sämlingen entsteht eine neue Sorte.

Dort ruhen sie vor Frost geschützt über die Wintermonate und im Februar, gerade wenn der Züchter noch mit dem Kreuzungsplan für die nächste Saison beschäftigt ist, strecken schon die ersten Sämlinge ihre zarten Köpfchen aus der Erde.

Das Bestäuben: 1. Die Rosenblüte wird mit sanfter Gewalt geöffnet und die Blütenblätter werden entfernt.

2. Danach wird die Blüte kastriert, das heißt, der männliche Teil, die Staubgefäße, werden entnommen.

3. Schließlich wird mit der Fingerspitze der getrocknete Pollen der Vatersorte auf die Narbe gestrichen.

Die Qual der Wahl

Schon wenige Wochen nach dem Keimen beginnen die Sämlinge zu blühen und verwandeln die Saatbeete in ein buntes Meer von Farben. Und wenn sich manche Rosen auch sehr ähnlich sehen, so darf man doch nie vergessen, dass jedes der zarten Pflänzchen ein Individuum ist, denn bei jeder Bestäubung ist das Erbgut von Vater und Mutter neu gemischt worden. Das heißt, am Anfang einer jeden Saison stehen auf dem Beet vor dem Rosenzüchter viele tausend neue Rosensorten. Und obwohl sicher jede Rose auf ihre eigene Weise schön ist, so können doch unmöglich alle weiter beobachtet werden. Es muss also eine Auslese nach bestimmten Eigenschaften vorgenommen werden, die je nach Rosengruppe ganz verschieden sein können. Bei diesem Selektionsprozess steht der Züchter vor der schwierigen Aufgabe, die nach seiner Meinung minderwertigen Pflanzen vom Beet zu entfernen, um den viel versprechenden Sämlingen genug Platz zum Wachsen zu geben.

Bei der ersten Selektion der Gartenrosen werden in erster Linie die Eigenschaften der Blüte betrachtet, also Form, Farbe, Blühdauer und natürlich nicht zuletzt der Duft. Das wichtigste Zuchtziel in der heutigen Rosenzüchtung, nämlich die Gesundheit der Blätter, kann im Gewächshaus fast nicht untersucht werden, da die jungen Pflänzchen noch weitgehend unempfindlich für Mehltau sind und der Sternrußtau, die für die Rose wohl gefährlichste Pilzkrankheit, unter Glas nicht vorkommt.

Der Selektionsprozess muss also im Freiland fortgesetzt werden. Dazu werden die vielversprechenden Sämlinge vom Saatbeet (das sind etwa 10 % der Ausgangsmenge) zuerst mit drei Pflanzen pro Sorte weitervermehrt. Diese kann der Züchter dann im folgenden Sommer zum ersten Mal in der freien Natur begutachten. Da das Testfeld in keinster Weise mit Pflanzenschutzmitteln behandelt wird, zeigt sich schnell, welche Sorten anfällig für Krankheiten sind und welche ihnen widerstehen. Immer nur die schönsten und gesündesten Rosen werden weitervermehrt, erst mit 10 Pflanzen pro Sorte, nach zwei Jahren mit 100 Pflanzen und nach weiteren zwei Jahren mit 1000 Pflanzen. Zu diesem Zeitpunkt sind vielleicht noch 10 bis 12 Sorten im Rennen. Um zu prüfen, ob sich die Rosen auch außerhalb der heimischen Umgebung bewähren, werden sie vom Züchter in Rosenwettbewerbe eingesandt. Derartige Rosenprüfungen werden weltweit in vielen Ländern durchgeführt, wobei manchmal nur die Schönheit der Rose im Vordergrund steht, immer öfter aber auch ihre Gesundheit in die Bewertung einfließt. Als „die härteste aller Rosenprüfungen" wird zu Recht die Allgemeine Deutsche Rosenneuheitenprüfung (ADR) bezeichnet, weil die Rosen hierbei ohne jeglichen Einsatz von Pflanzenschutzmitteln über drei Jahre an elf über ganz Deutschland verteilten Standorten von unabhängigen Juroren bewertet werden. Die Verleihung des ADR-Prädikats ist eine der höchsten Auszeichnungen, die eine Rose erhalten kann.

Im April blühen viele tausend Sämlinge auf den Saatbeeten. Schön sind sie alle irgendwie – und doch muss der Züchter eine Auswahl treffen.

Ein Produktionsfeld in voller Blüte. Nur wenige der vielen Sämlinge erreichen nach acht bis zehn Jahren dieses Ziel – zu Tausenden vermehrt, bereit für die Gärten der Kunden.

ZÜCHTUNG & GESCHICHTE

Mit oder ohne dieses Reifezeugnis nähert sich nun die Rosensorte dem Ende ihres ersten Lebensabschnitts, und es wird Zeit für den Rosenzüchter zu entscheiden, ob die Sorte in den Handel kommen soll. Dazu wird sie zum ersten Mal in großen Stückzahlen von einigen Tausend vermehrt und zum Sortenschutz angemeldet. Manche bekommen stillschweigend einen Namen, andere werden feierlich getauft und schließlich erscheinen sie zum ersten Mal mit einem Bild im Katalog.

Von der Bestäubung bis hierher sind mindestens acht, manchmal mehr als zehn Jahre vergangen, in denen sich die Rose dem Angriff von Pilzkrankheiten und anderen Schädlingen erwehren musste und milden wie harten Wintern, nassen wie trockenen Sommern ausgesetzt war. Und ist die Rose für den Züchter eine alte Bekannte, so trifft sie doch in ihrem nächsten Lebensabschnitt auf viele neue Rosenfreunde, für die sie eine faszinierende Neuheit ist.

Warum immer neue Rosen züchten? Es gibt doch schon so viele!

Eine oft gestellte und sicher auch berechtigte Frage, bedenkt man, dass im Rosarium von Sangerhausen mehr als 7000 Rosensorten gepflanzt sind und in der neusten Ausgabe von „Modern Roses", dem Lexikon der Amerikanischen Rosengesellschaft, sogar mehr als 24.000 Sorten aufgeführt sind. Also, aufhören mit dem Rosenzüchten? Ganz sicher nicht, denn das Züchten neuer Sorten ist vielleicht heute wichtiger denn je!

Als Mitte der 80er-Jahre nach einigen erfolgreichen Jahrzehnten die Rosenverkäufe erstmals zurückgingen, waren die Rosenzüchter alarmiert. Was hatte sich geändert? Die Rose war nicht etwa unmodern geworden, sondern es gab wohl eher ein gestiegenes ökologisches Bewusstsein in der Bevölkerung. Man wollte sich gesund ernähren und in einer sauberen Umwelt erholen. Die Rose, der das Image einer empfindlichen Diva anhaftete, die nur mit Hilfe von Spritzmitteln hochgepäppelt wer-

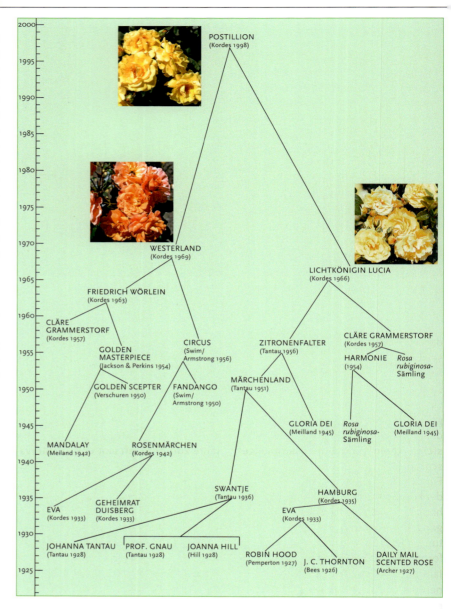

Die Jugendjahre einer Rose

Name :	'Postillion' 1998
Sortenbezeichnung :	KORtionza
Kreuzungsnummer :	KO 85/1178-06
Beschreibung :	Strauchrose, leuchtend gelb, sehr robust, mit Duft
Eltern :	'Westerland' × 'Lichtkönigin Lucia'
Werdegang :	1. Kreuzung, 1985 – 2. Saatbeet, 1986 – 3. Testfeld (3er Gruppe), 1987–1988 – 4. Testfeld (10er Gruppe), 1989–1990 – 5. Testfeld (100er Gruppe), 1991–1992 – 6. Aufbau f. ADR- u. Auslandsprüfungen (1.000 Pfl.), 1993 – 7. ADR-Prüfung, 1994–1996 – 8. Massenproduktion (mehrere tausend Pfl.), 1997 – 9. Einführung in den Handel, 1998
Besondere Verdienste :	Gewinn der Silbermedaille in Kortrijk, Belgien 1994; Silbermedaille in Madrid, Spanien 1995; Verleihung des ADR-Prädikats, 1996 Bronzemedaille auf der Bundesgartenschau Magdeburg, 1999

ROSENZÜCHTUNG IM NEUEN JAHRTAUSEND

Wilhelm Kordes II. in „Rosen-Züchtung, Anpflanzungen und Pflege" (1932) über die Eigenschaften, welche eine ideale Gartenrose aufweisen sollte:

- Sie sollte widerstandsfähig gegen Krankheiten sein.
- Sie sollte ausreichend winterhart sein.
- Sie sollte einen buschigen Wuchs haben.
- Ihre üppige Belaubung sollte bis zum Herbst am Strauch haften.
- Ihre Blüten sollten sich über dem Laub entfalten.
- Ihr Stiel sollte so kräftig und lang sein, dass er die Blüten aufrecht trägt und diese schnittfähig sind.
- Sie sollte bis zum späten Herbst Blüten tragen.

den konnte, passte so gar nicht in dieses Bild.

An der Einstellung der Menschen hat sich sicher bis zum heutigen Tage nicht viel geändert und außerdem ist das Angebot an Pflanzenschutzmitteln, das dem Freizeitgärtner zur Verfügung steht, auf ein Minimum zusammengeschrumpft.

Für den Rosenzüchter hieß es also umdenken. So beschloss man im Züchterhaus Kordes Ende der 80er-Jahre, nicht ganz unumstritten in der Firmenleitung, die Züchtungsziele ganz neu zu formulieren: Man beschloss von einem Jahr aufs andere, die Testfelder, auf denen die neuen Sorten geprüft wurden, nicht mehr mit Pflanzenschutzmitteln zu behandeln. Das heißt, die Spritzungen wurden nicht etwa reduziert, sondern ganz eingestellt. Zuerst schien es so, als würde diese rigorose Kehrtwende in einem Desaster enden, denn schon im Sommer waren auf großen Bereichen des Feldes die Pflanzen völlig vom Sternrußtau entlaubt. Und doch gab es Grund zu Hoffnung, denn wie kleine Inseln in einem Meer von kranken Pflanzen, zeigten sich einige Sorten kerngesund und voll belaubt.

Solche Sorten, mochten sie vielleicht auch nicht die schönsten Blüten haben, waren für die Züchtung der Beginn neuer Linien. Heute, mehr als fünfzehn Jahre nach dieser wichtigen Weichenstellung, zeigt das Testfeld ein ganz anderes Gesicht: Nur noch wenige Sorten werden von den Pilzkrankheiten stark befallen, aber die meisten behalten ihr robustes Laub bis in den Herbst hinein. Doch war es nun ein ganz neuer Weg, den man hier in der Züchtung eingeschlagen hatte? Blicken wir einmal 70 Jahre zurück, dann gibt uns Züchtervater Wilhelm Kordes II. selbst die Antwort. In einer 1932 verfassten Liste beschreibt er, wie er sich die perfekte Gartenrose vorstellt.

Vielen dieser Vorgaben ist die Rosenzüchtung inzwischen näher gekommen. Und doch könnte man diese Liste ohne die kleinste Änderung für die heutige Zeit übernehmen, denn auch damals stand die Blattgesundheit an oberster Stelle der Züchtungsziele, hatte man doch erkannt, dass die schönste Rose nur enttäuscht, wenn sie nicht widerstandsfähig genug ist.

Inzwischen sind einige Jahrzehnte vergangen, in denen viele Rosenzüchter wunderschöne Sorten geschaffen haben. Mehr und mehr standen aber, besonders seit den 50er-Jahren, Spritzmittel zur Verfügung, die dabei halfen, auch die empfindlichen, krankheitsanfälligen Züchtungen am Leben zu halten. Kein Wunder also, dass viele Rosenzüchter die Blattgesundheit als höchstes Züchtungsziel ein wenig aus den Augen verloren hatten und sich mehr auf die äußere Schönheit der Rose konzentrierten.

Natürlich sind diese Sorten auch heute noch schön, doch erfüllen sie nicht mehr die Anforderungen, die in der Gegenwart an sie gestellt werden. Der Rosenliebhaber verlangt heute, dass die Rose in seinem Garten, in dem er sich erholt und in dem die Kinder spielen, auch ohne die massive Hilfe von Pflanzenschutzmitteln wächst und gedeiht.

Eine Folge dieser eben beschriebenen Entwicklung ist ein merklicher Wandel im Rosensortiment, der auch in diesem Buch vollzogen wird. Sorten, die lange Jahre die Sortimente bestimmt haben, werden nicht mehr erwähnt oder aber sehr ehrlich beschrieben. Eine 'Lilli Marleen®' heute noch im Garten zu pflanzen ist mutig, denn sie ist anfällig für Mehltau und Sternrußtau – aber haben Sie es schon einmal mit 'Rotilia®' versucht? Vielleicht vermissen Sie in diesem Buch auch einige wohlvertraute Namen und entdecken dafür ein paar neue Sorten, von denen Sie nie gehört haben, weil sie ganz neu auf dem Markt sind.

Leider beschreiten noch nicht alle Züchter diese neuen (alten) Wege – Rosen ohne die Hilfe von Pflanzenschutzmitteln zu züchten. Doch auch solche kommen hoffentlich bald zur Einsicht, denn nur diese neue Generation von Rosensorten wird es möglich machen, dass die Rose auch in der Zukunft noch die „Königin der Blumen" bleibt.

Den Schlüssel zum Erfolg in der Rosenzüchtung bietet uns die Natur selbst ...

Ziele in der Rosenzüchtung bei Gartenrosen

- **Gesundheit (Resistenz gegen pilzliche Schaderreger: Sternrußtau, Echter und Falscher Mehltau, Rosenrost)**
- **Winterhärte, Frosttoleranz**
- **Blüheigenschaften: Blütenreichtum, Blühdauer, Selbstreinigung, Regenfestigkeit, Blütenfarben, Blütenform, Duft**
- **Wuchseigenschaften: Habitus der Pflanze, Wuchshöhe, Verzweigung**
- **Eignung zum Schnitt**
- **Eignung zur Stecklingsvermehrung**
- **Eignung zur Containerkultur**

ZÜCHTUNG & GESCHICHTE

Geschichte der Rosen

Rosen gibt es seit vielen Millionen Jahren. Wahrscheinlich haben sie sich von Ost- oder Vorderasien aus über die nördliche Erdhalbkugel ausgebreitet. In Ost-, Zentral- und Vorderasien sind die meisten Wildrosen heimisch, einige im Mittelmeerraum und in Europa, wenige in Nordamerika.

Rosen in der Antike

Die älteste Darstellung einer Rose ist auf dem berühmten Fresko in Knossos auf Kreta aus dem 17. Jh. v.Chr. zu sehen. Auf 4000 Jahre alten Tontafeln der Sumerer stand bereits etwas über Rosenwasser und Rosenöl. Im 8. Jh. v.Chr. nennt die griechische Dichterin Sappho die Rose „Königin der Blumen". Rosenkränze waren in der ganzen Antike üblich. Die Griechen brachten den Rosenkult nach Ägypten und nach Rom. Zuerst waren Rosen ein Luxus, den sich nur wohlhabende Römer leisten konnten. Bald nahm der Rosenkult in Rom unvorstellbare Ausmaße an. Kein Festmahl ohne Rosen. Auf Rosen gebettet, mit Rosenkränzen geschmückt, in Rosenblättern watend, von Rosenblüten überschüttet – welche Mengen mussten dazu gepflanzt werden. Die Römer ließen in Ägypten Rosen anbauen und später auch in Italien.

Rosen fast vergessen

Mit dem Untergang des römischen Reiches verschwand der Rosenkult. Die Rose war die Blume der Venus, der Liebesgöttin, und des Bacchus, des Weingottes, gewesen. So galt bei den frühen Christen die Rose eher als sündhaft. Erst in einer Verordnung Karls des Großen um 800 werden Rosen wieder genannt – sie sollen als Arzneipflanzen angebaut werden. Die Heilige Hildegard von Bingen beschreibt etwa um 1150 Rosen ebenfalls als Heilpflanzen. Die Rosen breiteten sich weiter aus. In Burggärten wurden sie wegen ihrer Heilwirkung, aber auch wegen ihrer Schönheit angepflanzt. Ganz allmählich war aus der Blume der Venus die Rose in der Marienverehrung geworden. Wir bewundern heute die Bilder von Stefan Lochner (um 1450) „Madonna in der Rosenlaube" und Martin Schongauer (1473) „Maria im Rosenhag". Auf beiden Bildern sind weiße und rote Gartenrosen gemalt.

Europäische Gartenrosen bis 1800

Eine gefüllte, rote Rose soll von Kreuzrittern nach Frankreich gebracht worden sein. Um Provins bei Paris entstand im 14. Jh. eine regelrechte Rosenindustrie. Für Rosenöl und Rosenwasser wurde *Rosa gallica* 'Officinalis', die Apothekerrose, angebaut. Der Name *Rosa gallica*, französische Rose, stammt wohl daher, aber wahrscheinlich kommt sie ursprünglich aus Persien. Die Wildform ist in Kleinasien und ganz Südeuropa bis Süddeutschland verbreitet – sie war die rote Rose der Antike.

Alle Gallica-Rosen sind rot, rosarot oder rosa, die *Rosa gallica* 'Versicolor' rot-weiß gestreift. Die Samtrosen wie 'Tuscany' mit dunkelroten, violett schattierten Farben werden auch zu den Gallicas gerechnet. Viele Gallicas duften schön, sie sind anspruchslos und winterfest. Typisch sind ihre wenigen, unregelmäßigen Stacheln. Die Triebe sind dicht mit Borsten besetzt, die sich leicht abstreifen lassen. Das Laub ist derb und etwas rau, die Hagebutten kugelig rund. Der Busch wirkt geschlossen und bleibt niedrig. Man kann die Gallica-Rose als Mutter aller europäischen Gartenrosen bezeichnen.

Die Samtrose 'Tuscany' – eine beliebte, sehr alte Gartenrose. Im 19. Jahrhundert entstand aus ihr 'Tuscany Superb' mit etwas größeren Blüten und höherem Wuchs.

Die Apothekerrose, Rosa gallica 'Officinalis', wurde schon vor 700 Jahren als Heilmittel angebaut.

'Versicolor' ist die rot-weiß gestreifte Form der Apothekerrose und ist seit 500 Jahren in Gärten zu finden.

GESCHICHTE DER ROSEN

'Amelia' ist eine duftende Alba-Rose mit rötlichen Knospen. Schön ist auch die Albarose 'Celeste', deren duftende reinrosa Blüten einen „himmlischen" Anblick bieten.

Blumenstillleben des 17. und 18. Jahrhunderts wurden sie immer wieder gemalt.
Durch Mutation (Erbveränderung) sind andere Zentifolien entstanden. Die wichtigste Mutation geschah im 16. oder 17. Jahrhundert: die Moosrose, *Rosa centifolia* 'Muscosa'. Blütenstiele, Blütenkelch und Kelchblätter sind mit harzig duftenden Drüsenborsten moosartig besetzt. Im 18. und 19. Jh. gab es zahlreiche Zentifolien und Moosrosen, von denen einige uns heute noch begeistern können wie zum Beispiel die rosa Zentifolie 'Fantin Latour' oder die purpurrote Moosrose 'William Lobb'.

Die bulgarische Ölrose 'Trigintipetala' braucht viel Platz und einen geschützten Standort.

'Perle von Weissenstein', eine Kreuzung aus Damaszener- und Gallica-Rose, gilt als erste deutsche Zuchtrose und entstand vor 230 Jahren in Kassel-Wilhelmshöhe, das damals Weissenstein hieß.

Rosa alba war ebenfalls schon bei den Griechen und Römern verbreitet. Alba bedeutet weiß, die Blüten sind weiß oder rosa, meist gefüllt. Es handelt sich um große Sträucher mit auffallend grau-grünem Laub. Die Stacheln sitzen ungleichmäßig an den kräftigen Trieben. Die Hagebutten sind eher länglich, ähnlich der Heckenrose. Sie gehören zu den frosthärtesten Rosen und vertragen sogar Halbschatten. 'Maxima' oder 'Maiden's Blush' wachsen seit Jahrhunderten in Gärten.

Kreuzfahrer sollen neben der gefüllten Gallica eine zweite Rose mitgebracht haben, die bei den Römern schon gepflanzt und vielleicht wieder verloren gegangen war. Diese Rose wurde nach ihrer Herkunft aus Damaskus *Rosa damascena* genannt. Bei den Damaszenerrosen gibt es zwei Gruppen, die im Juni blühenden Sommer-Damaszener und die zweimal blühenden Herbstdamaszener. Beide sind aus der Gallica-Rose und vorderasiatischen, kletternden Wildrosen entstanden. Dadurch haben die Damaszenerrosen einen höheren Wuchs als die Gallicas. 'Trigintipetala', die Bulgarische Ölrose, kann über 2 Meter hoch werden, sie wird zur Gewinnung von Rosenöl angebaut. Damaszener-Rosen sind nicht so winterhart wie Gallicas. Die Triebe sind mit vielen Hakenstacheln besetzt, die Blätter hellgrün und unterseits weich behaart. Durch die weichen Blütenstiele hängen die Blüten etwas, während Gallica-Blüten aufrecht stehen. Damaszener blühen rosa bis weiß, es gibt keine purpur- oder violettroten Farben. Damaszenerrosen sind berühmt wegen ihres betörenden Duftes.

In den Niederlanden entstand im 16. Jh. eine vierte Rosengruppe. Möglicherweise aus einer Kreuzung zwischen einer Damaszener und einer Albarose entwickelte sich die „große Holländische Rose", die Zentifolie oder hundertblättrige Rose. Die Zentifolien wachsen zu einem lockeren Strauch mit vielen Stacheln und überhängenden Trieben heran. Die schweren, kugeligen, stark duftenden Blüten haben rosa bis purpurrote, ja sogar dunkelviolette Farben und hängen leicht durch ihr Gewicht. Nur selten entwickeln sich Hagebutten, weil die Blüten fast nur aus Blütenblättern bestehen. In den

ZÜCHTUNG & GESCHICHTE

Bei der Moosrose 'William Lobb' färben sich die Blüten von Karminrot zu Dunkelviolett.

Teerosen. Wegen des Öfterblühens, des anderen Duftes und der eleganten Blüten wurden Teerosen beliebte Topfrosen.

Um 1820 kam die erste Bourbon-Rose (aus einer China-Rose und einer Herbstdamaszener) nach Paris und wurde zu weiterer Zucht benutzt. Bourbon-Rosen sind sehr unterschiedlich, gemeinsam ist ihnen nur ihr bezaubernder Duft. Es gibt niedrige Sorten wie 'Souvenir de la Malmaison', kräftig wachsende wie 'Mme Isaac Pereire' oder sogar kletternde wie die stachellose 'Zéphirine Drouhin'. Unterschiedlich ist auch ihre Winterhärte und ihre Gesundheit. Die Sorte 'Reine Victoria' ist wegen ihrer hübschen rosa Kugelblüten noch immer beliebt, leidet aber stark unter Sternrußtau. Fast alle haben kugelige

Die Rosenzüchtung in Europa beginnt

Seit Mitte des 18. Jh wurden Wildrosen aus Amerika und Asien nach England gebracht. Aus Asien kamen auch Gartenrosen, die wirklich öfter blühend waren und neue Farben und Blütenformen brachten.

Josephine, die Frau Napoleons I, ließ in Malmaison bei Paris 1804 einen Rosengarten anlegen mit allen damals erhältlichen Rosen. Dieser Rosengarten hatte großen Einfluss auf die weitere Rosenentwicklung. Im 19. Jh. wurde Frankreich beherrschend in der Rosenzüchtung.

Eine neue Rosengruppe kam um 1810 auf, die Portlandrosen, deren Eltern eine Herbstdamaszener und eine Gallica sind. Die erste Portlandrose blühte gut nach. Deshalb züchteten mit ihr und den neuen, öfter blühenden China-Rosen französische Rosengärtner weitere Portlandrosen. Typisch ist, dass die Blüten auf den Blättern zu sitzen scheinen, weil die Blütenstiele sehr kurz sind. Die meist kleinen, kugeligen Büsche mit gefüllten, duftenden Blüten in Rosa und Rot sind heute noch empfehlenswerte, öfter blühende, gesunde und winterharte Gartenrosen, wie zum Beispiel 'Jacques Cartier' und 'Mme Boll'. Chinesische Gartenrosen sind auch der Ursprung der edlen und empfindlichen

Die Portlandrose 'Jacques Cartier' ist eine ideale Rose – mehrmals blühend, gesund, winterhart und duftend.

GESCHICHTE DER ROSEN

Knospen und dick gefüllte, flache Blüten in Weiß, Rosa, Dunkelrot oder Violett. Wenige, kurze Stacheln sitzen an den kräftigen Trieben.

1837 wurde die gefüllte, gelbe Rose 'Persian Yellow' aus Persien eingeführt. Mit ihr kreuzte um 1900 ein französischer Züchter und erhielt die erste wirklich gelbe Rose. Von dieser stammen alle heutigen gelben Rosen ab. Leider brachte sie nicht nur die schöne Farbe, sondern auch die Neigung zu Sternrußtau mit.

In der zweiten Hälfte des 19. Jh. wurden aus allen bisherigen Rosenklassen relativ robuste und winterharte Rosen gezüchtet, die Remontant-Hybriden. Remontieren bedeutet nicht Dauerblüte wie bei den heutigen Rosen, sondern, dass nach einer üppigen Blüte Ende Juni eine lange Pause und eine mäßige zweite Blüte im Spätsommer folgen. Es gab unendlich viele Remontant-Rosen, einige sind noch heute beliebt wie die gestreifte 'Ferdinand Pichard' oder die weltberühmte, reinweiße 'Frau Karl Druschki'.

Die Bourbonrose 'Mme Isaac Pereire' erfreut besonders im Herbst mit ihren großen, duftenden Blüten, benötigt aber einen guten Boden.

'Graham Thomas®' ist eine bewährte und beliebte Englische Rose.

Moderne Rosen

Remontantrosen gelten als Übergang zwischen alten und modernen Rosen. Sie wurden mit Teerosen gekreuzt, es entstanden die Teehybriden oder Edelrosen mit ihren edlen, schlanken Knospen an langen Stielen. Ihre Entwicklung geht von der berühmten ersten 'La France' (1867) über 'Kaiserin Auguste Viktoria', 'Crimson Glory', 'Gloria Dei' bis zu modernen Edelrosen wie 'Pascali®', 'Schwarze Madonna®', 'Memoire®', 'Nostalgie®', 'FOCUS®', 'Lady Like®', 'Terracotta®', 'Ambiente®'.

Ende des 19. Jh. explodierte die Rosenzucht. Rosen wurden Mode, überall gab es Rosenausstellungen, Rosenvereine wurden gegründet, es entstanden Rosengärten und Rosarien. Die wichtigste Einführung waren die beiden kletternden ostasiatischen Wildrosen *Rosa wichurana* und *Rosa multiflora*. Die aus ihnen um 1900 in USA und Europa entstandenen Kletterrosen sind in ihrer Schönheit unübertroffen. Sie blühen vier Wochen im Juni und Juli, keine öfter blühende Kletterrose erreicht diesen Blütenreichtum und Charme.

Gleichzeitig wurden aus *Rosa multiflora* und *Rosa chinensis* die Polyantha-Rosen gezüchtet. Multiflora und Polyantha bedeuten beide „vielblütig". Polyantha-Rosen waren durch ihren niedrigen Wuchs ideal für jeden Garten. Aus Kreuzungen mit Teehybriden entstanden die Polyantha-Hybriden und später die Floribunda-Rosen, unsere Beetrosen.

Im 20. Jh. machen Edelrosen und Beetrosen die Masse der Rosenzüchtungen aus, dazu wenige öfter blühende Strauch- und Kletterrosen. Erst in den letzten 20 Jahren kam eine neue Rosenklasse dazu: Die so genannten Bodendeckerrosen oder Kleinstrauchrosen, eine sehr vielseitig verwendbare Gruppe.

In England kreuzt der Züchter Austin seit über 40 Jahren historische mit modernen Rosen, die Englischen Rosen, um den Charme und Duft der alten Rosen mit dem Öfterblühen der modernen Rosen zu verbinden. Der nostalgische Wunsch nach alten Blütenformen wird auch von anderen Züchtern in Deutschland, Frankreich und USA verwirklicht.

ZÜCHTUNG & GESCHICHTE

Rosarien und Rosengärten

Rosenhecken aus Wildrosen waren als Einfriedung schon bei den Germanen üblich. Die Bezeichnung „Rosengarten" deutete im Mittelalter auf einen umfriedeten Platz hin, nicht auf eine gartenartige Rosenanpflanzung im heutigen Sinne. Von den Wildrosen deutlich unterschieden wurden die einzeln in kleinen Gärten gezogenen Rosen. Aus dem 16. Jh. sind erste Rosensammlungen bekannt.

Frankreich

Das bekannteste Rosarium war in Malmaison bei Paris. Der berühmte Rosenmaler Redouté malte in Malmaison und anderen Pariser Rosengärten, seine Rosenbilder kennen wir von Kalendern, Servietten usw. Gleichzeitig mit Redoutés Werk entstanden in Kassel durch Pinhas und in Weimar durch Bertuch heute fast vergessene Bilder der dortigen Rosensammlungen. Die Rosengärten aus dieser Zeit verschwanden wieder, aber um 1900 wurden Rosarien angelegt, die wir noch heute bewundern können.

Was uns an diesen Rosengärten fasziniert, sind nicht nur die großen Beetflächen, sondern die vielseitige Verwendung der Kletterrosen. L'Haÿ les Roses bei Paris ist vielleicht das schönste Beispiel dafür. 1894 gegründet war es der erste Garten nur für Rosen. Säulen, Spaliere, Bogengänge prägten dieses Rosarium mit der größten Rosensammlung Frankreichs. 1905 entstand in Paris das Rosarium Bagatelle, in dem seit 1907 Rosenneuheiten-Wettbewerbe stattfinden. Weitere sehenswerte französische Rosengärten sind in Lyon der Parc de la Tête d'Or, in Chalon-sur-Sâone St. Nicolas, in Orléans Parc Floral und im Elsaß einer der ältesten Rosengärten in Savergne (Zabern).

L'Hay les Roses, das bedeutendste französische Rosarium

Name	Adresse	Besonderes
Frankreich		
Roseraie du Chateau de la Malmaison	92500 Rueil-Malmaison, Tel. 0033 (0)1-41 29 05 55	Einst berühmtester Rosengarten der Welt – zur Zeit von Kaiserin Josephine
Roseraie du Val-de-Mar L'Haÿ-les-Roses	94240 L'Haÿ-les-Roses bei Paris, Tel. 0033 (0)1-43 99 82 80	3500 Rosen in Arten und Sorten, im Jugendstil angelegter Park
Jardin de Bagatelle im Bois de Bologne Paris	Paris, Route de Sévres à Neuilly, Tel. 0033 (0)1-40 67 97 00	Rosarium in der Parkanlage des Bois de Bologne, Rosenprüfgarten Frankreichs
Rosaeraie du Parc de la Tete d'Or	69006 Lyon, Boulevard des Belges, Tel. 0033 (0)4-78 89 02 03	Seit 1862, Park im englischen Stil
Großbritannien		
Queen Mary's Gardens	London NW 1, Inner Circle, Regent´s Park, www.royalparks.gov.uk/regent_wildlife.htm	Über 30 000 Pflanzen – alte und moderne Sorten
The National Rose Society Gardens of the Rose	St. Albans, Herfortshire AL 2 3 NR, Chiswell Grenn Lane, e-mail: mail@rnrs.org.uk	Über 30 000 alte und moderne Rosen
Mottisfont Abbey	Romsey, Hampshire SO51 OLP, www.hants.gov.uk/leisure/garden/mottisfo/	Rosengarten des National Trust. alle Rosen von Graham Stuart Thomas
Wisley Gardens	30 km südlich von London Woking, Surrey, GU23, 6QB	2 800 Rosen, 600 000 Besucher pro Jahr
David Austin Roses	Albrighton, Wolverhampton WV7 3HB, Bowling Green Lane, e-mail: retail@davidaustinroses.com	Eigene Züchtungen, historische Rosen
Peter Beales	Attleborough, Norfolk NR17 1 AY, London Road, e-mail: sales@classicroses.co.uk	Klassische Rosen, eigene Züchtungen, Schaugarten
Harkness & Co. Ltd.	Hitchin, Hertfordshire SG4 1 AY, Cambridge Road, e-mail: harkness@roses.co.uk	

ROSARIEN UND ROSENGÄRTEN

Name	Adresse	Besonderes
Niederlande		
Doolhof Amstelpark	Stadsdeel Buitenveldert, H. v. Rozelaar, Amstelpark 15, 1083 HZ Amsterdam	
Spanien		
Jardin Botanica, Parque del Retiro, Casa de Campo, Parque quinta fuente del Berro	Madrid, www.donquijote.org/madrid/parks.asp	Zehntausende von verschiedenen Pflanzen
Italien		
Foundazione Roseto Botanica „Carla Fineschi"	52022 Cavriglia d´Arezzo, www.mondorose.it/roseto_fineschi.htm	Über 6 000 Sorten
Schweiz		
Roseraie du Parc de la Grange Genf	1211 Geneve (Genf), Quai Gustave-Ador/ Avenue de Frontenex, Tel. 0041 (0)22-4 18 50 00, Fax. 0041 (0)22-4 18 50 01	Internationale Rosenprüfung mit einigen Sorten, die noch nicht im Handel sind
Rosenschule Huber	5605 Dottikon, e-mail: info@rosen-huber.ch, Tel. 0041 (0)56-6 24 18 27, Fax. 0041 (0)56-6 24 24 24	Viele historische Strauch- und Kletterrosen, auch eigene Züchtungen, Schaugarten
Rosengarten Schloß Heidegg bei Luzern	6284 Gelfingen, e-mail: info@heidegg.ch, Tel. 00 41-(0)9 171 32 5, Fax. 00 41-(0)9 171 31 08	Schöne Anlage im barocken Stil am Schloß, Rosenseminare
Rosengarten Kartause Ittingen	8532 Warth/Kanton Thurgau, e-mail: kartause @bluewin.ch, Tel. 0041 (0)52-7 48 44 11, Fax. 0041 (0) 52-7 47 26 57	Historische und moderne Rosen in einer Klosteranlage
Internationale Alpine Rosenprüfanlage Braunwald	8784 Braunwald/Kanton Glarus	Aktuelle Rosensorten im Härtetest (Höhe 1 300 m)
Österreich		
Rosarium im Donaupark Wien	Donauturmstraße/Arbeiterstrandbadstraße (22. Bezirk), 1010 Wien Tel. 0043 (0)1-26 97 92 10	Über 1.000 Sorten
Österreichisches Rosarium im Doblhoffpark Baden bei Wien	2500 Baden bei Wien, Pelzgasse, Tel. 00 43 (0)22 52/2 26 00 -600	Große Sammlung von Sorten des Rosenzüchters Rudolf Geschwind

Großbritannien

In Großbritannien wuchs im 19. Jh. ebenfalls das Interesse an Rosen und Rosengärten. Die Gartenleidenschaft ergriff das ganze Volk, nicht mehr nur reiche Leute mit eigenen Parks und Gärtnern. In viele englische Gärten und Parks wurden Rosen in Stauden und Gehölze eingebunden.
Um die Mitte des 20. Jh. wurden überall in Europa Rosengärten beliebt. In London entstand 1931 Queen Mary's Rose Garden. Der bekannteste englische Garten ist Sissinghurst (seit 1937 mit Rosen). Die englische Rosengesellschaft schuf 1960 einen Rosengarten in St. Albans. Für Freunde historischer Rosen ist die von Graham Thomas 1971 angelegte Sammlung in Mottisfont Abbey lohnend, für Kletterrosenliebhaber die Lehrgärten der englischen Gartenbaugesellschaft Wisley Gardens bei London.

Schaugärten der Rosenschulen Austin, Beales, Harkness und anderer zeigen das große Angebot erhältlicher Rosen.

Belgien & Skandinavien

Belgien mit zahlreichen Rosengärten ist eine Reise wert, zum Beispiel der Vrijbroekpark in Mechelen und der Park Coloma in Sint Pieters Leeuw bei Brüssel. In den Niederlanden gibt es in Amsterdam im Amstelpark ein Rosarium und in Den Haag den Rosengarten im Westbroekpark mit vielen Beetrosen.
Im Norden finden wir Rosengärten in Dänemark (Kopenhagen Valby-Park), in Schweden (Göteborg und Norrköping) und Norwegen (Vollebekk).

Südeuropa

Üppiger wachsen die Rosen im Süden: In Spanien gibt es in Madrid den schö-

nen Parque del Oeste seit etwa 1950. Italien bietet bedeutende Rosengärten in Rom (Roseta di Roma), in Monza (Rosarium Villa Reale) und in Cavriglia d'Arezzo den Privatgarten Carla Fineschi mit vielen historischen Rosen.

Österreich & Schweiz

Das österreichische Rosarium in Baden bei Wien zeigt seit 1967 ein breites Spektrum historischer und moderner Sorten. In der Schweiz wurde schon 1941 in Genf der Parc de la Grange angelegt in herrlicher Lage am Genfer See. Ein alpiner Rosenprüfgarten in Braunwald/Glarus zeigt Rosen bis in 1900 m Höhe. Schloß Heidegg bei Luzern, Lausanne Vallée de Jeunesse, Neuhausen, der Schaugarten Huber in Dottikon, der intime Rosengarten der Kartause Ittingen und Rapperswil sind die wichtigsten Schweizer Rosengärten.

ZÜCHTUNG & GESCHICHTE

Deutschlands Rosengärten

Europa-Rosarium Sangerhausen

In Deutschland wurde 1903 in Sangerhausen das heute weltweit größte und bedeutendste Rosarium vom Verein Deutscher Rosenfreunde gegründet, um über der Fülle neuer Rosensorten ältere Rosen nicht zu vergessen. Dies Rosarium konnte dank der Rosenbegeisterung seiner Betreuer bis heute schwierigste Zeiten überdauern und die Rosen erhalten. Auch in Zukunft ist die wichtigste Aufgabe des Europa-Rosariums Sangerhausen die Rosen zu sammeln und zu erhalten. An mehr als 7000 Rosensorten und Wildrosenarten kann man hier die Geschichte der Rosen sehen und kennen lernen. Typisch für Sangerhausen sind die aus Platzgründen an Stangen hochgebundenen Kletterrosen und auch Strauchrosen. Viele ältere Rosensorten gibt es nur noch in Sangerhausen. Ein alphabetisch geordnetes Verzeichnis hilft dem interessierten Besucher, jede historische oder moderne Rose zu finden. Das Europa-Rosarium Sangerhausen ist ein lebendiges Rosen-Museum und ein Muss für jeden Rosenliebhaber.

Sangerhäuser Jubiläumsrose®

Strauchrosensammlung Kassel-Wilhelmshöhe – „der romantischste Rosengarten der Welt"

Ort	Name	Infos
01129 Dresden	Rosengarten am Neustädter Elbufer, An der Albert Brücke	Landeshauptstadt Dresden, Grünflächenamt, Tel. 0351/4880
01326 Dresden-Pillnitz	Lehr- und Sichtungsgarten	Lohmener Str. 12, Tel. 0351-2612-476
03042 Cottbus	Rosengarten im Spreeauenpark	BUGA Cottbus 1995 GmbH, Vorparkstr. 2, Tel. 0355/7542369
03149 Forst (Lausitz)	Ostdeutscher Rosengarten	Wehrinselstr. 42, Tel. 03562/7548 oder 0170/2273806 oder Fax: 03562/694876
06526 Sangerhausen	Europa-Rosarium	Steinberger Weg 3, Tel. 03464/572522
10785 Berlin	Rosengarten im Tiergarten	Natur- und Grünflächenamt Tiergarten, Straße des 17. Juni 31, Tel. 030/200933110
12349 Berlin	Britzer Garten	Grün Berlin Park und Garten GmbH
13161 Berlin	Bürgerpark Pankow	Natur- und Grünflächenamt Pankow, Pasewalker Str. 64, Tel. 030/48832397
14191 Berlin	Botanischer Garten Dahlem	Königin-Luise-Str. 6-8, Tel. 030/83850100
14109 Berlin	Rosengarten auf der Pfaueninsel	Stiftung Preußische Schlösser und Gärten, Berlin-Brandenburg, Postfach 601462, Tel. 0331/9694-201 oder -202, www.spsg.de
14414 Potsdam	Schloß Charlottenhof und Im Park Sanssouci, Am grünen Gitter 7 in 14469 Potsdam	Stiftung Preußische Schlösser und Gärten, Berlin-Brandenburg, Postfach 601462, Tel.: 0331-9694309, www.spsg.de
24960 Glücksburg	Schloßpark Rosarium	Am Schloßpark 2b, Tel. 04631/60100
25365 Sparrieshoop	Rosengarten von W. Kordes' Söhne	Rosenstraße 54, Tel. 04121/48700, www.kordes-rosen.com
25436 Uetersen	Rosarium Uetersen, Berliner Straße	Rathaus, Wassermühlenstr. 7, Tel. 04122/7140, www.stadt-uetersen.de
28359 Bremen	Botanischer Garten/Rhododendron-Park	Botanischer Garten/Rhododendron-Park Bremen, Marcusallee 60, Tel. 0421/3613025

ROSARIEN UND ROSENGÄRTEN

Ort	Name	Infos
30175 Hannover	Rosengarten im Stadtpark	Grünflächenamt, Kleefelder Str. 35, Tel.: 0511/1684 2656
30419 Hannover	Rosengarten im Großen Garten	Stadt Hannover, Fachbereich Umwelt und Stadtgrün, Herrenhäuser Str. 4, Tel. 0511/16847576, www.Herrenhaeuser-Gaerten.de
30966 Hemmingen	Historische Rosengärten	Göttinger Landstr. 75, Tel. 0511/420770
33334 Gütersloh	Schaugarten der Rosenschule Noack Rosen	Noack Rosen, Im Waterkamp 12
34131 Kassel	Park Wilhelmshöhe	Schloßpark 18, Tel. 0561-311359
44139 Dortmund	Deutsches Rosarium VDR im Westfalenpark	An der Buschmühle 3, Tel. 0231/5026100 oder 0231/5026116
54292 Trier	Rosengarten in Nells Ländchen, Dasbach Straße	Grünflächenamt der Stadt Trier, Gärtnerstr. 62, Tel. 0651/718-3679
59505 Bad Sassendorf	Rosengarten im Kurpark, Weslarnerstr.	Saline Bad Sassendorf GmbH, Tel. 02921/5014711
60323 Frankfurt/Main	Rosengarten im Palmengarten, Siesmayerstr.	Siesmayerstr. 61, Tel. 069/212-36689
61231 Bad-Nauheim-Steinfurth	Schaugarten der Rosenschule Gönewein	Rosen-Gönewein, Steinfurther Hauptstr. 1–5, Tel. 06032/8518
61231 Bad-Nauheim-Steinfurth	Rosenmuseum Steinfurth	Alte Schulstr. 1, Tel. 06032/8600
61231 Bad-Nauheim-Steinfurth	Schaugarten der Rosen-Union	Steinfurther Hauptstr. 27, Tel. 06032/965301, www.rosen-union.de/info/kontakt/index.htm
61231 Bad-Nauheim-Steinfurth	Rosenschule Schultheis	Rosenhof, Bad Nauheimer Str. 3–7, Tel. 06032/81013, Fax 06032/85890 www.rosenhof-schultheis.de
64287 Darmstadt	Rosenhöhe	Wolfskehlstraße, Tel. 06151/132900
65343 Eltville	Rosengarten am Burggraben	Kurfürstliche Burg, Burgstr., Tel. 06123/9098-0
66482 Zweibrücken	Europas Rosengarten, Rosengartenstr. 50 Wildrosengarten Fasanerie, Fasaneriestr.	Stadtverwaltung Zweibrücken, Stadtbauamt, Gymnasiumstr. 5/7, Tel. 06332/871670
67059 Ludwigshafen am Rhein	Rosengarten im Ebertpark, Erzberger Str. in 67063 Ludwigshafen am Rhein	Grün- und Friedhofbetrieb, Bliesstr. 10, Tel. 0621/504-3375
68165 Mannheim	Rosengarten im Herzogenriedpark, Hochufer Str. 27, Neuer Messplatz, 68167 Mannheim	Stadtpark Mannheim GmbH, Gartenschauweg 12, Tel. 0621/333789
70192 Stuttgart	Tal der Rosen, Höhenpark Killesberg	Garten- u. Friedhofsamt, Maybachstraße 3, Tel. 0711/216-5425
71640 Ludwigsburg	Blühendes Barock	Mömpelgardstr. 28, Tel. 07141-924241
76530 Baden-Baden	Gönneranlage und Rosenneuheitengarten auf dem Beutig	Gartenamt Baden-Baden, Winterhalterstr. 6, Tel. 07221/931200,
78465 Mainau	Blumeninsel im Bodensee	Blumeninsel Mainau GmbH, Tel. 07531/3030
81541 München	Rosengarten im Westpark, Hansa Str. 53, 81373 München,	Landeshauptstadt München, Baureferat, Gartenbau, Eduard-Schmid-Str. 36, Tel. 089/7601675
96049 Bamberg	Rosengarten der neuen Residenz	Staatliche Schloßverwaltung, Bamberg, Domplatz 8, Tel. 0951/519390, Fax 0951/519-129

Bitte vor einem Besuch nach Öffnungszeiten und Eintrittspreisen sowie Weg erkundigen.
Die vorne angegebene Postleitzahl gehört zur Info-Adresse. Weitere Rosengärten finden Sie unter www.welt-der-rosen.de

Deutsches Rosarium im Westfalenpark Dortmund

Die besten Anregungen für die Gestaltung mit Rosen gibt das Deutsche Rosarium im Westfalenpark Dortmund. Es wurde 1972 ebenfalls vom Verein Deutscher Rosenfreunde gegründet. Über 500 Rosenarten und Sorten mit Stauden und Gehölzen kombiniert erschließen die Welt der Rose. So ergänzen sich die beiden Rosarien Sangerhausen und Dortmund ideal.

Weitere Rosengärten

Eine Rosenreise durch Deutschland bietet viele weitere lohnende Ziele, zu denen neben öffentlichen und privaten Rosengärten auch die Schaugärten der Rosenschulen gehören. Der Verein Deutscher Rosenfreunde, Waldseestr. 14, 76530 Baden-Baden, hat ein Heft herausgegeben „Rosengärten in Deutschland", in dem 81 Rosengärten mit Anschrift und Öffnungszeiten beschrieben sind.

Die schönsten und besten Rosen

Sieh, die Rosen im Garten

Öffnen sich alle im Licht

Seele, meine Seele

Zögere du nicht

(Matthias Claudius)

Auf den folgenden 127 Seiten haben wir in Zusammenarbeit mit den europäischen Züchtern die schönsten und empfehlenswertesten Sorten porträtiert. Beliebtheit und Gesundheit waren die Hauptkriterien für die Entscheidung. Wählen Sie unter vielen älteren und neueren Züchtungen. Und bitte lesen Sie die Hinweise auf Seite 9, die Ihnen noch weitere Infos zum Verständnis der Porträts geben.

Alle Rosen lassen sich auch in kleineren Gärten erfolgreich pflegen. Wenn Sie mit Rosen im eigenen Garten beginnen wollen, dann los. Viele der Sorten sind sehr gesund und lassen sich am richtigen Standort leicht pflegen. Das „alte" Image der Rose, sie ließe sich nur mit Garten-Profis ein, gilt für den überwiegenden Teil der Sorten nicht. Wir können Sie nur ermutigen, aber Vorsicht: Rosen machen süchtig. Und aus einer Strauchrose, zwei Beetrosen und einer Sorte im Kübel wird nach Jahren oft ein ganzer Rosengarten.

Amber Queen®

BEETROSEN
WEISS UND CREME

Aspirin® Rose

Klasse: Beetrose, ADR-Rose 1995
Herkunft: Züchter: Rosen Tantau, Einführungsjahr: 1997
Name in anderen Ländern: Glacier Magic (USA), Special Child (United Kingdom)
Aussehen: breit buschig, 0,6 bis 0,8 m hoch
Blüten: weiß, gefüllt, edel geformt
Blütezeit: Juni bis September, öfter blühend
Blatt: hellgrün
Blattgesundheit: 🍃🍃🍃 bis 🍃🍃🍃🍃
Regenfest: ✔
Verwendung/Besonderes: gute Selbstreinigung, für Rosen- und Blumenbeete, ideal in Kombination mit Stauden, sehr hitzeverträglich
Pflegeleicht: ✔

Bella Weiß®

Klasse: Beetrose
Herkunft: Züchter: W. Kordes' Söhne, Einführungsjahr: 1989
Aussehen: aufrecht, bis 0,6 m hoch
Blüten: weiß, halb gefüllt, erst kugelförmig, später rosettenartig
Blütezeit: Juni bis September, öfter blühend
Blatt: glänzend dunkelgrün
Blattgesundheit: 🍃🍃 bis 🍃🍃🍃
Regenfest: ✔
Verwendung/Besonderes: Einzel- und Gruppenpflanzung, für Rosen- und Blumenbeete, hitzeverträglich
Pflegeleicht: ✔

Brautzauber®

Klasse: Beetrose, ADR-Rose 1999
Herkunft: Züchter: Noack, Einführungsjahr: 1999
Aussehen: aufrecht buschig, 0,7 bis 0,8 m hoch
Blüten: weiß, gefüllt, Durchmesser etwa 4 cm, spät blühend
Blütezeit: Juni bis September, öfter blühend
Blatt: mittel- bis dunkelgrün, glänzend
Blattgesundheit: 🍃🍃🍃 bis 🍃🍃🍃🍃
Regenfest: ✔
Verwendung/Besonderes: Dauerblüher, für Rosen- und Blumenbeete, bevorzugt sonnige Standorte, sehr hitzeverträglich, lang haftendes Laub, Silbermedaille bei der Bundesgartenschau 2001
Pflegeleicht: ✔

Class Act

Klasse: Beetrose
Herkunft: Züchter: Jackson & Perkins, Einführungsjahr: 1989
Aussehen: aufrecht buschig, bis 0,6 m hoch
Blüten: reinweiß, halb gefüllt, cremeweiße Knospen, große Blüten, schmückende gelbe Staubgefäße
Blütezeit: Juni bis September, öfter blühend
Blatt: glänzend dunkelgrün
Blattgesundheit: 🍃🍃
Regenfest: ✔
Verwendung/Besonderes: Einzel- und Gruppenpflanzung, für Rosen- und Blumenbeete, hitzeverträglich

Diamond Border®

Klasse: Beetrose, ADR-Rose: 2002
Herkunft: Züchter: Poulsen/Rosen-Union, Einführungsjahr: 2002
Aussehen: aufrecht buschig, bis 0,6 m hoch
Blüten: reinweiß, halb gefüllt, in Dolden von 10 bis 15 Blüten
Blütezeit: Juni bis September, öfter blühend
Blatt: glänzend dunkelgrün
Blattgesundheit: 🍃🍃🍃
Regenfest: ✔
Verwendung/Besonderes: für Rosen- und Blumenbeete, kompakt wachsend, robust, hitzeverträglich
Pflegeleicht: ✔

BEETROSEN
WEISS UND CREME

Innocencia®

Klasse: Beetrose, ADR-Rose: 2003
Herkunft: Züchter: W. Kordes' Söhne, Einführungsjahr: 2003
Aussehen: aufrecht buschig, bis 0,6 m hoch
Blüten: reinweiß, halb gefüllt, in Dolden von 10 bis 15 Blüten
Blütezeit: Juni bis September, öfter blühend
Blatt: glänzend dunkelgrün
Blattgesundheit: 🍃🍃🍃 bis 🍃🍃🍃🍃
Regenfest: ✔
Verwendung/Besonderes: für Rosen- und Blumenbeete, kompakt wachsend, robust, hitzeverträglich, Goldmedaille 2002 in Rom, Silbermedaille in Baden-Baden und Le Roeulx, Duft: leicht
Pflegeleicht: ✔

Jubilee du Prince de Monaco®

Klasse: Beetrose
Herkunft: Züchter: Meilland, Einführungsjahr: 2000
Aussehen: aufrecht buschig, 0,5 bis 0,7 m hoch
Blüten: weiß mit rotem Rand, gefüllt, 3 bis 5 Blüten pro Stiel, Größe 6 bis 8 cm, ze 30 Blütenblätter
Blütezeit: Juni bis September, öfter blühend
Blatt: dunkelgrün
Blattgesundheit: 🍃🍃 bis 🍃🍃🍃
Regenfest: ✔

Verwendung/Besonderes: Gruppenpflanzungen, auch in Kombination mit Stauden, für Rosen- und Blumenbeete, kompakt wachsend, hitzeverträglich, ehrt das 50-jährige Regierungsjubiläum von Fürst Rainier von Monaco
Pflegeleicht: ✔

La Paloma® 85

Klasse: Beetrose
Herkunft: Züchter: Rosen Tantau, Einführungsjahr: 1985
Aussehen: buschig, bis 0,6 m hoch
Blüten: reinweiß, gefüllt
Blütezeit: Juni bis September, öfter blühend
Blatt: frischgrün, ledrig
Blattgesundheit: 🍃 bis 🍃🍃
Verwendung/Besonderes: für Rosen- und Blumenbeete, relativ regenfest und hitzeverträglich, schön im Hausgarten

Ledreborg®

Klasse: Beetrose
Herkunft: Züchter: Poulsen, Einführungsjahr: 2001
Aussehen: buschig, 0,4 bis 0,6 m hoch
Blüten: weiß, stark gefüllt
Blütezeit: Juni bis September, öfter blühend
Blatt: mittel- bis dunkelgrün
Blattgesundheit: 🍃🍃 bis 🍃🍃🍃
Verwendung/Besonderes: Gruppenpflanzung, für Rosen- und Blumenbeete, auch im Topf
Pflegeleicht: ✔

Lions-Rose®

Klasse: Beetrose, ADR-Rose 2002
Herkunft: Züchter: W. Kordes' Söhne, Einführungsjahr: 2002
Aussehen: aufrecht buschig, 0,7 bis 0,8 m hoch
Blüten: cremeweiß, im Aufblühen mit einem Hauch von Aprikot und Rosa, gefüllt, meist in Dolden mit 3 bis 5 Blüten
Blütezeit: Juni bis September, öfter blühend
Blatt: leicht glänzend, grün
Blattgesundheit: 🍃🍃🍃
Verwendung/Besonderes: Einzel- und Gruppenpflanzungen, für Rosen- und Blumenbeete, hitzeverträglich, aus Erlös dieser Rose werden im Rahmen der Jubiläums-Activity „50 Jahre Lions in Deutschland" Baumaßnahmen im Oberhausener Friedensdorf unterstützt
Pflegeleicht: ✔

BEETROSEN
WEISS UND CREME

Liz®

Klasse: Beetrose
Herkunft: Züchter: Meilland, Einführungsjahr: 1995
Aussehen: aufrecht, mittelstark wachsend, 0,4 bis 0,6 m hoch
Blüten: weißrosa, gefüllt, 3 bis 5 Blüten pro Stiel, Größe 5 bis 6 cm, je 20 bis 25 Blütenblätter, edelrosenartige Knospen
Blütezeit: Juni bis September, öfter blühend
Blatt: mittel- bis dunkelgrün
Blattgesundheit: 🍃🍃 bis 🍃🍃🍃
Regenfest: ✔
Verwendung/Besonderes: für Gruppenpflanzungen geeignet, auch in Kombination mit Stauden, für Rosen- und Blumenbeete, sehr wetterfest und hitzeverträglich
Pflegeleicht: ✔

Marie Antoinette®

Klasse: Beetrose
Herkunft: Züchter: Rosen Tantau, Einführungsjahr: 2003
Aussehen: buschig, 0,6 bis 0,8 m hoch
Blüten: elfenbeinfarben, dicht gefüllt, sehr ausdrucksstarke Blütendolden, schalenförmig, Blütenblätter nostalgisch gewellt
Blütezeit: Juni bis September, öfter blühend
Blatt: dunkelgrün
Blattgesundheit: 🍃🍃 bis 🍃🍃🍃
Verwendung/Besonderes: für Rosen- und Blumenbeete, mittlere Regenfestigkeit, sehr reich blühend und bei zusagendem Standort pflegeleicht, Duft: stark, aromatisch

Margaret Merril®

Klasse: Beetrose
Herkunft: Züchter: Harkness, Einführungsjahr: 1977
Aussehen: buschig, niedrig wachsend, 0,4 bis 0,6 m hoch
Blüten: perlweiß, in der Mitte rosig glänzend, gefüllt
Blütezeit: Juni bis September, öfter blühend
Blatt: glänzend mittelgrün
Blattgesundheit: 🍃 bis 🍃🍃
Verwendung/Besonderes: Schnittrose, Gruppenpflanzung, für Rosen- und Blumenbeete, Blüten mittlere Regenfestigkeit, hitzeverträglich, Goldmedaillen in Rom, Monza, Genf und Bonn und viele Spitzenpreise für ihren außergewöhnlichen Duft, Duft: stark, berauschend

Petticoat®

Klasse: Beetrose
Herkunft: Züchter: W. Kordes' Söhne, Einführungsjahr: 2004
Aussehen: aufrecht buschig, bis 0,9 m hoch
Blüten: cremeweiß mit zart aprikotfarbener Mitte, Knospen cremeweiß, gerüscht, stark gefüllt, in Dolden von 5 bis 8 Blüten
Blütezeit: Juni bis September, öfter blühend
Blatt: stark glänzend, dunkelgrün, dicht
Blattgesundheit: abschließende Ergebnisse liegen nicht vor
Verwendung/Besonderes: Beetrosenneuheit in lieblichem Farbton, für Rosen- und Blumenbeete, hitzeverträglich, nostalgisch anmutende Blüten, Duft: leicht, süßlich
Pflegeleicht: ✔

Princess of Wales®

Klasse: Beetrose
Herkunft: Züchter: Harkness, Einführungsjahr: 1997
Aussehen: aufrecht buschig, 0,5 bis 0,7 m hoch
Blüten: reinweiß, halb gefüllt, mittelgroß edle Knospen
Blütezeit: Juni bis September, öfter blühend
Blatt: glänzend dunkelgrün
Blattgesundheit: 🍃
Verwendung/Besonderes: Gruppenpflanzung, für Rosen- und Blumenbeete, Blüten mittlere Regenfestigkeit, hitzeverträglich, erhielt ihren Namen zu Ehren des Einsatzes und der Leistungen Prinzessin Dianas, Duft: leicht

BEETROSEN
GELB UND ORANGE

Amber Queen®

Klasse: Beetrose
Herkunft: Züchter: Harkness, Einführungsjahr: 1984
Namen in anderen Ländern: Prinz Eugen von Savoyen (Österreich)
Aussehen: breit buschig, niedrig wachsend, 0,4 bis 0,6 m hoch
Blüten: tief ambergelb, stark gefüllt, rundlich
Blütezeit: Juni bis September, öfter blühend
Blatt: glänzend bronze- bis dunkelgrün, ledrig
Blattgesundheit: 🍃 bis 🍃🍃
Verwendung/Besonderes: Gruppenpflanzung, für Rosen- und Blumenbeete, Blüten mittlere Regenfestigkeit, hitzeverträglich, auffällige Blätter, in England Rose des Jahres 1984, Duft: leicht

Anthony Meilland®

Klasse: Beetrose
Herkunft: Züchter: Meilland, Einführungsjahr: 1990
Aussehen: aufrecht, mittelstark wachsend, 0,5 bis 0,7 m hoch
Blüten: leuchtend goldgelb, gefüllt, 3 bis 5 Blüten pro Stiel, Größe von 6 bis 8 cm, je 15 bis 20 Blütenblätter
Blütezeit: Juni bis September, öfter blühend
Blatt: dunkelgrün
Blattgesundheit: 🍃 bis 🍃🍃
Verwendung/Besonderes: Gruppenpflanzungen, in Kombination mit Stauden, für Rosen- und Blumenbeete, mittlere Regenfestigkeit, hitzeverträglich, leichter Duft

Aprikola®

Klasse: Beetrose, ADR-Rose 2001
Herkunft: Züchter: W. Kordes' Söhne, Einführungsjahr: 2000
Aussehen: breit buschig, dicht verzweigt, 0,7 bis 0,8 m hoch
Blüten: aprikosengelb bis leicht rosa im Verblühen, gefüllt, meist in Dolden, Knospe: rundlich und orangegelb
Blütezeit: Juli bis September, öfter blühend
Blatt: glänzend mittelgrün
Auch im Halbschatten (mindestens 5 Stunden Sonne): ja
Blattgesundheit: 🍃🍃🍃 bis 🍃🍃🍃🍃
Regenfest: ✔
Verwendung/Besonderes: für Rosen- und Blumenbeete, hitzeverträglich, attraktiver Farbton, Duft: fruchtig, herb
Pflegeleicht: ✔

Banquet®

Klasse: Beetrose
Herkunft: Züchter: Noack/Hofmann, Einführungsjahr: 2001
Aussehen: niedrig wachsend, bis 0,6 m hoch
Blüten: zart lachsfarben, gefüllt, Durchmesser der Blüte etwa 6 cm
Blütezeit: Juni bis September, öfter blühend
Blatt: dunkel, glänzend
Blattgesundheit: 🍃🍃🍃
Regenfest: ✔
Verwendung/Besonderes: für Rosen- und Blumenbeete, hitzeverträglich, lang haftendes Laub
Pflegeleicht: ✔

Bayerngold®

Klasse: Beetrose
Herkunft: Züchter: Rosen Tantau, Einführungsjahr: 1990
Namen in anderen Ländern: Goldbay (Niederlande)
Aussehen: niedrig wachsend, bis 0,5 m hoch
Blüten: reingelb, gefüllt, mittelgroß
Blütezeit: Juni bis September, öfter blühend
Blatt: glänzend frischgrün
Blattgesundheit: 🍃🍃 bis 🍃🍃🍃
Regenfest: ✔
Verwendung/Besonderes: für Rosen- und Blumenbeete, hitzeverträglich, für den Hausgarten, reich blühend, kompakt wachsend
Pflegeleicht: ✔

BEETROSEN
GELB UND ORANGE

Benita®

Klasse: Beetrose
Herkunft: Züchter: A. Dickson, Einführungsjahr: 1995
Aussehen: aufrecht buschig, bis 0,7 m hoch
Blüten: dunkelgelb, halb gefüllt, mittelgroß, herzförmige Blütenblätter, in Dolden
Blütezeit: Juni bis September, öfter blühend
Blatt: sattgrün, leicht glänzend
Blattgesundheit: 🌿🌿 bis 🌿🌿🌿
Regenfest: ✔
Verwendung/Besonderes: Einzel- und Gruppenpflanzungen, für Rosen- und Blumenbeete, hitzeverträglich, warmer Farbton, reich blühend, Duft: weich und mild
Pflegeleicht: ✔

Bernstein-Rose®

Klasse: Beetrose
Herkunft: Züchter: Tantau, Einführungsjahr: 1987
Aussehen: kompakt buschig, 0,4 bis 0,6 m hoch
Blüten: bernsteingelb, groß, gefüllt
Blütezeit: Juni bis September, öfter blühend
Blatt: sattgrün, leicht glänzend
Blattgesundheit: 🌿🌿 bis 🌿🌿🌿
Regenfest: ✔
Verwendung/Besonderes: für Blumenbeete, eine der frühesten Sorten, nicht für heiße trockene Standorte, kein starker Rückschnitt, sehr schöner Duft
Pflegeleicht: ✔

Carte d'Or®

Klasse: Beetrose
Herkunft: Züchter: Meilland, Einführungsjahr: 2001
Aussehen: aufrecht, 0,5 bis 0,7 m hoch
Blüten: leuchtend dunkelgelb, gefüllt, 1 bis 3 Blüten pro Stiel, Größe 7 bis 8 cm, je 30 bis 35 Blütenblätter
Blütezeit: Mai bis Oktober, öfter blühend
Blatt: glänzend mittel- bis dunkelgrün
Blattgesundheit: 🌿 bis 🌿🌿
Regenfest: ✔
Verwendung/Besonderes: Gruppenpflanzungen, auch in Kombination mit Stauden, für Rosen- und Blumenbeete, hitzeverträglich, reich blühend

Donaugold®

Klasse: Beetrose
Herkunft: Züchter: Harkness, Einführungsjahr: 2002
Aussehen: buschig, 0,6 bis 0,8 m hoch
Blüten: leuchtend gelb, gefüllt, in Büscheln
Blütezeit: Juni bis September, öfter blühend
Blatt: glänzend grün
Blattgesundheit: 🌿🌿 bis 🌿🌿🌿
Regenfest: ✔
Verwendung/Besonderes: Gruppenpflanzung, für Rosen- und Blumenbeete, hitzeverträglich, leuchtende Blüten, reich blühend
Pflegeleicht: ✔

Easy Going®

Klasse: Beetrose
Herkunft: Züchter: Harkness, Einführungsjahr: 1999
Aussehen: breit buschig, 0,5 bis 0,7 m hoch
Blüten: goldgelb, locker gefüllt, meist in Dolden, schlanke, elegante Knospen
Blütezeit: Juni bis September, öfter blühend
Blatt: glänzend grün
Blattgesundheit: 🌿🌿 bis 🌿🌿🌿
Regenfest: ✔
Verwendung/Besonderes: für Gruppen- und Flächenpflanzung, für Rosen- und Blumenbeete, hitzeverträglich, über zehn internationale Auszeichnungen
Pflegeleicht: ✔

Friesia®

BEETROSEN
GELB UND ORANGE

Klasse: Beetrose, ADR-Rose 1973, Gartenwert wegen Blütenwirkung und Duft
Herkunft: Züchter: W. Kordes' Söhne, Einführungsjahr: 1973
Namen in anderen Ländern: Sunsprite (USA), Korresia (Großbritannien)
Aussehen: aufrecht buschig, bis 0,6 m hoch
Blüten: leuchtend goldgelb, halb gefüllt, Blütenblätter entfalten sich spiralig
Blütezeit: Juni bis September, öfter blühend
Blatt: glänzend, ledrig
Blattgesundheit: 🍃🍃 bis 🍃🍃🍃
Regenfest: ✔
Verwendung/Besonderes: Einzel- und Gruppenpflanzungen, für Rosen- und Blumenbeete, für Hecken, hitzeverträglich, kompakt wachsend, leuchtende Blüten, wetterbeständig, Duft: stark, lieblich
Pflegeleicht: ✔

Galaxy®

Klasse: Beetrose
Herkunft: Züchter: Meilland, Einführungsjahr: 1995
Aussehen: aufrecht, breit buschig, 0,5 bis 0,6 m hoch
Blüten: pastellgelb, gefüllt, 5 bis 8 Blüten pro Stiel, Größe 5 bis 6 cm, je 30 bis 35 Blütenblätter
Blütezeit: Juni bis September, öfter blühend
Blatt: leicht glänzend, dunkelgrün
Blattgesundheit: 🍃🍃 bis 🍃🍃🍃
Verwendung/Besonderes: für Gruppen- und Flächenpflanzung, auch in Kombination mit Stauden, für Rosen- und Blumenbeete, mittlere Regenfestigkeit, für alle Klimalagen gut geeignet, Duft: leicht nach Leinöl
Pflegeleicht: ✔

Gebrüder Grimm®

Klasse: Beetrose, ADR-Rose 2002
Herkunft: Züchter: W. Kordes' Söhne, Einführungsjahr: 2002
Namen in anderen Ländern: Eternal Flame (Großbritannien)
Aussehen: aufrecht, bis 0,8 m hoch
Blüten: leuchtend orangerot bis pfirsichfarben, stark gefüllt, meist in Dolden
Blütezeit: Juni bis September, öfter blühend
Blatt: glänzend mittel- bis dunkelgrün
Auch im Halbschatten (mindestens 5 Stunden Sonne): ✔
Blattgesundheit: 🍃🍃🍃 bis 🍃🍃🍃🍃
Verwendung/Besonderes: für Einzelstellung, für Rosen- und Blumenbeete, mittlere Regenfestigkeit, hitzeverträglich, leuchtende Blüten
Pflegeleicht: ✔

Goldina®

Klasse: Beetrose
Herkunft: Züchter: Cant, Einführungsjahr: 1983
Namen in anderen Ländern: Goldstar (England), Candide
Aussehen: aufrecht, sehr buschig, 0,4 bis 0,6 m hoch
Blüten: intensiv goldgelb, gefüllt, einzeln
Blütezeit: Juni bis September, öfter blühend
Blatt: glänzend dunkelgrün
Blattgesundheit: 🍃🍃 bis 🍃🍃🍃
Regenfest: ✔
Verwendung/Besonderes: Schnittrose, Gruppenpflanzung, für Rosen- und Blumenbeete, hitzeverträglich, reich blühend, gut haltbar, Goldmedaille in Den Haag, Duft: leicht
Pflegeleicht: ✔

Goldelse®

Klasse: Beetrose
Herkunft: Züchter: Rosen Tantau, Einführungsjahr: 1999
Aussehen: dicht buschig, bis 0,6 m hoch
Blüten: kupfergelb bis orange, nostalgisch gefüllt, groß
Blütezeit: Juni bis September, öfter blühend
Blatt: glänzend mittel- bis dunkelgrün
Blattgesundheit: 🍃🍃 bis 🍃🍃🍃
Regenfest: ✔
Verwendung/Besonderes: schöner Kontrast zwischen Blüten und Blättern, kompakt wachsend, für Rosen- und Blumenbeete, für Hecken, hitzeverträglich, 1997 Goldmedaille in Baden-Baden, Duft: leicht, fruchtig
Pflegeleicht: ✔

BEETROSEN
GELB UND ORANGE

Goldmarie 82®

Klasse: Beetrose
Herkunft: Züchter: W. Kordes' Söhne, Einführungsjahr: 1984
Aussehen: aufrecht, 0,4 bis 0,6 m hoch
Blüten: goldgelb, im Verblühen rötlich schattiert, gefüllt, Blütenblätter gewellt und gedreht, locker gewölbte Dolden
Blütezeit: Juni bis September, öfter blühend
Blatt: glänzend dunkelgrün
Blattgesundheit: 🍃🍃
Regenfest: ✔
Verwendung/Besonderes: Einzel- und Gruppenpflanzungen, für Rosen- und Blumenbeete, hitzeverträglich, kompakt wachsend, Duft: leicht

Goldquelle®

Klasse: Beetrose
Herkunft: Züchter: Rosen Tantau, Einführungsjahr: 1988
Aussehen: kräftig, schnell wachsend, bis 0,8 m hoch
Blüten: gelb, gefüllt, groß, in großen Büscheln
Blütezeit: Juni bis September, öfter blühend
Blatt: leicht glänzend, dunkelgrün
Blattgesundheit: 🍃🍃
Verwendung/Besonderes: für Rosen- und Blumenbeete, lang anhaltende Blütezeit, mittlere Regenfestigkeit, hitzeverträglich, sehr haltbar

Goldschatz®

Klasse: Beetrose
Herkunft: Züchter: Rosen Tantau, Einführungsjahr: 1996
Aussehen: breit buschig, bis 0,7 m hoch
Blüten: in leichtem Gelb-Ton, groß, schalenförmig
Blütezeit: Juni bis September, öfter blühend
Blatt: glänzend dunkelgrün, ledrig
Blattgesundheit: 🍃🍃🍃
Verwendung/Besonderes: für Rosen- und Blumenbeete, hitzeverträglich, besonders schön bei Sonneneinstrahlung, mittlere Regenfestigkeit
Pflegeleicht: ✔

Lisa®

Klasse: Beetrose
Herkunft: Züchter: Noack, Einführungsjahr: 2003
Aussehen: breit buschig, 0,6 bis 0,7 m hoch
Blüten: intensiv gelb bis orange, gefüllt, Durchmesser etwa 6 cm
Blütezeit: Juni bis September, öfter blühend
Blatt: glänzend mittel- bis dunkelgrün
Blattgesundheit: 🍃🍃🍃
Regenfest: ✔
Verwendung/Besonderes: für Rosen- und Blumenbeete, hitzeverträglich, Kübelbepflanzung
Pflegeleicht: ✔

Marie Curie®

BEETROSEN
GELB UND ORANGE

Klasse: Beetrose
Herkunft: Züchter: Meilland, Einführungsjahr: 1997
Aussehen: aufrecht, kräftig buschig, 0,4 bis 0,6 m hoch
Blüten: goldbraun, halb gefüllt, 5 bis 7 Blüten pro Stiel, Größe 5 bis 6 cm, je 30 bis 35 Blütenblätter
Blütezeit: Mai bis Oktober, öfter blühend
Blatt: glänzend dunkelgrün
Blattgesundheit: 🍃🍃
Regenfest: ✔
Verwendung/Besonderes: Schnittrose, Gruppenpflanzungen, für Rosen- und Blumenbeete, hitzeverträglich, Duft: mittel

Papagena®

Klasse: Beetrose
Herkunft: Züchter: McGredy/Rosen-Union, Einführungsjahr: 1992
Aussehen: stark aufrecht, 0,8 bis 1 m hoch
Blüten: leuchtend orange mit goldgelben Streifen, gelb geflammt, stark gefüllt, groß, meist in kleinen Dolden
Blütezeit: Juni bis September, öfter blühend
Blatt: glänzend dunkelgrün
Blattgesundheit: 🍃🍃
Verwendung/Besonderes: Gruppenpflanzung, für Rosen- und Blumenbeete, mittlere Regenfestigkeit, hitzeverträglich, nostalgisch, romantisch, Partnerin der dunkelrot-weißen Papageno® (siehe Seite 114), Duft: sehr leicht

Peacekeeper®

Klasse: Beetrose, Kleinstrauchrose
Herkunft: Züchter: Harkness, Einführungsjahr: 1995
Namen in anderen Ländern: United Nations Rose (international)
Aussehen: aufrecht buschig, 0,5 bis 0,7 m hoch
Blüten: goldorange, gefüllt
Blütezeit: Juni bis September, öfter blühend
Blatt: glänzend mittel- bis dunkelgrün
Blattgesundheit: 🍃 bis 🍃🍃
Verwendung/Besonderes: für Gruppenpflanzung, ideal für Flächenpflanzung und Einfassungen, für Rosen- und Blumenbeete, mittlere Regenfestigkeit, hitzeverträglich, reich blühend, Goldmedaillen in Orleans und Genf, Duft: leicht

Pigalle®85

Klasse: Beetrose
Herkunft: Züchter: Meilland, Einführungsjahr: 1984
Aussehen: aufrecht buschig, 0,6 bis 0,8 m hoch
Blüten: zweifarbig, gelb und rot, gefüllt, 3 bis 5 Blüten pro Stiel, Größe 10 bis 12 cm, je 25 Blütenblätter
Blütezeit: Juni bis September, öfter blühend
Blatt: glänzend dunkelgrün
Blattgesundheit: 🍃 bis 🍃🍃
Regenfest: ✔
Verwendung/Besonderes: Gruppenpflanzungen, für Rosen- und Blumenbeete, für alle Klimalagen geeignet, da hitzeverträglich

Samba®

Klasse: Beetrose
Herkunft: Züchter: W. Kordes' Söhne, Einführungsjahr: 1964
Aussehen: buschig, wüchsig, bis 0,5 m hoch
Blüten: goldgelb, im Verblühen von außen her leuchtend rot, gefüllt, mittelgroß, in großen Dolden
Blütezeit: Juni bis September, öfter blühend
Blatt: glänzend sattgrün
Blattgesundheit: 🍃 bis 🍃🍃
Verwendung/Besonderes: für Rosen- und Blumenbeete, Mehrfarbenrose, sehr reich blühend, gute Fernwirkung

BEETROSEN
GELB UND ORANGE

Sangerhäuser Jubiläumsrose®

Klasse: Beetrose
Herkunft: Züchter: W. Kordes' Söhne, Einführungsjahr: 2003
Namen in anderen Ländern: Cervia® (Italien)
Aussehen: aufrecht buschig, mittelstark wachsend, bis 0,7 m hoch
Blüten: zart aprikotfarben, im Verblühen leicht rosa überhaucht, dicht gefüllt, meist in Dolden
Blütezeit: Juni bis September, öfter blühend
Blatt: dunkelgrün
Blattgesundheit: 🍃🍃🍃
Verwendung/Besonderes: für Rosen- und Blumenbeete, hitzeverträglich, nostalgische Blüten, sehr reich blühend, gewidmet dem Europa-Rosarium zum 100-jährigen Bestehen, Duft: leicht, süßlich
Pflegeleicht: ✔

Sunlight Romantica®

Klasse: Beetrose
Herkunft: Züchter: Meilland, Einführungsjahr: 2002
Aussehen: aufrecht, 0,4 bis 0,5 m hoch
Blüten: leuchtend gelb, stark gefüllt, nostalgisch, 3 bis 5 Blüten pro Stiel, Größe 7 bis 8 cm, etwa je 60 Blütenblätter
Blütezeit: Mai bis Oktober, öfter blühend
Blatt: mittel- bis dunkelgrün
Blattgesundheit: 🍃🍃🍃
Regenfest: ✔
Verwendung/Besonderes: für Einzel- und Gruppenpflanzungen, auch in Kombination mit Stauden, für Rosen- und Blumenbeete, hitzeverträglich, Duft: intensiv

Tschaikovski®

Klasse: Beetrose
Herkunft: Züchter: Meilland, Einführungsjahr: 1999
Aussehen: aufrecht, 0,4 bis 0,6 m hoch
Blüten: cremegelb, gefüllt, rosettenartig, 3 bis 5 Blüten pro Stiel, Größe 8 bis 9 cm, etwa je 40 Blütenblätter
Blütezeit: Juni bis September, öfter blühend
Blatt: glänzend dunkelgrün
Blattgesundheit: 🍃🍃 bis 🍃🍃🍃
Regenfest: ✔
Verwendung/Besonderes: für Pflanzung in kleinen Gruppen und Kombination mit Stauden, für Rosen- und Blumenbeete, liebt sonnige und nährstoffreiche Standorte, hitzeverträglich, Duft: leicht
Pflegeleicht: ✔

Tequila® 2003

Klasse: Beetrose
Herkunft: Züchter: Meilland, Einführungsjahr: 2003
Namen in anderen Ländern: Tequila La Sevillana® (Spanien, Frankreich)
Aussehen: aufrecht buschig, 0,5 bis 0,7 m hoch
Blüten: leuchtend orange, halb gefüllt, 3 bis 5 Blüten pro Stiel, Größe 7 bis 8 cm, je 20 bis 25 Blütenblätter
Blütezeit: Mai bis Oktober, öfter blühend
Blatt: glänzend mittelgrün
Blattgesundheit: 🍃🍃🍃
Regenfest: ✔
Verwendung/Besonderes: Gruppen- und Flächenpflanzung, auch in Kombination mit Stauden, für Rosen- und Blumenbeete, für alle Klimalagen da hitzeverträglich, gute Fernwirkung, Duft: leicht
Pflegeleicht: ✔

Vinesse®

Klasse: Beetrose, ADR-Rose 2000
Herkunft: Züchter: Noack, Einführungsjahr: 2001
Aussehen: aufrecht, bis 0,6 m hoch
Blüten: orangerot, im Aufblühen hell orangerosa – später gelborange, halb gefüllt, starker erster Blütenflor, kräftiger zweiter Flor
Blütezeit: Juni bis September, öfter blühend
Blatt: glänzend mittel- bis dunkelgrün, ledrig
Auch im Halbschatten (mindestens 5 Stunden Sonne): ✔
Blattgesundheit: 🍃🍃🍃 bis 🍃🍃🍃🍃
Regenfest: ✔
Verwendung/Besonderes: für Rosen- und Blumenbeete, hitzeverträglich, Duft: leicht
Pflegeleicht: ✔

BEETROSEN
ROSA UND VIOLETT

Acropolis®

Klasse: Beetrose
Herkunft: Züchter: Meilland, Einführungsjahr: 2001
Aussehen: aufrecht, mittelstark wachsend, 0,4 bis 0,6 m hoch
Blüten: rosa verwaschen, im Verblühen altrosa, gefüllt, 3 bis 5 Blüten pro Stiel, Größe von 5 bis 6 cm, je 25 bis 30 Blütenblätter
Blütezeit: Mai bis Oktober, öfter blühend
Blatt: hellgrün
Blattgesundheit: 🍃🍃 bis 🍃🍃🍃
Verwendung/Besonderes: Schnittrose mit langer Haltbarkeit, Gruppenpflanzungen, auch in Kombination mit Stauden, für Rosen- und Blumenbeete, hitzeverträglich
Pflegeleicht: ✔

Amulett®

Klasse: Beetrose
Herkunft: Züchter: Rosen Tantau, Einführungsjahr: 1991
Aussehen: breit buschig, 0,4 bis 0,6 m hoch
Blüten: kräftig rosarot, gefüllt, erinnert an alte Form der Rosenblüten
Blütezeit: Juni bis September, öfter blühend
Blatt: dunkelgrün
Blattgesundheit: 🍃🍃 bis 🍃🍃🍃
Verwendung/Besonderes: für Rosen- und Blumenbeete, mittlere Regenfestigkeit, hitzeverträglich, für Töpfe und Kübel, auch für Gräber, gut für Frühkultur im Topf
Pflegeleicht: ✔

Atlantic Star®

Klasse: Beetrose
Herkunft: Züchter: Fryer, Einführungsjahr: 1996
Aussehen: aufrecht buschig, 0,6 bis 0,8 m hoch
Blüten: bronze-lachsfarben, gefüllt, sehr groß, edel, meist in kleinen Dolden
Blütezeit: Juni bis Oktober, öfter blühend
Blatt: glänzend dunkelgrün
Blattgesundheit: 🍃 bis 🍃🍃
Verwendung/Besonderes: Schnittrose, Gruppenpflanzung, für Rosen- und Blumenbeete, haltbar, mittlere Regenfestigkeit, hitzeverträglich, Duft: stark

Bad Birnbach®

Klasse: Beetrose, ADR-Rose 2000
Herkunft: Züchter: W. Kordes' Söhne, Einführungsjahr: 1999
Namen in anderen Ländern: Salmon Sunsation (Südafrika), Electric Blanket (USA), Busy Bee (Australien), Bonapart (Italien, Frankreich)
Aussehen: breit buschig, 0,4 bis 0,5 m hoch
Blüten: leuchtend lachsrosa, halb gefüllt, in Dolden, Knospe spitz und lachsrot
Blütezeit: Juni bis September, öfter blühend
Blatt: glänzend dunkelgrün, ledrig
Blattgesundheit: 🍃🍃🍃 bis 🍃🍃🍃🍃
Regenfest: ✔
Verwendung/Besonderes: für Rosen- und Blumenbeete, für Hecken, hitzeverträglich, kompakt wachsend, reich blühend
Pflegeleicht: ✔

Ballade®

Klasse: Beetrose
Herkunft: Züchter: Rosen Tantau, Einführungsjahr: 1991
Aussehen: buschig, 0,6 bis 0,7 m hoch
Blüten: hellrosa, gefüllt, mittelgroß, schalenförmig
Blütezeit: Juni bis September, öfter blühend
Blatt: frischgrün
Blattgesundheit: 🍃🍃🍃
Regenfest: ✔
Verwendung/Besonderes: für Rosen- und Blumenbeete, hitzeverträglich, reich blühend, kompakt wachsend
Pflegeleicht: ✔

BEETROSEN
ROSA UND VIOLETT

Bella Rosa®

Klasse: Beetrose
Herkunft: Züchter: W. Kordes' Söhne, Einführungsjahr: 1982
Namen in anderen Ländern: Toynbee Hall (Großbritannien)
Aussehen: breit buschig, bis 0,6 m hoch
Blüten: kräftiges Reinrosa mit gelber Mitte, erst kugelförmig, dann rosettenartig
Blütezeit: Juni bis Mitte November, öfter blühend
Blatt: stark glänzend, dunkelgrün, ledrig
Blattgesundheit: 🌿🌿 bis 🌿🌿🌿
Verwendung/Besonderes: Beetrosenklassiker, Einzel- und Gruppenpflanzungen, für Rosen- und Blumenbeete, mittlere Regenfestigkeit, hitzeverträglich, Kübelpflanze, kompakt wachsend, in der Vase lange haltbar, Duft: nach Wildrosen
Pflegeleicht: ✔

Bernd Weigel Rose®

Klasse: Beetrose
Herkunft: Züchter: Rosen Tantau, Einführungsjahr: 2003
Aussehen: stark buschig, 0,5 bis 0,7 m hoch
Blüten: hellrosa bis rosa, halb gefüllt
Blütezeit: Juni bis September, öfter blühend
Blatt: glänzend dunkelgün, ledrig
Blattgesundheit: 🌿🌿🌿
Regenfest: ✔
Verwendung/Besonderes: für Rosen- und Blumenbeete, früh und überreich blühend, hitzeverträglich, 1999 Goldmedaille in Genf und Goldmedaille Baden in Österreich, anlässlich des 50-jährigen Jubiläums des Internationalen Rosen-Neuheitenwettbewerbs Baden-Baden und der hervorragenden Darstellung des Prüfungsgartens unter Bernd Weigel auf seinen Namen getauft, Duft: leicht
Pflegeleicht: ✔

Blühwunder®

Klasse: Beetrose, ADR-Rose 1994
Herkunft: Züchter: W. Kordes' Söhne, Einführungsjahr: 1995
Namen in anderen Ländern: Flower Power (Südafrika), Ponderosa (Frankreich)
Aussehen: aufrecht, bis 0,7 m hoch
Blüten: leuchtend lachsrosa, silbrig überhaucht, halb gefüllt, in Dolden, mit bis zu 50 Blüten
Blütezeit: Juni bis September, öfter blühend
Blatt: glänzend dunkelgrün
Auch im Halbschatten (mindestens 5 Stunden Sonne): ✔
Blattgesundheit: 🌿🌿 bis 🌿🌿🌿
Verwendung/Besonderes: Schnittrose, überreicher erster Blütenflor, für Rosen- und Blumenbeete, für Hecken, mittlere Regenfestigkeit, hitzeverträglich, sehr reich blühend, duftend, Goldmedaille in Bagatelle 1993 und Silbermedaille in Kortrijk, Duft: leicht nach Apfel
Pflegeleicht: ✔

Bonica® 82

Klasse: Beetrose, ADR-Rose 1982
Herkunft: Züchter: Meilland, Einführungsjahr: 1982
Aussehen: aufrecht buschig, 0,6 bis 0,8 m hoch
Blüten: zartrosa, gefüllt, 5 bis 10 Blüten pro Stiel, Größe 6 bis 8 cm, je 25 bis 30 Blütenblätter
Blütezeit: Juni bis September, öfter blühend
Blatt: glänzend mittelgrün, ledrig
Auch im Halbschatten (mindestens 5 Stunden Sonne): ✔
Blattgesundheit: 🌿🌿🌿
Regenfest: ✔
Verwendung/Besonderes: Schnittrose, Vogelnährgehölz, Gruppen- und Flächenpflanzung, für Rosen- und Blumenbeete, für Heckenpflanzungen, hitzeverträglich, Weltrose 2003, gute bodendeckende Eigenschaften, für extreme Lagen geeignet, kugelige Hagebutten (Floristik)
Pflegeleicht: ✔

Cassetta®

Klasse: Beetrose
Herkunft: Züchter: Dickson, Einführungsjahr: 2002
Aussehen: aufrecht buschig, schnell wachsend, 0,7 bis 0,9 m hoch
Blüten: aprikot-weiß-rosa, halb gefüllt, in großen Büscheln, dunkel aprikotfarbene Knospen
Blütezeit: Juni bis September, öfter blühend
Blatt: dunkelgrün
Blattgesundheit: abschließende Ergebnisse liegen nicht vor
Regenfest: ✔
Verwendung/Besonderes: für Gruppen- und Flächenpflanzung, für Rosen- und Blumenbeete, hitzeverträglich, auch für Kübelpflanzung, kompakt wachsend, reich blühend
Pflegeleicht: ✔

BEETROSEN
ROSA UND VIOLETT

Coral Palace®

Klasse: Beetrose
Herkunft: Züchter: Poulsen, Einführungsjahr: 1997
Aussehen: buschig, 0,4 bis 0,6 m hoch
Blüten: korallenrosa, stark gefüllt, große Knospen, etwa 70 Blütenblätter, wirken wie Blüten der Alten Rosen, in Dolden
Blütezeit: Juni bis September, öfter blühend
Blatt: glänzend bronze- bis dunkelgrün
Blattgesundheit: 🍃🍃
Verwendung/Besonderes: Gruppenpflanzung, für Rosen- und Blumenbeete, hitzeverträglich, kompakt wachsend, Duft: leicht

Crescendo®

Klasse: Beetrose
Herkunft: Züchter: Noack, Einführungsjahr: 2003
Aussehen: breit buschig, stark wüchsig, 0,6 bis 0,7 m hoch
Blüten: reinrosa, gefüllt, Blütendurchmesser etwa 10 cm
Blütezeit: Juni bis September, öfter blühend
Blatt: dunkelgrün, glänzend
Blattgesundheit: 🍃🍃🍃 bis 🍃🍃🍃🍃

Verwendung/Besonderes: für Rosen- und Blumenbeete, für Hecken, neigt bei Dauerregen zur Mumienbildung (Knospen), Kübelpflanzung, lang haftendes Laub
Pflegeleicht: ✔

Donauprinzessin®

Klasse: Beetrose
Herkunft: Züchter: Noack, Einführungsjahr: 1994
Aussehen: aufrecht, bis 0,6 m hoch
Blüten: dunkelrosa, gefüllt, etwa 10 Blüten pro Stiel und etwa 30 Blütenblätter
Blütezeit: Juni bis September, öfter blühend
Blatt: leicht glänzend, mittelgrün
Blattgesundheit: 🍃🍃🍃
Regenfest: ✔
Verwendung/Besonderes: für Rosen- und Blumenbeete, besonders hitzeverträglich, da Blütenfarbe stabil bei Hitze
Pflegeleicht: ✔

Fortuna®

Klasse: Beetrose, ADR-Rose 2002
Herkunft: Züchter: W. Kordes' Söhne, Einführungsjahr: 2002
Aussehen: vieltriebig, 0,60 bis 0,70 m hoch
Blüten: zart lachsrosa mit weißer Mitte, ungefüllt, meist in Dolden, bis zu 20 Einzelblüten
Blütezeit: Juni bis Oktober, öfter blühend
Blatt: glänzend dunkelgrün
Blattgesundheit: 🍃🍃🍃 bis 🍃🍃🍃🍃
Regenfest: ✔
Verwendung/Besonderes: Einzel- und Gruppenpflanzungen, für Rosen- und Blumenbeete, hitzeverträglich, kompakt wachsend, gute Fernwirkung, Goldmedaillen in Baden-Baden, Kortrijk und Tokio
Pflegeleicht: ✔

Granny®

Klasse: Beetrose, Kleinstrauchrose
Herkunft: Züchter: Poulsen, Einführungsjahr: 1991
Namen in anderen Ländern: Land Brandenburg (Deutschland), The Faun (Niederlande)
Aussehen: breit buschig bis überhängend, 0,5 bis 0,7 m hoch
Blüten: reinrosa, mit dunklerer Mitte, stark gefüllt, mittelgroß, geviertelt, erinnern an Alte Rosen
Blütezeit: Juni bis September, öfter blühend
Blatt: glänzend, saftig grün
Blattgesundheit: 🍃🍃 bis 🍃🍃🍃
Verwendung/Besonderes: für Einzel- und Gruppenpflanzung, für Rosen- und Blumenbeete, hitzeverträglich, mittlere Regenfestigkeit, auch für große Gärten und Parks, reich blühend, Duft: leicht
Pflegeleicht: ✔

BEETROSEN
ROSA UND VIOLETT

Heimatmelodie®

Klasse: Beetrose
Herkunft: Züchter: Rosen Tantau, Einführungsjahr: 2000
Aussehen: buschig, 0,7 bis 0,8 m hoch
Blüten: weiß bis purpurfarben, gefüllt
Blütezeit: Juni bis September, öfter blühend
Blatt: glänzend dunkelgrün
Blattgesundheit: 🍃🍃 bis 🍃🍃🍃
Regenfest: ✔
Verwendung/Besonderes: gut für Gruppen- und Flächenpflanzung geeignet, für Rosen- und Blumenbeete, hitzeverträglich, schöner Kontrast zwischen Blüten und Blättern, reich blühend
Pflegeleicht: ✔

Home & Garden®

Klasse: Beetrose
Herkunft: Züchter: W. Kordes' Söhne, Einführungsjahr: 2001
Aussehen: aufrecht buschig, bis 0,8 m hoch
Blüten: reinrosa, im Verblühen heller werdend, stark gefüllt, in Dolden, nostalgische, geviertelte Blütenschalen, Knospe rosa, grünlich überhaucht
Blütezeit: Juni bis September, öfter blühend
Blatt: glänzend dunkelgrün
Blattgesundheit: 🍃🍃🍃
Verwendung/Besonderes: für Gruppenpflanzungen, auch in Kombination mit Stauden, für Rosen- und Blumenbeete, hitzeverträglich, nostalgisch, reich blühend
Pflegeleicht: ✔

Johann Strauß®

Klasse: Beetrose
Herkunft: Züchter: Meilland, Einführungsjahr: 1993
Aussehen: aufrecht buschig, mittelstark wachsend, 0,5 bis 0,7 m hoch
Blüten: porzellanrosa, gefüllt, edelrosenartig, 3 bis 5 Blüten pro Stiel, Größe 8 bis 10 cm, je 45 bis 50 Blütenblätter
Blütezeit: Juni bis September, öfter blühend
Blatt: glänzend dunkelgrün
Blattgesundheit: 🍃🍃 bis 🍃🍃🍃
Regenfest: ✔
Verwendung/Besonderes: Gruppenpflanzungen, auch in Kombination mit Stauden, für Rosen- und Blumenbeete, hitzeverträglich, Duft: reichlich
Pflegeleicht: ✔

Leona®

Klasse: Beetrose, ADR-Rose 2002
Herkunft: Züchter: Noack, Einführungsjahr: 2003
Aussehen: aufrecht buschig, 0,60 bis 0,70 m hoch
Blüten: rosa, halb gefüllt
Blütezeit: Juni bis September, öfter blühend
Blatt: ledrig, dunkelgrün
Blattgesundheit: 🍃🍃🍃
Regenfest: ✔
Verwendung/Besonderes: Gruppenpflanzungen, für Rosen- und Blumenbeete, hitzeverträglich, lange anhaftendes Laub
Pflegeleicht: ✔

Leonardo da Vinci®

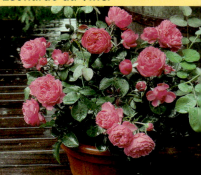

Klasse: Beetrose
Herkunft: Züchter: Meilland, Einführungsjahr: 1993
Aussehen: aufrecht buschig, 0,4 bis 1,00 m hoch
Blüten: dunkelrosa, dicht gefüllt, rosettenartig, 3 bis 5 Blüten pro Stiel, Größe 5 bis 6 cm, etwa je 60 Blütenblätter
Blütezeit: Juni bis September, öfter blühend
Blatt: glänzend mittel- bis dunkelgrün, ledrig

BEETROSEN
ROSA UND VIOLETT

Auch im Halbschatten (mindestens 5 Stunden Sonne): ✔
Blattgesundheit: 🍃🍃 bis 🍃🍃🍃
Verwendung/Besonderes: Schnittrose, Gruppen- und Flächenpflanzung, auch in Kombination mit Stauden, für Rosen- und Blumenbeete, hitzeverträglich, sehr reich blühend, auch für raue Lagen geeignet
Pflegeleicht: ✔

Ludwigshafen am Rhein®

Klasse: Beetrose
Herkunft: Züchter: W. Kordes' Söhne, Einführungsjahr: 1975
Aussehen: aufrecht buschig, bis 0,6 m hoch
Blüten: karminrosa, gefüllt, sehr groß, edle Form, einzeln und in lockeren Dolden
Blütezeit: Juni bis September, bis zum Frost gut nachblühend, öfter blühend
Blatt: sattgrün
Blattgesundheit: 🍃 bis 🍃🍃
Regenfest: ✔
Verwendung/Besonderes: für Gruppenpflanzung, auch in Kombination mit Stauden, für Rosen- und Blumenbeete, hitzeverträglich, nachblühend, Duft: stark

Manou Meilland®

Klasse: Beetrose
Herkunft: Züchter: Meilland, Einführungsjahr: 1978

Aussehen: aufrecht, mittelstark wachsend, 0,5 bis 0,7 m hoch
Blüten: fliederrosa, gefüllt, 3 bis 5 Blüten pro Stiel, Größe 8 bis 10 cm, je 25 bis 30 Blütenblätter
Blütezeit: Juni bis September, öfter blühend
Blatt: glänzend dunkelgrün
Blattgesundheit: 🍃 bis 🍃🍃
Regenfest: ✔
Verwendung/Besonderes: Gruppenpflanzungen, auch in Kombination mit Stauden, für Rosen- und Blumenbeete, hitzeverträglich, für alle Klimalagen gut geeignet, Duft: intensiv

Mariatheresia®

Klasse: Beetrose
Herkunft: Züchter: Rosen Tantau, Einführungsjahr: 2003
Aussehen: stark buschig, bogig überhängend, 0,7 bis 0,9 m hoch
Blüten: zartrosa, stark gefüllt, an gut besetzten Dolden, geviertelt
Blütezeit: Juni bis September, öfter blühend
Blatt: glänzend dunkelgrün
Blattgesundheit: abschließende Ergebnisse liegen nicht vor; neue Sorte mit sehr guten Blüheigenschaften
Regenfest: ✔
Verwendung/Besonderes: für Gruppenpflanzungen, für Rosen- und Blumenbeete, hitzeverträglich, besitzt romantisches Flair, schöner Kontrast zwischen Blüten und Blättern, Duft: leicht
Pflegeleicht: ✔

Matilda®

Klasse: Beetrose
Herkunft: Züchter: Meilland, Einführungsjahr: 1988
Namen in anderen Ländern: Charles Aznavour® (Frankreich)
Aussehen: aufrecht buschig, 0,4 bis 0,6 m hoch
Blüten: hellrosa mit cremegelber Innenseite, gefüllt, 3 bis 4 Blüten pro Stiel, Größe 6 bis 8 cm, je 25 bis 30 Blütenblätter
Blütezeit: Juni bis September, öfter blühend
Blatt: glänzend mittel- bis dunkelgrün, ledrig
Blattgesundheit: 🍃 bis 🍃🍃
Regenfest: ✔
Verwendung/Besonderes: Gruppenpflanzungen, auch in Kombination mit Stauden, für Rosen- und Blumenbeete, sehr früh blühend, kompakt wachsend

Maxi Vita®

Klasse: Beetrose, ADR-Rose 2000
Herkunft: Züchter: W. Kordes' Söhne, Einführungsjahr: 2001
Namen in anderen Ländern: Dawn Sunsation (Südafrika), Caribbean Dawn (Großbritannien)
Aussehen: mittelstark wachsend, 0,6 bis 0,7 m hoch
Blüten: leuchtend orangerosa, mit gelborangem Blütenboden, halb gefüllt, ansprechende Blütenform, dunkelrote Knospen
Blütezeit: Juni bis September, öfter blühend
Blatt: leicht glänzend, grün
Blattgesundheit: 🍃🍃🍃 bis 🍃🍃🍃🍃
Regenfest: ✔
Verwendung/Besonderes: für Gruppenpflanzungen, für Rosen- und Blumenbeete, hitzeverträglich, stets farbige und kräftige Flore
Pflegeleicht: ✔

BEETROSEN
ROSA UND VIOLETT

Mazurka®

Klasse: Beetrose, ADR-Rose 1993
Herkunft: Züchter: Meilland, Einführungsjahr: 1994
Aussehen: kräftig, kompakt wachsend, 0,5 bis 0,7 m hoch
Blüten: hellrosa, gefüllt, 5 bis 10 Blüten pro Stiel, Größe 7 bis 9 cm, je 20 bis 25 Blütenblätter
Blütezeit: Mai bis Oktober, öfter blühend
Blatt: mittel- bis dunkelgrün
Auch im Halbschatten (mindestens 5 Stunden Sonne): ✔
Blattgesundheit: 🍃🍃🍃 bis 🍃🍃🍃🍃
Regenfest: ✔
Verwendung/Besonderes: Gruppen- und Flächenbepflanzung, auch in Kombination mit Stauden, für Rosen- und Blumenbeete, gute Selbstreinigung
Pflegeleicht: ✔

Münchner Kindl®

Klasse: Beetrose
Herkunft: Züchter: Dickson, Einführungsjahr: 1984
Namen in anderen Ländern: Anisley Dickson (England)
Aussehen: buschig, 0,4 bis 0,6 m hoch
Blüten: silberrosa, gefüllt, groß, in Dolden, Blütenblatt-Außenseite mit weißlichem Schimmer, Knospe: edelrosenartig, elegant, leuchtend orangerosa
Blütezeit: Juni bis September, öfter blühend
Blatt: glänzend dunkelgrün
Blattgesundheit: 🍃🍃
Regenfest: ✔
Verwendung/Besonderes: für Rosen- und Blumenbeete, hitzeverträglich, reich blühend, Gold und President International Trophy 1984 als beste Rose im englischen Wettbewerb, Duft: leicht

NDR 1 Radio Niedersachsen®

Klasse: Beetrose
Herkunft: Züchter: W. Kordes' Söhne, Einführungsjahr: 1996
Namen in anderen Ländern: Heartache (Neuseeland), Centenary (Großbritannien)
Aussehen: kräftig, aufrecht buschig, bis 1,2 m hoch
Blüten: altrosa, im Verblühen heller werdend, leicht gefüllt, große Dolden mit bis zu 15 Blüten
Blütezeit: Juni bis September, öfter blühend
Blatt: stark glänzend, dunkelgrün
Blattgesundheit: 🍃🍃🍃
Regenfest: ✔
Verwendung/Besonderes: für Einzel- und Gruppenpflanzungen, für Rosen- und Blumenbeete, hitzeverträglich, gute Selbstreinigung, zauberhafter Farbton, Duft: zart, nach Wildrosen
Pflegeleicht: ✔

Neon®

Klasse: Beetrose, ADR-Rose 1999
Herkunft: Züchter: W. Kordes' Söhne, Einführungsjahr: 2001
Aussehen: aufrecht, bis 0,6 m hoch
Blüten: karminrosa, halb gefüllt
Blütezeit: Juni bis September, öfter blühend
Blatt: glänzend dunkelgrün
Auch im Halbschatten (mindestens 5 Stunden Sonne): ✔
Blattgesundheit: 🍃🍃🍃 bis 🍃🍃🍃🍃
Regenfest: ✔
Verwendung/Besonderes: für Rosen- und Blumenbeete, hitzeverträglich, starker erster Flor, für Hecken
Pflegeleicht: ✔

Nicole®

Klasse: Beetrose
Herkunft: Züchter: W. Kordes' Söhne, Einführungsjahr: 1985
Aussehen: aufrecht buschig, bis 0,6 m hoch
Blüten: cremeweiß mit rosarotem Rand, gefüllt, einzeln und in Büscheln
Blütezeit: Juni bis September, öfter blühend
Blatt: glänzend dunkelgrün
Blattgesundheit: 🍃 bis 🍃🍃
Regenfest: ✔
Verwendung/Besonderes: für Rosen- und Blumenbeete, kompakt wachsend, Blüte an Porzellanröschen erinnernd, Duft: leicht

Noack's Blühendes Barock®

BEETROSEN
ROSA UND VIOLETT

Klasse: Beetrose
Herkunft: Züchter: Noack, Einführungsjahr: 1997
Aussehen: aufrecht buschig, 0,6 bis 0,7 m hoch
Blüten: rosa, gefüllt, etwa 35 Blütenblätter
Blütezeit: Juni bis September, öfter blühend
Blatt: dunkelgrün, glänzend
Blattgesundheit: 🍃🍃🍃
Regenfest: ✔
Verwendung/Besonderes: Gruppenpflanzungen, für Rosen- und Blumenbeete, hitzeverträglich
Pflegeleicht: ✔

Noack's Rose Melissa®

Klasse: Beetrose, ADR-Rose 1995
Herkunft: Züchter: Noack, Einführungsjahr: 1996
Aussehen: aufrecht buschig, bis 0,8 m hoch
Blüten: zartrosa, gefüllt, in Dolden
Blütezeit: Juni bis September, öfter blühend
Blatt: glänzend dunkelgrün
Blattgesundheit: 🍃🍃🍃
Regenfest: ✔
Verwendung/Besonderes: für Rosen- und Blumenbeete, kompakt wachsend, robust, hitzeverträglich
Pflegeleicht: ✔

Pastella®

Klasse: Beetrose
Herkunft: Züchter: Rosen Tantau, Einführungsjahr: 2004
Aussehen: buschig, kompakt, einzelne Triebe aufstrebend bis 60 cm hoch
Blüten: von intensiv Rosé bis grünlich Weiß, Blütenblätter lange haftend, nostalgisch gefüllt, 5 bis 10 Blüten pro Stiel, Größe von 5 bis 6 cm
Blütezeit: Juni bis Oktober, sehr gut dauerblühend
Blatt: hellgrün, leicht glänzend
Auch im Halbschatten (mindestens 5 Stunden Sonne): ✔
Blattgesundheit: abschließende Ergebnisse liegen nicht vor; Neuheit mit sehr guten Blüheigenschaften
Regenfest: ✔
Verwendung/Besonderes: Gruppenpflanzungen, für Rosen- und Blumenbeete, relativ hitzeverträglich, ungewöhnliche und auffallende Wirkung durch interessantes Farbspiel
Pflegeleicht: ✔

Poesie – Jackson & Perkins Rose Poesie®

Klasse: Beetrose
Herkunft: Züchter: Jackson & Perkins, Einführungsjahr: 1988
Aussehen: buschig, bis 0,6 m hoch
Blüten: rosa, innen dunkler, gefüllt, groß
Blütezeit: Juni bis September, öfter blühend
Blatt: glänzend dunkelgrün
Blattgesundheit: 🍃 bis 🍃🍃
Regenfest: ✔
Verwendung/Besonderes: für Einzel- und Gruppenpflanzungen, für Rosen- und Blumenbeete, hitzeverträglich, sehr blühwillig, reich und lange blühend

Rhapsody in Blue

Klasse: Beetrose
Herkunft: Züchter: Cowlishaw/Warner, Einführungsjahr: 2002
Aussehen: straff aufrecht, bis 1,2 m hoch
Blüten: purpurviolett mit weißer Mitte und gelben Staubgefäßen, im Verblühen graublau, ungefüllt, meist in Dolden
Blütezeit: Juni bis September, öfter blühend
Blatt: mittelgrün, leicht glänzend
Blattgesundheit: 🍃🍃
Regenfest: ✔
Verwendung/Besonderes: Einzel- und Gruppenpflanzungen, für Rosen- und Blumenbeete, hitzeverträglich, ungewöhnliche Blütenfarbe

BEETROSEN
ROSA UND VIOLETT

Queen Mother®

Klasse: Beetrose, ADR-Rose 1996
Herkunft: Züchter: W. Kordes' Söhne, Einführungsjahr: 1998
Aussehen: buschig, bis 0,7 m hoch
Blüten: hellrosa, halb gefüllt, Knospe: kräftig rosa
Blütezeit: Juni bis September, öfter blühend
Blatt: glänzend dunkelgrün
Blattgesundheit: 🍃🍃 bis 🍃🍃🍃
Regenfest: ✔
Verwendung/Besonderes: für Rosen- und Blumenbeete, schöne Blüten, kompakt wachsend, hitzeverträglich, Goldmedaille in Orleans, Goldene Rose in Hradec Kralove, Duft: leicht, süßlich

Rosenprofessor Sieber®

Klasse: Beetrose, ADR-Rose 1996
Herkunft: Züchter: W. Kordes' Söhne, Einführungsjahr: 1997
Namen in anderen Ländern: The Halcyon Days Rose (Großbritannien)
Aussehen: buschig, kräftig, bis 0,7 m hoch
Blüten: reinrosa, geht beim Aufblühen in Porzellanrosa über, gefüllt, meist in Dolden
Blütezeit: Juni bis September, öfter blühend
Blatt: mittelgrün, leicht glänzend
Blattgesundheit: 🍃🍃🍃
Regenfest: ✔
Verwendung/Besonderes: für Rosen- und Blumenbeete, hitzeverträglich, blühwillig, Professor Josef Sieber in Anerkennung seiner Verdienste um die Rose gewidmet, Duft: nach Wildrosen
Pflegeleicht: ✔

Royal Bonica®

Klasse: Beetrose
Herkunft: Züchter: Meilland/ Martens, Einführungsjahr: 1992
Aussehen: aufrecht buschig, mittelstark wachsend, 0,4 bis 0,6 m hoch
Blüten: dunkelrosa, stark gefüllt, 3 bis 5 Blüten pro Stiel, Größe 6 bis 8 cm, je 35 bis 40 Blütenblätter
Blütezeit: Juni bis September, öfter blühend
Blatt: glänzend mittel- bis dunkelgrün, ledrig
Auch im Halbschatten (mindestens 5 Stunden Sonne): ✔
Blattgesundheit: 🍃🍃🍃
Regenfest: ✔
Verwendung/Besonderes: Schnittrose, für Gruppenpflanzungen und Kombination mit Stauden geeignet, hitzeverträglich, für Rosen- und Blumenbeete, große Blüten
Pflegeleicht: ✔

Shocking Blue®

Klasse: Beetrose
Herkunft: Züchter: W. Kordes' Söhne, Einführungsjahr: 1975
Aussehen: aufrecht buschig, schnell nachtreibend, bis 0,6 m hoch
Blüten: magentalila, halb gefüllt, in Büscheln, spiralige Entfaltung der Blütenblätter
Blütezeit: Juni bis September, öfter blühend
Blatt: glänzend dunkelgrün
Blattgesundheit: 🍃
Verwendung/Besonderes: für Rosen- und Blumenbeete, reich blühend, Schnittblume, gut haltbar, attraktive Liebhaberrose Duft: stark, ausgeprägt

Träumerei®

Klasse: Beetrose
Herkunft: Züchter: W. Kordes' Söhne, Einführungsjahr: 1974
Namen in anderen Ländern: Dreaming (Südafrika), Reverie (Frankreich)

BEETROSEN
ROSA UND VIOLETT

Aussehen: breit buschig, willig nachtreibend, bis 0,7 m hoch
Blüten: hummerfarben, lachsorange aufhellend, gefüllt, edelrosenartig, einzeln oder in Büscheln
Blütezeit: Juni bis September, öfter blühend
Blatt: glänzend dunkelgrün
Blattgesundheit: 🍃🍃
Regenfest: ✔
Verwendung/Besonderes: Einzel- und Gruppenpflanzungen, wetterfeste Blüten, für Rosen- und Blumenbeete, hitzeverträglich, reich blühend, Schnittrose – in der Vase lange haltbar, Duft: stark

Tutti Frutti®

Klasse: Beetrose
Herkunft: Züchter: Meilland, Einführungsjahr: 2003
Namen in anderen Ländern: Pearl La Sevillana (Spanien, Frankreich)
Aussehen: kräftig buschig, 0,6 bis 0,8 m hoch
Blüten: zart rosa/weiß, gefüllt, 15 bis 25 Blüten pro Stiel, Größe 4 cm, je 8 bis 10 Blütenblätter
Blütezeit: Juni bis September, öfter blühend
Blatt: glänzend mittel- bis dunkelgrün
Blattgesundheit: 🍃🍃🍃
Regenfest: ✔
Verwendung/Besonderes: Vogelnährgehölz, Gruppen- und Flächenpflanzung, für Rosen- und Blumenbeete, auch in Kombination mit Stauden, hitzeverträglich, Züchtung speziell für den Hagebuttenschnitt (Floristik), große, olivenförmige, lange haltbare Hagebutten, Duft: nach Teerose
Pflegeleicht: ✔

Klasse: Beetrose, ADR-Rose 1993
Herkunft: Züchter: Noack, Einführungsjahr: 1993
Aussehen: aufrecht buschig, bis 0,6 m hoch
Blüten: orangerot, halb gefüllt, in Dolden
Blütezeit: Juni bis September, öfter blühend
Blatt: glänzend dunkelgrün
Blattgesundheit: 🍃🍃🍃
Regenfest: ✔
Verwendung/Besonderes: für Rosen- und Blumenbeete, kompakt wachsend, robust, hitzeverträglich
Pflegeleicht: ✔

Trier 2000®

Klasse: Beetrose
Herkunft: Züchter: W. Kordes' Söhne, Einführungsjahr: 1985
Namen in anderen Ländern: Sandton Smile (Südafrika), Annalivia (Großbritannien)
Aussehen: aufrecht buschig, schnell nachtreibend, bis 0,8 m hoch
Blüten: leuchtend reinrosa mit rötlichen Nerven, leicht gefüllt, groß, edle Form, meist in Büscheln, Ränder gekerbt und gewellt, äußere übergebogen
Blütezeit: Juni bis September, öfter blühend
Blatt: glänzend dunkelgrün
Blattgesundheit: 🍃🍃
Regenfest: ✔
Verwendung/Besonderes: Einzel- und Gruppenpflanzungen, für Rosen- und Blumenbeete, hitzeverträglich, lang anhaltender Blütenflor, Duft: leicht
Pflegeleicht: ✔

Vicky®

Yesterday®

Klasse: Beetrose
Herkunft: Züchter: Harkness, Einführungsjahr: 1974
Namen in anderen Ländern: Tapis d'Orient
Aussehen: aufrecht buschig, 0,4 bis 0,6 m hoch
Blüten: rosa bis lavendelfarben, leicht gefüllt, gelbe Staubgefäße
Blütezeit: Juni bis September, öfter blühend
Blatt: glänzend mittel- bis dunkelgrün
Blattgesundheit: 🍃🍃🍃
Verwendung/Besonderes: für Einzel- und Gruppenpflanzung, für Rosen- und Blumenbeete, besitzt Charme der Alten Rosen, vielseitig verwendbar, viele Preise und Medaillen, Duft: leicht
Pflegeleicht: ✔

BEETROSEN ROT

Andalusien®

Klasse: Beetrose, ADR-Rose 1976, Gartenwert wegen ansprechender Blütenwirkung
Herkunft: Züchter: W. Kordes' Söhne, Einführungsjahr: 1972
Aussehen: buschig, kräftig, bis 0,6 m hoch
Blüten: leuchtend blutrot, halb gefüllt
Blütezeit: Juni bis September, öfter blühend
Blatt: glänzend dunkelgrün
Blattgesundheit: 🍃🍃 bis 🍃🍃🍃
Regenfest: ✔
Verwendung/Besonderes: für Rosen- und Blumenbeete, hitzeverträglich, auch für raue Lagen
Pflegeleicht: ✔

Bad Füssing®

Klasse: Beetrose
Herkunft: Züchter: W. Kordes' Söhne, Einführungsjahr: 1980
Aussehen: breit buschig, schnell nachtreibend, bis 0,5 m hoch
Blüten: leuchtend blutrot, halb gefüllt, offene Mitte
Blütezeit: Juni bis September, öfter blühend
Blatt: glänzend dunkelgrün
Blattgesundheit: 🍃 bis 🍃🍃
Regenfest: ✔
Verwendung/Besonderes: für Rosen- und Blumenbeete, hitzeverträglich, kompakt wachsend, gute Selbstreinigung, Duft: nach Wildrose

Bukavu®

Klasse: Beetrose
Herkunft: Züchter: L. Lens, Einführungsjahr: 1998
Aussehen: buschig aufrecht, bis 1,2 m hoch
Blüten: karminrot mit weißer Mitte, ungefüllt, 6 cm Durchmesser
Blütezeit: Juni bis Oktober
Blatt: dunkelgrün, glänzend
Auch im Halbschatten (mindestens 5 Stunden Sonne): ✔
Blattgesundheit: 🍃🍃🍃
Regenfest: ✔
Verwendung/Besonderes: als Solitär oder für Rosenbeete, als Hecke, hitzeverträglich, große Leuchtkraft, nach der Stadt Bukavu in der Republik Kongo (Zentralafrika) benannt, in der sich einige Professoren der Universität Louvain-La-Neuve um den Ausbau der Gesundheitspflege der Region bemühen, gewonnene Preise: Goldmedaille Genf 1999

Chorus®

Klasse: Beetrose, ADR-Rose 1977, Gartenwert wegen leuchtender Blütenfarbe
Herkunft: Züchter: Meilland, Einführungsjahr: 1975
Aussehen: kräftig, buschig, 0,5 bis 0,7 m hoch
Blüten: leuchtend rot, gefüllt, 5 bis 7 Blüten pro Stiel, Größe 8 bis 10 cm, je 20 bis 25 Blütenblätter
Blütezeit: Juni bis September, öfter blühend
Blatt: glänzend dunkelgrün, ledrig

Blattgesundheit: 🍃🍃 bis 🍃🍃🍃
Regenfest: ✔
Verwendung/Besonderes: gute Beet- und Gruppenrose, auch in Kombination mit Stauden, hitzeverträglich, Flächenpflanzung, kompakt wachsend
Pflegeleicht: ✔

Colossal Meidiland®

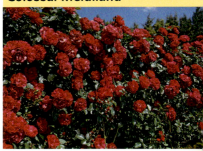

Klasse: Beetrose
Herkunft: Züchter: Meilland, Einführungsjahr: 1999
Aussehen: aufrecht buschig, stark wüchsig, 60 bis 80 cm hoch
Blüten: dunkelrot, halb gefüllt, 5 bis 8 Blüten pro Stiel, Größe 6 bis 7 cm, je 25 Blütenblätter
Blütezeit: Mai bis Oktober, öfter blühend
Blatt: glänzend mittel- bis dunkelgrün
Blattgesundheit: 🍃🍃🍃
Regenfest: ✔
Verwendung/Besonderes: großblumig, für Gruppen- und Flächenpflanzung, auch in Kombination mit Stauden, hitzeverträglich
Pflegeleicht: ✔

Crimson Meidiland®

Klasse: Beetrose, ADR-Rose 1996
Herkunft: Züchter: Meilland, Einführungsjahr: 1996
Namen in anderen Ländern: Crimson Meillandecor® (Frankreich)
Aussehen: aufrecht, stark wüchsig, 80 bis 100 cm hoch
Blüten: dunkelrot, leicht gefüllt, 3 bis 5 Blüten pro Stiel, Größe 6 bis 7 cm, je 10 bis 12 Blütenblätter

BEETROSEN
ROT

Blütezeit: Mai bis Oktober, öfter blühend
Blatt: kräftig grün
Auch im Halbschatten (mindestens 5 Stunden Sonne): ✔
Blattgesundheit: ❦❦❦ bis ❦❦❦❦
Regenfest: ✔
Verwendung/Besonderes: großblumig, für Gruppen- und Flächenpflanzung, auch in Kombination mit Stauden, hitzeverträglich, bevorzugt frische und raue Klimalagen, Vogelnährgehölz, birnenförmige, große Hagebutten
Pflegeleicht: ✔

Domstadt Fulda®

Klasse: Beetrose
Herkunft: Züchter: W. Kordes' Söhne, Einführungsjahr: 1994
Aussehen: aufrecht, kräftig, dicktriebig, bis 0,8 m hoch
Blüten: leuchtend orangerot, halb gefüllt, in großen Dolden
Blütezeit: Juni bis September, öfter blühend
Blatt: glänzend dunkelgrün
Blattgesundheit: ❦ bis ❦❦
Regenfest: ✔
Verwendung/Besonderes: Einzel- und Gruppenpflanzungen, für Rosen- und Blumenbeete, hitzeverträglich, leuchtende Rose, Goldmedaillengewinner in Dublin, der Stadt Fulda zur 1250-Jahrfeier gewidmet, Duft: leicht, nach Wildrosen

Duftwolke®

Klasse: Beetrose
Herkunft: Züchter: Rosen Tantau, Einführungsjahr: 1963
Namen in anderen Ländern: Fragrant Cloud (United Kingdom)
Aussehen: buschig, 0,5 bis 0,6 m hoch
Blüten: leuchtend korallenrot, gefüllt, groß
Blütezeit: Juni bis September, öfter blühend
Blatt: glänzend mittel- bis dunkelgrün, ledrig
Blattgesundheit: ❦❦
Verwendung/Besonderes: weltbekannt durch ihren extrem starken Edelrosenduft, für Rosen- und Blumenbeete, mittlere Regenfestigkeit und Hitzeverträglichkeit, besonders früh blühend, Duft: besonders stark

Erfordia®

Klasse: Beetrose
Herkunft: Züchter: Matthews, Einführungsjahr: 2002
Aussehen: aufrecht buschig, stark wüchsig, 0,7 bis 0,9 m hoch
Blüten: dunkelrot, gefüllt, mittelgroß, 3 bis 7 Blüten an einem Stiel
Blütezeit: Juni bis September, öfter blühend
Blatt: mittel- bis dunkelgrün
Blattgesundheit: ❦❦❦
Regenfest: ✔
Verwendung/Besonderes: reich blühend, Schnittrose, für Rosen- und Blumenbeete, hitzeverträglich, Blüten halten lange, Duft: leicht
Pflegeleicht: ✔

Fellowship®

Klasse: Beetrose
Herkunft: Züchter: Harkness, Einführungsjahr: 1992
Namen in anderen Ländern: Livin Easy
Aussehen: aufrecht buschig, 0,4 bis 0,6 m hoch
Blüten: leuchtend orangerot, halb gefüllt, mittelgroß
Blütezeit: Juni bis September, öfter blühend
Blatt: glänzend dunkelgrün
Blattgesundheit: ❦❦ bis ❦❦❦
Regenfest: ✔
Verwendung/Besonderes: Gruppenpflanzung, für Rosen- und Blumenbeete, hitzeverträglich, leuchtende Blüten, außergewöhnlich reich blühend, viele internationale Auszeichnungen, Duft: leicht

Gartenzauber 84®

Klasse: Beetrose
Herkunft: Züchter: W. Kordes' Söhne, Einführungsjahr: 1984
Aussehen: aufrecht buschig, kompakt wachsend, 0,4 bis 0,6 m hoch
Blüten: leuchtend blutrot, gefüllt, edelrosenartig, innere Blütenblätter unregelmäßig, in kleinen Dolden
Blütezeit: Juni bis September, öfter blühend
Blatt: dunkelgrün
Blattgesundheit: ❦ bis ❦❦
Regenfest: ✔
Verwendung/Besonderes: Einzel- und Gruppenpflanzung, schön mit Stauden, hitzeverträglich, leuchtende Blüten, Duft: leicht, nach Wildrosen

BEETROSEN
ROT

Happy Wanderer®

Klasse: Beetrose
Herkunft: Züchter: McGredy, Einführungsjahr: 1974
Aussehen: sehr buschig, gedrungen, 0,3 bis 0,5 m hoch
Blüten: leuchtend dunkelrot, stark gefüllt, meist leicht gewellte Blütenblätter
Blütezeit: Juni bis September, öfter blühend
Blatt: glänzend mittel- bis dunkelgrün
Auch im Halbschatten (mindestens 5 Stunden Sonne): ✔
Blattgesundheit: 🍃 bis 🍃🍃
Regenfest: ✔
Verwendung/Besonderes: Schnittrose, für Rosen- und Blumenbeete, hitzeverträglich, reich blühend, spät blühend, selbstreinigend, leichter Duft

Insel Mainau®

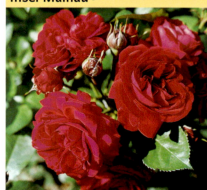

Klasse: Beetrose
Herkunft: Züchter: W. Kordes' Söhne, Einführungsjahr: 1959
Aussehen: buschig, kompakt wachsend, bis 0,35 m hoch
Blüten: blutrot, samtig schimmernd, gefüllt, aufgeblüht rosettenförmig, in Büscheln
Blütezeit: Juni bis September, öfter blühend
Blatt: dunkelgrün
Blattgesundheit: 🍃 bis 🍃🍃
Verwendung/Besonderes: für Gruppenpflanzungen, für Rosen- und Blumenbeete, hitzeverträglich, mittlere Regenfestigkeit, Duft: mittel

Kronjuwel®

Klasse: Beetrose, ADR-Rose 1999
Herkunft: Züchter: Noack, Einführungsjahr: 1997
Aussehen: aufrecht, bis 0,6 m hoch
Blüten: dunkelrot, leicht gefüllt, in Dolden, etwa 20 Blütenblätter
Blütezeit: Juni bis September, öfter blühend
Blatt: mittel- bis dunkelgrün
Blattgesundheit: 🍃🍃🍃 bis 🍃🍃🍃🍃
Regenfest: ✔
Verwendung/Besonderes: für Rosen- und Blumenbeete, extrem gute Hitzeverträglich, Farbe verbrennt nicht in der Sonne
Pflegeleicht: ✔

La Sevillana®

Klasse: Beetrose, ADR-Rose 1979
Herkunft: Züchter: Meilland, Einführungsjahr: 1978
Aussehen: aufrecht buschig, bis 0,6 m hoch
Blüten: blutrot, gefüllt, 5 bis 8 Blüten pro Stiel, Größe 6 bis 7 cm, je 12 bis 15 Blütenblätter
Blütezeit: Juni bis September, öfter blühend
Blatt: glänzend mittel- bis dunkelgrün
Auch im Halbschatten (mindestens 5 Stunden Sonne): ✔
Blattgesundheit: 🍃🍃🍃
Regenfest: ✔
Verwendung/Besonderes: Vogelnährgehölz, Gruppenpflanzungen, für Rosen- und Blumenbeete, für Hecken, als Beet- und Kleinstrauchrose verwendbar, hitzeverträglich, schwach birnenförmige, hell orangefarbene Hagebutten, die spät ausreifen, sehr gute Sorte für heiße Standorte
Pflegeleicht: ✔

Lavaglut®

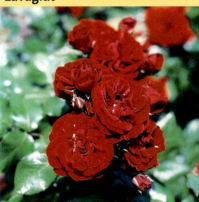

Klasse: Beetrose
Herkunft: Züchter: W. Kordes' Söhne, Einführungsjahr: 1979
Namen in anderen Ländern: Intrigue (United Kingdom), Lava Glow (Südafrika)
Aussehen: buschig, willig nachtreibend, bis 0,6 m hoch
Blüten: samtig schwarzrot, gefüllt, mittelgroß, kompakte Dolden
Blütezeit: Juni bis September, öfter blühend
Blatt: leicht glänzend, dunkelgrün
Blattgesundheit: 🍃 bis 🍃🍃
Regenfest: ✔
Verwendung/Besonderes: langer Flor, für Gruppenpflanzungen, für Rosen- und Blumenbeete, reich blühend, Blüten erstrahlen an hellen Standorten, Duft: nach Wildrosen

BEETROSEN
ROT

Lilli Marleen®

Klasse: Beetrose
Herkunft: Züchter: W. Kordes' Söhne, Einführungsjahr: 1959
Aussehen: buschig, kräftig, bis 0,5 m hoch
Blüten: samtig feuerrot, leicht gefüllt, schalenförmig
Blütezeit: Juni bis September, öfter blühend
Blatt: mattgrün
Blattgesundheit: 🍃
Regenfest: ✔
Verwendung/Besonderes: für Rosen- und Blumenbeete, hitzeverträglich, Dauerblüher, haltbare Blüte, verblasst nicht, optimaler Rosenstandort empfohlen, Duft: leicht

Lübecker Rotspon®

Klasse: Beetrose
Herkunft: Züchter: Rosen Tantau, Einführungsjahr: 1990
Namen in anderen Ländern: Vini Rosso® (Finnland), Glad Tiding (United Kingdom)
Aussehen: buschig, bis 0,6 m hoch
Blüten: leuchtendes Bordeauxrot, gefüllt, mittelgroß, edelrosenartig
Blütezeit: Juni bis September, öfter blühend
Blatt: dunkelgrün
Blattgesundheit: 🍃🍃
Regenfest: ✔
Verwendung/Besonderes: für Rosen- und Blumenbeete, mittlere Hitzeverträglichkeit, wegen Verbrennungsgefahr der dunklen Blume, auch Pflanzung im Halbschatten, große und leuchtende Blühkraft

Mariandel®

Klasse: Beetrose
Herkunft: Züchter: W. Kordes' Söhne, Einführungsjahr: 1985
Name in anderen Ländern: The Times Rose (Großbritannien)
Aussehen: buschig, gut nachtreibend, 0,4 bis 0,6 m hoch
Blüten: leuchtendes, dunkles Blutrot, gefüllt, in Büscheln
Blütezeit: Juni bis September, öfter blühend
Blatt: glänzend dunkelgrün
Blattgesundheit: 🍃🍃
Regenfest: ✔
Verwendung/Besonderes: Einzel- und Gruppenpflanzungen, für Rosen- und Blumenbeete, hitzeverträglich, wunderschöne Farbe, kompakt wachsend, Duft: nach Wildrosen

Matthias Meilland®

Klasse: Beetrose
Herkunft: Züchter: Meilland, Einführungsjahr: 1987
Aussehen: buschig, kräftig, 0,5 bis 0,7 m hoch
Blüten: leuchtend blutrot, halb gefüllt, 3 bis 5 Blüten pro Stiel, Größe 6 bis 8 cm, je 30 Blütenblätter
Blütezeit: Juni bis September, öfter blühend
Blatt: glänzend mittelgrün
Blattgesundheit: 🍃 bis 🍃🍃
Regenfest: ✔
Verwendung/Besonderes: Gruppen- und Flächenpflanzung, auch in Kombination mit Stauden, hitzeverträglich, für raue Lagen geeignet, sehr gute Fernwirkung

Montana®

Klasse: Beetrose, ADR-Rose 1974, Gartenwert wegen leuchtender Blütenfarbe
Herkunft: Züchter: Rosen Tantau, Einführungsjahr: 1974
Aussehen: aufrecht, bis 0,8 m hoch
Blüten: leuchtend rot, halb gefüllt
Blütezeit: Juni bis September, öfter blühend
Blatt: glänzend mittel- bis dunkelgrün, ledrig
Auch im Halbschatten (mindestens 5 Stunden Sonne): ✔
Blattgesundheit: 🍃🍃
Regenfest: ✔
Verwendung/Besonderes: für Rosen- und Blumenbeete, für Hecken, hitzeverträglich, gute Fernwirkung, wetterfeste Blüten

113

BEETROSEN
ROT

Papageno®

Klasse: Beetrose
Herkunft: Züchter: McGredy/Rosen-Union, Einführungsjahr: 1989
Aussehen: kompakt buschig, kräftig wachsend, 0,5 bis 0,7 m hoch
Blüten: dunkelrot mit unregelmäßigen weißen Streifen, stark gefüllt, groß, in Dolden stehend
Blütezeit: Juni bis September, öfter blühend
Blatt: glänzend dunkelgrün
Blattgesundheit: 🍃🍃
Regenfest: ✔
Verwendung/Besonderes: Schnittrose, für Rosen- und Blumenbeete, hitzeverträglich, romantisch, nostalgisch, Blütenfarbe wie mit der Hand gemalt

Red Leonardo da Vinci®

Klasse: Beetrose
Herkunft: Züchter: Meilland, Einführungsjahr: 2003
Namen in anderen Ländern: Hilde Umdasch® (Österreich)
Aussehen: aufrecht, 0,4 bis 0,6 m hoch
Blüten: johannisbeerrot, stark gefüllt, rosettenartig, 3 bis 5 Blüten pro Stiel, Größe 7 cm, je 90 bis 100 Blütenblätter
Blütezeit: Mai bis Oktober, öfter blühend
Blatt: glänzend dunkelgrün
Blattgesundheit: 🍃🍃 bis 🍃🍃🍃
Verwendung/Besonderes: Gruppenpflanzungen, für Rosen- und Blumenbeete, hitzeverträglich, sehr reich blühend, Duft: mittel
Pflegeleicht: ✔

Red Yesterday®

Klasse: Beetrose, ADR-Rose 1980
Herkunft: Züchter: Harkness, Einführungsjahr: 1978
Namen in anderen Ländern: Marjorie Fair (England, Amerika)
Aussehen: locker buschig, 0,6 bis 0,8 m hoch
Blüten: dunkelrot mit weißer Mitte, leicht gefüllt, klein, in großen Dolden
Blütezeit: Juni bis September, öfter blühend
Blatt: glänzend hell- bis mittelgrün, ledrig
Auch im Halbschatten (mindestens 5 Stunden Sonne): ✔
Blattgesundheit: 🍃🍃🍃
Regenfest: ✔
Verwendung/Besonderes: Schnittrose, für Gruppen- und Flächenpflanzung, für Rosen- und Blumenbeete, hitzeverträglich, für kleine und große Gärten und Parks, Einfassungen, für Hecken, Bienenweide, ideal zur Bepflanzung von Böschungen, sehr reich blühend, Duft: leicht
Pflegeleicht: ✔

Roman Herzog®

Klasse: Beetrose
Herkunft: Züchter: Noack, Einführungsjahr: 1999
Aussehen: aufrecht, buschig, 0,7 bis 0,9 m hoch
Blüten: leuchtend rot, gefüllt, Durchmesser: 8 cm, farbbeständig
Blütezeit: Juni bis September, öfter blühend
Blatt: glänzend dunkelgrün
Blattgesundheit: 🍃🍃🍃
Regenfest: ✔
Verwendung/Besonderes: für Rosen- und Blumenbeete, sehr hitzeverträglich, da konstante Blütenfarbe bei Hitze, benannt nach dem ehemaligen Bundespräsidenten Roman Herzog, Duft: leicht
Pflegeleicht: ✔

Rotilia – Kordes' Rose Rotilia®

Klasse: Beetrose, ADR-Rose 2002
Herkunft: Züchter: W. Kordes' Söhne, Einführungsjahr: 2000
Namen in anderen Ländern: Red Finesse (Großbritannien)
Aussehen: buschig, bis 0,6 m hoch
Blüten: leuchtend karminrot, halb gefüllt in großen Dolden, Knospe dunkelrot
Blütezeit: Juni bis Oktober, öfter blühend
Blatt: glänzend, kräftig dunkelgrün
Blattgesundheit: 🍃🍃🍃 bis 🍃🍃🍃🍃

BEETROSEN ROT

Regenfest: ✔
Verwendung/Besonderes: für Rosen- und Blumenbeete, hitzeverträglich, kompakt wachsend, blühwillig, Goldmedaillen in Dublin, Genf und Kortrijk, Silbermedaillen in Madrid und Monza, Goldene Rose Den Haag 2003, Kralove Goldmedaille 2003, Duft: leicht, nach Wildrose
Pflegeleicht: ✔

Ruby Celebration®

Klasse: Beetrose
Herkunft: Züchter: Pearce, Einführungsjahr: 1997
Aussehen: buschig, niedrig wachsend, kompakt wachsend, 0,4 bis 0,6 m hoch
Blüten: tief dunkelrot, locker gefüllt, mittelgroß, in Büscheln
Blütezeit: Juni bis September, öfter blühend
Blatt: glänzend dunkelgrün
Blattgesundheit: abschließende Ergebnisse liegen nicht vor
Regenfest: ✔
Verwendung/Besonderes: Gruppenpflanzung, für Rosen- und Blumenbeete, hitzeverträglich
Pflegeleicht: ✔

Schloss Mannheim®

Klasse: Beetrose
Herkunft: Züchter: W. Kordes' Söhne, Einführungsjahr: 1975
Aussehen: breit buschig, bis 0,6 m hoch
Blüten: leuchtend blutorange, halb gefüllt, schalenförmig, innere Blütenblätter kürzer, löffelförmig, Staubgefäße quirlig verdeckend, lockere Dolden
Blütezeit: Juni bis September, öfter blühend
Blatt: dunkelgrün, ledrig
Blattgesundheit: 🍃 bis 🍃🍃
Regenfest: ✔
Verwendung/Besonderes: für Rosen- und Blumenbeete, hitzeverträglich, sehr reich blühend, Duft: leicht

Stadt Eltville®

Klasse: Beetrose
Herkunft: Züchter: Rosen Tantau, Einführungsjahr: 1990
Aussehen: buschig, 0,6 bis 0,8 m hoch
Blüten: leuchtend rot, gefüllt
Blütezeit: Juni bis September, öfter blühend
Blatt: dunkelgrün
Blattgesundheit: 🍃🍃 bis 🍃🍃🍃
Regenfest: ✔
Verwendung/Besonderes: für Rosen- und Blumenbeete, wetterfeste und leuchtende Blüten, mittlere Hitzeverträglichkeit
Pflegeleicht: ✔

Tornado®

Klasse: Beetrose, ADR-Rose 1972
Herkunft: Züchter: W. Kordes' Söhne, Einführungsjahr: 1973
Aussehen: locker, aufrecht buschig, bis 0,5 m hoch
Blüten: orangeblutrot, leicht gefüllt, in Büscheln, offene Mitte
Blütezeit: Juni bis September, öfter blühend
Blatt: glänzend dunkelgrün
Blattgesundheit: 🍃🍃 bis 🍃🍃🍃
Regenfest: ✔
Verwendung/Besonderes: für Rosen- und Blumenbeete, reich blühend, gute Selbstreinigung, hitzeverträglich, wetterfest, wirkt natürlich, Duft: leicht
Pflegeleicht: ✔

Travemünde®

Klasse: Beetrose
Herkunft: Züchter: W. Kordes' Söhne, Einführungsjahr: 1968
Aussehen: breit buschig, kompakt, stark wüchsig, bis 0,5 m hoch
Blüten: kräftig dunkelrot, gefüllt, in großen, dichten Dolden
Blütezeit: Juni bis zum Frost, öfter blühend
Blatt: matt dunkelgrün
Blattgesundheit: 🍃 bis 🍃🍃
Regenfest: ✔
Verwendung/Besonderes: reich blühend, hitzeverträglich

EDELROSEN
WEISS UND CREME

Ambiente®

Klasse: Edelrose
Herkunft: Züchter: Noack, Einführungsjahr: 2001
Aussehen: buschig, 0,7 bis 0,8 m hoch
Blüten: cremeweiß, in der Mitte leicht gelb, gefüllt
Blütezeit: Juni bis September, öfter blühend
Blatt: mittel- bis dunkelgrün
Blattgesundheit: 🍃🍃🍃
Regenfest: ✔
Verwendung/Besonderes: für Rosen- und Blumenbeete, sehr hitzeverträglich, Topf- und Kübelpflanzungen, Schnittrose, Blüte sehr lange haltbar
Pflegeleicht: ✔

Annapurna®

Klasse: Edelrose
Herkunft: Züchter: Dorieux, Einführungsjahr: 2002
Aussehen: aufrecht, stark buschig, 0,6 bis 0,8 m hoch
Blüten: weiß, stark gefüllt, elegant, Blüten einzeln oder in kleinen Gruppen an einem Stiel
Blütezeit: Juni bis September, öfter blühend
Blatt: dunkelgrün
Blattgesundheit: 🍃🍃 bis 🍃🍃🍃
Regenfest: ✔
Verwendung/Besonderes: Einzel- oder Gruppenpflanzung, für Rosen- und Blumenbeete, hitzeverträglich, Preis in Baden-Baden, Schnittrose, Duft: sehr stark, lieblich

Elina®

Klasse: Edelrose, ADR-Rose 1987
Herkunft: Züchter: Dickson, Einführungsjahr: 1984
Namen in anderen Ländern: Peaudouce (Großbritannien)
Aussehen: breit buschig, kräftig, 0,7 bis 0,9 m hoch
Blüten: cremeweiß, gefüllt, große, edle Blüten meist einzeln auf kräftigen Stielen, selten in kleinen Dolden, spitze rahmgelbe Knospe
Blütezeit: Juni bis September, öfter blühend
Blatt: matt dunkelgrün
Blattgesundheit: 🍃🍃 bis 🍃🍃🍃
Regenfest: ✔
Verwendung/Besonderes: Einzel- und Gruppenpflanzung, für Rosen- und Blumenbeete, hitzeverträglich, Schnittrose, Duft: leicht, angenehm
Pflegeleicht: ✔

Evening Star®

Klasse: Edelrose
Herkunft: Züchter: Jackson & Perkins, Einführungsjahr: 1974
Aussehen: aufrecht, willig nachtreibend, bis 0,80 m hoch
Blüten: leuchtend reinweiß, gefüllt, groß, edel, einzeln und in Büscheln, spitz gerollte Außenblätter
Blütezeit: Juni bis September, öfter blühend
Blatt: groß, glänzend dunkelgrün
Blattgesundheit: 🍃 bis 🍃🍃
Regenfest: ✔
Verwendung/Besonderes: für Rosen- und Blumenbeete, hitzeverträglich, schöner Hell-Dunkel-Kontrast, gute Selbstreinigung, reich blühend, Schnittrose, Duft: herrlich

Grand Nord®

Klasse: Edelrose
Herkunft: Züchter: Delbard, Einführungsjahr: 1974
Aussehen: kräftig, 1 bis 1,2 m hoch
Blüten: weiß
Blütezeit: Juni von September, öfter blühend
Blatt: dunkelgrün
Blattgesundheit: 🍃🍃 bis 🍃🍃🍃
Verwendung/Besonderes: Duftrose und Schnittrose, hitzeverträglich
Pflegeleicht: ✔

Karl Heinz Hanisch®

Klasse: Edelrose
Herkunft: Züchter: Meilland, Einführungsjahr: 1986
Namen in anderen Ländern: Jardins de Bagatelle® (Frankreich)
Aussehen: aufrecht, mittelstark wachsend, 0,5 bis 0,7 m hoch
Blüten: cremeweiß, gefüllt, Größe 10 bis 12 cm, je 30 Blütenblätter
Blütezeit: Juni bis September, öfter blühend
Blatt: glänzend mittel- bis dunkelgrün, ledrig
Blattgesundheit: 🍃 bis 🍃🍃
Verwendung/Besonderes: für Gruppenpflanzungen, auch in Kombination mit Stauden, für Rosen- und Blumenbeete, hitzeverträglich, liebt warme Standorte, Schnittrose, Duft: stark, nach Zitrone und Gewürztraminer

EDELROSEN
WEISS UND CREME

Marie-Luise Marjan®

Klasse: Edelrose
Herkunft: Züchter: W. Kordes' Söhne, Einführungsjahr: 1999
Aussehen: aufrecht, bis 1,2 m hoch
Blüten: cremeweiß, rosa und aprikotfarben überhaucht, im Verblühen reinweiß, gefüllt, groß
Blütezeit: Juni bis September, öfter blühend
Blatt: leicht glänzend, dunkelgrün
Blattgesundheit: 🍃🍃 bis 🍃🍃🍃
Verwendung/Besonderes: Edelrose mit Strauchrosencharakter, ideal für Pflanzung in kleinen Gruppen, für Rosen- und Blumenbeete, hitzeverträglich, reich blühend, der Schauspielerin Marie-Luise Marjan gewidmet, 1997 Bronzemedaille in Baden-Baden und Silbermedaille in Genf, Schnittrose, Duft: süßlich und würzig

Poker®

Klasse: Edelrose
Herkunft: Züchter: Meilland, Einführungsjahr: 1998
Aussehen: aufrecht, mittelstark wachsend, 0,4 bis 0,6 m hoch
Blüten: weiß, Blütenmitte zart rosa, gefüllt, eine Blüte pro Stiel, Größe 9 bis 10 cm, je 30 bis 35 Blütenblätter
Blütezeit: Juni bis September, öfter blühend
Blatt: glänzend dunkelgrün
Blattgesundheit: 🍃🍃 bis 🍃🍃🍃
Verwendung/Besonderes: für Gruppenpflanzungen, für Rosen- und Blumenbeete, hitzeverträglich, Liebhaberrose für den Hausgarten, Schnittrose, Duft: stark, nach Gewürztraminer und Pfirsich
Pflegeleicht: ✔

Roy Black®

Klasse: Edelrose
Herkunft: Züchter: Poulsen, Einführungsjahr: 1994
Namen in anderen Ländern: Karen Blixen (international)
Aussehen: aufrecht buschig, 0,6 bis 0,8 m hoch
Blüten: reinweiß, stark gefüllt, groß, bis zu 70 Blütenblätter, Blüten meist einzeln auf starken Stielen
Blütezeit: Juni bis September, öfter blühend
Blatt: glänzend dunkelgrün
Blattgesundheit: 🍃🍃 bis 🍃🍃🍃
Regenfest: ✔
Verwendung/Besonderes: Einzel- und Gruppenpflanzung, für Rosen- und Blumenbeete, hitzeverträglich, Auszeichnungen in vielen Wettbewerben, unter anderem Goldmedaille in Baden-Baden, zu Ehren des verstorbenen Künstlers Roy Black, Schnittrose, Duft: sehr leicht
Pflegeleicht: ✔

Memoire®

Klasse: Edelrose
Herkunft: Züchter: W. Kordes' Söhne, Einführungsjahr: 1992
Namen in anderen Ländern: Ice Cream (Großbritannien)
Aussehen: buschig, kräftig, willig nachtreibend, bis 0,80 m hoch
Blüten: reinweiß, cremefarben schattiert, gefüllt, groß, edel
Blütezeit: Juni bis September, öfter blühend
Blatt: glänzend dunkelgrün
Blattgesundheit: 🍃🍃 bis 🍃🍃🍃
Regenfest: ✔
Verwendung/Besonderes: für Rosen- und Blumenbeete, hitzeverträglich, typische „Brautrose", Schnittrose, Duft: mittel

Polarstern®

Klasse: Edelrose
Herkunft: Züchter: Rosen Tantau, Einführungsjahr: 1982
Aussehen: aufrecht, schnell wachsend, 0,8 bis 1 m hoch
Blüten: weiß, gefüllt
Blütezeit: Juni bis September, öfter blühend
Blatt: mittel- bis dunkelgrün
Blattgesundheit: 🍃 bis 🍃🍃
Verwendung/Besonderes: für Rosen- und Blumenbeete, mittlere Hitze- und Regenverträglichkeit, reich blühend, Schnittrose, Duft: leicht

Sweet Lady

Klasse: Edelrose
Herkunft: Züchter: Harkness, Einführungsjahr: 1998
Aussehen: aufrecht, kräftig, 0,5 bis 0,5 m hoch
Blüten: zart cremefarben-caramel, innen goldcaramel, stark gefüllt
Blütezeit: Juni bis September, öfter blühend
Blatt: glänzend dunkelgrün
Blattgesundheit: 🍃🍃 bis 🍃🍃🍃
Verwendung/Besonderes: Einzel- und Gruppenpflanzung, für Rosen- und Blumenbeete, hitzeverträglich, mittlere Regenfestigkeit, nostalgisch, romantisch, reich blühend, vielfach ausgezeichnet, Schnittrose, Duft: mittel
Pflegeleicht: ✔

EDELROSEN
GELB UND ORANGE

Adolf Horstmann

Klasse: Edelrose
Herkunft: Züchter: W. Kordes' Söhne, Einführungsjahr: 1971
Aussehen: straff aufrecht, kräftig, bis 0,80 m hoch
Blüten: leuchtend goldgelb, unterseits bernsteinfarben, gefüllt, groß
Blütezeit: Juni bis Oktober, öfter blühend
Blatt: stark glänzend, dunkelgrün
Blattgesundheit: 🍃
Verwendung/Besonderes: für Rosen- und Blumenbeete, hitzeverträglich, mittlere Regenfestigkeit, reicher Herbstflor, haltbar, Schnittrose, Duft: stark

Apéritif®

Klasse: Edelrose
Herkunft: Züchter: McGredy, Einführungsjahr: 1998
Aussehen: aufrecht, kräftig, bis 0,9 m hoch
Blüten: reingelb, gefüllt, groß, edel geformt
Blütezeit: Juni bis September, öfter blühend
Blatt: leicht glänzend, dunkelgrün
Blattgesundheit: 🍃🍃🍃
Regenfest: ✔
Verwendung/Besonderes: für Rosen- und Blumenbeete, hitzeverträglich, Schnittrose, Duft: leicht
Pflegeleicht: ✔

Ashram®

Klasse: Edelrose
Herkunft: Züchter: Rosen Tantau, Einführungsjahr: 1998
Aussehen: schnell wachsend, bis 1,20 m hoch
Blüten: kupferbraun-orange, dezent geflammt, gefüllt
Blütezeit: Juni bis September, öfter blühend
Blatt: mittelgrün
Blattgesundheit: 🍃🍃 bis 🍃🍃🍃
Regenfest: ✔
Verwendung/Besonderes: für Rosen- und Blumenbeete, hitzeverträglich, Schnittrose, Duft: leicht, fruchtig
Pflegeleicht: ✔

Augusta Luise®

Klasse: Edelrose
Herkunft: Züchter: Rosen Tantau, Einführungsjahr: 1999
Namen in anderen Ländern: Rachel (United Kingdom), Fox-Trot (Frankreich)
Aussehen: aufrecht, 0,7 m bis 1 m hoch
Blüten: champagner-rosé bis pfirsichfarben, gefüllt, groß
Blütezeit: Juni bis September, öfter blühend
Blatt: dunkelgrün
Blattgesundheit: 🍃🍃 bis 🍃🍃🍃
Regenfest: ✔
Verwendung/Besonderes: für Rosen- und Blumenbeete, hitzeverträglich, nostalgische Blüten, zu Ehren der Stiftsdame Augusta Luise Stolberg-Stolberg getauft, welche eine Brieffreundin Goethes war, Schnittrose, Duft: stark, fruchtig süß
Pflegeleicht: ✔

Ave Maria®

Klasse: Edelrose
Herkunft: Züchter: W. Kordes' Söhne, Einführungsjahr: 1981
Aussehen: buschig, kräftig wachsend, bis 0,80 m hoch
Blüten: kräftig lachsorange, gefüllt, sehr groß, edel
Blütezeit: Juni bis September, öfter blühend
Blatt: zart glänzend, dunkelgrün
Blattgesundheit: 🍃 bis 🍃🍃
Regenfest: ✔
Verwendung/Besonderes: für Rosen- und Blumenbeete, hitzeverträglich, wetterfeste Blüten, Schnittrose, Duft: stark, angenehm

EDELROSEN
GELB UND ORANGE

Bad Homburg®

Klasse: Edelrose
Herkunft: Züchter/Herkunft: Pflanzen-Kontor, Einführungsjahr: 1997
Aussehen: stark aufrecht, 0,7 bis 0,9 m hoch
Blüten: champagnerfarben, stark gefüllt, fast immer einzeln, edle Knospen
Blütezeit: Juni bis September, öfter blühend
Blatt: sattgrün
Blattgesundheit: 🍃🍃
Verwendung/Besonderes: Einzel- und Gruppenpflanzung, für Rosen- und Blumenbeete, hitzeverträglich, besitzt Charme der Alten Rosen, gut haltbar, nostalgisch, romantisch, Schnittrose, Duft: leicht, angenehm

Banzai® 83

Klasse: Edelrose, ADR-Rose 1985, Gartenwert wegen leuchtender Blütenfarbe
Herkunft: Züchter: Meilland, Einführungsjahr: 1983
Aussehen: aufrecht buschig, schnell wachsend, 0,7 bis 0,9 m hoch
Blüten: kanariengelb mit orangeroter Zeichnung, dicht gefüllt, eine Blüte pro Stiel, Größe 8 bis 10 cm, je 35 bis 40 Blütenblätter
Blütezeit: Juni bis September, öfter blühend
Blatt: glänzend mittel- bis dunkelgrün, ledrig
Blattgesundheit: 🍃🍃🍃
Regenfest: ✔
Verwendung/Besonderes: für Gruppen- und Flächenpflanzung, auch in Kombination mit Stauden, für Rosen- und Blumenbeete, hitzeverträglich, Schnittrose, Duft: intensiv
Pflegeleicht: ✔

Berolina®

Klasse: Edelrose, ADR-Rose 1986
Herkunft: Züchter: W. Kordes' Söhne, Einführungsjahr: 1986
Namen in anderen Ländern: Selfridges (United Kingdom)
Aussehen: aufrecht, kräftig, bis 1,3 m hoch
Blüten: zitronengelb mit rotem Anflug, gefüllt, groß, edel
Blütezeit: Juni bis September, öfter blühend
Blatt: dunkelgrün
Blattgesundheit: 🍃🍃🍃
Regenfest: ✔
Verwendung/Besonderes: für Rosen- und Blumenbeete, hitzeverträglich, reich blühend, Berlin, der Weltstadt mit Flair gewidmet, Goldmedaillen in Dublin und Kortrijk, Schnittrose, Duft: herrlich

Candlelight®

Klasse: Edelrose
Herkunft: Züchter: Rosen Tantau, Einführungsjahr: 2001
Namen in anderen Ländern: Global Beauty (United Kingdom), Bataclan (Frankreich)
Aussehen: aufrecht, 0,8 bis 1 m hoch
Blüten: dunkelgelb, gefüllt, groß
Blütezeit: Juni bis September, öfter blühend
Blatt: glänzend dunkelgrün
Blattgesundheit: 🍃🍃
Verwendung/Besonderes: für Rosen- und Blumenbeete, hitzeverträglich, nostalgische Blüten, Schnittrose, Duft: stark, Edelrosenduft

EDELROSEN
GELB UND ORANGE

Cherry Brandy® 85

Klasse: Edelrose
Herkunft: Züchter: Rosen Tantau, Einführungsjahr: 1985
Aussehen: kräftiger Wuchs, bis 0,80 m hoch
Blüten: leuchtend kupferorange, groß
Blütezeit: Juni bis September, öfter blühend
Blatt: hellgrün
Blattgesundheit: 🍂🍂
Regenfest: ✔
Verwendung/Besonderes: für Rosen- und Blumenbeete, hitzeverträglich, Schnittrose, Duft: Edelrosenduft

Christel von der Post®

Klasse: Edelrose
Herkunft: Züchter: W. Kordes' Söhne, Einführungsjahr: 1990
Aussehen: aufrecht buschig, stark nachtreibend, bis 0,80 m hoch
Blüten: postgelb, gefüllt, mittelgroß
Blütezeit: Juni bis September, öfter blühend
Blatt: glänzend frischgrün
Blattgesundheit: 🍂🍂 bis 🍂🍂🍂
Regenfest: ✔
Verwendung/Besonderes: für Rosen- und Blumenbeete, üppiger Herbstflor, der Post zum 500-jährigen Bestehen gewidmet, Schnittrose, Duft: leicht, fein

Christoph Columbus®

Klasse: Edelrose
Herkunft: Züchter: Meilland, Einführungsjahr: 1992
Aussehen: stark aufrecht, buschig, 0,6 bis 0,8 m hoch
Blüten: kräftig kupferlachsrot, gefüllt, eine Blüte pro Stiel, Größe 10 bis 12 cm, je 35 bis 40 Blütenblätter
Blütezeit: Juni bis September, öfter blühend
Blatt: glänzend mittel- bis dunkelgrün, ledrig
Auch im Halbschatten (mindestens 5 Stunden Sonne): ✔
Blattgesundheit: 🍂🍂🍂
Regenfest: ✔
Verwendung/Besonderes: Gruppen- und Flächenpflanzung, für Rosen- und Blumenbeete, hitzeverträglich, für raue Lagen geeignet, Schnittrose, Duft: mittel, nach Gewürz
Pflegeleicht: ✔

ELLE®

Klasse: Edelrose
Herkunft: Züchter: Meilland, Einführungsjahr: 1999
Aussehen: aufrecht, mittelstark wachsend, 0,6 bis 0,8 m hoch
Blüten: gelb/lachsrosa, gefüllt, eine Blüte pro Stiel, Größe 8 bis 9 cm, je 40 bis 50 Blütenblätter
Blütezeit: Juni bis September, öfter blühend
Blatt: glänzend dunkelgrün
Blattgesundheit: 🍂🍂 bis 🍂🍂🍂
Regenfest: ✔
Verwendung/Besonderes: für Gruppenpflanzungen, auch in Kombination mit Stauden, für Rosen- und Blumenbeete, hitzeverträglich, Schnittrose, Duft: stark, nach Limone und Pfirsich

Fruite®

Klasse: Edelrose
Herkunft: Züchter: Meilland, Einführungsjahr: 2002
Namen in anderen Ländern: Sorbet Fruite® (Frankreich)
Aussehen: aufrecht, 0,8 bis 1 m hoch
Blüten: lachsrot, gelb geflammt, 3 bis 5 Blüten pro Stiel, Größe 8 bis 9 cm, etwa je 18 bis 20 Blütenblätter
Blütezeit: Mai bis Oktober, öfter blühend
Blatt: glänzend mittelgrün
Blattgesundheit: 🍂 bis 🍂🍂
Regenfest: ✔
Verwendung/Besonderes: für Gruppenpflanzungen, hitzeverträglich, für Rosen- und Blumenbeete, Schnittrose, Duft: leicht

Funkuhr®

Klasse: Edelrose
Herkunft: Züchter: W. Kordes' Söhne, Einführungsjahr: 1984
Namen in anderen Ländern: Laser Beam (Südafrika)

EDELROSEN
GELB UND ORANGE

Aussehen: aufrecht und sehr buschig, bis 0,8 m hoch
Blüten: goldgelb mit Kupfer, geht bei Sonne in leuchtendes Rot über, gefüllt, Knospe mit rotem Rand
Blütezeit: Juni bis September, öfter blühend
Blatt: stark glänzend, dunkelgrün
Blattgesundheit:
Regenfest: ✔
Verwendung/Besonderes: für Rosen- und Blumenbeete, hitzeverträglich, prächtiges Farbspiel, Schnittrose, Duft: leicht

Gaby Morlay®

Klasse: Edelrose
Herkunft: Züchter: Dorieux 1998, Einführungsjahr: 1998
Aussehen: buschig, stark, 0,6 bis 0,8 m hoch
Blüten: kupfergelb, gefüllt
Blütezeit: Juni bis September, öfter blühend
Blatt: glänzend mittel- bis dunkelgrün
Blattgesundheit: abschließende Ergebnisse liegen nicht vor
Regenfest: ✔
Verwendung/Besonderes: Einzel- und Gruppenpflanzung, für Rosen- und Blumenbeete, hitzeverträglich, gute Haltbarkeit, Schnittrose, Duft: leicht, angenehm

Gloria Dei

Klasse: Edelrose
Herkunft: Züchter: Meilland, Einführungsjahr: 1945
Namen in anderen Ländern: Peace (USA), Gioia (Italien), Mme A. Meilland (Frankreich)
Aussehen: aufrecht buschig, 0,6 bis 0,8 m hoch
Blüten: gelb mit rötlichem Rand, dicht gefüllt
Blütezeit: Juni bis September, öfter blühend
Blatt: glänzend mittel- bis dunkelgrün, ledrig
Auch im Halbschatten (mindestens 5 Stunden Sonne): ✔
Blattgesundheit: 🍃🍃 bis 🍃🍃🍃
Regenfest: ✔
Verwendung/Besonderes: meist verkaufte Gartenrose aller Zeiten, hitzeverträglich, Weltrose, für Rosen- und Blumenbeete, Schnittrose, Duftrose
Pflegeleicht: ✔

Golden Lady®

Klasse: Edelrose
Herkunft: Züchter: McGredy, Einführungsjahr: 1998
Aussehen: kräftig, aufrecht, 0,5 bis 0,7 m hoch
Blüten: tief goldgelb, stark gefüllt, Form der Alten Rosen, eiförmige Knospen
Blütezeit: Juni bis September, öfter blühend
Blatt: glänzend dunkelgrün
Blattgesundheit: 🍃🍃
Regenfest: ✔
Verwendung/Besonderes: Einzel- und Gruppenpflanzung, für Rosen- und Blumenbeete, hitzeverträglich, eine Duftrose mit Charme, nostalgisch, romantisch, Schnittrose, Duft: stark, sehr intensiv

Golden Medaillon®

Klasse: Edelrose
Herkunft: Züchter: W. Kordes' Söhne, Einführungsjahr: 1991
Aussehen: aufrecht buschig, bis 0,9 m hoch
Blüten: leuchtend goldgelb, gefüllt, in lockeren Büscheln
Blütezeit: Juni bis September, öfter blühend
Blatt: glänzend dunkelgrün
Blattgesundheit: 🍃🍃
Regenfest: ✔
Verwendung/Besonderes: für Rosen- und Blumenbeete, hitzeverträglich, üppiger Herbstflor, Goldmedaillen in Baden-Baden und Den Haag, Duftpreis Den Haag 97, Schnittrose, Duft: lieblich

Helmut Schmidt®

Klasse: Edelrose
Herkunft: Züchter: W. Kordes' Söhne, Einführungsjahr: 1979
Namen in anderen Ländern: Simba (Großbritannien), Goldsmith (Kanada)
Aussehen: buschig, bis 0,70 m hoch
Blüten: leuchtend zitronengelb, gefüllt, groß, edel, einzeln und in Büscheln, auf mittellangen, dicken Trieben
Blütezeit: Juni bis September, öfter blühend
Blatt: leicht glänzend, dunkelgrün
Blattgesundheit: 🍃🍃
Regenfest: ✔
Verwendung/Besonderes: für Rosen- und Blumenbeete, hitzeverträglich, kompakt wachsend, haltbar, Schnittrose, Duft: stark

EDELROSEN
GELB UND ORANGE

Indian Summer®

Klasse: Edelrose
Herkunft: Züchter: Pearce, Einführungsjahr: 1992
Aussehen: buschig, 0,4 bis 0,6 m hoch
Blüten: goldorange, gefüllt, große, meist einzelne Blüten
Blütezeit: Juni bis September, öfter blühend
Blatt: glänzend dunkelgrün
Blattgesundheit: 🍃 bis 🍃🍃
Verwendung/Besonderes: Einzel- und Gruppenpflanzung, für Rosen- und Blumenbeete, hitzeverträglich, goldorange Blütenfarbe hellt beim Verblühen leicht auf, Schnittrose, Duft: stark, intensiv

Königin der Rosen®

Klasse: Edelrose
Herkunft: Züchter: W. Kordes' Söhne, Einführungsjahr: 1964
Namen in anderen Ländern: Colour Wonder (USA), Reine des Roses (Frankreich)
Aussehen: vieltriebig, stark bewehrt, viele Stacheln, bis 0,80 m hoch
Blüten: lachsorange, außen goldgelb, bei Sonnenlicht orangerot überhaucht, gefüllt, groß, einzeln, auf kräftigen Stielen
Blütezeit: Juni bis September, öfter blühend
Blatt: bronzegrün, ledrig
Blattgesundheit: 🍃🍃
Verwendung/Besonderes: für Rosen- und Blumenbeete, hitzeverträglich, mittlere Regenfestigkeit, haltbar in der Vase, Duft: herrlich

Kupferkönigin®

Klasse: Edelrose
Herkunft: Züchter: W. Kordes' Söhne, Einführungsjahr: 1996
Namen in anderen Ländern: Our Copper Queen (Australien)
Aussehen: aufrecht, wüchsig, bis 0,8 m hoch
Blüten: kräftig kupfergelb, gefüllt, groß, nicht verblassend
Blütezeit: Juni bis September, öfter blühend
Blatt: glänzend dunkelgrün
Blattgesundheit: 🍃🍃 bis 🍃🍃🍃
Regenfest: ✔
Verwendung/Besonderes: für Rosen- und Blumenbeete, hitzeverträglich, edle Form, gut zum Vasenschnitt, sehr reich blühend, Duft: leicht

Landora®

Klasse: Edelrose
Herkunft: Züchter: Rosen Tantau, Einführungsjahr: 1970
Aussehen: aufrecht, 0,6 bis 0,8 m hoch
Blüten: leuchtend gelb, dicht gefüllt, groß
Blütezeit: Juni bis September, öfter blühend
Blatt: glänzend dunkelgrün
Blattgesundheit: 🍃🍃 bis 🍃🍃🍃
Regenfest: ✔
Verwendung/Besonderes: für Gruppenpflanzungen, sehr hitzeverträglich, für Rosen- und Blumenbeete, Schnittrose
Pflegeleicht: ✔

Las Vegas®

Klasse: Edelrose
Herkunft: Züchter: W. Kordes' Söhne, Einführungsjahr: 1981
Aussehen: buschig, stark wüchsig, bis 0,8 m hoch
Blüten: orange, unterseits gelb, gefüllt, groß, edel
Blütezeit: Juni bis September, öfter blühend

EDELROSEN
GELB UND ORANGE

Blatt: glänzend dunkelgrün
Blattgesundheit: 🍃 bis 🍃🍃
Regenfest: ✔
Verwendung/Besonderes: für Rosen- und Blumenbeete, hitzeverträglich, zweifarbig und feurig, reich blühend, haltbar, Schnittrose, Duft: leicht

Lolita®

Klasse: Edelrose
Herkunft: Züchter: W. Kordes' Söhne, Einführungsjahr: 1972
Aussehen: stark wüchsig, willig nachtreibend, bis 0,80 m hoch
Blüten: leuchtend Honiggelb mit kupfrigem Anflug, gefüllt, groß, edel
Blütezeit: Juni bis September, öfter blühend
Blatt: farngrün
Blattgesundheit: 🍃 bis 🍃🍃
Regenfest: ✔
Verwendung/Besonderes: für Rosen- und Blumenbeete, hitzeverträglich, Farbe und Duft für sinnlichen Genuß, haltbar, Schnittrose, Duft: stark, berauschend

Mabella®

Klasse: Edelrose
Herkunft: Züchter: W. Kordes' Söhne, Einführungsjahr: 1972
Namen in anderen Ländern: New Day (USA)

Aussehen: aufrecht, willig nachtreibend, bis 0,90 m hoch
Blüten: zitronengelb, gefüllt, edel
Blütezeit: Juni bis September, öfter blühend
Blatt: dunkelgrün
Blattgesundheit: 🍃 bis 🍃🍃
Regenfest: ✔
Verwendung/Besonderes: für Rosen- und Blumenbeete, hitzeverträglich, gute Garten- und Freilandschnittrose, Duft: stark

Maja Oetker®

Klasse: Edelrose
Herkunft: Züchter: Cocker, Einführungsjahr: 1981
Namen in anderen Ländern: Coronation Gold (international)
Aussehen: aufrecht, 0,5 bis 0,7 m hoch
Blüten: goldorange, gefüllt, groß, elegant
Blütezeit: Juni bis September, öfter blühend
Blatt: glänzend dunkelgrün
Blattgesundheit: 🍃 bis 🍃🍃
Regenfest: ✔
Verwendung/Besonderes: Einzel- und Gruppenpflanzung, für Rosen- und Blumenbeete, hitzeverträglich, reich blühend, Schnittrose, Duft: leicht, angenehm

Marco Polo®

Klasse: Edelrose
Herkunft: Züchter: Meilland, Einführungsjahr: 1991
Aussehen: aufrecht, schnell wachsend, 0,7 bis 0,8 m hoch
Blüten: goldgelb, halb gefüllt, eine Blüte pro Stiel, Größe 9 bis 10 cm, je 30 bis 35 Blütenblätter
Blütezeit: Juni bis September, öfter blühend
Blatt: dunke grün
Blattgesundheit: 🍃🍃 bis 🍃🍃🍃
Regenfest: ✔
Verwendung/Besonderes: für Gruppenpflanzungen, für Rosen- und Blumenbeete, hitzeverträglich, Schnittrose, Duft: mittel, nach Gewürz
Pflegeleicht: ✔

Marvelle®

Klasse: Edelrose
Herkunft: Züchter: McGredy, Einführungsjahr: 1995
Namen in anderen Ländern: Tropical Sunset (Australien)
Aussehen: kräftig, stark wüchsig, bis 0,9 m hoch
Blüten: kräftig gelb, rot und orange geflammt, gefüllt, groß
Blütezeit: Juni bis September, öfter blühend
Blatt: leicht glänzend, sattgrün
Blattgesundheit: 🍃🍃 bis 🍃🍃🍃
Regenfest: ✔
Verwendung/Besonderes: für Rosen- und Blumenbeete, hitzeverträglich, optimaler Rosenstandort empfohlen, Schnittrose

EDELROSEN
GELB UND ORANGE

Michelangelo®

Klasse: Edelrose
Herkunft: Züchter: Meilland, Einführungsjahr: 1997
Aussehen: aufrecht, 0,4 bis 0,6 m hoch
Blüten: goldgelb, gefüllt, eine Blüte pro Stiel, Größe 8 bis 10 cm, je 50 bis 60 Blütenblätter
Blütezeit: Mai bis Oktober, öfter blühend
Blatt: dunkelgrün
Blattgesundheit: 🍃🍃 bis 🍃🍃🍃
Regenfest: ✔
Verwendung/Besonderes: für Gruppenpflanzungen, für Rosen- und Blumenbeete, hitzeverträglich, sehr blühwillig, Schnittrose, Duft: mittel
Pflegeleicht: ✔

Paul Ricard®

Klasse: Edelrose
Herkunft: Züchter: Meilland, Einführungsjahr: 1991
Aussehen: aufrecht buschig, 0,5 bis 0,7 m hoch
Blüten: pastellgelb, gefüllt, eine Blüte pro Stiel, Größe 10 bis 12 cm, je 30 bis 35 Blütenblätter
Blütezeit: Juni bis September, öfter blühend
Blatt: glänzend mittel- bis dunkelgrün
Blattgesundheit: 🍃🍃 bis 🍃🍃🍃
Regenfest: ✔
Verwendung/Besonderes: für Gruppenpflanzungen, für Rosen- und Blumenbeete, hitzeverträglich, Schnittrose, Duft: stark, nach Anis
Pflegeleicht: ✔

Peer Gynt

Klasse: Edelrose
Herkunft: Züchter: W. Kordes' Söhne, Einführungsjahr: 1968
Aussehen: stark wüchsig, bis 0,9 m hoch
Blüten: goldgelb mit zartem, rotem Rand, gefüllt, groß, edel, auf dicken, kräftigen Trieben
Blütezeit: Juni bis September, öfter blühend
Blatt: glänzend dunkelgrün, ledrig
Blattgesundheit: 🍃 bis 🍃🍃
Regenfest: ✔
Verwendung/Besonderes: für Rosen- und Blumenbeete, hitzeverträglich, gut haltbar, Schnittrose, Duft: stark

Philippe Noiret®

Klasse: Edelrose
Herkunft: Züchter: Meilland, Einführungsjahr: 1999
Aussehen: aufrecht, breit buschig, 0,6 bis 0,8 m hoch
Blüten: bernsteingelb, gefüllt, 1 bis 3 Blüten pro Stiel, Größe 7 bis 8 cm, je 35 bis 40 Blütenblätter
Blütezeit: Juni bis September, öfter blühend
Blatt: glänzend dunkelgrün
Blattgesundheit: 🍃🍃🍃
Regenfest: ✔
Verwendung/Besonderes: für Gruppenpflanzungen, für Rosen- und Blumenbeete, hitzeverträglich, Schnittrose
Pflegeleicht: ✔

Pullmann Orient Express®

Klasse: Edelrose
Herkunft: Züchter: Baily Nurseries/Meilland, Einführungsjahr: 2002
Aussehen: aufrecht, üppig, schnell wachsend, 0,6 bis 0,8 m hoch
Blüten: gelb mit dunkelrosa Rand, gefüllt, eine Blüte pro Stiel, Größe 8 cm, etwa je 45 bis 50 Blütenblätter
Blütezeit: Juni bis September, öfter blühend
Blatt: stark glänzend, dunkelgrün
Blattgesundheit: 🍃🍃 bis 🍃🍃🍃
Regenfest: ✔
Verwendung/Besonderes: für Gruppenpflanzungen, auch in Kombination mit Stauden, für Rosen- und Blumenbeete, hitzeverträglich, sehr blühwillig, Schnittrose, Duft: intensiv
Pflegeleicht: ✔

Auch im Halbschatten (mindestens 5 Stunden Sonne): ✔

EDELROSEN
GELB UND ORANGE

Rosemary Harkness®

Klasse: Edelrose
Herkunft: Züchter: Harkness, Einführungsjahr: 1985
Aussehen: buschig, 0,6 bis 0,8 m hoch
Blüten: orangegelb bis lachsorange, gefüllt
Blütezeit: Juni bis September, öfter blühend
Blatt: glänzend dunkelgrün
Blattgesundheit: 🍃🍃 bis 🍃🍃🍃
Verwendung/Besonderes: Einzel- und Gruppenpflanzung, für Rosen- und Blumenbeete, hitzeverträglich, mittlere Regenfestigkeit, Schnittrose, Duft: stark
Pflegeleicht: ✔

Samaritan®

Klasse: Edelrose
Herkunft: Züchter: Harkness, Einführungsjahr: 1991
Namen in anderen Ländern: Fragrant Surprise
Aussehen: aufrecht buschig, 0,5 bis 0,7 m hoch
Blüten: aprikosenfarben-orange, rosa überhaucht, stark gefüllt, schlanke Knospen

Blütezeit: Juni von September, öfter blühend
Blatt: stark glänzend, bronzefarben, später mittel- bis dunkelgrün
Blattgesundheit: 🍃 bis 🍃🍃
Regenfest: ✔
Verwendung/Besonderes: Einzel- und Gruppenpflanzung, für Rosen- und Blumenbeete, hitzeverträglich, besitzt Charme der Alten Rosen, nostalgisch, romantisch, Schnittrose, Duft: stark, angenehm

Speelwark®

Klasse: Edelrose
Herkunft: Züchter: W. Kordes' Söhne, Einführungsjahr: 1999
Namen in anderen Ländern: Dame Elizabeth Murdoch (Australien)
Aussehen: aufrecht, buschig, stark wüchsig, bis 0,8 m hoch
Blüten: pfirsichgelb, im Verblühen rötlich überhaucht, gefüllt, groß
Blütezeit: Juni bis September, öfter blühend
Blatt: glänzend dunkelgrün
Blattgesundheit: 🍃🍃 bis 🍃🍃🍃
Regenfest: ✔
Verwendung/Besonderes: für Rosen- und Blumenbeete, hitzeverträglich, Schnittrose, Duft: mittel, angenehm lieblich

Starlite®

Klasse: Edelrose
Herkunft: Züchter: Meilland, Einführungsjahr: 1989
Aussehen: stark buschig, 0,6 bis 0,8 m hoch
Blüten: reingelb, gefüllt, eine Blüte pro Stiel. Größe 8 cm, je 40 bis 45 Blütenblätter
Blütezeit: Juni bis September, öfter blühend
Blatt: glänzend mittel- bis dunkelgrün, ledrig
Auch im Halbschatten (mindestens 5 Stunden Sonne): ✔
Blattgesundheit: 🍃🍃
Regenfest: ✔
Verwendung/Besonderes: für Gruppenpflanzungen, für Rosen- und Blumenbeete, hitzeverträglich, Schnittrose, Duft: nach Gewürz

Sterntaler®

Klasse: Edelrose
Herkunft: Züchter: W. Kordes' Söhne, Einführungsjahr: 2004
Aussehen: schlank aufrecht, gut verzweigt, bis 90 cm
Blüten: mittelgelb mit teilweise rotem Rand, stark gefüllt, meist in Dolden
Blütezeit: Juni bis September, öfter blühend
Blatt: dunkelgrün, schwach glänzend
Blattgesundheit: abschließende Ergebnisse liegen nicht vor
Verwendung/Besonderes: in Den Haag Zertifikat 1. Klasse, in Baden-Baden Silbermedaille und in Monza Goldmedaille, hitzeverträglich, Duft: angenehm

EDELROSEN
GELB UND ORANGE

Super Star®

Klasse: Edelrose
Herkunft: Züchter: Rosen Tantau, Einführungsjahr: 1960
Aussehen: wuchsfreudig, 80 bis 100 cm hoch
Blüten: lachsfarbig, gefüllt
Blütezeit: Juni bis September, öfter blühend
Blatt: grün
Blattgesundheit: 🍃
Verwendung/Besonderes: für Rosen- und Blumenbeete, mittlere Regen- und Hitzeverträglichkeit, leuchtende, stets nachwachsende Blüten, Schnittrose, Weltrose, Duft: stark, nach Himbeere

Tea Time®

Klasse: Edelrose
Herkunft: Züchter: Rosen Tantau, Einführungsjahr: 1994
Aussehen: aufrecht, 0,6 bis 0,8 m hoch
Blüten: kupfergoldorange, gefüllt, groß, voll
Blütezeit: Juni bis September, öfter blühend
Blatt: mittel- bis dunkelgrün
Blattgesundheit: 🍃 bis 🍃🍃
Regenfest: ✔
Verwendung/Besonderes: für Rosen- und Blumenbeete, hitzeverträglich, Jahreszeit und Temperatur abhängige Blütenfärbung, sehr gut haltbar, Schnittrose

Valencia®

Valencia®

Klasse: Edelrose
Herkunft: Züchter: W. Kordes' Söhne, Einführungsjahr: 1989
Aussehen: breit buschig, kompakt, dicktriebig, bis 0,7 m hoch
Blüten: warmes Kupfergelb, gefüllt, mittelgroß, edel
Blütezeit: Juni bis September, öfter blühend
Blatt: frischgrün, ledrig
Blattgesundheit: 🍃 bis 🍃🍃
Regenfest: ✔
Verwendung/Besonderes: für Rosen- und Blumenbeete, hitzeverträglich, warmer Farbton, 1989 mit der Henry-Edland-Medaille als beste Duftrose ausgezeichnet, Schnittrose, Duft: stark

Whisky®

Klasse: Edelrose
Herkunft: Züchter: Rosen Tantau, Einführungsjahr: 1967
Aussehen: aufrecht buschig, bis 80 cm hoch
Blüten: rein bronzegelb, gefüllt, elegant
Blütezeit: Juni bis Oktober, öfter blühend
Blatt: mittel- bis dunkelgrün
Blattgesundheit: 🍃
Verwendung/Besonderes: für Rosen- und Blumenbeete, hitzeverträglich, Regenfestigkeit mittel, einmalige Farbe, blüht den gesamten Sommer bis in den Herbst, Schnittrose

Tea Time®

EDELROSEN
ROSA UND VIOLETT

Aachener Dom® – Meilland Rose

Klasse: Edelrose, ADR-Rose 1982, Gartenwert wegen ansprechender Blütenwirkung
Herkunft: Züchter: Meilland, Einführungsjahr: 1982
Namen in anderen Ländern: Panthere Rose® (Frankreich), Pink Panther® (Niederlande)
Aussehen: aufrecht buschig, 0,6 bis 0,8 m hoch
Blüten: kräftig rosa, gefüllt, eine Blüte pro Stiel, Größe 10 bis 12 cm, je 35 bis 40 Blütenblätter
Blütezeit: Juni bis September, öfter blühend
Blatt: glänzend mittel- bis dunkelgrün, ledrig
Auch im Halbschatten (mindestens 5 Stunden Sonne): ✔
Blattgesundheit: 🍃🍃 bis 🍃🍃🍃
Regenfest: ✔
Verwendung/Besonderes: für Gruppen- und Flächenpflanzung, für Rosen- und Blumenbeete, bei Hitze aufhellend, insgesamt aber hitzeverträglich, für alle Klimalagen geeignet, Schnittrose, Duft: mittel
Pflegeleicht: ✔

André le Notre®

Klasse: Edelrose
Herkunft: Züchter: Meilland, Einführungsjahr: 2001
Aussehen: buschig, 0,6 bis 0,8 m hoch
Blüten: zartrosa, stark gefüllt, eine Blüte pro Stiel, Größe 10 bis 12 cm, je 40 bis 45 Blütenblätter
Blütezeit: Mai bis Oktober, öfter blühend
Blatt: mittel- bis dunkelgrün
Blattgesundheit: 🍃🍃 bis 🍃🍃🍃
Verwendung/Besonderes: für Gruppenpflanzungen, für Rosen- und Blumenbeete, hitzeverträglich, empfindlich gegen Dauerregen, nostalgische Blütenform, Schnittrose, Duft: stark, nach alten Rosen und Zitrone
Pflegeleicht: ✔

Arioso®

Klasse: Edelrose
Herkunft: Züchter: Meilland, Einführungsjahr: 1995
Aussehen: aufrecht buschig, 0,5 bis 0,6 m hoch
Blüten: karmesinrosa, gefüllt, eine Blüte pro Stiel, Größe 7 bis 9 cm, je 30 bis 35 Blütenblätter
Blütezeit: Juni bis September, öfter blühend
Blatt: glänzend mittel- bis dunkelgrün
Auch im Halbschatten (mindestens 5 Stunden Sonne): ✔
Blattgesundheit: 🍃🍃 bis 🍃🍃🍃
Regenfest: ✔
Verwendung/Besonderes: für Gruppenpflanzungen, für Rosen- und Blumenbeete, sehr gute Topfrose, Schnittrose, Duft: mittel, nach Zitrone
Pflegeleicht: ✔

Arosia®

Klasse: Edelrose
Herkunft: Züchter: Noack, Einführungsjahr: 1998
Aussehen: 0,5 m breit, 0,8 m hoch
Blüten: rosa, gefüllt, sehr edel
Blütezeit: Juni bis Oktober, öfter blühend
Blatt: glänzend dunkelgrün
Blattgesundheit: 🍃🍃🍃
Verwendung/Besonderes: lang haftendes Laub, für Rosen- und Blumenbeete
Pflegeleicht: ✔

Bayerntraum®

Klasse: Edelrose
Herkunft: Züchter: Cocker, Einführungsjahr: 1999
Aussehen: aufrecht, 0,5 bis 0,7 m hoch
Blüten: reinrosa, gefüllt, elegante Knospen
Blütezeit: Juni bis September, öfter blühend
Blatt: dunkelgrün
Blattgesundheit: 🍃🍃 bis 🍃🍃🍃
Regenfest: ✔
Verwendung/Besonderes: Einzel- und Gruppenpflanzung, für Rosen- und Blumenbeete, hitzeverträglich, Blüten auch bei schlechtem Wetter farbbeständig, Schnittrose, Duft: leicht
Pflegeleicht: ✔

Big Purple®

Klasse: Edelrose
Herkunft: Züchter: P. Stephen, Einführungsjahr: 1986
Aussehen: kräftig, bis 1 m hoch
Blüten: kräftiges Lila, wird im Verblühen stärker, gefüllt, groß, edel, wetterfest
Blütezeit: Juni bis September, öfter blühend
Blatt: glänzend mittel- bis dunkelgrün, ledrig
Blattgesundheit: 🍃
Regenfest: ✔
Verwendung/Besonderes: für Rosen- und Blumenbeete, außergewöhnliche Blütenfarbe, wetterfeste Blüte, Schnittrose, Duft: stark

EDELROSEN
ROSA UND VIOLETT

Blue River®

Klasse: Edelrose
Herkunft: Züchter: W. Kordes' Söhne, Einführungsjahr: 1984
Aussehen: mittelhoch, bis 0,70 m hoch
Blüten: magentalila mit dunkler Umrandung, nach innen wie weiß überstäubt, gefüllt, groß, edel
Blütezeit: Juni bis September, öfter blühend
Blatt: glänzend dunkelgrün
Blattgesundheit: abschließende Ergebnisse liegen nicht vor
Verwendung/Besonderes: für Rosen- und Blumenbeete, schöne, wetterfeste Blüten mit zauberhaftem Farbspiel, Goldmedaille in Baden-Baden, Schnittrose, Duft: stark

Brinessa®

Klasse: Edelrose
Herkunft: Züchter: Delforge, Einführungsjahr:1985
Aussehen: stark wüchsig, bis 0,90 m hoch
Blüten: rosa, gefüllt, groß, edel, auf kräftigen, großen Stielen
Blütezeit: Juni bis September, öfter blühend
Blatt: glänzend dunkelgrün, ledrig
Blattgesundheit: abschließende Ergebnisse liegen nicht vor
Regenfest: ✔
Verwendung/Besonderes: für Rosen- und Blumenbeete, hitzeverträglich, sehr gut haltbar, Schnittrose, Duft: stark

Caprice de Meilland®

Klasse: Edelrose
Herkunft: Züchter: Meilland, Einführungsjahr: 1997
Aussehen: aufrecht, schnell wachsend, 0,8 bis 1 m hoch
Blüten: dunkelrosa, gefüllt, eine Blüte pro Stiel, Größe 8 bis 10 cm, je 22 bis 30 Blütenblätter
Blütezeit: Juni bis September, öfter blühend
Blatt: glänzend mittel- bis dunkelgrün
Blattgesundheit: 🍃 bis 🍃🍃
Regenfest: ✔
Verwendung/Besonderes: für Gruppenpflanzungen, für Rosen- und Blumenbeete, heiße Standorte ohne Windbewegung meiden, Schnittrose, Duft: stark, nach alten Rosen

Derby® – Hagen Gmelin Rose®

Klasse: Edelrose
Herkunft: Züchter: Dorieux, Einführungsjahr: 2000
Namen in anderen Ländern: Violette Parfumée (Frankreich)
Aussehen: breit aufrecht, 0,5 bis 0,7 m hoch
Blüten: magenta-lila, gefüllt, elegante Knospen, große Blüten, einzeln und in Dolden
Blütezeit: Juni bis September, öfter blühend
Blatt: dunkelgrün
Blattgesundheit: abschließende Ergebnisse liegen nicht vor
Regenfest: ✔
Verwendung/Besonderes: Einzel- und Gruppenpflanzung, für Rosen- und Blumenbeete, Schnittrose, Duft: stark
Pflegeleicht: ✔

Duftrausch®

Klasse: Edelrose
Herkunft: Züchter: Rosen Tantau, Einführungsjahr: 1986
Aussehen: aufrecht, 0,6 bis 0,8 m hoch

EDELROSEN
ROSA UND VIOLETT

Blüten: violettrosa, dicht gefüllt
Blütezeit: Juni bis September, öfter blühend
Blatt: glänzend, ledrig
Blattgesundheit: 🍃🍃 bis 🍃🍃🍃
Regenfest: ✔
Verwendung/Besonderes: für Rosen- und Blumenbeete, sehr hitzeverträglich, Schnittrose, Duft: stark
Pflegeleicht: ✔

Eliza®

Klasse: Edelrose
Herkunft: Züchter: W. Kordes' Söhne, Einführungsjahr: 2004
Aussehen: sehr buschig, gut nachtreibend, bis 90 cm hoch
Blüten: silbrig rosa, im Verblühen heller werdend, häufig in Dolden
Blütezeit: Juni bis September, öfter blühend
Blatt: dunkelgrün, dicht stehend, leicht glänzend
Blattgesundheit: abschließende Ergebnisse liegen nicht vor
Regenfest: ✔
Verwendung/Besonderes: reich blühend, hitzeverträglich, Duft: leicht, nach Wildrosen

Esmeralda – Kordes' Rose Esmeralda®

Klasse: Edelrose
Herkunft: Züchter: W. Kordes' Söhne, Einführungsjahr: 1980

Aussehen: aufrecht, bis 0,9 m hoch
Blüten: kräftiges Altrosa, gefüllt, groß und wuchtig, einzeln und in kleinen Büscheln, willig nachblühend
Blütezeit: Juni bis September, öfter blühend
Blatt: glänzend dunkelgrün
Blattgesundheit: 🍃
Regenfest: ✔
Verwendung/Besonderes: für Rosen- und Blumenbeete, hitzeverträglich, Schnittrose, Duft: lieblich, stark nach Himbeere

FOCUS®

Klasse: Edelrose
Herkunft: Züchter: Noack, Einführungsjahr: 1997
Aussehen: breit buschig, stark wüchsig, bis 0,7 m hoch
Blüten: lachsrosa, gefüllt, Durchmesser: 10 cm, etwa 30 Blütenblätter
Blütezeit: Juni bis September, öfter blühend
Blatt: glänzend dunkelgrün
Blattgesundheit: 🍃🍃🍃 bis 🍃🍃🍃🍃
Regenfest: ✔
Verwendung/Besonderes: für Rosen- und Blumenbeete, hitzeverträglich, Kübelbepflanzung, Schnittrose, goldene Rose von Den Haag 2000
Pflegeleicht: ✔

Frederic Mistral®

Klasse: Edelrose
Herkunft: Züchter: Meilland, Einführungsjahr: 1993
Aussehen: aufrecht, schnell wachsend, 0,6 bis 0,8 m hoch
Blüten: hellrosa, eine Blüte pro Stiel, Größe 10 bis 12 cm, je 40 Blütenblätter
Blütezeit: Juni bis Oktober, öfter blühend
Blatt: mittel- bis dunkelgrün
Blattgesundheit: 🍃🍃 bis 🍃🍃🍃
Regenfest: ✔
Verwendung/Besonderes: für Gruppenpflanzungen, auch in Kombination mit Stauden, hitzeverträglich, Schnittrose, Duft: sehr stark, nach Alten Rosen und Zitrone
Pflegeleicht: ✔

Freude®

Klasse: Edelrose
Herkunft: Züchter: W. Kordes' Söhne, Einführungsjahr: 1975
Namen in anderen Ländern: Joie (Frankreich), Cheer (Großbritannien)
Aussehen: schnell wachsend, bis 0,8 m hoch
Blüten: gelblich schimmerndes Rosa, unterseits heller, groß, edel, unempfindlich
Blütezeit: Juni bis September, öfter blühend
Blatt: sattgrün, ledrig
Blattgesundheit: 🍃
Regenfest: ✔
Verwendung/Besonderes: für Rosen- und Blumenbeete, hitzeverträglich, Schnittrose, Duft: leicht

EDELROSEN
ROSA UND VIOLETT

Glendora®

Klasse: Edelrose
Herkunft: Züchter: Huber/W. Kordes' Söhne, Einführungsjahr: 1995
Aussehen: aufrecht, stark wüchsig, bis 0,90 m hoch
Blüten: zartrosa und honiggelb mit cremefarbenem Rand, gefüllt, einzeln und in Dolden
Blütezeit: Juni bis September, öfter blühend
Blatt: glänzend mittelgrün
Blattgesundheit: 🌿🌿
Regenfest: ✔
Verwendung/Besonderes: prächtiger Herbstflor, für Rosen- und Blumenbeete, hitzeverträglich, Schnittrose, Duft: sehr ausgeprägt, erinnert an klassisches Rosenparfüm

Gräfin Sonja®

Klasse: Edelrose
Herkunft: Züchter: W. Kordes' Söhne, Einführungsjahr: 1994
Aussehen: straff aufrecht, bis 0,7 m hoch
Blüten: kirschrosa, innen heller, voll erblüht silbrig rosa, dunklerer Rand, gefüllt, edel
Blütezeit: Juni bis September, öfter blühend
Blatt: glänzend dunkelgrün
Blattgesundheit: 🌿 bis 🌿🌿
Regenfest: ✔
Verwendung/Besonderes: für Rosen- und Blumenbeete, gute Garten- und Freilandrose, zu Ehren von Gräfin Sonja Bernadotte getauft, hitzeverträglich, lange Blüte, ihre Besonderheit ist das zweifarbige Rosa, Schnittrose, Duft: leicht, nach Wildrosen

Hamburger Deern®

Klasse: Edelrose
Herkunft: Züchter: W. Kordes' Söhne, Einführungsjahr: 1997
Aussehen: buschig, kräftig, bis 0,7 m hoch
Blüten: lachsfarben mit cremefarbener Rückseite, gefüllt, edel
Blütezeit: Juni bis September, öfter blühend
Blatt: glänzend dunkelgrün
Blattgesundheit: 🌿🌿 bis 🌿🌿🌿
Regenfest: ✔
Verwendung/Besonderes: für Rosen- und Blumenbeete, hitzeverträglich, reiche Nachblüte, Schnittrose, Duft: würzig

Harmonie®

Klasse: Edelrose
Herkunft: Züchter: W. Kordes' Söhne, Einführungsjahr: 1981
Aussehen: aufrecht, schnell wachsend, bis 0,90 m hoch
Blüten: lachsrosa, gefüllt, groß, einzeln und in Büscheln, farbbeständig
Blütezeit: Juni bis September, öfter blühend
Blatt: leicht glänzend, bräunlich grün
Blattgesundheit: abschließende Ergebnisse liegen nicht vor
Regenfest: ✔
Verwendung/Besonderes: für Rosen- und Blumenbeete, Schnittrose, Duft: stark, lieblich

Honoré de Balzac®

Klasse: Edelrose
Herkunft: Züchter: Meilland, Einführungsjahr: 1993
Aussehen: aufrecht, 0,9 bis 1 m hoch
Blüten: zartrosa, gefüllt, ballonförmige Blütenkugeln, eine Blüte pro Stiel, Größe 10 bis 12 cm, je 45 bis 50 Blütenblätter
Blütezeit: Juni bis September, öfter blühend
Blatt: dunkelgrün, ledrig
Blattgesundheit: 🌿🌿🌿
Verwendung/Besonderes: für Gruppenpflanzungen, für Rosen- und Blumenbeete, hitzeverträglich, benötigt sonnigen Standort, empfindlich gegen Dauerregen, Schnittrose, Duft: mittel
Pflegeleicht: ✔

EDELROSEN
ROSA UND VIOLETT

Inspiration®

Klasse: Edelrose
Herkunft: Züchter: Noack, Einführungsjahr: 2003
Aussehen: buschig, 0,7 bis 0,8 m hoch
Blüten: außen rosa, innen lachsrosa mit Gelb, gefüllt, Durchmesser der Blüten etwa 10 cm
Blütezeit: Juni bis September, öfter blühend
Blatt: mittelgrün
Blattgesundheit: 🍃🍃🍃
Regenfest: ✔
Verwendung/Besonderes: für Rosen- und Blumenbeete, hitzeverträglich, sehr edle Blüten, auch für Kübelpflanzung, Schnittrose
Pflegeleicht: ✔

Kaiserin Farah®

Klasse: Edelrose
Herkunft: Züchter: Delbard, Einführungsjahr: 1999
Name in anderen Ländern: Impératrice Farah® (Frankreich, 1992)
Aussehen: kräftig, bis 1,2 m hoch
Blüten: champagnerfarben, innen weiß und außen mit karminrot gesäumten Blütenblättern, edel, üppig
Blütezeit: Juni von September, öfter blühend

Blatt: mittelgrün
Blattgesundheit: abschließende Ergebnisse liegen nicht vor
Regenfest: ✔
Verwendung/Besonderes: Einzel- und Gruppenpflanzung, für Rosen- und Blumenbeete, gute Haltbarkeit in der Vase, hitzeverträglich, Goldmedaille in Genf und Rom, Silbermedaille und Casino-Preis in Baden-Baden, Duft: leicht, angenehm
Pflegeleicht: ✔

Lady Like®

Klasse: Edelrose
Herkunft: Züchter: Rosen Tantau, Einführungsjahr: 1989
Aussehen: aufrecht buschig, bis 1,20 m hoch
Blüten: kräftig rosa, gefüllt, sehr groß
Blütezeit: Juni bis September, öfter blühend
Blatt: dunkelgrün, ledrig
Blattgesundheit: 🍃🍃 bis 🍃🍃🍃
Regenfest: ✔
Verwendung/Besonderes: für Rosen- und Blumenbeete, hitzeverträglich, Schnittrose, Duft: stark, Edelrosenduft
Pflegeleicht: ✔

Mainauduft®

Klasse: Edelrose
Herkunft: Züchter: Meilland, Einführungsjahr: 2000
Namen in anderen Ländern: First Blush® (USA), Lolita Lempica (Großbritannien, Frankreich)
Aussehen: aufrecht, schnell wachsend, 0,6 bis 0,8 m hoch
Blüten: rosarot, gefüllt, eine Blüte pro Stiel, Größe 11 bis 13 cm, 45 bis 50 Blütenblätter
Blütezeit: Mai bis Oktober, öfter blühend
Blatt: mittelgrün
Blattgesundheit: 🍃🍃 bis 🍃🍃🍃
Regenfest: ✔
Verwendung/Besonderes: für Gruppenpflanzungen, für Rosen- und Blumenbeete, hitzeverträglich, hohe Auszeichnungen 1998 in Baden-Baden und Genf, Schnittrose, Duft: stark, nach alten Rosen und Himbeere
Pflegeleicht: ✔

Mainzer Fastnacht®

Klasse: Edelrose
Herkunft: Züchter: Rosen Tantau, Einführungsjahr: 1964
Namen in anderen Ländern: Sissi (Österreich, Italien, Frankreich), Blue Moon (Niederlande, United Kingdom)
Aussehen: aufrecht, wachsend, vieltriebig, 0,80 m bis 0,90 m hoch
Blüten: silbrig, fliederfarben, gefüllt
Blütezeit: Juni bis September, öfter blühend, gut nachblühend
Blatt: dunkelgrün, glänzend
Blattgesundheit: 🍃 bis 🍃🍃
Verwendung/Besonderes: für Rosen- und Blumenbeete, mittlere Regenfestigkeit, sehr hitzeverträglich, weltweit bekannte Rosensorte, Schnittrose, Duft: stark, frisch, würzig

EDELROSEN
ROSA UND VIOLETT

Mamy Blue®

Klasse: Edelrose
Herkunft: Züchter: Delbard, Einführungsjahr: 1991
Aussehen: aufrecht, 0,8 bis 1 m hoch
Blüten: malvenfarbig, stark gefüllt
Blütezeit: Juni bis September, öfter blühend
Blatt: dunkelgrün
Blattgesundheit: abschließende Ergebnisse liegen nicht vor
Verwendung/Besonderes: reich blühend, hitzeverträglich, lange haltbar, Duft: stark
Pflegeleicht: ✔

Märchenkönigin®

Klasse: Edelrose
Herkunft: Züchter: W. Kordes' Söhne, Einführungsjahr: 1986
Namen in anderen Ländern: Bride's Dream (Südafrika)
Aussehen: kräftig, wüchsig, stark triebig, bis 0,8 m hoch
Blüten: zartrosa, gefüllt, sehr groß, meist einzeln, auf kräftigen, langen Stielen
Blütezeit: Juni bis September, öfter blühend
Blatt: glänzend dunkelgrün
Blattgesundheit: 🌑🌑 bis 🌑🌑🌑
Regenfest: ✔

Verwendung/Besonderes: für Rosen- und Blumenbeete, hitzeverträglich, zarte Zuckerbäcker-Blüten, der bekannten „Märchenkönigin" Heikedine Körting gewidmet, Schnittrose, Duft: leicht

Mondiale®

Klasse: Edelrose
Herkunft: Züchter: W. Kordes' Söhne, Einführungsjahr: 1993
Aussehen: stark triebig, bis 0,8 m hoch
Blüten: dezent lachsrosa, äußere Blütenblätter heller, gefüllt, groß, Blütenblätter fest
Blütezeit: Juni bis September, öfter blühend
Blatt: rot austreibend, dann glänzend dunkelgrün
Blattgesundheit: 🌑🌑 bis 🌑🌑🌑
Regenfest: ✔
Verwendung/Besonderes: für Rosen- und Blumenbeete, hitzeverträglich, Freilandschnittrose, in der Vase lange haltbar

Myriam®

Klasse: Edelrose
Herkunft: Züchter: Cocker, Einführungsjahr: 1991
Aussehen: 0,6 m bis 0,8 m hoch
Blüten: altrosa, stark gefüllt, rundliche, dicke Knospen
Blütezeit: Juni bis September, öfter blühend
Blatt: glänzend dunkelgrün
Blattgesundheit: abschließende Ergebnisse liegen nicht vor
Verwendung/Besonderes: Einzel- und Gruppenpflanzung, für Rosen- und Blumenbeete, hitzeverträglich, wunderbare Duftrose, nostalgisch, romantisch, Schnittrose, Duft: stark, berauschend

Nostalgie®

Klasse: Edelrose
Herkunft: Züchter: Rosen Tantau, Einführungsjahr: 1995
Namen in anderen Ländern: La Garçonne (Frankreich)

EDELROSEN
ROSA UND VIOLETT

Aussehen: buschig, 0,7 bis 1 m hoch
Blüten: cremeweiß mit kirschrotem Rand, gefüllt, ballförmig öffnend
Blütezeit: Juni bis September, öfter blühend
Blatt: glänzend dunkelgrün, ledrig
Blattgesundheit: 🍃🍃 bis 🍃🍃🍃
Verwendung/Besonderes: wunderschöne Rose wegen der schönsten Kombination von Blüten- und Blattfarbe, für Rosen- und Blumenbeete, mittlere Regenfestigkeit, sehr hitzeverträglich, für fast jeden Standort geeignet, besticht durch Farbe, Form und Duft, Schnittrose, Duft: gut, Rosenduft
Pflegeleicht: ✔

Old Port®

Klasse: Edelrose
Herkunft: Züchter: McGredy, Einführungsjahr: 1994
Aussehen: aufrecht buschig, mittelstark wachsend, 0,5 bis 0,7 m hoch
Blüten: dunkelviolett bis dunkellilarosa, stark gefüllt, Form der alten Centifolien
Blütezeit: Juni bis September, öfter blühend
Blatt: glänzend dunkelgrün
Blattgesundheit: abschließende Ergebnisse liegen nicht vor
Regenfest: ✔
Verwendung/Besonderes: Einzel- und Gruppenpflanzung, für Rosen- und Blumenbeete, nostalgisch, romantisch, Schnittrose, Duft: mittel, angenehm

Parole®

Klasse: Edelrose
Herkunft: Züchter: W. Kordes' Söhne, Einführungsjahr: 2001
Namen in anderen Ländern: XXL (Frankreich), Buxom Beauty (Großbritannien)
Aussehen: aufrecht, stark wüchsig, bis 0,9 m hoch
Blüten: kräftig pink, lila überhaucht, gefüllt, sehr groß, edel
Blütezeit: Juni bis September, öfter blühend
Blatt: leicht glänzend, grün
Blattgesundheit: 🍃🍃
Verwendung/Besonderes: für Rosen- und Blumenbeete, riesige Blüten, Duftpreis in Madrid, Schnittrose, Duft: stark, strömend

Peter Frankenfeld

Klasse: Edelrose
Herkunft: Züchter: W. Kordes' Söhne, Einführungsjahr: 1966
Aussehen: stark wachsend, vieltriebig, bis 0,9 m hoch
Blüten: kräftig karminrosa, gefüllt, sehr groß, etwas sternförmig
Blütezeit: Juni bis September, öfter blühend
Blatt: dunkelgrün
Blattgesundheit: 🍃🍃
Regenfest: ✔
Verwendung/Besonderes: für Rosen- und Blumenbeete, hitzeverträglich, Riesenblüte, haltbar, Schnittrose, Duft: angenehm

Piroschka®

Klasse: Edelrose
Herkunft: Züchter: Rosen Tantau, Einführungsjahr: 1972
Aussehen: buschig, bis 0,90 m hoch
Blüten: leuchtend reinrosa, gefüllt
Blütezeit: Juni bis zum Frost, öfter blühend
Blatt: mittel- bis dunkelgrün
Blattgesundheit: 🍃 bis 🍃🍃
Regenfest: ✔
Verwendung/Besonderes: für Rosen- und Blumenbeete, hitzeverträglich, leuchtende Blüten, reich blühend, Schnittrose, Duft: stark, nach Edelrose

EDELROSEN
ROSA UND VIOLETT

Princesse Alexandra®

Klasse: Edelrose
Herkunft: Züchter: Poulsen
Aussehen: kräftig, 0,6 bis 0,8 m hoch
Blüten: lilarosa, gefüllt, sehr schön
Blütezeit: Juni bis September, öfter blühend
Blatt: glänzend dunkelgrün
Blattgesundheit: abschließende Ergebnisse liegen nicht vor
Regenfest: ✔
Verwendung/Besonderes: Einzel- und Gruppenpflanzung, für Rosen- und Blumenbeete, hitzeverträglich, kompakt wachsend, Schnittrose, Duft: stark, herrlich

Regatta®

Klasse: Edelrose
Herkunft: Züchter: Meilland, Einführungsjahr: 1991
Namen in anderen Ländern: Prestige de Lyon® (Frankreich)
Aussehen: aufrecht buschig, 0,6 bis 0,8 m hoch
Blüten: zweifarbig lachsrosa bis gelb, halb gefüllt, eine Blüte pro Stiel, Größe 10 bis 12 cm, je 35 bis 40 Blütenblätter
Blütezeit: Juni bis September, öfter blühend
Blatt: dunkelgrün
Blattgesundheit: 🍃
Verwendung/Besonderes: für Gruppenpflanzungen, auch in Kombination mit Stauden, für Rosen- und Blumenbeete, hitzeverträglich, Liebhabersorte für den Hausgarten, Schnittrose, Duft: stark, nach Zitrone und Johannisbeere

Savoy Hotel®

Klasse: Edelrose
Herkunft: Züchter: Harkness, Einführungsjahr: 1991
Aussehen: buschig, kompakt, 0,6 bis 0,8 m hoch
Blüten: pastellrosa
Blütezeit: Juni bis Oktober, öfter blühend
Blatt: mittel- bis dunkelgrün, glänzend
Blattgesundheit: 🍃🍃 bis 🍃🍃🍃
Verwendung/Besonderes: in Gruppen auf Gartenbeeten, Schnittrose
Pflegeleicht: ✔

Sebastian KNEIPP®

Klasse: Edelrose
Herkunft: Züchter: W. Kordes' Söhne, Einführungsjahr: 1997
Namen in anderen Ländern: Fragrant Memories (Großbritannien)
Aussehen: aufrecht, willig nachtreibend, bis 1,20 m hoch
Blüten: cremeweiß, mit gelblich rosa Mitte, gefüllt, meist in Dolden, geviertelt
Blütezeit: Juni bis September, öfter blühend
Blatt: glänzend dunkelgrün
Blattgesundheit: 🍃🍃 bis 🍃🍃🍃
Verwendung/Besonderes: für Rosen- und Blumenbeete, hitzeverträglich, besitzt das Flair der Alten Rosen, Anlass war das 100. Todesgedenkjahr an Sebastian Kneipp, Schutzmarke der Kneipp-Werke, Schnittrose, Duft: stark, süßlich und berauschend

Sila®

EDELROSEN
ROSA UND VIOLETT

Klasse: Edelrose
Herkunft: Züchter: Cocker/Rosen Union, Einführungsjahr: 1983
Aussehen: 1 m bis 1,20 m hoch
Blüten: reinrosa
Blütezeit: Juni bis Oktober, öfter blühend
Blatt: schwach glänzend, mittelgrün
Blattgesundheit: 🍃🍃 bis 🍃🍃🍃
Verwendung/Besonderes: Freilandschnittrose mit sehr guter Haltbarkeit in der Vase, mittlerer Duft
Pflegeleicht: ✔

Silver Jubilee®

Klasse: Edelrose
Herkunft: Züchter: Cocker, Einführungsjahr: 1978
Aussehen: aufrecht, 0,5 bis 0,7 m hoch
Blüten: frischrosa, hell und dunkel schattiert, gefüllt, edel
Blütezeit: Juni bis September, öfter blühend
Blatt: glänzend grün
Blattgesundheit: 🍃 bis 🍃🍃
Regenfest: ✔
Verwendung/Besonderes: Einzel- und Gruppenpflanzung, für Rosen- und Blumenbeete, hitzeverträglich, auffallende Blätter, erhielt ihren Namen anlässlich des 25-jährigen Thronjubiläums von Königin Elisabeth II, Schnittrose, Duft: leicht, angenehm

The McCartney Rose®

Klasse: Edelrose
Herkunft: Züchter: Meilland, Einführungsjahr: 1991
Aussehen: aufrecht, stark buschig, 0,6 bis 0,8 m hoch
Blüten: hellrosa, gefüllt, 1 bis 3 Blüten pro Stiel, Größe 10 bis 12 cm, je 20 bis 25 Blütenblätter
Blütezeit: Juni bis September, öfter blühend
Blatt: glänzend mittel- bis dunkelgrün
Blattgesundheit: 🍃 bis 🍃🍃
Regenfest: ✔
Verwendung/Besonderes: für Gruppenpflanzungen, für Rosen- und Blumenbeete, für regenreiche Gebiete, Stauwärme vermeiden, Schnittrose, Duft: stark, nach Alten Rosen und Zitrone

Violina®

Klasse: Edelrose
Herkunft: Züchter: Rosen Tantau, Einführungsjahr: 1997
Aussehen: aufrecht, schnell wachsend, 0,8 bis 1 m hoch
Blüten: zartrosa, gefüllt, riesig, nostalgisch anmutend
Blütezeit: Juni bis September, öfter blühend
Blatt: mittelgrün
Blattgesundheit: 🍃🍃🍃
Regenfest: ✔
Verwendung/Besonderes: für Rosen- und Blumenbeete, mittlere Hitzeverträglichkeit, romantische Sorte, Schnittrose, Duft: leicht, angenehm
Pflegeleicht: ✔

Walzertraum®

Klasse: Edelrose
Herkunft: Züchter: Rosen Tantau, Einführungsjahr: 2003
Aussehen: aufrecht, kräftig, bis 1,20 m hoch
Blüten: intensives Rosa, stark gefüllt
Blütezeit: Juni bis September, öfter blühend
Blatt: glänzend dunkelgrün
Blattgesundheit: abschließende Ergebnisse liegen nicht vor
Regenfest: ✔
Verwendung/Besonderes: für Rosen- und Blumenbeete, sehr hitzeverträglich, nostalgische Edelrose, Schnittrose, Duft: stark, Edelrosenduft
Pflegeleicht: ✔

EDELROSEN ROT

Acapella®

Klasse: Edelrose
Herkunft: Züchter: Rosen Tantau, Einführungsjahr: 1994
Namen in anderen Ländern: Charlies Rose (United Kingdom)
Aussehen: aufrecht, 0,8 bis 1,1 m hoch
Blüten: innen kirschrot, außen silbern, gefüllt, elegant
Blütezeit: Juni bis September, öfter blühend
Blatt: mittel- bis dunkelgrün
Blattgesundheit: 🌑🌑 bis 🌑🌑🌑
Verwendung/Besonderes: für Rosen- und Blumenbeete, mittlere Regen- und Hitzeverträglichkeit, Schnittrose, Duft: stark, fruchtig berauschend
Pflegeleicht: ✔

Alec's Red®

Klasse: Edelrose
Herkunft: Züchter: Cocker, Einführungsjahr: 1970
Aussehen: aufrecht, gleichmäßig, stark wachsend, 0,6 bis 0,8 m hoch
Blüten: kirschrot, gefüllt, sehr groß, edel
Blütezeit: Juni bis September, öfter blühend
Blatt: mattgrün
Auch im Halbschatten (mindestens 5 Stunden Sonne): ✔
Blattgesundheit: 🌑
Regenfest: ✔
Verwendung/Besonderes: Einzel- und Gruppenpflanzung, für Rosen- und Blumenbeete, hitzeverträglich, zahlreiche Duftpreise und höchste Auszeichnungen, Schnittrose, Duft: stark

Alexander®

Klasse: Edelrose
Herkunft: Züchter: Harkness, Einführungsjahr: 1972
Namen in anderen Ländern: Alexandra (Schweiz)
Aussehen: stark wüchsig, 0,8 bis 1 m hoch
Blüten: leuchtend zinnoberrot, gefüllt, edel, Blüten meist einzeln, teils auch in Dolden
Blütezeit: Juni bis September, öfter blühend
Blatt: glänzend dunkelgrün
Auch im Halbschatten (mindestens 5 Stunden Sonne): ✔
Blattgesundheit: 🌑🌑 bis 🌑🌑🌑
Regenfest: ✔
Verwendung/Besonderes: vorzüglich zur Gruppenpflanzung geeignet, für Rosen- und Blumenbeete, für Hecken, hitzeverträglich, reich blühend, öffnet sich bei fast jeder Witterung, viele Auszeichnungen, Schnittrose, Duft: leicht, angenehm
Pflegeleicht: ✔

Barkarole®

Klasse: Edelrose
Herkunft: Züchter: Rosen Tantau, Einführungsjahr: 1988
Namen in anderen Ländern: Grand Chateau (Frankreich, Italien, United Kingdom), Taboo (USA)
Aussehen: aufrecht buschig, 0,8 bis 1 m hoch
Blüten: samtig dunkelrot, dicht gefüllt, groß
Blütezeit: Juni bis September, öfter blühend
Blatt: glänzend dunkelgrünrot
Blattgesundheit: 🌑🌑 bis 🌑🌑🌑
Regenfest: ✔
Verwendung/Besonderes: für Rosen- und Blumenbeete, relativ hitzeverträglich, weltbekannte Spitzensorte, Schnittrose, Duft: herrlich
Pflegeleicht: ✔

EDELROSEN
ROT

Black Magic®

Klasse: Edelrose
Herkunft: Züchter: Rosen Tantau, Einführungsjahr: 1995
Aussehen: straff aufrecht, 0,8 bis 1 m hoch
Blüten: samtig dunkelrot, gefüllt
Blütezeit: Juni bis September, öfter blühend
Blatt: glänzend dunkelgrün
Blattgesundheit: 🍃 bis 🍃🍃
Regenfest: ✔
Verwendung/Besonderes: für Rosen- und Blumenbeete, sehr hitzeverträglich, 2000 als erste Rose mit der Goldenen Rose der Stadt Baden-Baden ausgezeichnet, Schnittrose

Burgund 81®

Klasse: Edelrose
Herkunft: Züchter: W. Kordes' Söhne, Einführungsjahr: 1981
Namen in anderen Ländern: Loving Memory (Großbritannien)
Aussehen: aufrecht buschig, wüchsig, 0,6 bis 0,8 m hoch
Blüten: samtiges, leuchtendes Blutrot, gefüllt, sehr groß, edel, auf langen, kräftigen Stielen, wetterfest, Knospe fast schwarzrot
Blütezeit: Juni bis Oktober, öfter blühend
Blatt: dunkelgrün
Blattgesundheit: 🍃 bis 🍃🍃
Regenfest: ✔
Verwendung/Besonderes: Gruppenpflanzungen, hitzeverträglich, für Rosen- und Blumenbeete, üppiger Herbstflor, Klassiker, Schnittrose, Duft: mittel

Crimson Glory

Klasse: Edelrose
Herkunft: Züchter: W. Kordes' Söhne, Einführungsjahr: 1935
Aussehen: breit buschig, 0,60 m bis 0,70 m hoch
Blüten: samtig blutrot, gefüllt, teils nickend, Knospe schwarzrot
Blütezeit: Juni bis September, öfter blühend
Blatt: stumpfgrün, ledrig
Blattgesundheit: 🍃
Verwendung/Besonderes: für Rosen- und Blumenbeete, hitzeverträglich, kompakt wachsend, weltbekannte Duftrose, Duft: herrlich

Duftfestival®

Klasse: Edelrose
Herkunft: Züchter: Meilland, Einführungsjahr: 2000
Namen in anderen Ländern: Winschoten® (Niederlande), Botero® (Großbritannien, Frankreich)
Aussehen: kräftig, buschig, 0,4 bis 0,6 m hoch
Blüten: samtrot, gefüllt, eine Blüte pro Stiel, Größe 8 bis 10 cm, je 55 bis 60 Blütenblätter
Blütezeit: Mai bis Oktober, öfter blühend
Blatt: dunkelgrün
Blattgesundheit: 🍃🍃 bis 🍃🍃🍃
Regenfest: ✔
Verwendung/Besonderes: Gruppenpflanzungen, auch in Kombination mit Stauden, für Rosen- und Blumenbeete, hitzeverträglich, Auszeichnung unter anderem Baden-Baden beste Duftrose 1999, Schnittrose, Duft: stark, nach alten Rosen

EDELROSEN ROT

Duftzauber 84®

Klasse: Edelrose
Herkunft: Züchter: W. Kordes' Söhne, Einführungsjahr: 1984
Namen in anderen Ländern: Royal William (Großbritannien), Leonora Christine (Dänemark)
Aussehen: aufrecht, dicktriebig, bis 0,90 m hoch
Blüten: dunkelrot, gefüllt, einzeln und zu mehreren
Blütezeit: Juni bis September, öfter blühend
Blatt: glänzend dunkelgrün
Blattgesundheit: 🌿🌿 bis 🌿🌿🌿
Regenfest: ✔
Verwendung/Besonderes: für Rosen- und Blumenbeete, hitzeverträglich, sehr haltbar, Schnittrose, Duft: stark

Erotika®

Klasse: Edelrose
Herkunft: Züchter: Rosen Tantau, Einführungsjahr: 1968
Aussehen: aufrecht, 0,6 bis 0,9 m hoch
Blüten: dunkelrot, dicht gefüllt, groß, edel
Blütezeit: Juni bis September, öfter blühend
Blatt: glänzend mittel- bis dunkelgrün
Blattgesundheit: 🌿 bis 🌿🌿
Regenfest: ✔
Verwendung/Besonderes: für Rosen- und Blumenbeete, sehr hitzeverträglich, Schnittrose, Duft: gut, würzig

Florentina – Kordes' Rose Florentina®

Klasse: Edelrose
Herkunft: Züchter: W. Kordes' Söhne, Einführungsjahr: 1974
Aussehen: wüchsig, starktriebig, bis 0,90 m hoch
Blüten: intensives, dunkles Blutrot, gefüllt, edel, einzeln auf langen Stielen
Blütezeit: Juni bis September, öfter blühend
Blatt: dunkelgrün, ledrig
Blattgesundheit: 🌿 bis 🌿🌿
Regenfest: ✔
Verwendung/Besonderes: für Rosen- und Blumenbeete, hitzeverträglich, reich blühend, haltbar, Schnittrose, Duft: leicht

Graf Lennart®

Klasse: Edelrose
Herkunft: Züchter: Meilland, Einführungsjahr: 1991
Namen in anderen Ländern: Marcel Pagnol® (Frankreich)
Aussehen: buschig, mittelstark wachsend, 0,4 bis 0,6 m hoch
Blüten: samtrot, gefüllt, eine Blüte pro Stiel, Größe 9 bis 10 cm, je 35 bis 40 Blütenblätter, fast schwarzrote Knospen
Blütezeit: Juni bis September, öfter blühend
Blatt: glänzend dunkelgrün
Blattgesundheit: 🌿 bis 🌿🌿
Regenfest: ✔
Verwendung/Besonderes: für Gruppenpflanzungen, für Rosen- und Blumenbeete, hitzeverträglich, Schnittrose, Duft: stark, nach alten Rosen und Himbeere

Grande Amore®

Klasse: Edelrose
Herkunft: Züchter: W. Kordes' Söhne, Einführungsjahr: 2004
Aussehen: breit buschig, gut verzweigt, bis 80 cm hoch
Blüten: leuchtendes Blutrot, mittelgroß
Blütezeit: Juni bis September, öfter blühend
Blatt: dunkelgrün, leicht glänzend
Blattgesundheit: abschließende Ergebnisse liegen nicht vor
Regenfest: ✔
Verwendung/Besonderes: wüchsig, hitzeverträglich, schwacher Duft
Pflegeleicht: ✔

EDELROSEN
ROT

Holsteinperle®

Klasse: Edelrose
Herkunft: Züchter: W. Kordes' Söhne, Einführungsjahr: 1987
Namen in anderen Ländern: Heidi (Dänemark), Testa Rossa (Frankreich, Italien)
Aussehen: buschig, wüchsig, starktriebig, bis 0,9 m hoch
Blüten: leuchtend korallen- bis lachsrot, verstärkt sich bei Sonneneinstrahlung, gefüllt, langsam aufblühend
Blütezeit: Juni bis September, öfter blühend
Blatt: tannengrün, ledrig
Blattgesundheit: 🍃 bis 🍃🍃
Regenfest: ✔
Verwendung/Besonderes: für Rosen- und Blumenbeete, hitzeverträglich, wetterfeste Blüten, gute Garten- und Freiland-Schnittrose, lebensfrohe Farbe und Form, Schnittrose

Ingrid Bergman®

Klasse: Edelrose
Herkunft: Züchter: Poulsen, Einführungsjahr: 1984
Aussehen: aufrecht buschig, kräftig, 0,6 bis 0,8 m hoch
Blüten: dunkelrot, gefüllt, groß, edel
Blütezeit: Juni bis September, öfter blühend
Blatt: glänzend dunkelgrün, ledrig
Auch im Halbschatten (mindestens 5 Stunden Sonne): ✔
Blattgesundheit: 🍃🍃 bis 🍃🍃🍃
Regenfest: ✔
Verwendung/Besonderes: Einzel- und Gruppenpflanzung, für Rosen- und Blumenbeete, hitzeverträglich, reich blühend, kompakt wachsend, Schnittrose, Duft: leicht
Pflegeleicht: ✔

Kleopatra®

Klasse: Edelrose
Herkunft: Züchter: W. Kordes' Söhne, Einführungsjahr: 1994
Namen in anderen Ländern: Cleopatra (Großbritannien), Peace of Vereeniging (Südafrika)
Aussehen: buschig, kräftig, vieltriebig, bis 0,9 m hoch
Blüten: innen weinrot, außen messingfarben, gefüllt, groß, einzeln und in Dolden
Blütezeit: Juni bis September, öfter blühend
Blatt: leicht glänzend, dunkelgrün
Blattgesundheit: abschließende Ergebnisse liegen nicht vor
Regenfest: ✔
Verwendung/Besonderes: für Rosen- und Blumenbeete, hitzeverträglich, auffallendes, dezentes Farbenspiel, Schnittrose, Duft: mittel

Le Rouge et le Noir®

Klasse: Edelrose
Herkunft: Züchter: Delbard, Einführungsjahr: 1973
Aussehen: aufrecht, wachsend, 0,8 bis 1 m hoch
Blüten: dunkel samtrot, dicht gefüllt, groß
Blütezeit: Juni bis zum Frost, öfter blühend
Blatt: glänzend dunkelgrün
Blattgesundheit: 🍃🍃 bis 🍃🍃🍃
Verwendung/Besonderes: hitzeverträglich, als duftintensivste Rose in Lyon ausgezeichnet, Duft: nach Rose und Vanille
Pflegeleicht: ✔

Liebeszauber®

Klasse: Edelrose
Herkunft: Züchter: W. Kordes' Söhne, Einführungsjahr: 1991
Namen in anderen Ländern: City of Windsor (Kanada), Crimson Spire (Südafrika)
Aussehen: straff aufrecht, dicktriebig, willig nachtreibend, bis 0,8 m hoch
Blüten: leuchtend blutrot, gefüllt, mittelgroß, edel
Blütezeit: Juni bis September, öfter blühend
Blatt: dunkelgrün
Blattgesundheit: abschließende Ergebnisse liegen nicht vor
Regenfest: ✔
Verwendung/Besonderes: für Rosen- und Blumenbeete, mit klassischem Charme der roten Rosen, Schnittrose, Duft: stark

EDELROSEN ROT

Madame Delbard®

Klasse: Edelrose
Herkunft: Züchter: Delbard, Einführungsjahr: 1975
Aussehen: kräftig, 0,8 bis 1 m hoch
Blüten: leuchtend tiefrot, kräftige, samtige Blütenblätter
Blütezeit: Juni bis September, öfter blühend
Blatt: dunkelgrün
Blattgesundheit: 🍂 bis 🍂🍂
Regenfest: ✔
Verwendung/Besonderes: lange haltbar, hitzeverträglich

Papa Meilland®

Klasse: Edelrose
Herkunft: Züchter: Meilland, Einführungsjahr: 1963
Aussehen: aufrecht, mittelstark wachsend, 0,6 bis 0,8 m hoch
Blüten: samtrot, gefüllt, eine Blüte pro Stiel, Größe 10 bis 12 cm, je 35 bis 45 Blütenblätter
Blütezeit: Juni bis September, öfter blühend
Blatt: glänzend mittel- bis dunkelgrün
Blattgesundheit: 🍂
Regenfest: ✔
Verwendung/Besonderes: für Gruppenpflanzungen, für Rosen- und Blumenbeete, Liebhaberrose, Weltrose, Schnittrose, Duft: stark, nach alten Rosen und Pfirsich

Philatelie®

Klasse: Edelrose
Herkunft: Züchter: McGredy, Einführungsjahr: 1999
Aussehen: robust; 0,6 bis 0,8 m hoch
Blüten: rotweiß geflammt, gefüllt, Blüten einzeln und in Dolden
Blütezeit: Juni bis September, öfter blühend
Blatt: dunkelgrün
Blattgesundheit: 🍂🍂
Regenfest: ✔
Verwendung/Besonderes: Gruppenpflanzung, für Rosen- und Blumenbeete, hitzeverträglich, kompakt wachsend, farbenfroh, wie „handgemalt", erhielt ihren Namen zu Ehren der Briefmarkenfreunde

Porta Nigra®

Klasse: Edelrose
Herkunft: Züchter: Meilland, Einführungsjahr: 1992
Aussehen: buschig, 0,5 bis 0,7 m hoch
Blüten: dunkelrot
Blütezeit: Juni bis Oktober, öfter blühend
Blatt: dunkelgrün
Blattgesundheit: 🍂🍂 bis 🍂🍂🍂
Regenfest: ✔
Verwendung/Besonderes: stark wüchsig, für Pflanzungen in kleineren Gruppen, für flächige Pflanzungen, hitzeverträglich, auch für raue Lagen, für Töpfe und Kübel
Pflegeleicht: ✔

Rebell®

Klasse: Edelrose
Herkunft: Züchter: W. Kordes' Söhne, Einführungsjahr: 1996
Namen in anderen Ländern: Kardinal König Rose (Österreich)
Aussehen: aufrecht, vieltriebig, bis 0,8 m hoch
Blüten: leuchtend rot, gefüllt, edel, zum Teil auch in Dolden
Blütezeit: Juni bis September, öfter blühend
Blatt: stark glänzend, dunkelgrün
Blattgesundheit: 🍂🍂 bis 🍂🍂🍂
Regenfest: ✔
Verwendung/Besonderes: für Rosen- und Blumenbeete, hitzeverträglich, große Leuchtkraft, Schnittrose, Duft: leicht

Schwarze Madonna®

Klasse: Edelrose
Herkunft: Züchter: W. Kordes' Söhne, Einführungsjahr: 1992
Namen in anderen Ländern: Black Madonna (Australien, Südafrika), Barry Fearn (Großbritannien)
Aussehen: aufrecht, starktriebig, bis 0,80 m hoch
Blüten: samtig schwarzrot, gefüllt, groß

EDELROSEN
ROT

Blütezeit: Juni bis September, öfter blühend
Blatt: glänzend dunkelgrün
Blattgesundheit: 🍃 bis 🍃🍃
Regenfest: ✔
Verwendung/Besonderes: für Rosen- und Blumenbeete, durch Spiralenform der Blütenblätter sehr edel, schöner Kontrast zwischen mattsamtigen Blüten und glänzendem Laub, Schnittrose, Duft: leicht

Senator Burda®

Klasse: Edelrose
Herkunft: Züchter: Meilland, Einführungsjahr: 1984
Namen in anderen Ländern: Victor Hugo® (Frankreich)
Aussehen: aufrecht, kräftig buschig, 0,6 bis 0,8 m hoch
Blüten: dunkelrot, gefüllt, eine Blüte pro Stiel, Größe 10 bis 11 cm, 40 bis 45 Blütenblätter pro Blüte
Blütezeit: Juni bis September, öfter blühend
Blatt: glänzend mittel- bis dunkelgrün
Blattgesundheit: 🍃 bis 🍃🍃
Regenfest: ✔
Verwendung/Besonderes: für Gruppenpflanzungen, auch in Kombination mit Stauden, für Rosen- und Blumenbeete, hitzeverträglich, für raue Klimazonen, Schnittrose, Duft: mittel, nach Johannisbeere

Tatjana®

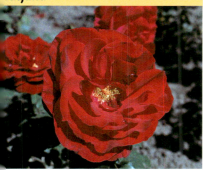

Klasse: Edelrose
Herkunft: Züchter: W. Kordes' Söhne, Einführungsjahr: 1970
Aussehen: aufrecht, vieltriebig, mittelstark wachsend, bis 0,80 m hoch
Blüten: samtig blutrot, gefüllt, mittelgroß
Blütezeit: Juni bis September, öfter blühend
Blatt: glänzend dunkelgrün
Blattgesundheit: 🍃 bis 🍃🍃
Regenfest: ✔
Verwendung/Besonderes: für Rosen- und Blumenbeete, rassige Schönheit, Schnittrose, Duft: stark, wundervoll

Terracotta®

Klasse: Edelrose
Herkunft: Züchter: Simson, Einführungsjahr: 2001
Aussehen: aufrecht buschig, mittelschnell wachsend, 0,6 bis 0,8 m hoch
Blüten: terrakottarot, gefüllt, 1 bis 3 Blüten pro Stiel, Größe 7 bis 8 cm, je 40 Blütenblätter
Blütezeit: Mai bis Oktober, öfter blühend
Blatt: mittel- bis dunkelgrün
Blattgesundheit: 🍃🍃
Regenfest: ✔
Verwendung/Besonderes: für Gruppenpflanzungen, auch in Kombination mit Stauden, für Rosen- und Blumenbeete, hitzeverträglich, Liebhaberrose, Schnittrose, Duft: leicht

Traviata®

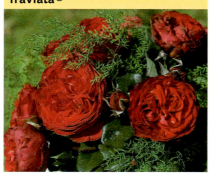

Klasse: Edelrose
Herkunft: Züchter: Meilland, Einführungsjahr: 1998
Aussehen: aufrecht und stark wüchsig, 0,4 bis 0,6 m hoch
Blüten: johannisbeerrot, stark gefüllt, rosettenartig, 2 bis 3 Blüten pro Stiel, Größe 7 bis 8 cm, je 50 bis 60 Blütenblätter
Blütezeit: Juni bis September, öfter blühend
Blatt: glänzend dunkelgrün, ledrig
Blattgesundheit: 🍃🍃 bis 🍃🍃🍃
Regenfest: ✔
Verwendung/Besonderes: für Gruppen- und Flächenpflanzung, auch in Kombination mit Stauden, für Rosen- und Blumenbeete, hitzeverträglich
Pflegeleicht: ✔

Velvet Fragrance®

Klasse: Edelrose
Herkunft: Züchter: Fryer, Einführungsjahr: 1992
Namen in anderen Ländern: Velours Parfumé (Frankreich)
Aussehen: aufrecht buschig, mittelstark bis stark wachsend, 0,8 bis 1 m hoch
Blüten: samtig dunkelrot, stark gefüllt, meist einzeln, schlanke, große Knospen
Blütezeit: Juni bis September, öfter blühend
Blatt: glänzend grün
Blattgesundheit: 🍃
Regenfest: ✔
Verwendung/Besonderes: Gruppenpflanzung, für Rosen- und Blumenbeete, eine Duftrose mit dem Charme der Alten Rosen, nostalgisch, romantisch, bekam für ihren Duft Gold in Baden-Baden, Schnittrose, Duft: stark

KLEINSTRAUCHROSEN
WEISS UND CREME

Alba Meidiland®

Klasse: Kleinstrauchrose
Herkunft: Züchter: Meilland, Einführungsjahr: 1987
Namen in anderen Ländern: Alba Meillandecor® (Frankreich)
Aussehen: aufrecht buschig, bogig überhängend, 60 bis 70 cm hoch
Blüten: reinweiß, dicht gefüllt, 15 bis 20 Blüten pro Stiel, Größe 2 bis 3 cm, je 25 bis 30 Blütenblätter
Blütezeit: Juni bis September, öfter blühend
Blatt: glänzend, ledrig
Blattgesundheit: 🍃🍃🍃
Regenfest: ✔
Verwendung/Besonderes: für Gruppen- und Flächenpflanzung, auch in Kombination mit Stauden, hitzeverträglich, für raue Standorte geeignet, für Heckenpflanzungen, Einzelstellung, Schnittrose
Pflegeleicht: ✔

Apfelblüte®

Klasse: Kleinstrauchrose, ADR-Rose 1991
Herkunft: Züchter: Noack, Einführungsjahr: 1990
Aussehen: niedrig buschig, kompakt, 70 bis 80 cm hoch
Blüten: reinweiß, ungefüllt, in Dolden, leuchtend hellgelbe Staubgefäße
Blütezeit: Juni bis September, öfter blühend
Blatt: glänzend dunkelgrün
Blattgesundheit: 🍃🍃🍃 bis 🍃🍃🍃🍃

Regenfest: ✔
Verwendung/Besonderes: gute Bodendeckerfähigkeit, für Gruppen- und Flächenpflanzung, Blumenbeete, hitzeverträglich
Pflegeleicht: ✔

Blanche Cascade®

Klasse: Kleinstrauchrose
Herkunft: Züchter: Delbard, Einführungsjahr: 1999
Aussehen: breit buschig, 0,7 bis 0,9 m hoch
Blüten: weiß, rosa überhaucht, gefüllt, in Büscheln
Blütezeit: Juni bis September, dauerblühend
Blatt: glänzend dunkelgrün
Blattgesundheit: 🍃🍃🍃
Verwendung/Besonderes: für Rosen- und Blumenbeete, auch in Kombination mit Stauden
Pflegeleicht: ✔

Diamant®

Klasse: Kleinstrauchrose, ADR-Rose 2002
Herkunft: Züchter: W. Kordes' Söhne, Einführungsjahr: 2001
Namen in anderen Ländern: White Sunsation (Südafrika), Diamond (Großbritannien)
Aussehen: buschig, kompakt, bis 60 cm hoch

Blüten: reinweiß, halb gefüllt, in Dolden, leuchtend gelbe Staubgefäße
Blütezeit: Juni bis September, öfter blühend
Blatt: glänzend dunkelgrün, ledrig
Blattgesundheit: 🍃🍃🍃🍃
Regenfest: ✔
Verwendung/Besonderes: gute Bodendeckerfähigkeit, für Gruppen- und Flächenpflanzung, Blumenbeete, für Heckenpflanzungen, hitzeverträglich
Pflegeleicht: ✔

Heidesommer®

Klasse: Kleinstrauchrose
Herkunft: Züchter: W. Kordes' Söhne, Einführungsjahr: 1985
Aussehen: buschig, bis 60 cm hoch
Blüten: blendend weiß, mittig rahmweiß, halb gefüllt, an Triebenden in dichten Büscheln, schalenförmig, mit gelben Staubgefäßen
Blütezeit: Juni bis September
Blatt: glänzend dunkelgrün
Blattgesundheit: 🍃 bis 🍃🍃
Regenfest: ✔
Verwendung/Besonderes: Bienenweide, überaus reich blühend, hitzeverträglich,
Duft: lieblich, süß

Ice Meidiland®

KLEINSTRAUCHROSEN
WEISS UND CREME

Klasse: Kleinstrauchrose
Herkunft: Züchter: Meilland, Einführungsjahr: 1996
Namen in anderen Ländern: Ice Meillandecor® (Frankreich)
Aussehen: stark wüchsig, schnell wachsend, 40 bis 50 cm hoch
Blüten: weiß, halb gefüllt, 5 bis 8 Blüten pro Stiel, Größe 4 bis 5 cm, je 16 bis 20 Blütenblätter
Blütezeit: Mai bis Oktober, öfter blühend
Blatt: mittel- bis dunkelgrün
Auch im Halbschatten (mindestens 5 Stunden Sonne): ✔
Blattgesundheit: ❦ ❦ ❦
Regenfest: ✔
Verwendung/Besonderes: für Gruppen- und Flächenpflanzung, auch in Kombination mit Stauden, hitzeverträglich, sehr gute Bodendeckerfähigkeit, ideal für Hangbepflanzung, Vogelnährgehölz, große, olivenförmige Hagebutten, die spät reifen
Pflegeleicht: ✔

Kent®

Klasse: Kleinstrauchrose
Herkunft: Züchter: Poulsen, Einführungsjahr: 1991
Namen in anderen Ländern: White Cover (international), Latina, Pyrenees
Aussehen: sehr breit buschig, überhängende, teils niederliegende Zweige, 20 bis 40 cm hoch
Blüten: reinweiß mit gelber Mitte, klein, etwa 4 cm Durchmesser, von gelben Staubgefäßen geziert
Blütezeit: Juni bis September, öfter blühend
Blatt: dunkelgrün
Blattgesundheit: ❦ ❦ ❦
Regenfest: ✔
Verwendung/Besonderes: als Einzelstrauch oder in Gruppen, auch für Parks und größere Gärten geeignet, für Rosen- und Blumenbeete, hitzeverträglich, für Töpfe geeignet, überreich blühend, Dauerblüher, weltweit höchste Auszeichnungen
Pflegeleicht: ✔

Little White Pet

Klasse: Kleinstrauchrose, historische Rose
Herkunft: Züchter: Hendersen, Einführungsjahr: 1879
Aussehen: stark buschig, kompakt, 0,30 bis 0,50 m hoch
Blüten: weiß, pomponartig, stark gefüllt, karminrosa Knospen
Blütezeit: Juni bis Oktober, öfter blühend
Blatt: dunkelgrün, glänzend
Blattgesundheit: alte Sorte mit hohem Gartenwert, bei der die Einstufung nach modernen Kriterien noch nicht vorgenommen wurde
Regenfest: ✔
Verwendung/Besonderes: Rosen- und Blumenrabatten, hitzeverträglich, Bodendecker, niedrige Vorpflanzung, Kübel, Duft: leicht
Pflegeleicht: ✔

Medeo®

Klasse: Kleinstrauchrose, ADR-Rose 2001
Herkunft: Züchter: W. Kordes' Söhne, Einführungsjahr: 2003
Aussehen: flach, mittelstark wachsend, bis 60 cm hoch
Blüten: weiß, leicht rosa, ungefüllt, dichte, rispenartige Blütenstände
Blütezeit: Juni bis September, öfter blühend
Blatt: glänzend dunkelgrün
Blattgesundheit: ❦ ❦ ❦ ❦
Regenfest: ✔
Verwendung/Besonderes: Verbesserung der alten Sorte 'Immensee', da öfter blühend und nicht so stark wüchsig, starker erster Flor, Folgeflore reich blühend, hitzeverträglich
Pflegeleicht: ✔

Nemo®

Klasse: Kleinstrauchrose, ADR-Rose 2000
Herkunft: Züchter: Noack, Einführungsjahr: 2001
Aussehen: niedrig buschig, kompakt, 0,8 bis 1 m hoch
Blüten: reinweiß, ungefüllt, in Dolden, leuchtend gelbe Staubgefäße
Blütezeit: Juni bis September, öfter blühend
Blatt: glänzend dunkelgrün
Blattgesundheit: ❦ ❦ ❦ bis ❦ ❦ ❦ ❦
Regenfest: ✔
Verwendung/Besonderes: gute Bodendeckerfähigkeit, für Gruppen- und Flächenpflanzung, Blumenbeete, für Heckenpflanzungen, besonders üppiger 1. Flor, hitzeverträglich
Pflegeleicht: ✔

Pearl Meidiland®

Klasse: Kleinstrauchrose
Herkunft: Züchter: Meilland, Einführungsjahr: 1990
Namen in anderen Ländern: Perle Meillandecor® (Frankreich)
Aussehen: niederliegend, ausladend, später Austrieb, 50 bis 60 cm hoch
Blüten: weiß/pastellrosa, halb gefüllt, 12 bis 15 Blüten pro Stiel, Größe 6 bis 7 cm, je 12 bis 15 Blütenblätter
Blütezeit: Juni bis September, öfter blühend
Blatt: glänzend mittel- bis dunkelgrün
Blattgesundheit: ❦ ❦ ❦
Regenfest: ✔
Verwendung/Besonderes: für Gruppen- und Flächenpflanzung, auch in Kombination mit Stauden, hitzeverträglich
Pflegeleicht: ✔

KLEINSTRAUCHROSEN WEISS UND CREME

Schneeflocke®

Klasse: Kleinstrauchrose, ADR-Rose 1991
Herkunft: Züchter: Noack, Einführungsjahr: 1991
Namen in anderen Ländern: Flower Carpet® White (Australien, Großbritannien, Irland, Kanada, Neuseeland, USA), Opalia® (Frankreich, Schweiz)
Aussehen: buschig, 40 bis 50 cm hoch
Blüten: leuchtend weiß, halb gefüllt, in Dolden zu 25 Blüten
Blütezeit: Juni bis September, öfter blühend
Blatt: glänzend mittel- bis dunkelgrün, ledrig
Auch im Halbschatten (mindestens 5 Stunden Sonne): ✔
Blattgesundheit: 🍃🍃🍃 bis 🍃🍃🍃🍃
Regenfest: ✔
Verwendung/Besonderes: Blumenbeete, kompakt wachsend, für Einfassungen, für Einzel- und Gruppenpflanzungen, hitzeverträglich, Goldene Rose Den Haag 1995, Duft: leicht
Pflegeleicht: ✔

Schnee-Eule®

Klasse: Kleinstrauchrose
Herkunft: Züchter: Uhl, Einführungsjahr: 1989
Aussehen: aufrecht buschig, 50 bis 60 cm hoch
Blüten: reinweiß, halb gefüllt, gute Selbstreinigung
Blütezeit: Juni bis September, öfter blühend
Blatt: glänzend dunkelgrün, ledrig
Auch im Halbschatten (mindestens 5 Stunden Sonne): ✔
Blattgesundheit: 🍃🍃🍃 bis 🍃🍃🍃🍃
Regenfest: ✔
Verwendung/Besonderes: für Einzel- und Gruppenpflanzungen, *Rugosa*-Hybride, Herbstfärbung, Duft: stark
Pflegeleicht: ✔

Schneekönigin®

Klasse: Kleinstrauchrose, ADR-Rose 1995
Herkunft: Züchter: Rosen Tantau, Einführungsjahr: 1992
Namen in anderen Ländern: Regina della Neve (Italien), Neige d´été (Frankreich)
Aussehen: bogig überhängend, bis 60 cm hoch
Blüten: strahlend weiß mit gelber Mitte, halb gefüllt
Blütezeit: Juni bis September, öfter blühend
Blatt: dunkelgrün
Blattgesundheit: 🍃🍃🍃
Regenfest: ✔
Verwendung/Besonderes: Sorte mit Ausstrahlungskraft, sehr gute Bodendeckerfähigkeit, ideal für Gruppen- und Flächenpflanzung, auch in Kombination mit Stauden, hitzeverträglich, überreich blühend, Duft: sehr gut
Pflegeleicht: ✔

Sea Foam

Klasse: Kleinstrauchrose
Herkunft: Züchter: E.W. Schwartz, Einführungsjahr: 1964
Aussehen: bogenförmig und niederliegend, schnell nachtreibend, bis 60 cm hoch
Blüten: leuchtend weiß, zartrosa überhaucht, gut gefüllt, mittelgroß, in Büscheln
Blütezeit: Juni bis September, öfter blühend
Blatt: glänzend dunkelgrün, ledrig
Blattgesundheit: 🍃🍃🍃
Regenfest: ✔
Verwendung/Besonderes: wellenförmige Ausbreitung, reicher Blütenflor, hitzeverträglich, Duft: leicht
Pflegeleicht: ✔

Snow Ballet®

Klasse: Kleinstrauchrose
Herkunft: Züchter: Clayworth, Einführungsjahr: 1978
Aussehen: kriechend, 30 bis 50 cm hoch
Blüten: reinweiß, gefüllt, mittelgroß, 4 bis 5 cm groß
Blütezeit: Juni bis September, öfter blühend
Blatt: glänzend dunkelgrün
Blattgesundheit: 🍃🍃🍃
Regenfest: ✔
Verwendung/Besonderes: als Einzelstrauch oder in Gruppen, für Rosen- und Blumenbeete, zur flächigen Bepflanzung von Hängen besonders geeignet, hitzeverträglich, Dauerblüher
Pflegeleicht: ✔

KLEINSTRAUCHROSEN
WEISS UND CREME

Sternenflor

Klasse: Kleinstrauchrose
Herkunft: Züchter: Schultheis, Einführungsjahr: 1989
Aussehen: sehr flach wachsend, 30 bis 40 cm hoch
Blüten: kleine weiße Sternchenblüten, ungefüllt, blüht üppig in Dolden
Blütezeit: Juni bis Oktober, öfter blühend
Blatt: glänzend dunkelgrün
Blattgesundheit: 🌿🌿🌿
Regenfest: ✔
Verwendung/Besonderes: Bodendecker, Kübelpflanzung, hitzeverträglich, Vorpflanzungen, Duft: sehr gut
Pflegeleicht: ✔

Swany®

Klasse: Kleinstrauchrose
Herkunft: Züchter: Meilland, Einführungsjahr: 1977
Aussehen: buschig bis überhängend, 40 bis 50 cm hoch
Blüten: weiß, dicht gefüllt, 15 bis 20 Blüten pro Stiel, Größe 4 bis 6 cm, je 25 bis 30 Blütenblätter
Blütezeit: Juni bis September, öfter blühend
Blatt: glänzend mittel- bis dunkelgrün, ledrig
Auch im Halbschatten (mindestens 5 Stunden Sonne): ✔
Blattgesundheit: 🌿🌿🌿
Regenfest: ✔
Verwendung/Besonderes: für Gruppen- und Flächenpflanzung, auch in Kombination mit Stauden, gute Bodendeckerfähigkeit, hitzeverträglich, kompakt wachsend, für Heckenpflanzungen
Pflegeleicht: ✔

Venice®

Klasse: Kleinstrauchrose, ADR-Rose 2002
Herkunft: Züchter: Noack, Einführungsjahr: 2003
Aussehen: buschig, 80 bis 100 cm hoch
Blüten: weiß, ungefüllt, in Dolden, Durchmesser der Blüten etwa 4 cm
Blütezeit: Juni bis September, öfter blühend
Blatt: glänzend dunkelgrün
Blattgesundheit: 🌿🌿🌿🌿
Regenfest: ✔
Verwendung/Besonderes: Boden deckend nach dem 2. Jahr, hitzeverträglich, wunderschöne gelbe Staubgefäße in der weißen Blüte
Pflegeleicht: ✔

White Meidiland®

Klasse: Kleinstrauchrose
Herkunft: Züchter: Meilland, Einführungsjahr: 1985
Namen in anderen Ländern: Blanc Meillandecor® (Frankreich)
Aussehen: flach wachsend bis überhängend, 40 bis 60 cm hoch
Blüten: weiß, dicht gefüllt, 3 bis 5 Blüten pro Stiel, Größe 6 bis 8 cm, je 25 bis 30 Blütenblätter
Blütezeit: Juni bis September, öfter blühend
Blatt: glänzend mittel- bis dunkelgrün, ledrig
Auch im Halbschatten (mindestens 5 Stunden Sonne): ✔
Blattgesundheit: 🌿🌿🌿 bis 🌿🌿🌿
Verwendung/Besonderes: für Gruppen- und Flächenpflanzung, auch in Kombination mit Stauden, hitzeverträglich, für Hecken- und Kübelpflanzung, liebt sonnige Standorte
Pflegeleicht: ✔

White Roadrunner®

Klasse: Kleinstrauchrose
Herkunft: Züchter: Uhl/W. Kordes' Söhne, Einführungsjahr: 2001
Aussehen: buschig, kompakt, bis 50 bis 60 cm hoch
Blüten: reinweiß, halb gefüllt, groß
Blütezeit: Juni bis September, öfter blühend
Blatt: kräftig dunkelgrün, ledrig
Blattgesundheit: 🌿🌿🌿 bis 🌿🌿🌿🌿
Verwendung/Besonderes: zierlicher Wuchscharakter, kompakt wachsend, *Rugosa*-Hybr de, Duft: stark, Rugosa-Duft
Pflegeleicht: ✔

KLEINSTRAUCHROSEN
GELB UND ORANGE

Amber Cover®

Klasse: Kleinstrauchrose
Herkunft: Züchter: Poulsen, Einführungsjahr: 2000
Aussehen: buschig, 40 bis 60 cm hoch
Blüten: bernsteinfarben, gefüllt
Blütezeit: Juni bis September, öfter blühend
Blatt: glänzend grün
Blattgesundheit: 🍃🍃 bis 🍃🍃🍃
Regenfest: ✔
Verwendung/Besonderes: Gruppenpflanzung, für Rosen- und Blumenbeete, geeignet für Pflanzgefäße, hitzeverträglich, kompakt wachsend
Pflegeleicht: ✔

Bessy

Klasse: Kleinstrauchrose, ADR-Rose 1999
Herkunft: Züchter: Noack, Einführungsjahr: 1999
Namen in anderen Ländern: Flower Carpet® Yellow (Australien, Kanada, Neuseeland, USA), Sunshine® (Großbritannien, Irland)
Aussehen: aufrecht buschig bis bogig überhängend, 60 bis 80 cm hoch
Blüten: hellgelb, leicht gefüllt, in Dolden zu 25 Blüten
Blütezeit: Juni bis September, öfter blühend
Blatt: glänzend mittelgrün, ledrig
Auch im Halbschatten (mindestens 5 Stunden Sonne): ✔
Blattgesundheit: 🍃🍃🍃 bis 🍃🍃🍃🍃
Verwendung/Besonderes: für Blumenbeete und Heckenpflanzungen, Duft: leicht
Pflegeleicht: ✔

Celina®

Klasse: Kleinstrauchrose
Herkunft: Züchter: Interplant, Einführungsjahr: 1997
Aussehen: breit buschig, überhängend, 30 bis 40 cm hoch
Blüten: goldorange mit Aprikot, halb gefüllt, mittelgroße Blüten in Dolden, kleine, rundliche Knospen
Blütezeit: Juni bis September, öfter blühend
Blatt: dunkelgrün
Blattgesundheit: abschließende Ergebnisse liegen nicht vor
Regenfest: ✔
Verwendung/Besonderes: Gruppenpflanzung, für Rosen- und Blumenbeete, hitzeverträglich, für Töpfe geeignet
Pflegeleicht: ✔

Concerto® 94

Klasse: Kleinstrauchrose
Herkunft: Züchter: Meilland, Einführungsjahr: 1994
Aussehen: aufrecht buschig, 60 bis 80 cm hoch
Blüten: gelbrosa, gefüllt, rosettenartig, 5 bis 10 Blüten pro Stiel, Größe 5 bis 6 cm, je 35 bis 40 Blütenblätter
Blütezeit: Mai bis Oktober, öfter blühend
Blatt: dunkelgrün
Blattgesundheit: 🍃🍃🍃
Regenfest: ✔
Verwendung/Besonderes: für Gruppen- und Flächenpflanzung, hitzeverträglich, Einzelstellung und im Topf, ideal in Kombination mit blauen Stauden
Pflegeleicht: ✔

KLEINSTRAUCHROSEN
GELB UND ORANGE

Golden Border®

Klasse: Kleinstrauchrose
Herkunft: Züchter: Verschuren, Einführungsjahr: 1993
Namen in anderen Ländern: Comtesse Du Barry® (Frankreich)
Aussehen: aufrecht, 40 bis 50 cm hoch
Blüten: schwefelgelb, stark gefüllt, ballonförmig, 8 bis 12 Blüten pro Stiel, Größe 3 bis 4 cm, je 35 bis 40 Blütenblätter
Blütezeit: Mai bis September, öfter blühend
Blatt: glänzend dunkelgrün, ledrig
Blattgesundheit: 🌿🌿🌿
Regenfest: ✔
Verwendung/Besonderes: für Gruppen- und Flächenpflanzung, auch in Kombination mit Stauden, Duft: leicht
Pflegeleicht: ✔

Loredo®

Klasse: Kleinstrauchrose, ADR-Rose 2001
Herkunft: Züchter: Noack, Einführungsjahr: 2002
Namen in anderen Ländern: Flower Carpet® Gold (Australien, Neuseeland, USA, Kanada, Südafrika)
Aussehen: steif aufrecht, 60 bis 70 cm hoch
Blüten: leuchtend gelb, halb gefüllt, bei voller Blüte Umfang von 6 cm
Blütezeit: Juni bis September, öfter blühend
Blatt: glänzend mittelgrün bis dunkelgrün
Blattgesundheit: 🌿🌿🌿 bis 🌿🌿🌿🌿
Regenfest: ✔
Verwendung/Besonderes: in Kombination mit Stauden, sehr hitzeverträglich, nicht verblassend, Silbermedaille bei der Bundesgartenschau 2001, für Einzel- und Gruppenpflanzungen, Duft: leicht
Pflegeleicht: ✔

Sonnenschirm®

Klasse: Kleinstrauchrose
Herkunft: Züchter: Rosen Tantau, Einführungsjahr: 1993
Namen in anderen Ländern: Canicule (Italien, Frankreich), Broadlands (United Kingdom), Cream Brulei (USA)
Aussehen: aufrecht buschig, bis 60 cm hoch
Blüten: zitronengelb, halb gefüllt,
Blütezeit: Juni bis September, öfter blühend
Blatt: stark glänzend, dunkelgrün
Blattgesundheit: 🌿 bis 🌿🌿
Regenfest: ✔
Verwendung/Besonderes: für alle Pflanzbereiche gut geeignet, hitzeverträglich, durch ihre Ausstrahlungskraft besonders gut für Pflanzung in kleinen Gruppen

Sunny Rose®

Klasse: Kleinstrauchrose
Herkunft: Züchter: W. Kordes' Söhne, Einführungsjahr: 2001
Aussehen: breit bis niederliegend wachsend, bis 40 cm hoch
Blüten: hellgelb, halb gefüllt, meist in Dolden
Blütezeit: Juni bis September, öfter blühend
Blatt: stark glänzend, dunkelgrün
Blattgesundheit: 🌿🌿🌿 bis 🌿🌿🌿🌿
Regenfest: ✔
Verwendung/Besonderes: flach wachsend
Pflegeleicht: ✔

KLEINSTRAUCHROSEN
ROSA UND VIOLETT

Bayernland®

Klasse: Kleinstrauchrose, ADR-Rose 1995
Herkunft: Züchter: Poulsen, Einführungsjahr: 1993
Aussehen: buschig, rund, überhängend, sehr gut verzweigend, 30 bis 50 cm hoch
Blüten: reinrosa, rundliche, spitze Knospen, eher kleine Blüten, Blütenblätter etwas nach innen umgebogen
Blütezeit: Juni bis September, öfter blühend
Blatt: glänzend mittelgrün
Blattgesundheit: ❧❧❧ bis ❧❧❧❧
Regenfest: ✔
Verwendung/Besonderes: Gruppenpflanzung, für Rosen- und Blumenbeete, hitzeverträglich, für Tröge, Schalen, Balkonkästen und größere Töpfe geeignet, reich blühend
Pflegeleicht: ✔

Bingo Meidiland®

Klasse: Kleinstrauchrose, ADR-Rose 1994
Herkunft: Züchter: Meilland, Einführungsjahr: 1991
Namen in anderen Ländern: Bingo Meillandecor® (Frankreich)
Aussehen: buschig, 50 bis 60 cm hoch
Blüten: zartrosa bis weiß, ungefüllt, 15 bis 20 Blüten pro Stiel, Größe 3,5 cm, je 5 Blütenblätter
Blütezeit: Juni bis September, öfter blühend
Blatt: glänzend mittel- bis dunkelgrün, ledrig
Blattgesundheit: ❧❧❧ bis ❧❧❧❧
Regenfest: ✔
Verwendung/Besonderes: für Gruppen- und Flächenpflanzung, auch in Kombination mit Stauden, für Heckenpflanzungen, hitzeverträglich, sehr gute Selbstreinigung, Wildrosencharakter, Einzelstellung
Pflegeleicht: ✔

Estima®

Estima®

Klasse: Kleinstrauchrose, ADR-Rose 1998
Herkunft: Züchter: Noack, Einführungsjahr: 1998
Aussehen: bogig, überhängend, 0,80 m bis 1,00 m hoch
Blüten: hellrosa, mit gelber Mitte, gefüllt, in Dolden, starker erster Flor, schwächerer Folgeflor
Blütezeit: Juni bis September, öfter blühend
Blatt: glänzend mittel- bis dunkelgrün
Blattgesundheit: ❧❧❧ bis ❧❧❧❧
Regenfest: ✔
Verwendung/Besonderes: Einzel- und Gruppenpflanzungen, auch in Kombination mit Stauden, hitzeverträglich, Duft: leicht
Pflegeleicht: ✔

Foxi®

Klasse: Kleinstrauchrose, ADR-Rose 1993
Herkunft: Züchter: Uhl, Einführungsjahr: 1989
Aussehen: aufrecht buschig, 0,5 bis 1 m hoch
Blüten: violettrosa, halb gefüllt, sehr gute Selbstreinigung
Blütezeit: Juni bis September, öfter blühend
Blatt: glänzend mittel- bis dunkelgrün
Auch im Halbschatten (mindestens 5 Stunden Sonne): ✔
Blattgesundheit: ❧❧❧❧
Regenfest: ✔
Verwendung/Besonderes: für Gruppen- und Heckenpflanzung, Blumenbeete, hitzeverträglich, *Rugosa*-Hybride, Duft: stark
Pflegeleicht: ✔

Heidekönigin®

Bingo Meidiland®

KLEINSTRAUCHROSEN
ROSA UND VIOLETT

Klasse: Kleinstrauchrose
Herkunft: Züchter: W. Kordes' Söhne, Einführungsjahr: 1985
Namen in anderen Ländern: Pheasant (Großbritannien), Palissade Rose (Frankreich)
Aussehen: bogenförmig bis niederliegend, 60 bis 80 cm hoch, auch bis 2,00 m
Blüten: reinrosa, gefüllt, voll erblüht mit offener Mitte, am Triebende in lockeren Büscheln
Blütezeit: Juli bis August, einmal blühend
Blatt: glänzend frischgrün, ledrig
Auch im Halbschatten (mindestens 5 Stunden Sonne): ✔
Blattgesundheit: 🍃🍃🍃 bis 🍃🍃🍃🍃
Verwendung/Besonderes: Einzel- oder Gruppenpflanzungen, hitzeverträglich, mit natürlichem Charme, lange Triebe, für Heckenpflanzungen, auch als Kletterrose möglich, Schnittrose, geschützter Standort, Duft: leicht, nach Wildrosen
Pflegeleicht: ✔

Heidetraum®

Klasse: Kleinstrauchrose, ADR-Rose 1990
Herkunft: Züchter: Noack, Einführungsjahr: 1988
Namen in anderen Ländern: Flower Carpet® Pink (USA, Can, Aus, NZ, ZA, UK, IRE), Emera® – (Frankreich, Schweiz)
Aussehen: niedrig buschig wachsend, 70 bis 80 cm hoch
Blüten: karminrosarot, halb gefüllt, in Dolden zu 25 Blüten
Blütezeit: Juni bis September, öfter blühend
Blatt: glänzend mittel- bis dunkelgrün, ledrig
Auch im Halbschatten (mindestens 5 Stunden Sonne): ✔
Blattgesundheit: 🍃🍃🍃🍃
Regenfest: ✔

Verwendung/Besonderes: Einzelstellung, Heckenpflanzung, hitzeverträglich, lang haftendes Laub, weltbekannt durch große Verbreitung, sehr gute Sorte
Pflegeleicht: ✔

Immensee – Kordes' Rose Immensee®

Klasse: Kleinstrauchrose
Herkunft: Züchter: W. Kordes' Söhne, Einführungsjahr: 1982
Namen in anderen Ländern: Grouse (Großbritannien)
Aussehen: bogig und niederliegend, schnell wachsend, bis 40 cm hoch
Blüten: perlmuttrosa, ungefüllt, klein, schalenförmig, mit gelben Staubgefäßen, an den Triebenden mit dichten Büscheln
Blütezeit: Juli bis August, einmal blühend
Blatt: glänzend dunkelgrün, ledrig
Auch im Halbschatten (mindestens 5 Stunden Sonne): ✔
Blattgesundheit: 🍃🍃🍃🍃
Regenfest: ✔
Verwendung/Besonderes: hervorragende Bienenweide, für große Flächen und Hänge, hitzeverträglich, sehr lange Triebe, für große Gärten und Parks, Duft: stark
Pflegeleicht: ✔

Knirps®

Klasse: Kleinstrauchrose
Herkunft: Züchter: W. Kordes' Söhne, Einführungsjahr: 1997
Namen in anderen Ländern: Little Chap (Australien)
Aussehen: niederliegend, kompakt, bis 30 cm hoch
Blüten: kräftig rosa, stark gefüllt, klein, in Dolden
Blütezeit: Juni bis September, öfter blühend
Blatt: zierlich glänzend, dunkelgrün
Blattgesundheit: 🍃🍃🍃 bis 🍃🍃🍃🍃
Verwendung/Besonderes: ideal für kleine Gärten, hitzeverträglich, auch für Kübel und Tröge, kompakt wachsend, Goldmedaille in Baden-Baden
Pflegeleicht: ✔

Lavender Dream®

Klasse: Kleinstrauchrose, ADR-Rose 1987
Herkunft: Züchter: Interplant, Einführungsjahr: 1985
Aussehen: buschig bis überhängend, bis 60 cm hoch
Blüten: laverdelfarben, halb gefüllt, zierlich, schmale Blütenblätter, in Dolden, herzförmig, kleine Staubgefäße
Blütezeit: Juni bis September, öfter blühend
Blatt: matt glänzend, dunkelgrün
Blattgesundheit: 🍃🍃 bis 🍃🍃🍃
Regenfest: ✔
Verwendung/Besonderes: für Einzel- und Gruppenpflanzungen, ideal in Kombination mit Stauden, für Heckenpflanzungen, hitzeverträglich, Duft: stark

KLEINSTRAUCHROSEN
ROSA UND VIOLETT

Lovely Fairy®

Klasse: Kleinstrauchrose
Herkunft: Vurens-Spek, Einführungsjahr: 1992
Aussehen: buschig, kompakt, 60 bis 80 cm hoch
Blüten: kräftig rosa, zur Mitte heller, halb gefüllt, in großen Ständen aus kleinen Büscheln
Blütezeit: Juni bis September, öfter blühend
Blatt: glänzend mittel- bis dunkelgrün, ledrig
Blattgesundheit: 🍃🍃🍃
Regenfest: ✔
Verwendung/Besonderes: Mutation von 'The Fairy' mit gleichen guten Eigenschaften, hitzeverträglich, auffällig reicher Blütenflor, kompakt wachsend
Pflegeleicht: ✔

Lovely Meidiland®

Klasse: Kleinstrauchrose
Herkunft: Züchter: Meilland, Einführungsjahr: 1999
Namen in anderen Ländern: Lovely Meillandecor® (Frankreich)
Aussehen: aufrecht buschig, schnell wachsend, 40 bis 50 cm hoch
Blüten: hellrosa, gefüllt, 5 bis 8 Blüten pro Stiel, Größe 4 bis 5 cm, je 40 bis 50 Blütenblätter
Blütezeit: Juni bis September, öfter blühend
Blatt: glänzend dunkelgrün, ledrig
Auch im Halbschatten (mindestens 5 Stunden Sonne): ✔
Blattgesundheit: 🍃🍃🍃
Verwendung/Besonderes: für Gruppen- und Flächenpflanzung, auch in Kombination mit Stauden, ideal für Hausgarten, hitzeverträglich, sehr gute Bodendeckerfähigkeit
Pflegeleicht: ✔

Magic Meidiland®

Klasse: Kleinstrauchrose, ADR-Rose 1995
Herkunft: Züchter: Meilland, Einführungsjahr: 1992
Namen in anderen Ländern: Magic Meillandecor® (Frankreich)
Aussehen: niederliegend bis bogig überhängend, 40 bis 50 cm hoch
Blüten: dunkelrosa, gefüllt, 15 Blüten pro Stiel, Größe 3 bis 4 cm, je 30 bis 35 Blütenblätter
Blütezeit: Juni bis September, öfter blühend
Blatt: glänzend mittel- bis dunkelgrün, ledrig
Auch im Halbschatten (mindestens 5 Stunden Sonne): ✔
Blattgesundheit: 🍃🍃🍃 bis 🍃🍃🍃🍃
Regenfest: ✔
Verwendung/Besonderes: Kleinstrauch, für Gruppen- und Flächenpflanzung, auch in Kombination mit Stauden, kompakt wachsend, für Heckenpflanzungen, hitzeverträglich, deckt Boden schnell ab, Schnittrose, Duft: mittel, nach Lindenblüte
Pflegeleicht: ✔

Medusa®

Klasse: Kleinstrauchrose, ADR-Rose 1995
Herkunft: Züchter: Noack, Einführungsjahr: 1996
Aussehen: niedrig buschig wachsend, 80 bis 100 cm hoch
Blüten: lavendelrosa, gefüllt, 30 bis 35 Blütenblätter
Blütezeit: Juni bis September, öfter blühend
Blatt: glänzend dunkelgrün, ledrig
Blattgesundheit: 🍃🍃🍃 bis 🍃🍃🍃🍃
Regenfest: ✔
Verwendung/Besonderes: für Rosen- und Blumenbeete, hitzeverträglich, Goldmedaille bei der Bundesgartenschau 2001, für Einzel- und Gruppenpflanzung
Pflegeleicht: ✔

Mirato®

Klasse: Kleinstrauchrose, ADR-Rose 1993
Herkunft: Züchter: Rosen Tantau, Einführungsjahr: 1990
Namen in anderen Ländern: Chatsworth (United Kingdom)
Aussehen: breit buschig, bogig überhängend, 60 bis 70 cm hoch
Blüten: leuchtend pink, halb gefüllt, mittelgroß, gute Selbstreinigung
Blütezeit: Juni bis zum ersten Frost, öfter blühend
Blatt: glänzend mittel- bis dunkelgrün
Auch im Halbschatten (mindestens 5 Stunden Sonne): ✔
Blattgesundheit: 🍃🍃🍃 bis 🍃🍃🍃🍃
Regenfest: ✔
Verwendung/Besonderes: gut für den Hausgarten, hitzeverträglich, leuchtende Blüten
Pflegeleicht: ✔

KLEINSTRAUCHROSEN
ROSA UND VIOLETT

Palmengarten Frankfurt – Kordes' Rose Palmengarten Frankfurt®

Klasse: Kleinstrauchrose, ADR-Rose 1992
Herkunft: Züchter: W. Kordes' Söhne, Einführungsjahr: 1988
Namen in anderen Ländern: Beauce (Frankreich), Our Rosy Carpet (Australien)
Aussehen: aufrecht bis bogig überhängend, 60 bis 90 cm hoch
Blüten: tiefrosa, dicht gefüllt, mittelgroß, schalenförmig, in Büscheln
Blütezeit: Juni bis September, öfter blühend
Blatt: glänzend frischgrün
Auch im Halbschatten (mindestens 5 Stunden Sonne): ✔
Blattgesundheit: ❦ ❦ ❦ bis ❦ ❦ ❦ ❦
Verwendung/Besonderes: reich blühend, herrlicher Kontrast zwischen Blüten und Laub, für Heckenpflanzungen, hitzeverträglich
Pflegeleicht: ✔

Pearl Mirato®

Klasse: Kleinstrauchrose
Herkunft: Züchter: Rosen Tantau, Einführungsjahr: 2002
Aussehen: buschig, 50 bis 60 cm hoch
Blüten: zartrosa bis rosa, gefüllt, selbstreinigend, flache Blütenschalen
Blütezeit: Juni bis September, öfter blühend
Blatt: mittel- bis dunkelgrün
Blattgesundheit: ❦ ❦ ❦
Regenfest: ✔

Verwendung/Besonderes: späte, aber lang andauernde Blüte, hitzeverträglich, wirkt bei kühler Witterung besonders nostalgisch
Pflegeleicht: ✔

Phlox Meidiland®

Klasse: Kleinstrauchrose, ADR-Rose 2001
Herkunft: Züchter: Meilland, Einführungsjahr: 2000
Namen in anderen Ländern: Siesta® (Frankreich)
Aussehen: aufrecht buschig, 60 bis 80 cm hoch
Blüten: violettrosa mit weißer Mitte, ungefüllt, wildrosenähnlich, 15 bis 20 Blüten pro Stiel, Größe 3 cm, je 5 Blütenblätter
Blütezeit: Juni bis September, öfter blühend
Blatt: glänzend mittel- bis dunkelgrün, ledrig
Auch im Halbschatten (mindestens 5 Stunden Sonne): ✔
Blattgesundheit: ❦ ❦ ❦ bis ❦ ❦ ❦ ❦
Regenfest: ✔
Verwendung/Besonderes: für Gruppen- und Flächenpflanzung, auch in Kombination mit Stauden, hitzeverträglich, für Heckenpflanzungen
Pflegeleicht: ✔

Pierette®

Klasse: Kleinstrauchrose, ADR-Rose 1992
Herkunft: Züchter: Uhl, Einführungsjahr: 1989
Aussehen: breit buschig, bogig überhängend, 50 bis 60 cm hoch
Blüten: kräftig pink, groß
Blütezeit: Juni bis September, öfter blühend
Blatt: glänzend dunkelgrün
Auch im Halbschatten (mindestens 5 Stunden Sonne): ✔
Blattgesundheit: ❦ ❦ ❦
Regenfest: ✔
Verwendung/Besonderes: für Einzel- und Gruppenpflanzungen, Blumenbeete, für Heckenpflanzungen, hitzeverträglich, kompakt wachsend, *Rugosa*-Hybride
Pflegeleicht: ✔

Pink Bassino®

Klasse: Kleinstrauchrose, ADR-Rose 1993
Herkunft: Züchter: W. Kordes' Söhne, Einführungsjahr: 1995
Namen in anderen Ländern: St. Tiggywinkles (Großbritannien)
Aussehen: sehr buschig, breit wüchsig, bis 60 cm hoch
Blüten: apfelblütenrosa, im Ansatz weiß, ungefüllt, mittelgroß, schalenförmig, in lockeren Dolden, leuchtend gelbe Staubgefäße
Blütezeit: Juni bis September, öfter blühend
Blatt: glänzend moosgrün
Blattgesundheit: ❦ ❦ ❦ bis ❦ ❦ ❦ ❦
Regenfest: ✔
Verwendung/Besonderes: wunderschöner Kontrast zwischen Blüten und Blättern, hitzeverträglich
Pflegeleicht: ✔

KLEINSTRAUCHROSEN
ROSA UND VIOLETT

Pink Meidiland®

Klasse: Kleinstrauchrose, ADR-Rose 1987
Herkunft: Züchter: Meilland, Einführungsjahr: 1984
Namen in anderen Ländern: Pink Meillandecor® (Frankreich)
Aussehen: aufrecht buschig, 90 bis 100 cm hoch
Blüten: lachsrosa mit weißer Mitte, ungefüllt, Schalenblüten, 15 bis 20 Blüten pro Stiel, Größe 5 bis 6 cm, je 5 Blütenblätter
Blütezeit: Juni bis September, öfter blühend
Blatt: glänzend mittel- bis dunkelgrün, ledrig
Auch im Halbschatten (mindestens 5 Stunden Sonne): ✔
Blattgesundheit: 🌢 🌢 🌢
Regenfest: ✔
Verwendung/Besonderes: für Gruppen- und Flächenpflanzung, auch in Kombination mit Stauden, hitzeverträglich, Bienenweide, für Heckenpflanzungen, Wildrosencharakter, Schnittrose, Vogelnährgehölz, schwach birnenförmige, hellorangefarbene Hagebutten, die sich gut für Schnittzwecke eignen
Pflegeleicht: ✔

Pink Roadrunner®

Klasse: Kleinstrauchrose, ADR-Rose 2003
Herkunft: Züchter: Uhl/W. Kordes' Söhne, Einführungsjahr: 2001
Aussehen: breit buschig, überhängend, bis 80 cm hoch
Blüten: rosa, halb gefüllt, groß, schalenförmig

Blütezeit: Juni bis September, öfter blühend
Blatt: dunkelgrün, ledrig
Blattgesundheit: 🌢 🌢 🌢 🌢
Verwendung/Besonderes: ideal für Flächenpflanzung, sehr wüchsiger *Rugosa*-Bodendecker, Duft: stark, *Rugosa*-Duft
Pflegeleicht: ✔

Pink Swany®

Klasse: Kleinstrauchrose ADR-Rose 2003
Herkunft: Züchter: Meilland, Einführungsjahr: 2003
Namen in anderen Ländern: Les Quatre Saisons® (Frankreich)
Aussehen: buschig, kompakt wachsend, 50 bis 60 cm hoch
Blüten: kräftig rosa, stark gefüllt, geviertelte Schale, 3 bis 5 Blüten pro Stiel, Größe 6 bis 7 cm, je 60 bis 65 Blütenblätter
Blütezeit: Mai bis Oktober, öfter blühend
Blatt: glänzend mittel- bis dunkelgrün
Blattgesundheit: 🌢 🌢 🌢 bis 🌢 🌢 🌢 🌢
Regenfest: ✔
Verwendung/Besonderes: für Gruppen- und Flächenpflanzung, auch in Kombination mit Stauden, hitzeverträglich, nostalgische Blüten
Pflegeleicht: ✔

Play Rose®

Klasse: Kleinstrauchrose, ADR-Rose 1989
Herkunft: Züchter: Meilland, Einführungsjahr: 1989
Namen in anderen Ländern: Deborah® (Frankreich)
Aussehen: aufrecht buschig, stark wüchsig, 60 bis 80 cm hoch
Blüten: rosa, halb gefüllt, 5 bis 8 Blüten pro Stiel, Größe 8 bis 9 cm, je 16 bis 18 Blütenblätter
Blütezeit: Juni bis September, öfter blühend
Blatt: glänzend mittel- bis dunkelgrün, ledrig
Auch im Halbschatten (mindestens 5 Stunden Sonne): ✔
Blattgesundheit: 🌢 🌢 🌢
Regenfest: ✔
Verwendung/Besonderes: Blumenbeete, Schnittblume, Gruppen- und Flächenbepflanzung, auch in Kombination mit Stauden, für Heckenpflanzungen, hitzeverträglich, Rabatten, Schnittrose, Vogelnährgehölz, als Kleinstrauchrose- und Beetrose verwendbar, große, kugelige, hellorangefarbene Hagebutten, Duft: leicht
Pflegeleicht: ✔

Relax Meidiland®

Klasse: Kleinstrauchrose
Herkunft: Züchter: Meilland, Einführungsjahr: 1993
Namen in anderen Ländern: Relax Meillandecor® (Frankreich)
Aussehen: aufrecht buschig, schnell wachsend, 50 bis 60 cm hoch
Blüten: lachsrosa, ungefüllt, wildrosenartige Blütenschalen, 10 bis 12 Blüten pro Stiel, Größe 3 bis 4 cm, je 8 bis 10 Blütenblätter
Blütezeit: Juni bis September, öfter blühend
Blatt: glänzend mittel- bis dunkelgrün

KLEINSTRAUCHROSEN
ROSA UND VIOLETT

Auch im Halbschatten (mindestens 5 Stunden Sonne): ✔
Blattgesundheit: 🍃🍃🍃
Regenfest: ✔
Verwendung/Besonderes: für Gruppen- und Flächenpflanzung, auch in Kombination mit Stauden, sehr gute Bodendeckerfähigkeit, hitzeverträglich, Vogelnährgehölz, olivenförmige, hellrote Hagebutten, die spät ausreifen
Pflegeleicht: ✔

Romantic Roadrunner®

Klasse: Kleinstrauchrose
Herkunft: Züchter: Uhl/W. Kordes' Söhne, Einführungsjahr: 2003
Aussehen: aufrecht, buschig, bis 70 cm hoch
Blüten: kräftig rosa, stark gefüllt, groß, rosettenförmig
Blütezeit: Juni bis September, öfter blühend
Blatt: dunkelgrün, ledrig
Blattgesundheit: 🍃🍃🍃 bis 🍃🍃🍃🍃
Verwendung/Besonderes: ideal für Flächenpflanzung, robuster *Rugosa*-Bodendecker, nostalgische Blüten, Duft: stark strömend
Pflegeleicht: ✔

Satina®

Klasse: Kleinstrauchrose
Herkunft: Züchter: Rosen Tantau, Einführungsjahr: 1992
Namen in anderen Ländern: Harewood (United Kingdom)

Aussehen: buschig, kompakt, bis 40 cm hoch
Blüten: zartrosa, halb gefüllt, groß
Blütezeit: Juni bis September, öfter blühend
Blatt: glänzend dunkelgrün
Blattgesundheit: 🍃🍃🍃
Regenfest: ✔
Verwendung/Besonderes: eine Verbesserung von 'The Fairy', sehr gut für kleine Pflanzbereiche, hitzeverträglich, auch für Kübel
Pflegeleicht: ✔

Schöne Dortmunderin®

Klasse: Kleinstrauchrose, ADR-Rose 1992
Herkunft: Züchter: Noack, Einführungsjahr 1991
Aussehen: buschig aufrecht, 60 bis 70 cm hoch
Blüten: intensives Rosa, Durchmesser etwa 5 cm, in Dolden, halb gefüllt
Blütezeit: Juni bis September, öfter blühend
Blatt: glänzend mittel- bis dunkelgrün, ledrig
Auch im Halbschatten (mindestens 5 Stunden Sonne): ✔
Blattgesundheit: 🍃🍃🍃
Regenfest: ✔
Verwendung/Besonderes: Einzel- und Gruppenpflanzungen, für Heckenpflanzungen, hitzeverträglich, Schnittrose, enorme Blütenmenge
Pflegeleicht: ✔

Sibelius®

Klasse: Kleinstrauchrose
Herkunft: Züchter: L. Lens, Einführungsjahr 1984
Aussehen: buschig aufrecht, 0,8 bis 1 m hoch
Blüten: dunkelviolett, nicht verblassend, halb gefüllt, 3 bis 4 cm groß, in pyramidenförmigen Trauben, reich und öfter blühend
Blütezeit: Juni bis September
Blatt: dunkelgrün, glänzend
Auch im Halbschatten (mindestens 5 Stunden Sonne): ✔
Blattgesundheit: 🍃🍃🍃
Regenfest: ✔
Verwendung/Besonderes: starkwüchsig, als Solitär, für Rosen- und Blumenbeete, für Hecken, hitzeverträglich, gute Schnittblume, Fruchtschmuck (Hagebutten) im Herbst, gewonnene Preise: Bronzemedaille Baden-Baden 1981, Duft: leicht

Simply®

Klasse: Kleinstrauchrose, ADR-Rose 2002
Herkunft: Züchter: Noack, Einführungsjahr: 2003
Aussehen: aufrecht buschig, 80 bis 100 cm hoch
Blüten: hellrosa, halb gefüllt, in Dolden, Durchmesser der Blüten etwa 4 cm, Besonderheit: Blüten sind in Rispen angeordnet
Blütezeit: Juni bis September, öfter blühend
Blatt: glänzend dunkelgrün
Blattgesundheit: 🍃🍃🍃
Regenfest: ✔
Verwendung/Besonderes: deckt nach dem zweiten Jahr, sehr starker zweiter Flor bis in den Spätherbst, hitzeverträglich
Pflegeleicht: ✔

KLEINSTRAUCHROSEN
ROSA UND VIOLETT

Smart Roadrunner®

Klasse: Kleinstrauchrose, ADR-Rose 2003
Herkunft: Züchter: Uhl/ W. Kordes' Söhne, Einführungsjahr: 2002
Aussehen: aufrecht, buschig, bis 60 cm hoch
Blüten: dunkelrosa, halb gefüllt, mittelgroß, in Dolden
Blütezeit: Juni bis September, öfter blühend
Blatt: leicht glänzend, dunkelgrün
Blattgesundheit: 🌿🌿🌿🌿
Verwendung/Besonderes: *Rugosa*-Bodendecker mit zartem filigranem Wuchs, gut für Flächenpflanzung, Duft: stark
Pflegeleicht: ✔

Sommermärchen®

Klasse: Kleinstrauchrose
Herkunft: Züchter: W. Kordes' Söhne, Einführungsjahr: 1992
Namen in anderen Ländern: Pink Sunsation (Südafrika), Summer Fairytale (Australien), Berkshire (Großbritannien)
Aussehen: breit buschig, stark wüchsig, bis 50 cm hoch
Blüten: kräftig pink, halb gefüllt, schalenförmig, in dichten Büscheln, mit gewellten Blütenblättern
Blütezeit: Juni bis September, öfter blühend
Blatt: glänzend dunkelgrün
Blattgesundheit: 🌿🌿🌿
Regenfest: ✔
Verwendung/Besonderes: für Einzel- und Gruppenpflanzungen, hitzeverträglich, sehr blühwillig, Goldmedaille in Baden-Baden und Genf sowie Silbermedaille in Kortrijk und Monza, Duft: leicht
Pflegeleicht: ✔

Sommerwind®

Klasse: Kleinstrauchrose, Beetrose, ADR-Rose 1987
Herkunft: Züchter: W. Kordes' Söhne, Einführungsjahr: 1985
Namen in anderen Ländern: Surrey (Großbritannien), Vent d´été (Frankreich)
Aussehen: breit buschig, bis 60 cm hoch
Blüten: leuchtend reinrosa, halb gefüllt, in lockeren Büscheln, Blütenblätter gekerbt, auffallend gelbe Staubgefäße
Blütezeit: Juni bis September, öfter blühend
Blatt: glänzend mittel- bis dunkelgrün, ledrig
Auch im Halbschatten (mindestens 5 Stunden Sonne): ✔
Blattgesundheit: 🌿🌿🌿
Regenfest: ✔
Verwendung/Besonderes: Einzel- und Gruppenpflanzungen, auch zusammen mit Stauden, für Heckenpflanzungen, robuste Beet- und Kleinstrauchrose, hitzeverträglich, reich blühend, vielseitig verwendbar
Pflegeleicht: ✔

Souvenir de Greuville

Klasse: Kleinstrauchrose
Herkunft: Züchter: Schultheis, Einführungsjahr: 2004
Aussehen: kompakt wachsend, 60 bis 80 cm hoch
Blüten: lilarosa bis weiß, wechselnd, Pomponblüten
Blütezeit: Juni bis Oktober, öfter blühend
Blatt: mittelgrün
Auch im Halbschatten (mindestens 5 Stunden Sonne): ✔
Blattgesundheit: abschließende Ergebnisse liegen nicht vor
Regenfest: ✔
Verwendung/Besonderes: als Bodendecker, Vorpflanzung, auch für Kübel, hitzeverträglich, Duft: leicht
Pflegeleicht: ✔

Stadt Hildesheim®

Klasse: Kleinstrauchrose
Herkunft: Züchter: Meilland, Einführungsjahr: 1994
Namen in anderen Ländern: Douceur Normande® (Frankreich)
Aussehen: aufrecht buschig, 70 bis 90 cm hoch
Blüten: lachsrosa, ungefüllt, 12 bis 15 Blüten pro Stiel, Größe 4 bis 5 cm, je 5 Blütenblätter
Blütezeit: Juni bis September, öfter blühend
Blatt: glänzend mittel- bis dunkelgrün
Auch im Halbschatten (mindestens 5 Stunden Sonne): ✔
Blattgesundheit: 🌿🌿🌿
Regenfest: ✔
Verwendung/Besonderes: für Gruppen- und Flächenpflanzung, auch in Kombination mit Stauden, hitzeverträglich, sehr blühwillig, wüchsig, gute Fernwirkung
Pflegeleicht: ✔

Sublime®

KLEINSTRAUCHROSEN
ROSA UND VIOLETT

Klasse: Kleinstrauchrose
Herkunft: Züchter: Rosen Tantau, Einführungsjahr: 1999
Aussehen: aufrecht buschig, 50 bis 60 cm hoch
Blüten: dunkles Magenta-Rosa, gefüllt
Blütezeit: Juni bis November/Dezember, öfter blühend
Blatt: glänzend dunkelgrün
Blattgesundheit: 🍃🍃🍃
Regenfest: ✔
Verwendung/Besonderes: für Rosenbeete, für flächige Bepflanzung und Töpfe geeignet, hitzeverträglich, spät blühend, dafür dann ununterbrochen
Pflegeleicht: ✔

Sweet Haze®

Klasse: Kleinstrauchrose
Herkunft: Züchter: Rosen Tantau, Einführungsjahr: 2003
Aussehen: buschig, bis 60 cm hoch
Blüten: rosa, ungefüllt, vollständig selbstreinigend
Blütezeit: Juni bis September, öfter blühend
Blatt: mittel- bis dunkelgrün
Blattgesundheit: abschließende Ergebnisse liegen nicht vor; neue Sorte mit sehr guten Blüheigenschaften
Regenfest: ✔
Verwendung/Besonderes: ideal in Kombination mit blauen oder weißen Stauden, für Gruppen- und Flächenpflanzung, sehr reich blühend, sehr hitzeverträglich, gute Bodendeckerfähigkeit
Pflegeleicht: ✔

Sweet Meidiland®

Klasse: Kleinstrauchrose
Herkunft: Züchter: Meilland, Einführungsjahr: 2003
Aussehen: aufrecht buschig, 60 bis 70 cm hoch
Blüten: hellrosa, ungefüllt, 25 bis 30 Blüten pro Stiel, Größe 2,5 cm, je 10 bis 15 Blütenblätter
Blütezeit: Juni bis September, öfter blühend
Blatt: glänzend dunkelgrün, ledrig
Blattgesundheit: 🍃🍃🍃
Regenfest: ✔
Verwendung/Besonderes: für Gruppen- und Flächenpflanzung, auch in Kombination mit Stauden, hitzeverträglich, kompakt wachsend
Pflegeleicht: ✔

The Fairy

Klasse: Kleinstrauchrose
Herkunft: Züchter: Bentall, Einführungsjahr 1932
Aussehen: buschig bis überhängend, 60 bis 80 cm hoch
Blüten: lachsrosa, dicht gefüllt, klein, in großen Dolden
Blütezeit: Juli bis September, öfter blühend
Blatt: glänzend mittel- bis dunkelgrün, ledrig
Auch im Halbschatten (mindestens 5 Stunden Sonne): ✔
Blattgesundheit: 🍃🍃🍃
Regenfest: ✔
Verwendung/Besonderes: Gruppenpflanzung, für Rosen- und Blumenbeete, für Hecken, hitzeverträglich, für Töpfe geeignet
Pflegeleicht: ✔

Wildfang®

Klasse: Kleinstrauchrose, ADR-Rose 1991
Herkunft: Züchter: Noack, Einführungsjahr: 1991
Aussehen: locker buschig bis überhängend, 60 bis 70 cm hoch
Blüten: intensives Reinrosa, halb gefüllt, Durchmesser 5 cm, in Dolden
Blütezeit: Juni bis September, öfter blühend
Blatt: glänzend mittel- bis dunkelgrün, ledrig
Auch im Halbschatten (mindestens 5 Stunden Sonne): ✔
Blattgesundheit: 🍃🍃🍃 bis 🍃🍃🍃🍃
Regenfest: ✔
Verwendung/Besonderes: für Flächenbepflanzung, Bienenweide, für Heckenpflanzungen, für Böschungen und Hänge, hitzeverträglich, unverwüstlich
Pflegeleicht: ✔

Windrose®

Klasse: Kleinstrauchrose, ADR-Rose 1995
Herkunft: Züchter: Noack, Einführungsjahr: 1993
Aussehen: leicht bogig überhängend, bis 0,8 m hoch
Blüten: weiß bis zartrosa, leicht gefüllt, in Dolden, leuchtend gelbe Staubgefäße
Blütezeit: Juni bis September, öfter blühend
Blatt: glänzend dunkelgrün
Blattgesundheit: 🍃🍃🍃 bis 🍃🍃🍃🍃
Regenfest: ✔
Verwendung/Besonderes: für Gruppen- und Flächenpflanzung, Blumenbeete, für Heckenpflanzungen, besonders üppiger 1. Flor, hitzeverträglich
Pflegeleicht: ✔

KLEINSTRAUCHROSEN
ROT

Alcantara®

Klasse: Kleinstrauchrose
Herkunft: Züchter: Noack, Einführungsjahr: 1999
Namen in anderen Ländern: Flower Carpet® Red (Australien, Kanada, Neuseeland, USA), Red Velvet® (Großbritannien, Irland), Vesuvia® (Frankreich)
Aussehen: buschig ausgebreitet, bogig überhängend, bis 60 cm hoch
Blüten: dunkelrot, ungefüllt, in Dolden, voll erblüht Durchmesser von 4 cm, bis zu 25 Blüten pro Stiel, sehr starker zweiter Flor
Blütezeit: Juni bis September, öfter blühend
Blatt: glänzend dunkelgrün
Blattgesundheit: 🌿🌿🌿
Regenfest: ✔
Verwendung/Besonderes: für Gruppen- und Flächenpflanzung, auch in Kombination mit Stauden, Sommerblumen und Gehölzen, sehr hitzeverträglich, auch bei extremer Hitze nicht verblassend, Silbermedaille bei der Bundesgartenschau 2001, Duft: leicht
Pflegeleicht: ✔

Alpenglühen®

Alpenglühen®
Klasse: Kleinstrauchrose
Herkunft: Züchter: Rosen Tantau, Einführungsjahr: 2003
Aussehen: flach bis bogig überhängend, bis 60 cm hoch
Blüten: leuchtend signalrot, leicht gefüllt
Blütezeit: Juni bis September, öfter blühend
Blatt: glänzend frischgrün
Blattgesundheit: abschließende Ergebnisse liegen nicht vor, neue Sorte mit sehr guten Blüheigenschaften
Regenfest: ✔
Verwendung/Besonderes: für Flächen- und Gruppenpflanzung, Böschungen, gute Bodendeckerfähigkeit, sehr hitzeverträglich
Pflegeleicht: ✔

Bassino®

Klasse: Kleinstrauchrose
Herkunft: Züchter: W. Kordes' Söhne, Einführungsjahr: 1988
Namen in anderen Ländern: Suffolk (Großbritannien)
Aussehen: buschig, ausladend, bis 25 cm hoch
Blüten: leuchtend blutrot, ungefüllt, zierlich, schalenförmig, in dichten Büscheln, gewellte Blütenblätter, gelbe Staubgefäße
Blütezeit: Juni bis September, öfter blühend
Blatt: glänzend dunkelgrün
Blattgesundheit: 🌿🌿🌿
Regenfest: ✔
Verwendung/Besonderes: für Heide- und Steingärten, Kübelpflanzung, für Blumenbeete und Einfassungen, hitzeverträglich
Pflegeleicht: ✔

Cherry Meidiland®

Klasse: Kleinstrauchrose
Herkunft: Züchter: Meilland, Einführungsjahr: 1992
Namen in anderen Ländern: Cherry Meillandecor® (Frankreich)
Aussehen: aufrecht buschig, 60 bis 70 cm hoch
Blüten: rot mit weißer Mitte, ungefüllt, 5 bis 8 Blüten pro Stiel, Größe 4 bis 5 cm, je 5 Blütenblätter
Blütezeit: Juni bis September, öfter blühend
Blatt: stark glänzend, mittel- bis dunkelgrün
Blattgesundheit: 🌿🌿 bis 🌿🌿🌿
Regenfest: ✔
Verwendung/Besonderes: großblumiger Kleinstrauch, für Gruppen- und Flächenpflanzung, hitzeverträglich, besonders schön zusammen mit blauen Stauden
Pflegeleicht: ✔

KLEINSTRAUCHROSEN
ROT

Fairy Dance®

Klasse: Kleinstrauchrose
Herkunft: Züchter: Harkness, Einführungsjahr: 1979
Aussehen: überhängend, ab dem zweiten Jahr dicht polsterförmig, einzelne Teile etwas höher herauswachsend, 30 bis 40 cm hoch
Blüten: blutrot, stark gefüllt, klein, 3 bis 4 cm Durchmesser, in Büscheln stehend
Blütezeit: Ende Mai bis September, öfter blühend
Blatt: glänzend dunkelgrün
Blattgesundheit: 🌿 🌿 🌿
Regenfest: ✔
Verwendung/Besonderes: als Einzelstrauch oder in Gruppen für Parks und größere Gärten geeignet, für Rosen- und Blumenbeete, hitzeverträglich, Kreuzung zwischen 'The Fairy' und 'Yesterday®', Dauerblüher, Duft: sehr leicht
Pflegeleicht: ✔

Fairy Red® 92

Fairy Red® 92

Klasse: Kleinstrauchrose
Herkunft: Züchter: Liebig/Rosen Union, Einführungsjahr: 1992
Aussehen: buschig, überhängend, ziemlich flach, 30 bis 50 cm hoch
Blüten: scharlachrot mit weißen Streifen, halb gefüllt, dunkelrote, mittelgroße, spitze Knospen
Blütezeit: Juni bis September, öfter blühend
Blatt: glänzend dunkelgrün
Blattgesundheit: 🌿 🌿 🌿
Regenfest: ✔
Verwendung/Besonderes: als Einzelstrauch oder in Gruppen für größere Gärten und Parks geeignet, hitzeverträglich, für Rosen- und Blumenbeete
Pflegeleicht: ✔

Fairy Queen®

Klasse: Kleinstrauchrose
Herkunft: Züchter: Vurens-Spek, Einführungsjahr: 1998
Aussehen: buschig, kompakt, 60 bis 80 cm hoch
Blüten: kaminrot, dicht gefüllt, in großen Ständen aus kleinen Büscheln
Blütezeit: Juni bis September, öfter blühend
Blatt: glänzend dunkelgrün, ledrig
Blattgesundheit: 🌿 🌿 🌿
Regenfest: ✔
Verwendung/Besonderes: Mutation von 'The Fairy' mit gleichen guten Eigenschaften, hitzeverträglich, kompakt wachsend, für Heckenpflanzungen
Pflegeleicht: ✔

Famosa®

Klasse: Kleinstrauchrose, ADR-Rose 2001
Herkunft: Züchter: Noack, Einführungsjahr: 2002
Aussehen: aufrecht buschig, bis 70 cm hoch
Blüten: leuchtend rot, halb gefüllt, 8 bis 18 Blüten pro Stiel, mittelgroß
Blütezeit: Juni bis September, öfter blühend
Blatt: dunkelgrün
Blattgesundheit: 🌿 🌿 🌿
Regenfest: ✔
Verwendung/Besonderes: Gruppenpflanzungen, hitzeverträglich, auch in Kombination mit Stauden
Pflegeleicht: ✔

KLEINSTRAUCHROSEN ROT

Gärtnerfreude®

Klasse: Kleinstrauchrose, ADR-Rose 2001
Herkunft: Züchter: W. Kordes' Söhne, Einführungsjahr: 1999
Namen in anderen Ländern: Lancashire (Großbritannien), Toscana (Frankreich, Italien), Gardener´s Pleasure (Australien)
Aussehen: breit buschig, bis 50 cm hoch
Blüten: himbeerrot, stark gefüllt, klein, in Dolden, nicht verblauend
Blütezeit: Juni bis September, öfter blühend
Blatt: stark glänzend, dunkelgrün
Blattgesundheit: 🍃🍃🍃 bis 🍃🍃🍃🍃
Regenfest: ✔
Verwendung/Besonderes: schöner Kontrast zwischen Blüten und Blättern, für Blumenbeete, hitzeverträglich, Goldmedaillen in Baden-Baden, Dublin und Paris
Pflegeleicht: ✔

Heidefeuer®

Klasse: Kleinstrauchrose
Herkunft: Züchter: Noack, Einführungsjahr: 1995
Aussehen: steif aufrecht, wachsend, 50 bis 60 cm hoch
Blüten: leuchtend rot, halb gefüllt, 8 bis 18 Blüten pro Stiel
Blütezeit: Juni bis September, öfter blühend
Blatt: glänzend dunkelgrün, ledrig
Blattgesundheit: 🍃🍃🍃
Regenfest: ✔
Verwendung/Besonderes: in Kombination mit Stauden, für Gruppen und Flächenpflanzung, hitzeverträglich
Pflegeleicht: ✔

Mainaufeuer®

Klasse: Kleinstrauchrose
Herkunft: Züchter: W. Kordes' Söhne, Einführungsjahr: 1990
Namen in anderen Ländern: Fiery Sunsation (Südafrika), Red Ribbons (USA), Chilterns (Großbritannien)
Aussehen: erst aufrecht, dann niederliegend, breit wüchsig, bis 50 cm hoch
Blüten: blutrot, halb gefüllt, mittelgroß, meist in Dolden
Blütezeit: Juni bis September, öfter blühend
Blatt: stark glänzend, sattgrün
Blattgesundheit: 🍃🍃
Regenfest: ✔
Verwendung/Besonderes: nicht ermüdender Blütenflor, hitzeverträglich

Purple Meidiland®

Klasse: Kleinstrauchrose, ADR-Rose 2002
Herkunft: Züchter: Radler, Einführungsjahr: Meilland 2002
Namen in anderen Ländern: Knock Out® (USA)
Aussehen: aufrecht buschig, 40 bis 60 cm hoch
Blüten: magentarot, halb gefüllt, 3 bis 5 Blüten pro Stiel, Größe 6 bis 7 cm, etwa je 10 Blütenblätter
Blütezeit: Juni bis September, öfter blühend
Blatt: glänzend dunkelgrün, ledrig
Auch im Halbschatten (mindestens 5 Stunden Sonne): ✔
Blattgesundheit: 🍃🍃🍃 bis 🍃🍃🍃🍃
Regenfest: ✔
Verwendung/Besonderes: sehr blühwillig, für Gruppen- und Flächenpflanzung, auch in Kombination mit Stauden, starke Leuchtkraft, hitzeverträglich, gut für raue Klimalagen
Pflegeleicht: ✔

Red Meidiland®

Klasse: Kleinstrauchrose
Herkunft: Züchter: Meilland, Einführungsjahr: 1988
Namen in anderen Ländern: Rouge Meillandecor® (Frankreich)
Aussehen: ausladend, schnell wachsend, 60 bis 80 cm hoch
Blüten: dunkelrot, ungefüllt, Schalenblüten, 20 bis 25 Blüten pro Stiel, Größe 5 bis 6 cm, je 5 Blütenblätter
Blütezeit: Juni bis September, öfter blühend
Blatt: glänzend mittel- bis dunkelgrün, ledrig
Auch im Halbschatten (mindestens 5 Stunden Sonne): ✔
Blattgesundheit: 🍃🍃 bis 🍃🍃🍃
Regenfest: ✔
Verwendung/Besonderes: für Gruppen- und Flächenpflanzung, auch in Kombination mit Stauden, sehr gute Bodendeckerfähigkeit, Bienenweide, Heckenpflanzung, hitzeverträglich, Vogelnährgehölz, olivenförmige orangefarbene bis rote Hagebutten, die sich gut für floristische Zwecke eignen
Pflegeleicht: ✔

KLEINSTRAUCHROSEN
ROT

Rote Max Graf®

Klasse: Kleinstrauchrose
Herkunft: Züchter: W. Kordes' Söhne, Einführungsjahr: 1980
Namen in anderen Ländern: Red Max Graf (Großbritannien)
Aussehen: niederliegend, Polster bildend, stark treibend, bis 60 cm hoch
Blüten: leuchtend rot, mit samtigem Schimmer und kleiner weißer Mitte, ungefüllt, mitelgroß, am Triebende in kleinen Büscheln
Blütezeit: Juli bis August, einmal blühend
Blatt: matt glänzend, dunkelgrün
Auch im Halbschatten (mindestens 5 Stunden Sonne): ✔
Blattgesundheit: 🍃🍃 bis 🍃🍃🍃🍃
Regenfest: ✔
Verwendung/Besonderes: hitzeverträglich, ideal für flächige Pflanzungen
Pflegeleicht: ✔

Royal Bassino®

Klasse: Kleinstrauchrose
Herkunft: Züchter: W. Kordes' Söhne, Einführungsjahr: 1991
Aussehen: halb aufrecht, breit buschig, bis 60 cm hoch
Blüten: leuchtend blutrot, halb gefüllt, groß, schalenförmig, in kugeligen Büscheln, gewellte Blütenblätter, goldgelbe Staubgefäße
Blütezeit: Juni bis September, öfter blühend
Blatt: glänzend dunkelgrün
Blattgesundheit: 🍃🍃
Regenfest: ✔
Verwendung/Besonderes: königliche Rose mit besonderem Flair, leuchtende Blüten, sehr schöne Fernwirkung, ideal für Flächenpflanzung, hitzeverträglich, Duft: leicht

Scarlet Meidiland®

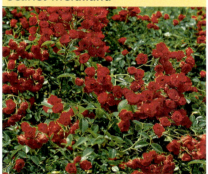

Klasse: Kleinstrauchrose
Herkunft: Züchter: Meilland, Einführungsjahr: 1986
Namen in anderen Ländern: Scarlet Meillandecor® (Frankreich)
Aussehen: überhängend, 50 bis 60 cm hoch
Blüten: dunkelrot, gefüllt, 20 bis 25 Blüten pro Stiel, Größe 2 bis 3 cm, je 15 bis 20 Blütenblätter
Blütezeit: Juni bis September, öfter blühend
Blatt: glänzend mittel- bis dunkelgrün
Blattgesundheit: 🍃🍃 bis 🍃🍃🍃
Regenfest: ✔
Verwendung/Besonderes: für Gruppen- und Flächenpflanzung, auch in Kombination mit Stauden, hitzeverträglich, bevorzugt vollsonnigen Standort
Pflegeleicht: ✔

Schwarzwaldfeuer

Klasse: Kleinstrauchrose
Herkunft: Züchter: Poulsen, Einführungsjahr: 1993
Namen in anderen Ländern: Charming Cover
Aussehen: flächig wachsend, 50 bis 60 cm hoch
Blüten: leuchtend orangerot, halb gefüllt
Blütezeit: Juni bis September, öfter blühend
Blatt: glänzend mittel- bis dunkelgrün
Blattgesundheit: abschließende Ergebnisse liegen nicht vor
Verwendung/Besonderes: für Rosen- und Blumenbeete, Duft: leicht
Pflegeleicht: ✔

Sommerabend®

Klasse: Kleinstrauchrose, ADR-Rose 1996
Herkunft: Züchter: W. Kordes' Söhne, Einführungsjahr: 1995
Namen in anderen Ländern: Summer's Evening (Australien)
Aussehen: sehr buschig, niederliegend, breit wüchsig, bis 30 cm hoch
Blüten: leuchtend dunkelrot, ungefüllt, klein, schalenförmig, in dichten Büscheln
Blütezeit: Juni bis September, öfter blühend
Blatt: glänzend mittel- bis dunkelgrün, ledrig
Blattgesundheit: 🍃🍃🍃
Regenfest: ✔
Verwendung/Besonderes: wie die Rose 'Immensee', jedoch dunkelrot, blüht öfter und reicher, hitzeverträglich
Pflegeleicht: ✔

STRAUCHROSEN
WEISS UND CREME

Flora Romantica®

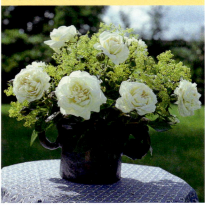

Klasse: Strauchrose
Herkunft: Züchter: Meilland, Einführungsjahr: 1998
Namen in anderen Ländern: Mon Jardin & Ma Maison® (Frankreich)
Aussehen: aufrecht buschig, 1,2 bis 1,5 m hoch
Blüten: cremeweiß, gefüllt, rosettenartig, 1 bis 3 Blüten pro Stiel, Größe 6 bis 7 cm, etwa je 50 bis 60 Blütenblätter
Blütezeit: Juni bis September, öfter blühend
Blatt: glänzend dunkelgrün
Blattgesundheit: 🍃🍃🍃
Regenfest: ✔
Verwendung/Besonderes: Einzelstellung, für Gruppenpflanzungen, auch in Kombination mit Stauden, hitzeverträglich, liebt nährstoffreiche und sonnige Standorte, Duft: mittel
Pflegeleicht: ✔

Leda

Klasse: Strauchrose, historische Rose
Herkunft: Züchter: Skinner, Einführungsjahr: vor 1827
Aussehen: stark breit buschiger, aufrechter Strauch, 1,2 bis 1,5 m hoch
Blüten: weiß mit karminfarbenem Rand, stark gefüllt, schalenförmig mit kurzen Blütenblättern, rote ballförmige Knospe
Blütezeit: Juni bis Juli, einmal blühend
Blatt: mittel- bis dunkelgrün

Blattgesundheit: 🍃🍃🍃
Regenfest: ✔
Verwendung/Besonderes: Rosen- und Blumenrabatten, Gruppenpflanzungen, naturnaher Garten, niedrige Hecken, hitzeverträglich, Duft: sehr stark
Pflegeleicht: ✔

Martine Guillot®

Klasse: Strauchrose, Rosa Générosa
Herkunft: Züchter: Guillot-Massad, Einführungsjahr: vor 1996
Aussehen: kompakt, buschig, bis 1,3 m hoch
Blüten: gebrochen weiß mit rosa Schimmer, kugelig, gefüllt, mittelgroß, in Dolden wachsend
Blütezeit: Juni bis Oktober, öfter blühend
Blatt: glänzend, hellgrün
Blattgesundheit: abschließende Ergebnisse liegen nicht vor
Regenfest: ✔
Verwendung/Besonderes: Beet- und Schnittrose, hitzeverträglich, Duft: nach Rose, Veilchen, Lilie und Gardenie
Pflegeleicht: ✔

Maxima

Klasse: Strauchrose, historische Rose
Herkunft: Züchter: unbekannt, Einführungsjahr: ca. 15. Jahrhundert
Aussehen: breit buschig, leicht überhängend, 2 m hoch
Blüten: weiß, dicht gefüllt, Schalenblüte mit Knopfauge
Blütezeit: Juni bis Juli, einmal blühend
Blatt: graugrün

Auch im Halbschatten (mindestens 5 Stunden Sonne): ✔
Blattgesundheit: 🍃🍃🍃
Regenfest: ✔
Verwendung/Besonderes: Gruppenpflanzungen, naturnaher Garten, hitzeverträglich, Rosenhecken, Duft: gut
Pflegeleicht: ✔

Rosalita®

Klasse: Strauchrose
Herkunft: Züchter: L. Lens, Einführungsjahr: 1997
Aussehen: buschig aufrecht mit überhängenden Trieben, 1,2 bis 1,5 m hoch
Blüten: Knospe gelb, weiß verblühend, schöne Staubgefäße
Blütezeit: Juni bis September
Blatt: glänzend dunkelgrün, im Austrieb rötlich
Auch im Halbschatten (mindestens 5 Stunden Sonne): ✔
Blattgesundheit: 🍃🍃🍃
Regenfest: ✔
Verwendung/Besonderes: starkwüchsig, als Solitär, für Rosen- und Blumenbeete, für Hecken, hitzeverträglich, sehr gute Schnittblume, Hagebutten im Herbst, von Königin Paola ausgewählt und nach ihrem Kosenamen, den sie als Kind in Italien hatte, benannt, Duft: intensiv

Schneewittchen®

STRAUCHROSEN
WEISS UND CREME

Klasse: Strauchrose, ADR-Rose 1960, gelegentlich anfällig, unverzichtbar wegen Blütenwirkung
Herkunft: Züchter: W. Kordes' Söhne, Einführungsjahr: 1958
Namen in anderen Ländern: Iceberg (weltweit), Fée des Neiges (Frankreich)
Aussehen: aufrecht buschig, bis 1,2 m hoch
Blüten: schneeweiß, halb gefüllt, mittelgroß, in Büscheln und Dolden, im Aufblühen edel geformt, Mitte später offen und schalenförmig flach
Blütezeit: Juni bis September, öfter blühend
Blatt: glänzend farngrün
Auch im Halbschatten (mindestens 5 Stunden Sonne): ✔
Blattgesundheit: 🍃🍃 bis 🍃🍃🍃
Regenfest: ✔
Verwendung/Besonderes: als schönste Rose in Weiß zur „Weltrose 1983" gekürt, unermüdlicher Dauerblüher, kompakt wachsend, für Blumenbeete und Heckenpflanzungen, hitzeverträglich, Duft: voll

Suaveolens

Klasse: Strauchrose Wildform
Herkunft: Abstammung: *Rosa alba*, Einführungsjahr: vor 1750 kultiviert
Aussehen: breit buschig, aufrecht, wachsend bis locker überhängend, bis 3 m hoch
Blüten: gelblich weiß, gefüllt
Blütezeit: Juni bis Juli, einmal blühend
Frucht: längliche Hagebutten
Blatt: mattgrün
Blattgesundheit: alte Sorte mit hohem Gartenwert, bei der eine Einstufung nach modernen Kriterien noch nicht vorgenommen wurde
Verwendung: Insekten- und Bienenweide, Vogelnährgehölz, Duft: nach Linde

Weiße Wolke®

Klasse: Strauchrose
Herkunft: Züchter: W. Kordes' Söhne, Einführungsjahr: 1993
Namen in anderen Ländern: White Cloud (Großbritannien)
Aussehen: breit buschig, ausladend, bis 1,2 m hoch
Blüten: reinweiß, gefüllt, groß, voll erblüht schalenförmig geöffnet, mit leuchtend gelben Staubgefäßen
Blütezeit: Juni bis September, öfter blühend
Blatt: stark glänzend, dunkelgrün
Blattgesundheit: 🍃🍃
Regenfest: ✔
Verwendung/Besonderes: für Einzelstellung und Heckenpflanzungen, hitzeverträglich, Duft: angenehm lieblich

White Gold®

Klasse: Strauchrose
Herkunft: Züchter: Cocker, Einführungsjahr: 2000
Aussehen: aufrecht, breit buschig, bis 1,2 m hoch
Blüten: weiß mit gelblicher Mitte, gefüllt, groß
Blütezeit: Juni bis September, öfter blühend
Blatt: glänzend dunkelgrün
Blattgesundheit: abschließende Ergebnisse liegen nicht vor
Regenfest: ✔
Verwendung/Besonderes: sehr gut mit anderen Farben kombinierbar, hitzeverträglich, Schnittrose, Duft: stark
Pflegeleicht: ✔

Winchester Cathedral

Klasse: Strauchrose, Englische Rose
Herkunft: Züchter: David Austin, Einführungsjahr: 1988
Aussehen: buschige, rundlich kompakt wachsende Strauchrose, bis 1,5 m hoch
Blüten: weiß, halb gefüllt, flach becherförmig
Blütezeit: Mai bis September/Oktober
Blatt: mittelgrün
Auch im Halbschatten (mindestens 5 Stunden Sonne): ✔
Blattgesundheit: 🍃🍃 bis 🍃🍃🍃
Regenfest: ✔
Verwendung: für Rosen- und Blumenbeete, auch in Kombination mit Stauden, hitzeverträglich, Duft: angenehmer Wildrosenduft mit einer Honig- und Mandelblütennote, mittel bis stark duftend
Pflegeleicht: ✔

STRAUCHROSEN
GELB UND ORANGE

Abraham Darby®

Klasse: Strauchrose, Englische Rose
Herkunft: Züchter: Austin, Einführungsjahr: 1985
Aussehen: aufrecht buschig, schnell wachsend, 1,5 bis 2 m hoch
Blüten: gelborange bis aprikot, dicht gefüllt, becherförmig, einzel oder in Büschen
Blütezeit: Juni von September, öfter blühend
Blatt: glänzend mittel- bis dunkelgrün
Blattgesundheit: 🌿🌿 bis 🌿🌿🌿
Regenfest: ✔
Verwendung/Besonderes: Einzelstellung, für Gruppen- und Flächenpflanzung, für Rosen- und Blumenbeete, für große Gärten und Parks, hitzeverträglich, reich blühend, Duft: stark
Pflegeleicht: ✔

Belvedere®

Klasse: Strauchrose
Herkunft: Züchter: Rosen Tantau, Einführungsjahr: 2001
Aussehen: aufrecht, bogig, überhängend wachsend, 1,20 m bis 1,50 m hoch
Blüten: sauber orange, gut gefüllt, 3 bis 5 Blüten pro Stiel, Größe 5 bis 9 cm
Blütezeit: Juni bis Oktober, gut nachblühend

Blatt: dunkelgrün, stark glänzend
Blattgesundheit: 🌿🌿 bis 🌿🌿🌿
Regenfest: ✔
Verwendung/Besonderes: für Rosen- und Blumenbeete, sehr hitzeverträglich, kleine Gruppen in Verbindung mit Stauden

Bonanza®

Klasse: Strauchrose, ADR-Rose 1984
Herkunft: Züchter: W. Kordes' Söhne, Einführungsjahr: 1983
Aussehen: aufrecht, buschig, stark wüchsig, bis 2 m hoch
Blüten: leuchtend gelb mit rotem Rand, locker gefüllt, mittelgroß, in Büscheln, mit offener Mitte
Blütezeit: Juni bis September, öfter blühend
Blatt: glänzend dunkelgrün
Blattgesundheit: 🌿🌿🌿
Regenfest: ✔
Verwendung/Besonderes: Farbenrose, hitzeverträglich, Duft: leicht
Pflegeleicht: ✔

Buff Beauty

Klasse: Strauchrose
Herkunft: Züchter: Pemberton, Einführungsjahr: 1939
Aussehen: überhängender Wuchs, 1,5 m hoch
Blüten: apricotgelb, stark gefüllt, große Schalenblüten
Blütezeit: Juni bis Oktober, öfter blühend
Blatt: dunkelgrün

Auch im Halbschatten (mindestens 5 Stunden Sonne): ✔
Blattgesundheit: alte Sorte mit hohem Gartenwert, bei der eine Einstufung nach modernen Kriterien noch nicht vorgenommen wurde
Regenfest: ✔
Verwendung/Besonderes: Rosen- und Blumenrabatten, hitzeverträglich, auch für Kübel und Töpfe, Duft: sehr gut
Pflegeleicht: ✔

Caramella®

Klasse: Strauchrose
Herkunft: Züchter: W. Kordes' Söhne, Einführungsjahr: 2001
Aussehen: aufrecht buschig, schnell wachsend, bis 1,2 m hoch
Blüten: hell bernsteingelb, stark gefüllt, fast geviertelt
Blütezeit: Juni bis September, öfter blühend
Blatt: leicht glänzend, grün
Blattgesundheit: 🌿🌿🌿
Verwendung/Besonderes: für Einzel- und Gruppenpflanzungen, hitzeverträglich, lieblicher Farbton, reich blühend
Pflegeleicht: ✔

Citron-Fraise®

STRAUCHROSEN
GELB UND ORANGE

Klasse: Strauchrose
Herkunft: Züchter: Delbard, Einführungsjahr: 1998
Aussehen: kräftig, kompakt, bis 1,2 m hoch
Blüten: gelb, frischrosa
Blütezeit: Juni bis Oktober, öfter blühend
Blatt: dunkelgrün
Blattgesundheit: abschließende Ergebnisse liegen nicht vor
Regenfest: ✔
Verwendung/Besonderes: ideal für Blumenbeete und leuchtende Hecken, hitzeverträglich, Goldmedaille in Baden-Baden
Pflegeleicht: ✔

Claude Monet®

Klasse: Strauchrose
Herkunft: Züchter: Delbard, Einführungsjahr: 1992
Aussehen: kräftig, bis 1 m hoch
Blüten: weiß, himbeerfarben, gelb geflammt
Blütezeit: Juni bis September, öfter blühend
Blatt: dunkelgrün
Blattgesundheit: abschließende Ergebnisse liegen nicht vor
Regenfest: ✔
Verwendung/Besonderes: reich blühend, hitzeverträglich
Pflegeleicht: ✔

Crocus Rose

Klasse: Strauchrose, Englische Rose
Herkunft: Züchter: David Austin, Einführungsjahr: 2000
Aussehen: buschige, rundlich kompakt wachsende Strauchrose, 1,5 m hoch
Blüten: zart aprikot, an den äußeren Blütenblättern nach Creme verblassend, später ganz cremeweiß, stark gefüllt, groß, becherförmig
Blütezeit: Juli bis September, öfter blühend
Blatt: mittelgrün
Auch im Halbschatten (mindestens 5 Stunden Sonne): ✔
Blattgesundheit: abschließende Ergebnisse liegen nicht vor
Regenfest: ✔
Verwendung/Besonderes: für Rosen- und Blumenbeete, auch in Kombination mit Stauden, hitzeverträglich, Duft: schwach nach Teerosen
Pflegeleicht: ✔

Crown Princess Margareta

Klasse: Strauchrose oder Kletterrose, Englische Rose
Herkunft: Züchter: David Austin, Einführungsjahr: 1999
Aussehen: hohe, bogig wachsende Strauchrose, 1,7 m hoch oder als Kletterrose bis 3 m
Blüten: satt aprikosenorange, stark gefüllt, groß
Blütezeit: Juli bis September/Oktober, öfter blühend
Blatt: dunkelgrün
Auch im Halbschatten (mindestens 5 Stunden Sonne): ✔
Blattgesundheit: abschließende Ergebnisse liegen nicht vor
Regenfest: ✔
Verwendung/Besonderheit: für Rosen- und Blumenbeete, auch in Kombination mit Stauden oder als Kletterrose an Wänden, Spalieren oder Rankgerüsten, hitzeverträglich, Duft: intensiver, fruchtiger Teerosenduft
Pflegeleicht: ✔

Emilien Guillot®

Klasse: Strauchrose, Rosa Générosa
Herkunft: Züchter: Guillot-Massad, Einführungsjahr: 2001
Aussehen: kompakt, buschig, verzweigt gut, bis 0,8 m hoch
Blüten: orange, läuft zum Rand hin rot aus, gefüllt, groß, in Dolden
Blütezeit: Juni bis Oktober, öfter blühend
Blatt: dunkelgrün
Blattgesundheit: abschließende Ergebnisse liegen nicht vor
Regenfest: ✔
Verwendung/Besonderes: Beet- und Schnittrose, hitzeverträglich, Duft: nach Rose, Aprikose und weißem Pfeffer
Pflegeleicht: ✔

Emil Nolde®-Rose

Klasse: Strauchrose
Herkunft: Züchter: Rosen Tantau, Einführungsjahr: 2001
Aussehen: buschig, 1 bis 1,2 m hoch
Blüten: gelb, halb gefüllt, zahlreich
Blütezeit: Juni bis September, öfter blühend
Blatt: stark glänzend, mittelgrün
Blattgesundheit: 🌿🌿 bis 🌿🌿🌿
Regenfest: ✔
Verwendung/Besonderes: für Gruppen- und Flächenpflanzung, sehr hitzeverträglich, vielseitig verwendbar, Duft: leicht, nach Wildrosen
Pflegeleicht: ✔

STRAUCHROSEN
GELB UND ORANGE

France Info®

Klasse: Strauchrose
Herkunft: Züchter: Delbard, Einführungsjahr: 2002
Aussehen: kräftig, bis 0,8 m hoch
Blüten: beim Öffnen karminrot umrandet, später satt goldgelb, gefüllt, geschlitzt
Blütezeit: Juni bis September, öfter blühend
Blatt: dunkelgrün
Blattgesundheit: abschließende Ergebnisse liegen nicht vor
Regenfest: ✔
Verwendung: hitzeverträglich, zum 15-jährigen Bestehen dem Radiosender France-Info gewidmet, Duft: stark
Pflegeleicht: ✔

France Libre®

Klasse: Strauchrose, Edelrosen-Charakter
Herkunft: Züchter: Delbard, Einführungsjahr: 1990
Aussehen: kompakter Wuchs, 0,8 bis 1 m hoch

Blüten: leuchtend orange, auffällig, gefüllt
Blütezeit: Juni von September, öfter blühend
Blatt: dunkelgrün
Regenfest: ✔
Verwendung/Besonders: ideale Strauch- und Schnittrose, hitzeverträglich, ausgezeichnet in Paris und Madrid, Großer Publikumspreis im Parc floral in Orleans-La Source 1993
Pflegeleicht: ✔

Golden Celebration

Klasse: Strauchrose, Englische Rose
Herkunft: Züchter: David Austin, Einführungsjahr: 1992
Aussehen: große, sehr buschige Strauchrose, 1,5 m hoch
Blüten: intensiv goldgelb, stark gefüllt, groß
Blütezeit: Juli bis September/Oktober, öfter blühend
Blatt: mittelgrün
Auch im Halbschatten (mindestens 5 Stunden Sonne): ✔
Blattgesundheit: 🍃🍃 bis 🍃🍃🍃
Regenfest: ✔
Verwendung: für Rosen- und Blumenbeete, auch in Kombination mit Stauden, hitzeverträglich, Duft: sehr stark, anfangs nach Teerosen, später mit Wein- und Erdbeertönen
Pflegeleicht: ✔

Golden Wings

Klasse: Strauchrose, historischer Rose
Herkunft: Abstammung: *R. pimpinellifolia* (=*R. spinosissima*), Züchter: Shepherd, Einführungsjahr: 1956
Aussehen: buschig, bis 1,5 m hoch
Blüten: gelb, orangerote Staubfäden, ungefüllt
Blütezeit: Juni bis Oktober, öfter blühend
Blatt: hell- bis mittelgrün
Blattgesundheit: 🍃🍃🍃
Verwendung/Besonderes: stark wachsend, große rundliche Hagebutten, Duft: leicht

Grace

Klasse: Strauchrose, Englische Rose
Herkunft: Züchter: David Austin, Einführungsjahr: 2001
Aussehen: dicht buschige, etwas breit wachsende Strauchrose, 1,5 x 1,5 m
Blüten: aprikot, die Blütenblätter heller, becherförmig, beim Aufblühen biegen sich die äußere Blütenblätter nach außen
Blütezeit: Juli bis September/Oktober, öfter blühend
Blatt: hellgrün
Auch im Halbschatten (mindestens 5 Stunden Sonne): ✔
Blattgesundheit: abschließende Ergebnisse liegen nicht vor
Regenfest: ✔
Verwendung/Besonderes: für Rosen- und Blumenbeete, auch in Kombination mit Stauden, hitzeverträglich, besonders reich blühend, Duft: angenehm und intensiv
Pflegeleicht: ✔

STRAUCHROSEN
GELB UND ORANGE

Graham Thomas®

Klasse: Strauchrose, Englische Rose
Herkunft: Züchter: Austin, Einführungsjahr: 1983
Aussehen: buschig aufrecht, 1 bis 1,5 m hoch
Blüten: bernsteinfarben, hellen beim Verblühen zu Gelb auf, dicht gefüllt, groß
Blütezeit: Juni von September, öfter blühend
Blatt: hellgrün
Auch im Halbschatten (mindestens 5 Stunden Sonne): ✔
Blattgesundheit: 🌿 🌿 🌿
Regenfest: ✔
Verwendung/Besonderes: für Rosen- und Blumenbeete, Einzelstellung, für Gruppenpflanzung, hitzeverträglich, reich blühend, Duft: frisch mit kühlem Veilchenduft
Pflegeleicht: ✔

Herzogin Frederike®

Klasse: Strauchrose
Herkunft: Züchter: Noack, Einführungsjahr: 2002
Aussehen: aufrecht buschig, bis 1,5 m hoch
Blüten: zartrosa, mit gelber Mitte, halb gefüllt, Durchmesser 5 bis 6 cm, in Dolden
Blütezeit: Juni bis Mitte November, öfter blühend
Blatt: leicht glänzend, dunkelgrün
Blattgesundheit: 🌿 🌿 🌿
Regenfest: ✔
Verwendung/Besonderes: wunderschöne Rose mit auffallenden gelben Staubgefäßen, starkes Farbspiel, Kontrast von Lachs bis Gelb, hitzeverträglich
Pflegeleicht: ✔

Kaiser von Lautern®

Klasse: Strauchrose
Herkunft: Züchter: Michler, Einführungsjahr: 2000
Aussehen: locker, elegant, bis 1,5 m hoch
Blüten: karamellfarben, halb gefüllt, flach, beim Aufblühen bis zu 10 cm Durchmesser
Blütezeit: Juni bis September, öfter blühend
Blatt: glänzend dunkelgrün
Blattgesundheit: 🌿 🌿 🌿
Regenfest: ✔
Verwendung/Besonderes: für Einzelpflanzung und kleine Gruppen, hitzeverträglich, Duft: angenehm
Pflegeleicht: ✔

Grimaldi®

Klasse: Strauchrose
Herkunft: Züchter: Delbard, Einführungsjahr: 1997
Aussehen: kräftig, aufrecht, 0,8 bis 1 m hoch
Blüten: orange mit weißen Streifen, locker gefüllt
Blütezeit: Juni bis September, öfter blühend
Blatt: dunkelgrün
Blattgesundheit: 🌿 🌿
Regenfest: ✔
Verwendung/Besonderes: hat eine schillernde Blütenpracht mit immer neuen Farbkombinationen, hitzeverträglich, ideale Rose für die Vase, besonders schön in Kombination mit anderen Rosensträuchern, 1999 Silbermedaille in Monza

Johannes Rau®

Klasse: Strauchrose
Herkunft: Züchter: Noack, Einführungsjahr: 2001
Aussehen: aufrecht buschig, bis 1,2 m hoch
Blüten: dunkelgelb, außen leicht rosa, gefüllt
Blütezeit: Juni bis September, öfter blühend
Blatt: dunkelgrün
Blattgesundheit: 🌿 🌿 bis 🌿 🌿 🌿
Regenfest: ✔
Verwendung/Besonderes: unkompliziert, für Einzelpflanzung und kleine Gruppen, hitzeverträglich
Pflegeleicht: ✔

Klostertaler Power

Klasse: Strauchrose
Herkunft: Züchter: Schultheis, Einführungsjahr: 2000
Aussehen: breit buschig, 1,5 m hoch
Blüten: leuchtend orange, gefüllt, mit gewellten Blütenblättern
Blütezeit: Juni bis Oktober, öfter blühend
Blatt: dunkelgrün, glänzend
Blattgesundheit: abschließende Ergebnisse liegen nicht vor
Regenfest: ✔
Verwendung/Besonderes: Rosen- und Blumenrabatten, hitzeverträglich, für Gruppenpflanzungen
Pflegeleicht: ✔

STRAUCHROSEN
GELB UND ORANGE

Lichtkönigin Lucia®

Klasse: Strauchrose, ADR-Rose 1968, hoher Gartenwert, da guter Gesamteindruck
Herkunft: Züchter: W. Kordes' Söhne, Einführungsjahr: 1966
Aussehen: aufrecht buschig, 1 bis 1,5 m hoch
Blüten: kräftig zitronengelb, gefüllt, groß, einzeln und in kleinen Büscheln, langer schöner Herbstflor
Blütezeit: Juni bis September, öfter blühend
Blatt: farngrün, ledrig
Blattgesundheit: 🍃🍃 bis 🍃🍃🍃
Regenfest: ✔
Verwendung/Besonderes: für Einzel- und Gruppenpflanzungen, ideal zur Kombination mit Stauden, hitzeverträglich, auffallend reich blühend, Duft: mittel
Pflegeleicht: ✔

Michka®
Klasse: Strauchrose
Herkunft: Züchter: Meilland, Einführungsjahr: 1998
Aussehen: aufrecht buschig, 1,2 bis 1,5 m hoch
Blüten: goldgelb, gefüllt, Edelrosenform, 3 bis 5 Blüten pro Stiel, Größe 6 bis 7 cm, 25 bis 30 Blütenblätter
Blütezeit: Juni bis September, öfter blühend
Blatt: glänzend dunkelgrün
Blattgesundheit: 🍃🍃🍃
Regenfest: ✔
Verwendung/Besonderes: Einzelstellung, für Gruppenpflanzungen, auch in Kombination mit Stauden, hitzeverträglich, sehr blühwillig, auch für regenreiche Gebiete
Pflegeleicht: ✔

Molineux

Michka®

Molineux
Klasse: Strauchrose, Englische Rose
Herkunft: Züchter: David Austin, Einführungsjahr: 1994
Aussehen: aufrecht buschig wachsende Strauchrose, 1 m hoch
Blüten: wunderschöne Rosettenblüten, intensiv gelb, an der Außenseite heller, besonders reich blühend
Blütezeit: Juli bis September
Blatt: mittelgrün
Auch im Halbschatten (mindestens 5 Stunden Sonne): ✔
Blattgesundheit: 🍃🍃 bis 🍃🍃🍃
Regenfest: ✔
Verwendung/Besonderes: für Rosen- und Blumenbeete, auch in Kombination mit Stauden oder als Beetrose, hitzeverträglich, Duft: intensiver Teerosenduft
Pflegeleicht: ✔

Pat Austin

Klasse: Strauchrose, Englische Rose
Herkunft: Züchter: David Austin, Einführungsjahr: 1995
Aussehen: buschig, 1,5 m hoch
Blüten: innen intensiv kupferfarben, außen hell kupfergelb, groß
Blütezeit: Juli bis September/Oktober, öfter blühend
Blatt: dunkelgrün
Auch im Halbschatten (mindestens 5 Stunden Sonne): ✔
Blattgesundheit: 🍃🍃 bis 🍃🍃🍃
Regenfest: ✔
Verwendung: für Rosen- und Blumenbeete, hitzeverträglich, Duft: starker Teerosenduft
Pflegeleicht: ✔

STRAUCHROSEN
GELB UND ORANGE

Pimprenelle®

Klasse: Strauchrose
Herkunft: Züchter: Delbard, Einführungsjahr: 1997
Aussehen: kräftig, 0,7 bis 0,8 m hoch
Blüten: gelb bis cremegelb, locker gefüllt, üppig
Blütezeit: Juni bis zum Frost, öfter blühend
Blatt: dunkelgrün
Blattgesundheit: abschließende Ergebnisse liegen nicht vor
Regenfest: ✔
Verwendung/Besonderes: charmanter Wildrosencharakter, hitzeverträglich
Pflegeleicht: ✔

Pierre Gagnaire®

Klasse: Strauchrose
Herkunft: Züchter: Delbard, Einführungsjahr: 2002
Aussehen: kräftig, buschig, bis 1,5 m hoch
Blüten: orange, unterseits rosa, im Aufblühen ins Weiße übergehend, in Büscheln mit etwa 20 Blüten
Blütezeit: Juni bis September, öfter blühend
Blatt: glänzend olivgrün
Blattgesundheit: abschließende Ergebnisse liegen nicht vor
Regenfest: ✔
Verwendung/Besonderes: für Blumenbeete und Hecken, charmanter Wildrosencharakter, hitzeverträglich, Duft: blumig fruchtig
Pflegeleicht: ✔

Polka® 91

Klasse: Strauchrose
Herkunft: Züchter: Meilland, Einführungsjahr: 1991
Aussehen: aufrecht buschig, 1,2 bis 1,5 m hoch
Blüten: bernsteingelb, gefüllt, 2 bis 3 Blüten pro Stiel, Größe 6 bis 7 cm, je 30 bis 35 Blütenblätter
Blütezeit: Juni bis September, öfter blühend
Blatt: mittel- bis dunkelgrün, glänzend
Blattgesundheit: 🍃🍃 bis 🍃🍃🍃
Regenfest: ✔
Verwendung/Besonderes: Einzelstellung, für Gruppenpflanzungen, ideal in Kombination mit Stauden, liebt nährstoffreiche und sonnige Standorte, hitzeverträglich, nostalgische Blüten, Schnittrose, Duft: intensiv
Pflegeleicht: ✔

Postillion®

Klasse: Strauchrose, ADR-Rose 1996
Herkunft: Züchter: W. Kordes' Söhne, Einführungsjahr: 1998
Aussehen: kräftig, aufrecht, bis 1,6 m hoch
Blüten: leuchtend gelb, gefüllt, meist in Dolden
Blütezeit: Juni bis September, öfter blühend
Blatt: glänzend dunkelgrün
Blattgesundheit: 🍃🍃🍃 bis 🍃🍃🍃🍃
Regenfest: ✔
Verwendung/Besonderes: in lieblicher Farbe, reich blühend, hitzeverträglich, Duft: mittel
Pflegeleicht: ✔

STRAUCHROSEN
GELB UND ORANGE

Pur Caprice®

Klasse: Strauchrose
Herkunft: Züchter: Delbard, Einführungsjahr: 1997
Aussehen: kräftig kompakt, 0,6 bis 0,8 m hoch
Blüten: strohgelb mit rosa Tupfen, cremefarben, grün
Blütezeit: Juni bis September, öfter blühend
Blatt: dunkelgrün
Blattgesundheit: abschließende Ergebnisse liegen nicht vor
Regenfest: ✔
Verwendung/Besonderes: reich blühend, Wildrosencharakter, Dauerblüher, hitzeverträglich, 1996 in Paris, Rom und Baden-Baden ausgezeichnet
Pflegeleicht: ✔

Rokoko®

Klasse: Strauchrose
Herkunft: Züchter: Rosen Tantau, Einführungsjahr: 1987
Aussehen: breit buschig, 1,2 bis 1,5 m hoch
Blüten: cremegelb, halb gefüllt, groß, leicht gewellt
Blütezeit: Juni bis September, öfter blühend
Blatt: mittel- bis dunkelgrün
Blattgesundheit: 🍃🍃 bis 🍃🍃🍃
Regenfest: ✔
Verwendung/Besonderes: besitzt märchenhaftes Flair, wunderschöne Blüten, für Blumenbeete und Heckenpflanzungen, hitzeverträglich, Duft: wundervoll, nach Wildrosen
Pflegeleicht: ✔

Rugelda®

Klasse: Strauchrose, ADR-Rose 1992
Herkunft: Züchter: W. Kordes' Söhne, Einführungsjahr: 1989
Aussehen: buschig, aufrecht, vieltriebig, stark wüchsig, bis 1,8 m hoch
Blüten: zitronengelb, rötlich gerandet, stark gefüllt, groß, in Büscheln
Blütezeit: Juni bis September, öfter blühend
Blatt: dunkelgrün, glänzend
Auch im Halbschatten (mindestens 5 Stunden Sonne): ✔
Blattgesundheit: 🍃🍃🍃
Regenfest: ✔
Verwendung/Besonderes: ideal für Heckenpflanzung, da starke Bestachelung, hitzeverträglich, Duft: leicht

Sahara®

Klasse: Strauchrose
Herkunft: Züchter: Rosen Tantau, Einführungsjahr: 1996
Aussehen: breit buschig, lang triebig, stark wachsend, 1 bis 1,2 m hoch
Blüten: goldgelb bis bronzerot, gefüllt
Blütezeit: Juni bis September, öfter blühend
Blatt: leicht glänzend, mittelgrün
Blattgesundheit: 🍃 bis 🍃🍃
Regenfest: ✔
Verwendung/Besonderes: interessante Farbe, ständiger Blütenflor, hitzeverträglich, Duft: leicht

Souvenir de Marcel Proust®

STRAUCHROSEN
GELB UND ORANGE

Klasse: Strauchrose
Herkunft: Züchter: Delbard, Einführungsjahr: 1993
Aussehen: kräftig, 0,8 bis 0,9 m hoch
Blüten: leuchtend gelb, üppig
Blütezeit: Juni bis September, öfter blühend
Blatt: hellgrün
Blattgesundheit: abschließende Ergebnisse liegen nicht vor
Verwendung/Besonderes: schönes Zusammenspiel von Blüten und Blättern, reich blühend, hitzeverträglich, 1995 Internationaler Duftpreis in Nantes, Duft: frischer Zitronenduft
Pflegeleicht: ✔

Teasing Georgia

Klasse: Strauchrose oder Kletterrose, Englische Rose
Herkunft: Züchter: David Austin, Einführungsjahr: 1998
Aussehen: bogig überhängende Strauchrose, 1,5 m hoch, als Kletterrose bis 2,5 m
Blüten: reingelb an den äußeren Blütenblättern verblassend, stark gefüllt
Blütezeit: Juli bis September, öfter blühend
Blatt: mittel- bis dunkelgrün
Auch im Halbschatten (mindestens 5 Stunden Sonne): ✔
Blattgesundheit: abschließende Ergebnisse liegen nicht vor
Regenfest: ✔

Verwendung: für Rosen- und Blumenbeete, auch in Kombination mit Stauden oder als Kletterrose an Wänden, Kletterobelisken oder Spalieren, hitzeverträglich, mit der Harry Edland Medaille für den besten Duft ausgezeichnet, Duft: starker Teerosenduft
Pflegeleicht: ✔

Westerland®

Klasse: Strauchrose, ADR-Rose 1974, unverzichtbar wegen Gesundheit und Blütenwirkung
Herkunft: Züchter: W. Kordes' Söhne, Einführungsjahr: 1969
Aussehen: aufrecht buschig, stark wüchsig, bis 1,5 m hoch
Blüten: leuchtend kupferorange, gefüllt, groß, in großen Büscheln, mit offener Mitte
Blütezeit: Juni bis zum Frost, öfter blühend
Blatt: glänzend frischgrün
Auch im Halbschatten (mindestens 5 Stunden Sonne): ✔
Blattgesundheit: 🌿🌿🌿
Regenfest: ✔
Verwendung/Besonderes: für Einzel- und Gruppenpflanzungen, hitzeverträglich, haltbare Blüten, reich blühend, Duft: stark
Pflegeleicht: ✔

Westfalenpark – Kordes' Rose Westfalenpark®

Klasse: Strauchrose
Herkunft: Züchter: W. Kordes' Söhne, Einführungsjahr: 1986
Aussehen: aufrecht buschig, bis 1,5 m hoch
Blüten: bernsteinfarben, gefüllt, groß, Mitte später offen, Blütenblätter wellig gerollt
Blütezeit: Juni bis September, öfter blühend
Blatt: glänzend frischgrün
Blattgesundheit: 🌿 bis 🌿🌿
Regenfest: ✔
Verwendung/Besonderes: edle Strauchrose mit apartem Farbton, hitzeverträglich, Duft: leicht

Yellow Romantica®

Klasse: Strauchrose
Herkunft: Züchter: Meilland/Martens, Einführungsjahr: 1999
Aussehen: aufrecht buschig, bis 1,5 m hoch
Blüten: hellgelb, stark gefüllt, rosettenartig, 3 bis 5 Blüten pro Stiel, Größe 7 bis 8 cm, je 50 bis 60 Blütenblätter
Blütezeit: Juni bis September, öfter blühend
Blatt: leicht glänzend, dunkelgrün
Blattgesundheit: 🌿🌿 bis 🌿🌿🌿
Regenfest: ✔
Verwendung/Besonderes: Einzelstellung, für Gruppenpflanzungen, auch in Kombination mit Stauden, hitzeverträglich, sehr reich blühend, Duft: mittel

STRAUCHROSEN
ROSA UND VIOLETT

Angela®

Klasse: Strauchrose, ADR-Rose 1982
Herkunft: Züchter: W. Kordes' Söhne, Einführungsjahr: 1984
Aussehen: locker, aufrecht, breit buschig, bis 1 m hoch
Blüten: pink schimmerndes, kräftiges Altrosa, leicht gefüllt, mittelgroß, in Büscheln und in Dolden
Blütezeit: Juni bis September, öfter blühend
Blatt: dunkelgrün
Blattgesundheit: 🍃🍃🍃
Regenfest: ✔
Verwendung/Besonderes: moderne Strauchrose mit dem Charme der Alten Rosen, niedrig wachsend, hitzeverträglich, reich und lang blühend
Pflegeleicht: ✔

Armada®

Klasse: Strauchrose, ADR-Rose 1993
Herkunft: Züchter: Harkness, Einführungsjahr: 1989
Namen in anderen Ländern: Trinity Fair (Großbritannien)
Aussehen: aufrecht buschig, 1 bis 1,5 m hoch
Blüten: rosa, dicht gefüllt, edelrosenartig
Blütezeit: Juni bis September, öfter blühend
Blatt: glänzend mittel- bis dunkelgrün
Blattgesundheit: 🍃🍃 bis 🍃🍃🍃
Regenfest: ✔
Verwendung/Besonderes: als Einzelstrauch oder in Gruppen auch für Parks und größere Gärten, für Hecken, für Rosen- und Blumenbeete, hitzeverträglich, Schnittrose, Duft: leicht
Pflegeleicht: ✔

A Shropshire Lad

Klasse: Strauchrose oder Kletterrose, Englische Rose
Herkunft: Züchter: David Austin, Einführungsjahr: 1996
Aussehen: als überhängende Strauchrose, 1,5 oder 2,5 m als Kletterrose
Blüten: pfirsichrosa, stark gefüllt
Blütezeit: Juli bis September/Oktober, öfter blühend
Blatt: mittel- bis dunkelgrün
Auch im Halbschatten (mindestens 5 Stunden Sonne): ✔
Blattgesundheit: 🍃🍃 bis 🍃🍃🍃
Regenfest: ✔
Verwendung/Besonderes: für Rosen- und Blumenbeete, als Kletterrose an einem Obelisken, Spalier oder Rankgerüst, hitzeverträglich, Duft: stark, fruchtig
Pflegeleicht: ✔

Astrid Lindgren®

Klasse: Strauchrose
Herkunft: Züchter: Poulsen, Einführungsjahr: 1989
Namen in anderen Ländern: Dream Sequence
Aussehen: aufrecht buschig, kräftig, 1 bis 1,5 m hoch
Blüten: hellrosa, gefüllt, mittelgroß, rundliche Knospen
Blütezeit: Juni bis September, öfter blühend
Blatt: glänzend mittel- bis dunkelgrün
Blattgesundheit: 🍃🍃 bis 🍃🍃🍃
Regenfest: ✔
Verwendung/Besonderes: als Einzelstrauch oder in Gruppen, auch für Parks und größere Gärten, für Hecken, für Rosen- und Blumenbeete, hitzeverträglich, Goldmedaille in Baden-Baden, Schnittrose, Duft: angenehm
Pflegeleicht: ✔

Benjamin Britten

STRAUCHROSEN
ROSA UND VIOLETT

Klasse: Strauchrose, Englische Rose
Herkunft: Züchter: David Austin, Einführungsjahr: 2001
Aussehen: aufrecht buschig, 1,5 m hoch
Blüten: intensiv Lachsrosa, stark gefüllt, becherförmig
Blütezeit: Juli bis September/Oktober, öfter blühend
Blatt: dunkelgrün
Auch im Halbschatten (mindestens 5 Stunden Sonne): ✔
Blattgesundheit: abschließende Ergebnisse liegen nicht vor
Regenfest: ✔
Verwendung/Besonderes: für Rosen- und Blumenbeete, hitzeverträglich, Duft: fruchtig
Pflegeleicht: ✔

Bouquet Parfait

Klasse: Strauchrose
Herkunft: Züchter: L. Lens, Einführungsjahr 1989
Aussehen: buschig aufrecht, 1,2 bis 1,5 m hoch
Blüten: cremerosa, im Hochsommer heller, gefüllt, 5 cm Durchmesser
Blütezeit: Juni bis September
Blatt: glänzend dunkelgrün
Auch im Halbschatten (mindestens 5 Stunden Sonne): ✔
Blattgesundheit: abschließende Ergebnisse liegen nicht vor
Regenfest: ✔
Verwendung/Besonderes: starkwüchsig, als Solitär, für Rosen- und Blumenbeete, für Hecken, hitzeverträglich, sehr gute Schnittblume, gewonnene Preise: Silbermedaille Saverne 1991, Zertifikat Genf 1991, Zertifikat Den Haag 1996

Bremer Stadtmusikanten®

Klasse: Strauchrose
Herkunft: Züchter: W. Kordes' Söhne, Einführungsjahr: 2000
Namen in anderen Ländern: Pearl (Großbritannien)
Aussehen: kräftig aufrecht, bis 1,2 m hoch
Blüten: cremerosa mit dunkler Mitte, gefüllt, meist in großen Rispen, erinnern an Kamelienblüten
Blütezeit: Juni bis September, öfter blühend
Blatt: glänzend dunkelgrün
Blattgesundheit: 🌿🌿🌿
Verwendung/Besonderes: lieblicher Farbton, reich blühend, hitzeverträglich, Duft: fein strömend, süßlich
Pflegeleicht: ✔

Brother Cadfael

Klasse: Strauchrose, Englische Rose
Herkunft: Züchter: David Austin, Einführungsjahr: 1990
Aussehen: aufrechte buschige Strauchrose, bis 1,2 m hoch
Blüten: reinrosa, sehr groß, rundlich
Blütezeit: Juli bis September/Oktober, öfter blühend
Blatt: dunkelgrün
Auch im Halbschatten (mindestens 5 Stunden Sonne): ✔
Blattgesundheit: 🌿🌿
Regenfest: ✔
Verwendung/Besonderes: für Rosen- und Blumenbeete, hitzeverträglich, Duft: sehr starker Wildrosenduft
Pflegeleicht: ✔

Cardinal de Richelieu

Klasse: Strauchrose, historische Rose
Herkunft: Züchter: Laffay, Einführungsjahr: 1840
Aussehen: breit buschig, 1,5 m hoch
Blüten: violett, gefüllt, schalenförmig
Blütezeit: Juni bis Juli, einmal blühend
Blatt: mittelgrün
Auch im Halbschatten (mindestens 5 Stunden Sonne): ✔
Blattgesundheit: 🌿 bis 🌿🌿
Regenfest: ✔
Verwendung/Besonderes: Gruppenpflanzungen, naturnaher Garten, Rosenhecken, hitzeverträglich, Duft: leicht

STRAUCHROSEN
ROSA UND VIOLETT

Celsiana

Klasse: Strauchrose, historische Rose
Herkunft: Züchter: unbekannt, Einführungsjahr: vor 1750
Aussehen: buschiger Strauch, 1,5 m hoch
Blüten: zartrosa, groß, locker gefüllt
Blütezeit: Juni bis Juli, einmal blühend
Blatt: graugrün
Auch im Halbschatten (mindestens 5 Stunden Sonne): ✔
Blattgesundheit: alte Sorte mit hohem Gartenwert, bei der eine Einstufung nach modernen Kriterien noch nicht vorgenommen wurde
Regenfest: ✔
Verwendung/Besonderes: für Rosen- und Blumenrabatten, Gruppenpflanzungen, naturnaher Garten, Hecken, hitzeverträglich, Duft: süß duftend
Pflegeleicht: ✔

Centenaire de Lourdes® rose

Klasse: Strauchrose
Herkunft: Züchter: Delbard-Chabert, Einführungsjahr: 1958
Aussehen: aufrecht buschig, 0,9 bis 1,3 m hoch
Blüten: dunkelrosa, gefüllt
Blütezeit: Juni bis September, öfter blühend
Blatt: glänzend dunkelgrün
Auch im Halbschatten (mindestens 5 Stunden Sonne): sonnig bis halbschattig
Blattgesundheit: 🍃🍃🍃
Regenfest: ✔

Verwendung: Einzelstellung und Heckenpflanzung, Liebhaberpflanze, Schnittrose, hitzeverträglich
Pflegeleicht: ✔

Cesar®

Klasse: Strauchrose
Herkunft: Züchter: Meilland, Einführungsjahr: 1993
Aussehen: aufrecht buschig, bis 1,5 m hoch
Blüten: rosa/gelb, stark gefüllt, 3 bis 5 Blüten pro Stiel, Größe 7 bis 8 cm, je 50 bis 60 Blütenblätter
Blütezeit: Juni bis September, öfter blühend
Blatt: mittel- bis dunkelgrün
Blattgesundheit: 🍃🍃
Regenfest: ✔
Verwendung/Besonderes: für Einzelstellung, für Gruppenpflanzungen, schön mit hohen blauen Stauden, hitzeverträglich, Duft: leicht

Chantal Mérieux®

Klasse: Strauchrose, Rosa Générosa
Herkunft: Züchter: Guillot-Massad, Einführungsjahr: 1999
Aussehen: kompakt, buschig, verzweigt gut, bis 1,0 m hoch
Blüten: rosa, die äußeren Blätter sind heller und umrahmen die Blüte zart, gefüllt, mittelgroß, einzeln oder in Dreierdolden, Blütenform ähnlich den historischen Rosen
Blütezeit: Juni bis Oktober, öfter blühend
Blatt: glänzend mittelgrün
Blattgesundheit: abschließende Ergebnisse liegen nicht vor
Regenfest: ✔
Verwendung/Besonderes: Beet- und Schnittrose, hitzeverträglich, Duft: nach Rose, Himbeere, Myrrhe, Anis und Cidre
Pflegeleicht: ✔

Chartreuse de Parme®

Klasse: Strauchrose
Herkunft: Züchter: Delbard, Einführungsjahr: 1995
Aussehen: kräftig, aufrecht, 0,8 bis 0,9 m hoch
Blüten: karmesinrosa, dicht gefüllt mit gedrehter Mitte
Blütezeit: Juni bis September, öfter blühend
Blatt: dunkelgrün
Blattgesundheit: 🍃 bis 🍃🍃
Regenfest: ✔
Verwendung/Besonderes: 1996 Duftpreise in Genf, Madrid und Paris, 2000 Silbermedaille in Paris, hitzeverträglich, Duft: stark, betörend

STRAUCHROSEN
ROSA UND VIOLETT

Charles de Mills

Klasse: Strauchrose, historische Rose
Herkunft: Züchter: Hardy, Einführungsjahr: vor 1746
Aussehen: breit buschig, überhängend, 1,5 m hoch
Blüten: violett, flache, dicht gefüllt, Schalenblüten
Blütezeit: Juni bis Juli, einmal blühend
Blatt: graugrün
Auch im Halbschatten (mindestens 5 Stunden Sonne): ✔
Blattgesundheit: ❦❦ bis ❦❦❦
Regenfest: ✔
Verwendung/Besonderes: Gruppenpflanzungen, naturnaher Garten, Rosenhecken, hitzeverträglich, Duft: sehr gut
Pflegeleicht: ✔

Christian Schultheis

Klasse: Strauchrose
Herkunft: Züchter: Schultheis, Einführungsjahr: 1999
Aussehen: ausladend, bis 1,5 m hoch
Blüten: kräftig rosa, gefüllt, Schalenblüten
Blütezeit: Juni bis Oktober, öfter blühend
Blatt: glänzend dunkelgrün
Auch im Halbschatten (mindestens 5 Stunden Sonne): ✔
Blattgesundheit: abschließende Ergebnisse liegen nicht vor
Regenfest: ✔
Verwendung/Besonderes: gemischte Beete, Gruppenpflanzungen, hitzeverträglich, Schnittrose
Pflegeleicht: ✔

Cinderella®

Klasse: Strauchrose
Herkunft: Züchter: W. Kordes' Söhne, Einführungsjahr: 2003
Aussehen: aufrecht, sehr buschig, bis 1,5 m hoch
Blüten: zartrosa, gefüllt, groß, meist in Dolden von 4 bis 6 Blüten, ballförmig, den historischen Rosen ähnlich
Blütezeit: Juni bis September, öfter blühend
Blatt: stark glänzend, dunkelgrün
Blattgesundheit: ❦❦ bis ❦❦❦
Verwendung/Besonderes: mit dem Charme alter Rosen, nostalgische Blüten, in milden Lagen auch als Kletterrose, hitzeverträglich, Goldmedaillen in Neuheitenwettbewerben in Baden-Baden, Genf und Rom, Duft: stark, fruchtig, nach Apfel
Pflegeleicht: ✔

Colette®

Klasse: Strauchrose
Herkunft: Züchter: Meilland, Einführungsjahr: 1993
Aussehen: aufrecht buschig, bis 2 m hoch
Blüten: goldbraunrosa, gefüllt, rosettenartig, 3 bis 5 Blüten pro Stiel, Größe 7 bis 8 cm, je 50 bis 60 Blütenblätter
Blütezeit: Juni bis September, öfter blühend
Blatt: glänzend dunkelgrün, ledrig
Blattgesundheit: ❦❦ bis ❦❦❦
Regenfest: ✔
Verwendung/Besonderes: außerordentlich reich blühend, Einzelstellung, für Gruppenpflanzungen, auch in Kombination mit Stauden, hitzeverträglich, Duft: mittel
Pflegeleicht: ✔

Comtesse de Ségur®

Klasse: Strauchrose
Herkunft: Züchter: Delbard, Einführungsjahr: 1994
Aussehen: aufrecht, kräftig, 0,8 bis 1 m hoch
Blüten: leuchtend rosa, je 100 Blütenblätter
Blütezeit: Juni bis September, öfter blühend
Blatt: frischgrün
Blattgesundheit: abschließende Ergebnisse liegen nicht vor
Regenfest: ✔
Verwendung/Besonderes: reich blühend, Silbermedaille in Monza und Courtrai, hitzeverträglich, Rose des Schloßgartens von Camille und Madeleine in Fleurville
Pflegeleicht: ✔

STRAUCHROSEN
ROSA UND VIOLETT

Constance Spry

Klasse: Strauchrose, Kletterrose, Englische Rose
Herkunft: Züchter: Austin, Einführungsjahr: 1961
Aussehen: aufrecht buschig, überhängend, 1,8 bis 2,5 m hoch
Blüten: rosa, dicht gefüllt
Blütezeit: Juni von Juli, einmal blühend
Blatt: glänzend mittel- bis dunkelgrün
Auch im Halbschatten (mindestens 5 Stunden Sonne): ✔
Blattgesundheit: 🍂 bis 🍂🍂
Verwendung/Besonderes: Schnittrose, mittlere Regenfestigkeit, auch als Kletterrose für Pergolen und Spaliere, Duft: nach Myrte

Cristata

Klasse: Strauchrose, historische Rose
Herkunft: Einführungsjahr: 1827
Aussehen: breit buschig, bis 1,5 m hoch
Blüten: rosa, stark gefüllt, stark bemooste Kelchblätter
Blütezeit: Juni bis Juli, einmal blühend
Blatt: mittelgrün
Auch im Halbschatten (mindestens 5 Stunden Sonne): ✔
Blattgesundheit: alte Sorte mit hohem Gartenwert, bei der eine Einstufung nach modernen Kriterien noch nicht vorgenommen wurde
Verwendung/Besonderes: Gruppenpflanzungen, naturnaher Garten, Rosenhecken, hitzeverträglich, Duft: sehr gut
Pflegeleicht: ✔

Dames de Chenonceau®

Klasse: Strauchrose
Herkunft: Züchter: Delbard, Einführungsjahr: 2002
Aussehen: kräftig buschig, bis 0,8 m hoch
Blüten: rosa, orange, aprikot
Blütezeit: Juni bis September, öfter blühend
Blatt: dunkelgrün
Blattgesundheit: abschließende Ergebnisse liegen nicht vor
Verwendung/Besonderes: elegant und anmutig, hitzeverträglich, nach dem gleichnamigen Schloss benannt, Duft: stark
Pflegeleicht: ✔

Dentelle de Malines

Klasse: Strauchrose
Herkunft: Züchter: L. Lens, Einführungsjahr: 1986
Aussehen: breit buschig mit zierlichen überhängenden Trieben, 1,8 bis 2 m hoch
Blüten: zartrosa, gefüllt, 3 bis 4 cm Durchmesser, in großen, dicht stehenden Trauben
Blütezeit: Juni, einmal blühend
Blatt: dunkelgrün, glänzend
Auch im Halbschatten (mindestens 5 Stunden Sonne): ✔
Blattgesundheit: abschließende Ergebnisse liegen nicht vor
Regenfest: ✔
Verwendung/Besonderes: starkwüchsig, frosthart, als Solitär, Kletterrose oder für Hecken, hitzeverträglich, Duft: leicht

Dinky®

STRAUCHROSEN
ROSA UND VIOLETT

Klasse: Strauchrose
Herkunft: Züchter: A. Velle, Einführungsjahr: 2002
Aussehen: buschig aufrecht mit überhängenden Trieben, 0,9 bis 1,2 m hoch
Blüten: kräftiges, dunkles Pink, nicht verblassend
Blütezeit: Juni bis September
Blatt: mittelgrün, leicht glänzend
Auch im Halbschatten (mindestens 5 Stunden Sonne): ✔
Blattgesundheit: abschließende Ergebnisse liegen nicht vor
Regenfest: ✔
Verwendung/Besonderes: als Solitär, für Rosen- und Blumenbeete, für Hecken, hitzeverträglich, als Schnittblume, gewonnene Preise: Silbermedaille Baden-Baden 2003, Ehrenpreis Verein Deutscher Rosenfreunde 2003, Goldmedaille Le Roeulx 2003, Preis 40 Jahre Le Roeulx 2003

Dornröschenschloss Sababurg®

Klasse: Strauchrose
Herkunft: Züchter: W. Kordes' Söhne, Einführungsjahr: 1993
Namen in anderen Ländern: Fairy Castle (Südafrika)
Aussehen: überhängend, bis 1,2 m hoch
Blüten: reines Rosa, gefüllt, mittelgroß, meist in großen Dolden, im Erblühen edel, später dicht rosettenartig
Blütezeit: Juni bis September, öfter blühend
Blatt: stark glänzend, dunkelgrün, ledrig
Blattgesundheit: ❦ bis ❦❦
Regenfest: ✔
Verwendung/Besonderes: gute Eigenschaften als niedrige Hecke, für Einzel- und Gruppenpflanzungen, hitzeverträglich, Duft: typisch rosenartig

Dortmunder Kaiserhain®

Klasse: Strauchrose, ADR-Rose 1994
Herkunft: Züchter: Noack, Einführungsjahr: 1994
Aussehen: aufrecht buschig, 0,8 bis 1 m hoch
Blüten: altrosa, gefüllt, Durchmesser 7 cm, etwa 30 Blütenblätter
Blütezeit: Juni bis September, öfter blühend
Blatt: glänzend, dunkelgrün
Blattgesundheit: ❦❦❦ bis ❦❦❦❦
Regenfest: ✔
Verwendung/Besonderes: Einzel- oder Gruppenpflanzungen, für Heckenpflanzung, hitzeverträglich, Schnittrose
Pflegeleicht: ✔

Eden Rose® 85

Klasse: Strauchrose
Herkunft: Züchter: Meilland, Einführungsjahr: 1985
Namen in anderen Ländern: Pierre de Ronsard® (Frankreich)
Aussehen: aufrecht buschig, 1 bis 1,5 m hoch
Blüten: hellrosa, gefüllt, rosettenartig, 2 bis 3 Blüten pro Stiel, Größe 10 bis 12 cm, je 60 bis 70 Blütenblätter
Blütezeit: Juni bis September, öfter blühend
Blatt: mittel- bis dunkelgrün, glänzend
Blattgesundheit: ❦❦❦
Regenfest: ✔
Verwendung/Besonderes: Einzelstellung, für Gruppenpflanzungen, auch in Kombination mit Stauden, hitzeverträglich, besitzt großen Charme, nostalgisch gefüllte Blüten, liebt nährstoffreiche und sonnige Standorte, Schnittrose, Duft: leicht

Elveshörn®

Klasse: Strauchrose
Herkunft: Züchter: W. Kordes' Söhne, Einführungsjahr: 1985
Aussehen: buschig, breit ausladend, bis 1 m hoch
Blüten: hellrot mit rosasilbrigem Schimmer, halb gefüllt, mittelgroß, in großen Dolden
Blütezeit: Juni bis September, öfter blühend
Blatt: schwach glänzend, frischgrün
Blattgesundheit: ❦❦❦
Verwendung/Besonderes: gute Flächenrose, reich blühend, hitzeverträglich, Duft: leicht, ähnlich einer Wildrose

STRAUCHROSEN
ROSA UND VIOLETT

Fantin Latour

Klasse: Strauchrose, historische Rose
Herkunft: Züchter: unbekannt, Einführungsjahr: 19. Jahrhundert
Aussehen: breit buschig, überhängend, 2 m hoch
Blüten: zartrosa, dicht gefüllte Schalenblüten
Blütezeit: Juni bis Juli, einmal blühend
Blatt: dunkelgrün
Auch im Halbschatten (mindestens 5 Stunden Sonne): ✔
Blattgesundheit: alte Sorte mit hohem Gartenwert, bei der eine Einstufung nach modernen Kriterien noch nicht vorgenommen wurde
Regenfest: ✔
Verwendung/Besonderes: Gruppenpflanzungen, naturnaher Garten, Rosenhecken, hitzeverträglich, Duft: sehr gut
Pflegeleicht: ✔

Felicia

Klasse: Strauchrose, historische Rose
Herkunft: Züchter: Pemberton, Einführungsjahr: 1928
Aussehen: breit buschig, überhängend, 1,5 m hoch
Blüten: rosa, gefüllt, mittelgroß
Blütezeit: Juni bis Oktober, öfter blühend
Blatt: mittelgrün
Auch im Halbschatten (mindestens 5 Stunden Sonne): ✔
Blattgesundheit: alte Sorte mit hohem Gartenwert, bei der eine Einstufung nach modernen Kriterien noch nicht vorgenommen wurde
Regenfest: ✔
Verwendung/Besonderes: Rosen- und Blumenrabatten, auch für Kübel, hitzeverträglich
Pflegeleicht: ✔

Felicitas®

Klasse: Strauchrose, ADR-Rose 1996
Herkunft: Züchter: W. Kordes' Söhne, Einführungsjahr: 1998
Aussehen: buschig ausladend, bogig überhängend, bis 1,20 m hoch
Blüten: karminrosa, ungefüllt, mittelgroß, in großen Dolden
Blütezeit: Juni bis September, öfter blühend
Blatt: stark glänzend, dunkelgrün
Blattgesundheit: 🍃🍃🍃 bis 🍃🍃🍃🍃
Regenfest: ✔
Verwendung/Besonderes: für Einzel-, Gruppen- und Flächenpflanzung geeignet, hitzeverträglich, vielseitig verwendbar auch als Kletterrose, Duft: leicht
Pflegeleicht: ✔

Freisinger Morgenröte – Kordes' Rose Freisinger Morgenröte®

Klasse: Strauchrose
Herkunft: Züchter: W. Kordes' Söhne, Einführungsjahr: 1988
Namen in anderen Ländern: Sunrise (Großbritannien)
Aussehen: breit buschig, stark wüchsig, bis 1,5 m hoch
Blüten: orangegelb bis rosaorange, gefüllt, groß, in Büscheln, Edelrosenform
Blütezeit: Juni bis September, öfter blühend
Blatt: glänzend, kräftig grün
Blattgesundheit: 🍃🍃 bis 🍃🍃🍃
Regenfest: ✔
Verwendung/Besonderes: für Einzel- und Gruppenpflanzungen, hitzeverträglich, für Heckenpflanzung, Schnittrose, Duft: stark

Fritz Nobis

Klasse: Strauchrose
Herkunft: Abstammung: *R. rubiginosa*, Züchter: W. Kordes' Söhne, Einführungsjahr: 1940
Aussehen: breit buschig, überhängend, bis 2 m hoch
Blüten: lachsrosa, innen gelblich, gefüllt
Blütezeit: Juni bis Juli, einmal blühend
Blatt: mittelgrün
Blattgesundheit: 🍃🍃 bis 🍃🍃🍃
Verwendung: reich blühend, stark wachsend, Wildrosencharakter, Duft: nach Apfelblüten
Pflegeleicht: ✔

Gertrude Jekyll

Klasse: Strauchrose oder Kletterrose, Englische Rose
Herkunft: Züchter: David Austin, Einführungsjahr: 1986
Aussehen: buschig aufrecht, als Strauchrose bis 1,2 m, als Kletterrose bis 2,5 m hoch
Blüten: tiefrosa, stark gefüllt, typischer historischer Rosencharakter
Blütezeit: Juli bis September/Oktober, öfter blühend

STRAUCHROSEN
ROSA UND VIOLETT

Blatt: grün
Auch im Halbschatten (mindestens 5 Stunden Sonne): ✔
Blattgesundheit: 🍃🍃🍃
Regenfest: ✔
Verwendung: für Rosen- und Blumenbeete, auch als Kletterrose an Obelisken, Spalieren oder Wänden, hitzeverträglich, Duft: sehr starker reiner Wildrosenduft
Pflegeleicht ✔

Grand Siècle®

Klasse: Strauchrose
Herkunft: Züchter: Delbard, Einführungsjahr: 1977
Aussehen: kräftig, 0,9 m hoch
Blüten: rosa, dicht gefüllt, groß
Blütezeit: Juni bis zum Frost, öfter blühend
Blatt: hellgrün
Blattgesundheit: 🍃 bis 🍃🍃
Verwendung/Besonderes: elegante Rose, Goldmedaille in Paris, Duft: typischer starker Rosenduft

Guy Savoy®

Klasse: Strauchrose und Kletterrose
Herkunft: Züchter: Delbard, Einführungsjahr: 2001
Aussehen: außergewöhnlich kräftig, bis 2,5 m hoch
Blüten: scharlachrot, purpur, blasslila, granatfarben, schattiert, blassrosa gestreift, etwa 20 große Blüten pro Büschel, anmutig
Blütezeit: Juni bis September, öfter blühend
Blatt: dunkelgrün

Blattgesundheit: abschließende Ergebnisse liegen nicht vor
Regenfest: ✔
Verwendung/Besonderes: für Spaliere, hitzeverträglich, Goldmedaille in Monza und Genf, in Madrid ausgezeichnet, Bronzemedaille und Casino Preis in Baden-Baden, Duft: fruchtiger, krautiger Duftcocktail
Pflegeleicht: ✔

Heavenly Pink®

Klasse: Strauchrose
Herkunft: Züchter: L. Lens, Einführungsjahr: 1997
Aussehen: buschig aufrecht mit überhängenden Trieben, 0,9 bis 1,2 m hoch
Blüten: hellrosa, nicht verblassend, gefüllt, 3 bis 4 cm groß, in pyramidenförmigen Trauben
Blütezeit: Juni bis September
Blatt: dunkelgrün, leicht glänzend
Auch im Halbschatten (mindestens 5 Stunden Sonne): ✔
Blattgesundheit: abschließende Ergebnisse liegen nicht vor
Regenfest: ✔
Verwendung/Besonderes: als Solitär, für Rosen- und Blumenbeete, für Hecken, hitzeverträglich, als Schnittblume, gewonnene Preise: Zertifikat Paris 1998, 1. Preis der Landschaftsrosen Paris 2003, Duft: leicht

Heritage®

Klasse: Strauchrose, Englische Rose
Herkunft: Züchter: Austin, Einführungsjahr: 1984
Aussehen: aufrecht buschig, schnell wachsend, 1 bis 1,2 m hoch
Blüten: hellrosa, dicht gefüllt, klein bis mittelgroß, becherförmig
Blütezeit: Juni von September, öfter blühend
Blatt: glänzend mittel- bis dunkelgrün
Blattgesundheit: 🍃🍃 bis 🍃🍃🍃
Regenfest: ✔
Verwendung/Besonderes: Einzelstellung, für Gruppen- und Flächenpflanzung, für Rosen- und Blumenbeete, für Hecken, hitzeverträglich, Duft: nach Früchten, Honig und Nelken mit Unterton von Myrte
Pflegeleicht: ✔

IGA 83 München®

Klasse: Strauchrose, Kleinstrauchrose, ADR-Rose 1982
Herkunft: Züchter: Meilland, Einführungsjahr: 1982
Namen in anderen Ländern: Rosiga® (Frankreich)
Aussehen: aufrecht buschig, 0,6 bis 0,7 m hoch
Blüten: karminrosa, halb gefüllt, 20 bis 25 Blüten pro Stiel, Größe 8 bis 9 cm, je 16 bis 18 Blütenblätter
Blütezeit: Juni bis September, öfter blühend
Blatt: glänzend mittel- bis dunkelgrün
Auch im Halbschatten (mindestens 5 Stunden Sonne): ✔
Blattgesundheit: 🍃🍃🍃 bis 🍃🍃🍃🍃
Regenfest: ✔
Verwendung/Besonderes: für Gruppen- und Flächenpflanzung, auch in Kombination mit Stauden, für extreme Lagen geeignet, hitzeverträglich, Vogelnährgehölz, auch als Beetrose verwendbar, kugelige Hagebutten, mit dekorativen Kelchblättern (für die Floristik), Duft: leicht
Pflegeleicht: ✔

STRAUCHROSEN
ROSA UND VIOLETT

Ilse Haberland®

Klasse: Strauchrose
Herkunft: Züchter: W. Kordes' Söhne, Einführungsjahr: 1956
Aussehen: breit buschig, stark wüchsig, bis 1,5 m hoch
Blüten: karminrosa mit silbrigen Reflexen, locker gefüllt, sehr groß
Blütezeit: Juni bis September, öfter blühend
Blatt: glänzend hellgrün
Blattgesundheit: alte Sorte mit hohem Gartenwert, bei der eine Einstufung nach modernen Kriterien noch nicht vorgenommen wurde
Regenfest: ✔
Verwendung/Besonderes: auffallende Duftrose, hitzeverträglich, Duft: stark
Pflegeleicht: ✔

Jacques Cartier

Klasse: Strauchrose, historische Rose
Herkunft: Einführungsjahr: 1868
Aussehen: sehr buschig, kuppelförmig, 1,5 m hoch
Blüten: leuchtend rosa, stark gefüllt, geviertelte Blüten mit kurzen Blütenblättern
Blütezeit: Juni bis Oktober, öfter blühend
Blatt: mittelgrün bis dunkelgrün
Auch im Halbschatten (mindestens 5 Stunden Sonne): ✔
Blattgesundheit: alte Sorte mit hohem Gartenwert, bei der eine Einstufung nach modernen Kriterien noch nicht vorgenommen wurde
Regenfest: ✔
Verwendung/Besonderes: Einzelstellung, Gruppenpflanzung, Kübelbepflanzung, hitzeverträglich, Duft: sehr stark, nach Damaszenerrose
Pflegeleicht: ✔

John Clare

Klasse: Strauchrose, Englische Rose
Herkunft: Züchter: David Austin, Einführungsjahr: 1994
Aussehen: rundliche, überhängende Strauchrose 1 m, wenige Stacheln
Blüten: tiefrosa, rundlich bis tassenförmig
Blütezeit: Juni bis Oktober
Blatt: mittelgrün
Auch im Halbschatten (mindestens 5 Stunden Sonne): ✔
Blattgesundheit: abschließende Ergebnisse liegen nicht vor
Regenfest: ✔
Verwendung/Besonderes: besonders üppig blühend, für Rosen- und Blumenbeete, auch in Kombination mit Stauden oder als Einzelpflanze, hitzeverträglich, Duft: schwach
Pflegeleicht ✔

Königin von Dänemark

Klasse: Strauchrose, historische Rose
Herkunft: Züchter: Booth, Einführungsjahr: 1816
Aussehen: breit buschig und überhängend, 1,5 bis 2 m hoch
Blüten: leuchtend rosa, nach außen hin aufhellend, dicht gefüllt, becherförmig
Blütezeit: Juni bis Juli, einmal blühend
Blatt: graugrün
Auch im Halbschatten (mindestens 5 Stunden Sonne): ✔
Blattgesundheit: ❦ ❦ ❦
Regenfest: ✔
Verwendung/Besonderes: Gruppenpflanzungen, naturnaher Garten, Rosenhecken, hitzeverträglich, Duft: sehr gut
Pflegeleicht: ✔

Linderhof®

Klasse: Strauchrose
Herkunft: Züchter: W. Kordes' Söhne, Einführungsjahr: 1999
Namen in anderen Ländern: Summer Breeze (Großbritannien)
Aussehen: überhängend, stark wüchsig, bis 1,8 m hoch
Blüten: leuchtend rosa mit gelber Mitte, ungefüllt, mittelgroß, meist in Dolden
Blütezeit: Juni bis Mitte November, öfter blühend
Blatt: stark glänzend, dunkelgrün
Blattgesundheit: ❦ ❦ ❦
Regenfest: ✔
Verwendung/Besonderes: besonders zur Einzelstellung und für blühende Hecken geeignet, bis zum Frost reich blühend, in günstigen Lagen als Kletterrose, hitzeverträglich, Goldmedaille in Genf 1997, Duft: schwach, nach Wildrosen
Pflegeleicht: ✔

Madame Bovary®

STRAUCHROSEN
ROSA UND VIOLETT

Klasse: Strauchrose
Herkunft: Züchter: Delbard, Einführungsjahr: 2002
Aussehen: aufrecht, stachelig, 0,8 bis 0,9 m hoch
Blüten: malvenfarben, groß, rund
Blütezeit: Juni von September, öfter blühend
Blatt: dunkelgrün
Blattgesundheit: abschließende Ergebnisse liegen nicht vor
Regenfest: ✔
Verwendung/Besonderes: für Töpfe und Kübel geeignet, hitzeverträglich, Schnittrose
Pflegeleicht: ✔

Madame Figaro®

Klasse: Strauchrose
Herkunft: Züchter: Delbard, Einführungsjahr: 2000
Aussehen: leicht buschig, bis 1 m hoch
Blüten: blassrosa, nach innen etwas dunkler rosa
Blütezeit: Juni bis September, öfter blühend
Blatt: dunkelgrün
Blattgesundheit: abschließende Ergebnisse liegen nicht vor
Verwendung/Besonderes: außergewöhnliche Sorte, reich blühend, nach der Frauenzeitschrift „Madame Figaro" benannt, hitzeverträglich
Pflegeleicht: ✔

Maiden's Blush

Klasse: Strauchrose, historische Rose
Herkunft: Züchter: gefunden in Kew Gardens, Einführungsjahr: 1797
Aussehen: breit buschig und leicht überhängend, 1,5 m hoch
Blüten: zartrosa, nach außen hin aufhellend, dicht gefüllt, becherförmig
Blütezeit: Juni bis Juli, einmal blühend
Blatt: graugrün
Auch im Halbschatten (mindestens 5 Stunden Sonne): ✔
Blattgesundheit: 🍃🍃 bis 🍃🍃🍃
Regenfest: ✔
Verwendung/Besonderes: Gruppenpflanzungen, naturnaher Garten, Rosenhecken, hitzeverträglich, Duft: sehr gut
Pflegeleicht: ✔

Mary Rose®

Klasse: Strauchrose, Englische Rose
Herkunft: Züchter: Austin, Einführungsjahr: 1983
Aussehen: strauchartig, bis 1,2 m hoch
Blüten: rosa, gefüllt
Blütezeit: Mai bis September, öfter blühend
Blatt: mittelgrün
Blattgesundheit: 🍃🍃 bis 🍃🍃🍃
Regenfest: ✔
Verwendung/Besonderes: für Gruppen- und Einzelpflanzungen, sehr hitzefest, Name zur Erinnerung an die Hebung des Flaggschiffes Heinrich VIII, Duft: nach Alten Rosen, Honig und Mandel
Pflegeleicht: ✔

Mein schöner Garten®

Klasse: Strauchrose
Herkunft: Züchter: W. Kordes' Söhne, Einführungsjahr: 1997
Aussehen: kräftig, vieltriebig, bis 1,2 m hoch
Blüten: zartrosa, hellere Nuancen zur Blütenmitte, locker gefüllt, mittelgroß, in Dolden
Blütezeit: Juni bis September, öfter blühend
Blatt: stark glänzend, dunkelgrün
Blattgesundheit: 🍃🍃🍃
Regenfest: ✔
Verwendung/Besonderes: Einzelstellung, hitzeverträglich, reich blühend, Europas größtem Gartenmagazin zum 25. Geburtstag gewidmet. Siegersorte in Lyon 1997, Goldene Rose von Kortrijk 2000, Medaille der Stadt Orleans, Duft: frisch, fruchtig
Pflegeleicht: ✔

Michel Bras®

Klasse: Strauchrose
Herkunft: Züchter: Delbard, Einführungsjahr: 2001
Aussehen: kräftig, kompakt, bis 1,2 m hoch
Blüten: reinrosa, außen weißlich, ungefüllt, anmutig, in Trauben, 40 bis 50 Blüten pro Traube
Blütezeit: Juni bis September, öfter blühend
Blatt: dunkelgrün
Blattgesundheit: abschließende Ergebnisse liegen nicht vor
Regenfest: ✔
Verwendung: für Blumenbeete, hitzeverträglich, Wildrosencharakter auch in Kombination mit Stauden, für Spaliere, Duft: angenehm nach Lindenblüten
Pflegeleicht: ✔

STRAUCHROSEN
ROSA UND VIOLETT

Mme Boll

Klasse: Strauchrose, historische Rose
Herkunft: Züchter: Boll/Boyau, Einführungsjahr: 1850
Aussehen: schlanker Strauch, 1,2 bis 1,5 m hoch
Blüten: kräftig rosa, zum Rand aufhellend, stark gefüllt, groß, becherförmig
Blütezeit: Juni bis Oktober, öfter blühend
Blatt: mittelgrün
Blattgesundheit: alte Sorte mit hohem Gartenwert, bei der eine Einstufung nach modernen Kriterien noch nicht vorgenommen wurde
Verwendung/Besonderes: für Rosen- und Blumenrabatten, auch für Kübel, naturnaher Garten, hitzeverträglich, Duft: sehr stark, nach Damaszenerrose
Pflegeleicht: ✔

Mortimer Sackler

Klasse: Strauchrose oder Kletterrose, Englische Rose
Herkunft: Züchter: David Austin, Einführungsjahr: 2002
Aussehen: aufrecht wachsend, als Strauchrose bis 1,7 m, als niedrige Kletterrose bis 2,5 m hoch, beinahe stachellos
Blüten: hellrosa, flach becherförmig
Blütezeit: Juli bis September/Oktober, öfter blühend
Blatt: dunkelgrün
Auch im Halbschatten (mindestens 5 Stunden Sonne): ✔
Blattgesundheit: abschließende Ergebnisse liegen nicht vor
Regenfest: ✔
Verwendung/Besonderes: für Rosen- und Blumenbeete, auch in Kombination mit Stauden oder als Kletterrose an Wänden, Rankgerüsten oder Spalieren, Duft: starker, fruchtiger Wildrosenduft
Pflegeleicht: ✔

Münsterland®

Klasse: Strauchrose
Herkunft: Züchter: Noack, Einführungsjahr: 1986
Aussehen: aufrecht buschig, bis 1,8 m hoch
Blüten: lachsrosa, gefüllt, 30 Blütenblätter, in Dolden
Blütezeit: Juni bis September, öfter blühend
Blatt: dunkelgrün
Blattgesundheit: 🍃🍃🍃
Regenfest: ✔
Verwendung/Besonderes: wüchsige Strauchrose mit relativ großen Blüten, hitzeverträglich, Duft: stark
Pflegeleicht: ✔

Olivier Roellinger®

Klasse: Strauchrose
Herkunft: Züchter: Delbard, Einführungsjahr: 2002
Aussehen: kräftig, buschig, bis 1,5 m hoch
Blüten: gelb, dunkelrosa, groß, locker gefüllt
Blütezeit: Juni bis September, öfter blühend
Blatt: dunkelgrün
Blattgesundheit: abschließende Ergebnisse liegen nicht vor
Regenfest: ✔
Verwendung: reich blühend, vielseitig verwendbare Strauchrose mit Wildrosencharakter, hitzeverträglich
Pflegeleicht: ✔

Provence Panachée

Klasse: Strauchrose, historische Rose
Herkunft: Züchter: Fontaine, Einführungsjahr: 1860
Aussehen: stark buschig, 1,8 bis 2 m hoch
Blüten: weiß-violett gesteift, gefüllt, kugelförmig
Blütezeit: Juni bis August, nachblühend
Blatt: mittelgrün, leicht gekräuselt
Auch im Halbschatten (mindestens 5 Stunden Sonne): ✔
Blattgesundheit: alte Sorte mit hohem Gartenwert, bei der eine Einstufung nach modernen Kriterien noch nicht vorgenommen wurde
Regenfest: ✔
Verwendung/Besonderes: Rosen- und Blumenrabatten, Gruppenpflanzungen, Hecken, hitzeverträglich, Duft: gut
Pflegeleicht: ✔

Quatre Saison

Klasse: Strauchrose, historische Rose
Herkunft: Züchter: unbekannt, Einführungsjahr: sehr alt, erstmalig 1630 genannt
Aussehen: buschig, 1,5 m hoch
Blüten: reinrosa, dicht gefüllte, teils geviertelte Blüten
Blütezeit: Juni bis Juli, nachblühend
Blatt: mittelgrün
Auch im Halbschatten (mindestens 5 Stunden Sonne): ✔
Blattgesundheit: alte Sorte mit hohem Gartenwert, bei der eine Einstufung nach modernen Kriterien noch nicht vorgenommen wurde
Regenfest: ✔
Verwendung/Besonderes: Gruppenpflanzungen, naturnaher Garten, Rosenhecke, hitzeverträglich, Duft: gut
Pflegeleicht: ✔

STRAUCHROSEN
ROSA UND VIOLETT

Romanze®

Klasse: Strauchrose, ADR-Rose 1986, Gartenwert wegen ansprechender Blüte
Herkunft: Züchter: Rosen Tantau, Einführungsjahr: 1984
Aussehen: aufrecht buschig, 1,2 bis 1,5 m hoch
Blüten: leuchtend pinkfarben, gefüllt, 12 cm groß
Blütezeit: Juni bis September, öfter blühend
Blatt: glänzend mittel- bis dunkelgrün
Auch im Halbschatten (mindestens 5 Stunden Sonne): ✔
Blattgesundheit: 🍃🍃 bis 🍃🍃🍃
Regenfest: ✔
Verwendung/Besonderes: für Einzel-, Gruppen- und Flächenpflanzung, auffallender Herbstflor, Schnittrose, hitzeverträglich, Duft: typischer Rosenduft

Rosario®

Klasse: Strauchrose
Herkunft: Züchter: Rosen Tantau, Einführungsjahr: 1993
Aussehen: stark, bogig überhängend, 1,2 bis 1,5 m hoch
Blüten: leuchtend reinrosa, gefüllt, groß, in lockeren Dolden
Blütezeit: Juni bis September, öfter blühend
Blatt: glänzend dunkelgrün
Blattgesundheit: 🍃🍃 bis 🍃🍃🍃
Regenfest: ✔
Verwendung/Besonderes: als Hintergrundpflanzung, schöner Kontrast zwischen Blüten und Blättern, sehr hitzeverträglich, Duft: Rosenduft
Pflegeleicht: ✔

Rose des Cisterciens®

Klasse: Strauchrose
Herkunft: Züchter: Delbard, Einführungsjahr: 1998
Aussehen: kräftig, 1 bis 1,2 m hoch
Blüten: rosa mit Gelb, dicht gefüllt, groß
Blütezeit: Juni bis September, öfter blühend
Blatt: dunkelgrün
Blattgesundheit: 🍃🍃 bis 🍃🍃🍃
Verwendung/Besonderes: dieser Strauch verändert sich während seines Lebens völlig willkürlich, hitzeverträglich, zu Ehren der 900-Jahrfeier der Abtei von Citeaux auf den Namen Rose des Cisterciens getauft
Pflegeleicht: ✔

Rosenresli®

Klasse: Strauchrose, ADR-Rose 1984
Herkunft: Züchter: W. Kordes' Söhne, Einführungsjahr: 1986
Aussehen: breit buschig, überhängend, vieltriebig, stark wüchsig, bis 1,5 m hoch
Blüten: rosaorange, dicht gefüllt, mittelgroß, edel, einzeln und in kleinen Büscheln
Blütezeit: Juni bis September, öfter blühend
Blatt: dunkelgrün, glänzend
Auch im Halbschatten (mindestens 5 Stunden Sonne): ✔
Blattgesundheit: 🍃🍃🍃
Regenfest: ✔
Verwendung/Besonderes: als eleganter Strauch für gepflegte Gartenanlagen, Einzelstellung, für Heckenpflanzung, hitzeverträglich, auch für Pergolen und Spaliere, Schnittrose, Duft: stark, wie eine Teerose

Rosenstadt Freising®

Klasse: Strauchrose
Herkunft: Züchter: W. Kordes' Söhne, Einführungsjahr: 2003
Namen in anderen Ländern: Stad Kortrijk (Belgien)
Aussehen: aufrecht buschig, bis 1,2 m hoch
Blüten: weiß mit rotem Rand, gefüllt
Blütezeit: Juni bis September, öfter blühend
Blatt: stark glänzend, dunkelgrün
Blattgesundheit: 🍃🍃🍃
Regenfest: ✔
Verwendung/Besonderes: besticht mit ihrem Farbenspiel, welches die Freisinger Stadtfarben zeigt, 2002 Silbermedaillen in Kortrijk, Monza und Rom, hitzeverträglich
Pflegeleicht: ✔

Rosenstadt Zweibrücken®

Klasse: Strauchrose
Herkunft: Züchter: W. Kordes' Söhne, Einführungsjahr: 1989
Aussehen: aufrecht buschig, bis 1 m hoch
Blüten: zweifarbig, rosarot und goldgelb, leicht gefüllt, mittelgroß, schalenförmig, große gelbe Staubgefäße, in Büscheln
Blütezeit: Juni bis Oktober, öfter blühend
Blatt: glänzend, kräftig grün
Blattgesundheit: 🍃🍃 bis 🍃🍃🍃
Regenfest: ✔
Verwendung/Besonderes: kleine Strauchrose, hitzeverträglich, reich blühend, unermüdlich nachblühend
Pflegeleicht: ✔

STRAUCHROSEN
ROSA UND VIOLETT

Rosika®

Klasse: Strauchrose
Herkunft: Züchter: Harkness, Einführungsjahr: 1982
Namen in anderen Ländern: Radox Bouquet (England)
Aussehen: kräftig, 0,8 bis 1,2 m hoch
Blüten: reinrosa, gefüllt, sehr groß, geviertelt
Blütezeit: Juni bis September, öfter blühend
Blatt: glänzend grün
Blattgesundheit: abschließende Ergebnisse liegen nicht vor
Regenfest: ✔
Verwendung/Besonderes: Gruppen- und Flächenpflanzung, für Rosen- und Blumenbeete, auch für große Gärten und Parks, für Hecken, nostalgisch, romantisch, reich blühend, bei jährlichem Rückschnitt auch als Beetrose, hitzeverträglich, Schnittrose, Duft: stark
Pflegeleicht: ✔

Rush®

Klasse: Strauchrose
Herkunft: Züchter: L. Lens, Einführungsjahr 1983
Aussehen: buschig aufrecht, bis 1,2 m hoch
Blüten: rosa mit weißem Auge, ungefüllt, 6 cm Durchmesser, dauerblühend
Blütezeit: Juni bis Oktober
Blatt: glänzend dunkelgrün
Auch im Halbschatten (mindestens 5 Stunden Sonne): ✔
Blattgesundheit: ❦❦❦
Regenfest: ✔
Verwendung/Besonderes: starkwüchsige, für Rosenbeete oder als Solitär, für Hecken, hitzeverträglich, gewonnene Preise: Grande Rose du Siècle Lyon 1982, Goldmedaille Rom und Monza 1982, Silbermedaille Le Roeulx 1987, Baden-Baden und Kortrijk 1982, Goldmedaille Den Haag 1988, 1. Preis beim Österreichischen Rosenprüfzeugnis Baden bei Wien 1991

Saremo®

Klasse: Strauchrose, ADR-Rose 1998
Herkunft: Züchter: Noack, Einführungsjahr: 1999
Aussehen: aufrecht buschig, bis 1,2 m hoch
Blüten: dunkelrosa, gefüllt, etwa 30 Blütenblätter, in Dolden, Durchmesser 8 bis 10 cm
Blütezeit: Juni bis September, öfter blühend
Blatt: mittel- bis dunkelgrün
Blattgesundheit: ❦❦❦
Regenfest: ✔
Verwendung/Besonderes: für Einzelstellung, Hecken- und Gruppenpflanzungen, hitzeverträglich, dekorativer Hagebuttenschmuck (auch für die Floristik), Duft: leicht
Pflegeleicht: ✔

Scepter d'Isle

Klasse: Strauchrose, Englische Rose
Herkunft: Züchter: David Austin, Einführungsjahr: 1996
Aussehen: aufrecht, buschig, 1 m hoch
Blüten: hellrosa, Staubgefäße in der Mitte sichtbar, becherförmig
Blütezeit: Juli bis September/Oktober, öfter blühend
Blatt: mittelgrün
Auch im Halbschatten (mindestens 5 Stunden Sonne): ✔
Blattgesundheit: ❦❦
Regenfest: ✔
Verwendung/Besonderes: besonders reich blühend, für Rosen- und Blumenbeete, auch in Kombination mit Stauden oder als Beetrose, hitzeverträglich, Duft: sehr stark nach Myrte

Souvenir de la Malmaison

Klasse: Strauchrose, historische Rose
Herkunft: Abstammung *Rosa borboniana*, Züchter: Béluze, Einführungsjahr: 1843
Aussehen: buschig, bis 0,7 m hoch
Blüten: zartes Rosa, später rostiges Weiß, gefüllt
Blütezeit: bis Herbst
Blatt: hellgrün
Blattgesundheit: ❦❦ bis ❦❦❦
Verwendung/Besonderes: berühmte Bourbonrose, Name erinnert an Kaiserin Joséphines Rosengarten, Duft: wunderbar nach süßen Früchten

Souvenir de Louis Amade®

Klasse: Strauchrose
Herkunft: Züchter: Delbard, Einführungsjahr: 1998
Aussehen: kräftig, leicht bogig wachsend, bis 0,8 m hoch
Blüten: rosa, dicht gefüllt

STRAUCHROSEN
ROSA UND VIOLETT

Blütezeit: Juni bis September, öfter blühend
Blatt: dunkelgrün
Blattgesundheit: 🍃 bis 🍃🍃
Regenfest: ✔
Verwendung/Besonderes: reich blühend, hitzeverträglich, Duft: stark, lang anhaltend

Stanwell Perpetual

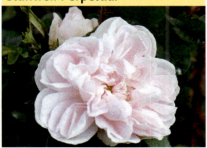

Klasse: Strauchrose
Herkunft: Züchter: Lee, Einführungsjahr: 1838
Aussehen: aufrecht, bis 1,5 m hoch
Blüten: zartes Rosa
Blütezeit: Juni bis November, öfter blühend
Blatt: matt- bis graugrün
Blattgesundheit: alte Sorte mit hohem Gartenwert, bei der eine Einstufung nach modernen Kriterien noch nicht vorgenommen wurde
Verwendung: gesunde alte Rose, Wildrosencharakter, Duft: wunderbar

The Countryman

Klasse: Strauchrose, Englische Rose
Herkunft: Züchter: David Austin, Einführungsjahr: 1987
Aussehen: breit buschige Strauchrose, 1 x 1,25 m
Blüten: reinrosa, stark gefüllt
Blütezeit: Juli bis September/Oktober, öfter blühend
Blatt: mittelgrün
Auch im Halbschatten (mindestens 5 Stunden Sonne): ✔
Blattgesundheit: 🍃🍃 bis 🍃🍃🍃
Regenfest: ✔

Verwendung/Besonderes: für Rosen- und Blumenbeete, Duft: extrem stark und intensiv nach Wildrosen mit einer Erdbeernote
Pflegeleicht: ✔

The Mayflower

Klasse: Strauchrose, Englische Rose
Herkunft: Züchter: David Austin, Einführungsjahr: 2001
Aussehen: buschig, rundlich, bis 1,5 m
Blüten: in reinem Rosarot, mittelgroß
Blütezeit: Mai bis September/Oktober, öfter blühend
Blatt: mittelgrün
Auch im Halbschatten (mindestens 5 Stunden Sonne): ✔
Blattgesundheit: 🍃🍃🍃
Regenfest: ✔
Verwendung/Besonderes: für Rosen- und Blumenbeete, hitzeverträglich, Duft: starker Wildrosenduft
Pflegeleicht: ✔

Vegesacker Charme®

Klasse: Strauchrose
Herkunft: Züchter: W. Kordes' Söhne, Einführungsjahr: 2002
Aussehen: straff aufrecht, stark wüchsig, bis 1,5 m hoch
Blüten: lachsrosa mit weißer Mitte und gelben Staubgefäßen, ungefüllt, mittelgroß, in Dolden
Blütezeit: Juni bis September, öfter blühend
Blatt: leicht glänzend, dunkelgrün
Blattgesundheit: 🍃🍃🍃
Regenfest: ✔
Verwendung/Besonderes: vielseitig verwendbar, hitzeverträglich, Duft: leicht
Pflegeleicht: ✔

Vogelpark Walsrode – Kordes' Rose Vogelpark Walsrode®

Klasse: Strauchrose, ADR-Rose 1989
Herkunft: Züchter: W. Kordes' Söhne, Einführungsjahr: 1988
Aussehen: breit buschig, 1 bis 1,5 m hoch
Blüten: zartrosa, später aufhellend, dicht gefüllt, groß, in Büscheln, mit offener Mitte
Blütezeit: Juni bis September, öfter blühend
Blatt: glänzend mittel- bis dunkelgrün
Auch im Halbschatten (mindestens 5 Stunden Sonne): ✔
Blattgesundheit: 🍃🍃🍃
Regenfest: ✔
Verwendung/Besonderes: für Einzel- und Gruppenpflanzungen, hitzeverträglich, auch Kübelpflanzung, reich blühend, Schnittrose, Duft: leicht
Pflegeleicht: ✔

William Morris®

Klasse: Strauchrose, Englische Rose
Herkunft: Züchter: Austin, Einführungsjahr: 1998
Aussehen: aufrecht, leicht überhängend, bis 1,2 m hoch, als Kletterrose 2 bis 3 m
Blüten: aprikotrosa, stark gefüllt
Blütezeit: Juni bis September, öfter blühend
Blatt: glänzend mittel- bis dunkelgrün
Blattgesundheit: 🍃🍃🍃
Regenfest: ✔
Verwendung/Besonderes: für kleine Gruppen, hitzeverträglich, Duft: stark
Pflegeleicht: ✔

STRAUCHROSEN ROT

Aimable Rouge

Klasse: Strauchrose
Herkunft: Züchter: Godefroy, Einführungsjahr: vor 1800
Aussehen: dicht buschig, eher breit als hoch, 1,5 m hoch
Blüten: purpurrot, rund, dicht gefüllt
Blütezeit: Juni bis Juli, einmal blühend
Blatt: mittelgrün
Auch im Halbschatten (mindestens 5 Stunden Sonne): ✔
Blattgesundheit: alte Sorte mit hohem Gartenwert, bei der eine Einstufung nach modernen Kriterien noch nicht vorgenommen wurde
Regenfest: ✔
Verwendung/Besonderes: Gruppenpflanzungen, naturnaher Garten, Rosenhecken, hitzeverträglich, Duft: sehr gut
Pflegeleicht: ✔

Astrid Gräfin von Hardenberg

Klasse: Strauchrose
Herkunft: Züchter: Rosen Tantau, Einführungsjahr: 2001
Namen in anderen Ländern: Nuit de Chine (Frankreich)
Aussehen: locker, bogig überhängend, 1,2 bis 1,5 m hoch
Blüten: bordeauxrot, gefüllt
Blütezeit: Juni bis September, öfter blühend
Blatt: dunkelgrün, ledrig, stumpf
Blattgesundheit: 🍃 bis 🍃🍃

Regenfest: ✔
Verwendung/Besonderes: mittlere Regenfestigkeit, hitzeverträglich, Duft: einmalig bezaubernder Rosenduft

Burghausen®

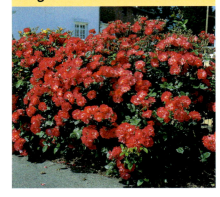

Klasse: Strauchrose, ADR-Rose 1989
Herkunft: Züchter: W. Kordes' Söhne, Einführungsjahr: 1991
Aussehen: aufrecht buschig, bis 2,5 m hoch
Blüten: hellrot, locker gefüllt, in kleinen Büscheln und vielblumigen Dolden, gewellte Blütenblätter, schalenförmig
Blütezeit: Juni bis September, öfter blühend
Blatt: matt glänzend
Blattgesundheit: 🍃🍃🍃
Regenfest: ✔
Verwendung/Besonderes: nach wenigen Jahren große, üppige Büsche, herrlicher Blütenflor, hitzeverträglich, Duft: leicht
Pflegeleicht: ✔

Cookie®

Klasse: Strauchrose
Herkunft: Züchter: Meilland, Einführungsjahr: 2002
Aussehen: aufrecht, 1 bis 1,5 m hoch
Blüten: leuchtend rot, leicht gefüllt, 5 bis 8 Blüten pro Stiel, Größe 5 bis 6 cm, je 25 bis 30 Blütenblätter
Blütezeit: Juni bis September, öfter blühend
Blatt: glänzend dunkelgrün
Auch im Halbschatten (mindestens 5 Stunden Sonne): ✔
Blattgesundheit: 🍃🍃🍃
Regenfest: ✔
Verwendung/Besonderes: Einzelstellung, für Gruppenpflanzungen, auch in Kombination mit Stauden, sehr regenresistente Blüten, für Gärten und Parks, hitzeverträglich

Dirigent®

Klasse: Strauchrose, ADR-Rose 1958
Herkunft: Züchter: Rosen Tantau, Einführungsjahr: 1956
Aussehen: aufrecht buschig, 1,2 bis 1,5 m hoch
Blüten: leuchtend blutrot, halb gefüllt
Blütezeit: Juni bis September, öfter blühend
Blatt: glänzend mittel- bis dunkelgrün
Blattgesundheit: 🍃🍃 bis 🍃🍃🍃
Regenfest: ✔
Verwendung/Besonderes: für Einzel- und Gruppenpflanzungen, sehr gut für Heckenpflanzungen geeignet, sehr hitzeverträglich, enormer Blütenreichtum, Schnittrose
Pflegeleicht: ✔

Falstaff

STRAUCHROSEN
ROT

Klasse: Strauchrose oder Kletterrose, Englische Rose
Herkunft: Züchter: David Austin, Einführungsjahr: 1999
Aussehen: buschig, als Strauchrose 1,2 m oder als Kletterrose bis 3 m hoch
Blüten: dunkelkarminrot, nach Purpur verfärbend, stark gefüllt
Blütezeit: Juli bis September/Oktober, öfter blühend
Blatt: dunkelgrün
Auch im Halbschatten (mindestens 5 Stunden Sonne): ✔
Blattgesundheit: abschließende Ergebnisse liegen nicht vor
Regenfest: ✔
Verwendung/Besonderes: für Rosen- und Blumenbeete, auch in Kombination mit Stauden oder als Kletterrose an Wänden, Spalieren oder Rankgerüsten, hitzeverträglich, Duft: starker Wildrosenduft
Pflegeleicht: ✔

Feuerwerk®

Klasse: Strauchrose
Herkunft: Züchter: Rosen Tantau, Einführungsjahr: 1962
Aussehen: aufrecht buschig, bis 1,5 m hoch
Blüten: feurig orange, halb gefüllt
Blütezeit: Juni bis zum Frost, öfter blühend
Blatt: hellgrün
Blattgesundheit: 🍃🍃 bis 🍃🍃🍃
Regenfest: ✔
Verwendung/Besonderes: Dauerblüher, für Gruppenpflanzung und Einzelstellung, sehr hitzeverträglich
Pflegeleicht: ✔

Grandhotel®

Klasse: Strauchrose, ADR-Rose 1977, Gartenwert wegen ansprechender Blüte
Herkunft: Züchter: Sam. McGredy, Einführungsjahr: 1975
Aussehen: aufrecht buschig bis übergeneigt, bis 2 m hoch
Blüten: leuchtend blutrot mit samtigem Schimmer, dicht gefüllt, sehr groß, in Büscheln, edelrosenartig
Blütezeit: Juni bis September, öfter blühend
Blatt: glänzend mittel- bis dunkelgrün
Blattgesundheit: 🍃🍃🍃
Regenfest: ✔
Verwendung/Besonderes: wetterbeständige Blüten, hitzeverträglich, Einzelstellung, für Heckenpflanzung, reich blühend
Pflegeleicht: ✔

Kordes' Brillant®

Klasse: Strauchrose
Herkunft: Züchter: W. Kordes' Söhne, Einführungsjahr: 1983
Aussehen: aufrecht buschig, 1 bis 1,5 m hoch
Blüten: orange- bis hummerrot, gefüllt, groß, becherförmig, in Büscheln
Blütezeit: Juni bis September, öfter blühend
Blatt: glänzend frischgrün
Blattgesundheit: 🍃🍃 bis 🍃🍃🍃
Regenfest: ✔

Verwendung/Besonderes: für Einzel- und Gruppenpflanzungen, hitzeverträglich, reich blühend, gut haltbar, Duft: leicht, nach Wildrose

L. D. Braithwaite®

Klasse: Strauchrose, Englische Rose
Herkunft: Züchter: Austin, Einführungsjahr: 1988
Aussehen: aufrecht, bis 1 m hoch
Blüten: leuchtend karmesinrot, stark gefüllt, leicht schalenförmig
Blütezeit: Juni bis September, öfter blühend
Blatt: dunkelgrün
Blattgesundheit: 🍃
Regenfest: ✔
Verwendung/Besonderes: für Rosen- und Blumenbeete, Duft: angenehm, reizvoll

Othello®

Klasse: Strauchrose, Englische Rose
Herkunft: Züchter: Austin, Einführungsjahr: 1986
Aussehen: aufrecht, 1 bis 1,5 m hoch
Blüten: karminrot, dicht gefüllt
Blütezeit: Juli von September, öfter blühend
Blatt: glänzend mittel- bis dunkelgrün
Blattgesundheit: 🍃
Verwendung/Besonderes: Schnittrose, für Einzel- und Gruppenpflanzung, mittlere Regenfestigkeit, hitzeverträglich, Kübelpflanzung, duftend

STRAUCHROSEN ROT

Red Eden Rose®

Klasse: Strauchrose
Herkunft: Züchter: Meilland, Einführungsjahr: 2002
Namen in anderen Ländern: Eric Tabarly® (Frankreich)
Aussehen: aufrecht buschig, 1 bis 1,5 m hoch
Blüten: johannisbeerrot, dicht gefüllt, 3 bis 5 Blüten pro Stiel, Größe 8 cm, etwa je 60 Blütenblätter
Blütezeit: Juni bis September, öfter blühend
Blatt: dunkelgrün, ledrig
Blattgesundheit: 🌿🌿 bis 🌿🌿🌿
Verwendung/Besonderes: Einzelstellung, für Gruppenpflanzungen, auch in Kombination mit Stauden, nostalgische Blüten, hitzeverträglich, Schnittrose, Duft: mittel, fruchtig
Pflegeleicht: ✔

Rose de Resht

Klasse: Strauchrose, Historische Rose
Herkunft: Herkunft: Persien, Einführungsjahr: unbekannt
Aussehen: aufrecht buschig bis rundlich, 0,8 bis 1 m hoch
Blüten: leuchtend rot bis purpurrot, gefüllt
Blütezeit: Juni von September, öfter blühend
Blatt: glänzend, ledrig
Blattgesundheit: 🌿🌿 bis 🌿🌿🌿
Regenfest: ✔
Verwendung/Besonderes: für Einzel- und Gruppenpflanzung, Blumenbeete, für Heckenpflanzungen, hitzeverträglich, sonnig bis halbschattiger Standort, Duft: stark
Pflegeleicht: ✔

Roter Korsar®

Klasse: Strauchrose
Herkunft: Züchter: W. Kordes' Söhne, Einführungsjahr: 2004
Aussehen: buschig, breit wachsend, bis 1,20 m hoch
Blüten: dunkelrot, sehr leuchtend, nicht verblauend, halb gefüllt, in Dolden von 10 bis 12 Blüten
Blütezeit: Juni bis September, öfter blühend
Blatt: dunkelgrün, leicht glänzend
Blattgesundheit: abschließende Ergebnisse liegen nicht vor
Regenfest: ✔
Verwendung/Besonderes: sehr wüchsig, in günstigen Klimaten auch als Kletterrose, hitzeverträglich, Duft: zarter Wildrosenduft
Pflegeleicht: ✔

Rote Woge®

Klasse: Strauchrose, Kleinstrauchrose, ADR-Rose 1992
Herkunft: Züchter: Meilland, Einführungsjahr: 1991
Aussehen: aufrecht buschig, 0,8 bis 1,3 m hoch
Blüten: dunkelrot, gefüllt, 6 bis 8 Blüten pro Stiel, Größe 6 cm, je 16 bis 18 Blütenblätter
Blütezeit: Mai bis Oktober, öfter blühend
Blatt: mittel- bis dunkelgrün
Auch im Halbschatten (mindestens 5 Stunden Sonne): ✔
Blattgesundheit: 🌿🌿🌿 bis 🌿🌿🌿🌿
Regenfest: ✔
Verwendung/Besonderes: für Gruppen- und Flächenpflanzung, für Blumen- und Rosenbeete, hitzeverträglich
Pflegeleicht: ✔

Royal Show®

Klasse: Strauchrose
Herkunft: Züchter: Meilland, Einführungsjahr: 1983
Aussehen: aufrecht buschig, 1,5 bis 2 m hoch
Blüten: johannisbeerrot, halb gefüllt, 1 bis 3 Blüten pro Stiel, Größe 7 bis 8 cm, je 25 bis 30 Blütenblätter
Blütezeit: Mai bis Oktober, öfter blühend
Blatt: leicht glänzend, mittel- bis dunkelgrün
Auch im Halbschatten (mindestens 5 Stunden Sonne): ✔
Blattgesundheit: 🌿🌿🌿
Regenfest: ✔
Verwendung/Besonderes: Einzelstellung, für Gruppenpflanzungen und Blumenbeete, auch in Kombination mit Stauden, Parkrose, bevorzugt frische und raue Standorte, Stauwärme meiden
Pflegeleicht: ✔

Sophy's Rose

STRAUCHROSEN
ROT

Klasse: Strauchrose, Englische Rose
Herkunft: Züchter: David Austin, Einführungsjahr: 1997
Aussehen: aufrecht, buschig, 1 m hoch, wenige Stacheln
Blüten: hellrot, stark gefüllt, groß
Blütezeit: Juli bis September/Oktober, öfter blühend
Blatt: mittelgrün
Auch im Halbschatten (mindestens 5 Stunden Sonne): ✔
Blattgesundheit: 🍃🍃 bis 🍃🍃🍃
Regenfest: ✔
Verwendung/Besonderes: reich blühend, für Rosen- und Blumenbeete, auch in Kombination mit Stauden oder als Beetrose, hitzeverträglich, Duft: schwacher Teerosenduft
Pflegeleicht: ✔

Triade®

Klasse: Strauchrose, ADR-Rose 2002
Herkunft: Züchter: Noack, Einführungsjahr: 2003
Aussehen: aufrecht buschig, 1,2 bis 1,5 m hoch
Blüten: leuchtend dunkelrot, halb gefüllt, Durchmesser etwa 4 cm
Blütezeit: Juni bis September, öfter blühend
Blatt: glänzend mittel- bis dunkelgrün
Blattgesundheit: 🍃🍃🍃 bis 🍃🍃🍃🍃
Regenfest: ✔
Verwendung/Besonderes: sehr reich blühend, unkompliziert, hitzeverträglich
Pflegeleicht: ✔

Tuscany

Klasse: Strauchrose, historische Rose
Herkunft: Züchter: unbekannt, Einführungsjahr: 1596
Aussehen: breit buschig, überhängend, 1,5 m hoch
Blüten: dunkelrot, halb gefüllt, Schalenblüten
Blütezeit: Juni bis Juli, einmal blühend
Blatt: mittelgrün
Auch im Halbschatten (mindestens 5 Stunden Sonne): ✔
Blattgesundheit: 🍃🍃🍃
Regenfest: ✔
Verwendung/Besonderes: Gruppenpflanzungen, naturnaher Garten, Rosenhecken, hitzeverträglich, Duft: sehr gut
Pflegeleicht: ✔

Ulmer Münster®

Klasse: Strauchrose
Herkunft: Züchter: W. Kordes' Söhne, Einführungsjahr: 1982
Namen in anderen Ländern: Red Barrier (Südafrika)
Aussehen: aufrecht buschig, starktriebig, bis 1,5 m hoch
Blüten: leuchtend blutrot, gefüllt, sehr groß, in Büscheln
Blütezeit: Juni bis September, öfter blühend
Blatt: glänzend dunkelgrün
Blattgesundheit: 🍃🍃🍃
Regenfest: ✔
Verwendung/Besonderes: blutrote Spitzensorte, reicher Herbstflor, haltbar, hitzeverträglich, Duft: nach Wildrose
Pflegeleicht: ✔

Ulrich Brunner Fils

Klasse: Strauchrose, historische Rose
Herkunft: Züchter: Lefet, Einführungsjahr: 1881
Aussehen: buschig, aufrecht, wachsend, 1,8 bis 2 m hoch
Blüten: hellrot, gefüllt, becherförmig
Blütezeit: Juni bis Oktober, öfter blühend
Blatt: mittelgrün
Blattgesundheit: alte Sorte mit hohem Gartenwert, bei der eine Einstufung nach modernen Kriterien noch nicht vorgenommen wurde
Regenfest: ✔
Verwendung/Besonderes: Rosen- und Blumenrabatten, Gruppenpflanzungen, auch kleine Kletterrose, hitzeverträglich, Duft: sehr gut
Pflegeleicht: ✔

William Shakespeare 2000

Klasse: Strauchrose, Englische Rose
Herkunft: Züchter: David Austin, Einführungsjahr: 2000
Aussehen: breit wachsende, sehr buschige Strauchrose, 1,2 m hoch
Blüten: dunkelsamtrot, nach Purpur verblühend, stark gefüllt
Blütezeit: Juli bis September/Oktober, öfter blühend
Blatt: dunkelgrün
Auch im Halbschatten (mindestens 5 Stunden Sonne): ✔
Blattgesundheit: abschließende Ergebnisse liegen nicht vor
Regenfest: ✔
Verwendung/Besonderes: für Rosen- und Blumenbeete, auch in Kombination mit Stauden oder als Beetrose, hitzeverträglich, Duft: starker, angenehmer Wildrosenduft
Pflegeleicht: ✔

KLETTERROSEN
WEISS UND CREME

Ayrshire Queen

Klasse: Kletterrose, Rambler
Herkunft: Züchter: Rivers, Einführungsjahr: 1835
Aussehen: sehr lange, dünne Triebe, sehr buschig, 10 m hoch
Blüten: weiß bis zartrosa, gefüllt, kugelig, dunklere Hüllblätter
Blütezeit: Juni bis Juli, einmal blühend
Blatt: mittelgrün
Auch im Halbschatten (mindestens 5 Stunden Sonne): ✔
Blattgesundheit: ❦❦ bis ❦❦❦
Regenfest: ✔
Verwendung/Besonderes: Beranken von Bäumen, Pergolen, Wänden, hitzeverträglich, Duft: zart
Pflegeleicht: ✔

Bobbie James

Klasse: Kletterrose, Rambler
Herkunft: Züchter: Sunnigdale Nurseries, Einführungsjahr: 1961
Aussehen: stark triebig, aufrecht wachsend, in der Blütezeit überhängend, 5 bis 10 m hoch
Blüten: cremeweiß, ungefüllt, in Dolden blühend
Blütezeit: Juni bis Juli, einmal blühend
Blatt: mittelgrün, glänzend
Auch im Halbschatten (mindestens 5 Stunden Sonne): ✔
Blattgesundheit: ❦❦❦
Regenfest: ✔
Verwendung/Besonderes: Beranken von Bäumen, Pergolen und Wänden, hitzeverträglich, Duft: gut, nach Wildrosen
Pflegeleicht: ✔

Elfe®

Klasse: Kletterrose
Herkunft: Züchter: Rosen Tantau, Einführungsjahr: 2000
Namen in anderen Ländern: Francine Jordi (Schweiz), L´Alcazar (Frankreich)
Aussehen: aufrecht klimmend, 2,5 bis 3 m hoch
Blüten: grünlich, elfenbeinfarben schimmernd, stark gefüllt, riesig
Blütezeit: Juni bis September, öfter blühend
Blatt: dunkelgrün
Blattgesundheit: ❦❦ bis ❦❦❦
Verwendung/Besonderes: späte Blüte, für Rankgerüste, Fassaden, Rosenbögen, Pergolen, für Hecken, sehr hitzeverträglich, mittlere Regenfestigkeit, Duft: leicht, mild und fruchtig

Félicité et Perpétue

Klasse: Kletterrose, Rambler
Herkunft: Züchter: Jacques de Neuilly, Einführungsjahr: 1828
Aussehen: stark wüchsig, aufrecht, wachsend, 5 bis 7 m hoch
Blüten: milchweiß, klein, dicht rosettenartig gefüllt mit kleinem Auge
Blütezeit: Juni bis Juli, einmal blühend
Blatt: mittelgrün
Auch im Halbschatten (mindestens 5 Stunden Sonne): ✔
Blattgesundheit: ❦❦❦
Regenfest: ✔
Verwendung/Besonderes: Beranken von Bäumen, Pergolen, Wänden und Rosenbögen, hitzeverträglich, Duft: gut
Pflegeleicht: ✔

Guirlande d'Amour®

Klasse: Kletterrose
Herkunft: Züchter: L. Lens, Einführungsjahr 1993
Aussehen: buschig, 2,5 bis 3 m hoch
Blüten: weiß, gefüllt, flach 2 bis 3 cm, in dichten Büscheln
Blütezeit: Juni bis Oktober
Blatt: mittelgrün, leicht glänzend
Auch im Halbschatten (mindestens 5 Stunden Sonne): ✔
Blattgesundheit: abschließende Ergebnisse liegen nicht vor
Regenfest: ✔
Verwendung/Besonderes: eignet sich für Pergola, Rosenbogen und Wand, lange Blütengirlanden, auch als Strauchrose, hitzeverträglich, orangefarbige Hagebutten im Herbst, Gewinner des Zertifikat Le Roeulx 1993, Preis für die beste Landschaftsrose Monza 1993, der Goldmedaille Madrid 1994, der Silbermedaille Kortrijk 1994, des Zertifikats Den Haag 1996, Duft: feiner Duft nach *Rosa multiflora*

KLETTERROSEN
WEISS UND CREME

Ilse Krohn Superior®

Klasse: Kletterrose
Herkunft: Züchter: W. Kordes' Söhne, Einführungsjahr: 1964
Aussehen: aufrecht klimmend bis überhängend, bis 3 m hoch
Blüten: weiß, stark gefüllt, groß
Blütezeit: Juni bis September, öfter blühend
Blatt: dunkelgrün, ledrig derb
Auch im Halbschatten (mindestens 5 Stunden Sonne): ✔
Blattgesundheit: 🌿 🌿 🌿
Regenfest: ✔
Verwendung/Besonderes: wetterfeste Blüte, bewährte Kletterrose, für Einzelpflanzungen, für Rankgerüste, Fassaden, Rosenbögen, Pergolen und Spaliere, reich blühend, hitzeverträglich, Herbstfärbung, Duft: mittel, herrlich

Louis' Rambler

Klasse: Kletterrose
Herkunft: Züchter: L. Lens, Einführungsjahr 1997
Aussehen: typischer Rambler, bis 7 m hoch
Blüten: cremeweiß, ungefüllt, 5 cm Durchmesser, Knospe gelb, einmal blühend, aber überaus reichlich
Blütezeit: Juni bis Juli
Blatt: mittelgrün, glänzend, wildrosenähnlich
Auch im Halbschatten (mindestens 5 Stunden Sonne): ✔
Blattgesundheit: abschließende Ergebnisse liegen nicht vor
Regenfest: ✔
Verwendung/Besonderes: starkwüchsige Kletterrose, für große Pergolen und Rankgerüste, Rosenbögen, auch in Bäumen, hitzeverträglich, orangefarbene Hagebutten im Herbst, Duft: Wildrosenduft nach *Rosa moschata*

Lykkefund

Klasse: Kletterrose, Rambler
Herkunft: Züchter: Olsen, Einführungsjahr: 1930
Aussehen: lange, stachellose Triebe, 5 bis 7 m hoch
Blüten: rahmweiß, klein, ungefüllt bis leicht gefüllt
Blütezeit: Juni bis Juli, einmal blühend
Blatt: mittelgrün
Auch im Halbschatten (mindestens 5 Stunden Sonne): ✔
Blattgesundheit: 🌿 🌿 🌿
Regenfest: ✔
Verwendung/Besonderes: sehr schöne Hagebutten, Beranken von Bäumen, Pergolen, Wänden und Rosenbögen, hitzeverträglich, Duft: gut
Pflegeleicht: ✔

Schneewalzer®

Klasse: Kletterrose
Herkunft: Züchter: Rosen Tantau, Einführungsjahr: 1987
Aussehen: buschig aufrecht klimmend, 2,5 bis 3 m hoch
Blüten: reinweiß, gefüllt, sehr groß
Blütezeit: Juni bis September, Dauerblüher
Blatt: dunkelgrün
Blattgesundheit: 🌿 🌿 bis 🌿 🌿 🌿
Verwendung/Besonderes: für Rankgerüste, Fassaden, Rosenbögen, Pergolen, Dauerblüher, mittlere Regenfestigkeit, sehr hitzeverträglich, Duft: süßlich

Schwanensee®

Klasse: Kletterrose
Herkunft: Züchter: Sam. McGredy, Einführungsjahr: 1968
Namen in anderen Ländern: Swanlake (Großbritannien)
Aussehen: straff aufrecht, mittelstark wachsend, bis 3 m hoch
Blüten: leuchtend weiß, zur Mitte zartrosa überhaucht, gefüllt, groß, in Büscheln
Blütezeit: Juni bis September, öfter blühend
Blatt: glänzend dunkelgrün
Blattgesundheit: 🌿 🌿
Regenfest: ✔
Verwendung/Besonderes: für Rankgerüste, Fassaden, Rosenbögen, Pergolen, hitzeverträglich, die weiße Variante von 'Gruss an Heidelberg', Duft: leicht

White Cockade®

Klasse: Kletterrose
Herkunft: Züchter: Cocker, Einführungsjahr: 1969
Aussehen: kräftig, 2 bis 2,5 m hoch
Blüten: reinweiß, gefüllt, groß, edelrosenartig
Blütezeit: Juni bis September, öfter blühend
Blatt: grün
Blattgesundheit: 🌿 bis 🌿 🌿
Regenfest: ✔
Verwendung/Besonderes: Einzelstellung, für Rankgerüste, Fassaden, Rosenbögen, Pergolen, für große Gärten und Parks, hitzeverträglich, reich blühend, Duft: mittel

KLETTERROSEN
GELB UND ORANGE

Albéric Barbier

Klasse: Kletterrosen, Rambler
Herkunft: Züchter: Barbier, Einführungsjahr: 1900
Aussehen: sehr lange, dünne Triebe, 5 bis 7 m hoch
Blüten: weiße Blüte mit gelblicher Mitte, gelbe Knospe
Blütezeit: Juni bis Juli, einmal blühend
Blatt: tiefgrün, glänzend
Auch im Halbschatten (mindestens 5 Stunden Sonne): ✔
Blattgesundheit: 🍃🍃 bis 🍃🍃🍃
Regenfest: ✔
Verwendung/Besonderes: Beranken von Pergolen und Wänden, hitzeverträglich
Pflegeleicht: ✔

Alchymist

Klasse: Kletterrose, Rambler
Herkunft: Züchter: W. Kordes' Söhne, Einführungsjahr: 1956
Aussehen: kräftig, bis 2 m hoch
Blüten: goldgelb, dicht gefüllt, groß, erblüht ist sie rot überhaucht
Blütezeit: Juni bis Juli, einmal blühend, leichte Nachblüte
Blatt: dunkelgrün bis bronzefarben
Blattgesundheit: 🍃🍃
Verwendung/Besonderes: für Rankgerüste, Fassaden, Rosenbögen, Pergolen, hitzeverträglich, reich blühend, Duft: stark

Aloha – Kordes' Rose Aloha®

Klasse: Kletterrose
Herkunft: Züchter: W. Kordes' Söhne, Einführungsjahr: 2003
Aussehen: schnell wachsend, bis 2,5 m hoch
Blüten: aprikosenfarbig, gefüllt, meist in Dolden von bis zu 10 Blüten, Blütenblätter dachziegelartig angeordnet
Blütezeit: Juni bis September, öfter blühend
Blatt: dunkelgrün glänzend
Blattgesundheit: abschließende Ergebnisse liegen nicht vor
Verwendung/Besonderes: für Rankgerüste, Fassaden, Rosenbögen, Pergolen, hitzeverträglich, reich blühend, attraktiver Farbton, nostalgische Blüten, Duft: fein, fruchtig

Barock®

Klasse: Kletterrose
Herkunft: Züchter: Rosen Tantau, Einführungsjahr: 1999
Aussehen: aufrecht klimmend, 2 bis 2,5 m hoch
Blüten: gelb bis cremegelb, stark gefüllt
Blütezeit: Juni bis September, öfter blühend
Blatt: stark glänzend, dunkelgrün
Blattgesundheit: 🍃🍃 bis 🍃🍃🍃
Regenfest: ✔
Verwendung/Besonderes: für Rankgerüste, Fassaden, Rosenbögen, Pergolen, hitzeverträglich, nostalgisch, auch die Verwendung als Strauchrose ist möglich, muss aufgebunden werden, da Wuchs besonders vieltriebig und buschig ist, Duft: stark, süßlich herb

Dune®

Klasse: Kletterrose
Herkunft: Züchter: Delbard, Einführungsjahr: 1993
Aussehen: kräftig, 2 bis 2,5 m hoch
Blüten: reingelb, dicht gefüllt
Blütezeit: Juni bis September, öfter blühend
Blatt: dunkelgrün
Blattgesundheit: 🍃🍃 bis 🍃🍃🍃
Regenfest: ✔
Verwendung/Besonderes: Dauerblüher, reich blühend, hitzeverträglich, 1991 Silbermedaille in Tokio und Madrid, ebenfalls 1991 Duftpreis in Madrid, Duft: nach Rose und Zitronenkraut
Pflegeleicht: ✔

KLETTERROSEN
GELB UND ORANGE

Ghislaine de Féligonde

Klasse: Kletterrose, Rambler
Herkunft: Züchter: Turbat, Einführungsjahr: 1916
Aussehen: lange, weiche Triebe, buschig wachsend, 2 bis 4 m hoch
Blüten: gelb, die weiß aufhellen, mittelgroß, gefüllt
Blütezeit: Juni bis September, öfter blühend
Blatt: mittelgrün
Auch im Halbschatten (mindestens 5 Stunden Sonne): ✔
Blattgesundheit: 🌿🌿🌿
Regenfest: ✔
Verwendung/Besonderes: Beranken von Rosenbögen und Obelisken, hitzeverträglich
Pflegeleicht: ✔

Goldener Olymp®

Klasse: Kletterrose
Herkunft: Züchter: W. Kordes' Söhne, Einführungsjahr: 1984
Aussehen: aufrecht buschig, schnell wachsend, bis 2 m hoch
Blüten: goldgelb, kupferfarben überhaucht, gut gefüllt, groß, in Büscheln, grob gewellte Blütenränder
Blütezeit: Juni bis September, öfter blühend
Blatt: dunkelgrün
Blattgesundheit: 🌿🌿 bis 🌿🌿🌿
Regenfest: ✔
Verwendung/Besonderes: wetterfeste Blüte, für Rankgerüste, Fassaden, Rosenbögen, Pergolen, hitzeverträglich, auffallend reich blühend, Duft: leicht

Goldfinch

Klasse: Kletterrose, Rambler
Herkunft: Züchter: Paul, Einführungsjahr: 1907
Aussehen: lange, dünne Triebe, 5 m hoch
Blüten: weiß bis hellgelb, leicht gefüllt, gelbe Knospen
Blütezeit: Juni bis Juli, einmal blühend
Blatt: mittelgrün
Auch im Halbschatten (mindestens 5 Stunden Sonne): ✔
Blattgesundheit: 🌿🌿🌿
Regenfest: ✔
Verwendung/Besonderes: sehr schöne orangefarbene Hagebutten, Beranken von Pergolen, Wänden und Rosenbögen, hitzeverträglich
Pflegeleicht: ✔

Goldstern®

Klasse: Kletterrose
Herkunft: Züchter: Rosen Tantau, Einführungsjahr: 1966
Aussehen: aufrecht klimmend, sehr langsam wachsend, 2 bis 2,5 m hoch
Blüten: goldgelb, gefüllt, groß
Blütezeit: Juni bis September, öfter blühend
Blatt: glänzend dunkelgrün
Auch im Halbschatten (mindestens 5 Stunden Sonne): ✔
Blattgesundheit: 🌿🌿 bis 🌿🌿🌿
Regenfest: ✔
Verwendung/Besonderes: für Rankgerüste, Fassaden, Rosenbögen, Pergolen, hitzeverträglich

KLETTERROSEN
GELB UND ORANGE

Liane®

Klasse: Kletterrose
Herkunft: Züchter: Cocker/Rosen-Union, Einführungsjahr: 1989
Aussehen: aufrecht, 2 bis 2,5 m hoch
Blüten: kupfrig orange, gut gefüllt, edelrosenartige Knospen
Blütezeit: Juni bis September, öfter blühend
Blatt: glänzend bronzefarben bis dunkelgrün
Blattgesundheit: abschließende Ergebnisse liegen nicht vor
Regenfest: ✔
Verwendung/Besonderes: Einzelstellung, für Rankgerüste, Fassaden, Rosenbögen, Pergolen, für große Gärten und Parks, hitzeverträglich, Bronzemedaille in Baden-Baden, Duft: sehr leicht

Looping®

Klasse: Kletterrose
Herkunft: Züchter: Meilland, Einführungsjahr: 1977
Aussehen: aufrecht klimmend, 1,5 bis 2 m hoch
Blüten: orange bis aprikosenfarbig, gefüllt, 3 bis 5 Blüten pro Stiel, Größe 5 bis 6 cm, je 28 bis 30 Blütenblätter
Blütezeit: Juni bis September, öfter blühend
Blatt: glänzend mittel- bis dunkelgrün, ledrig
Blattgesundheit: abschließende Ergebnisse liegen nicht vor
Regenfest: ✔
Verwendung/Besonderes: Einzelpflanzungen, auch in Kombination mit Stauden, für Rankgerüste, Fassaden, Rosenbögen, Pergolen, hitzeverträglich, großblumig, Duft: leicht

Maréchal Niel

Klasse: Kletterrose, urspünglich Teerose
Herkunft: Abstammung: Sämling von Cloth of Gold, Züchter: Pradel, Einführungsjahr: 1864
Aussehen: kletternd, bis 4,5 m hoch
Blüten: gelb, gefüllt
Blütezeit: Juni/Juli, im Wintergarten auch früher, einmal blühend
Blatt: frischgrün
Blattgesundheit: alte Sorte, bei der eine Einstufung nach modernen Kriterien noch nicht vorgenommen wurde
Verwendung/Besonderes: nicht winterharte Sorte, stark wachsend, reich blühend, alte berühmte Sorte, wunderbare Duftrose

Moonlight – Kordes' Rose Moonlight®

KLETTERROSEN
GELB UND ORANGE

Klasse: Kletterrose
Herkunft: Züchter: W. Kordes' Söhne, Einführungsjahr: 2004
Aussehen: stark wüchsig, reich verzweigt, bis 2 m hoch
Blüten: kupfergelb, im Verblühen heller werdend mit rosa Hauch, leicht gefüllt, meist in Dolden von 4 bis 6 Blüten
Blütezeit: Juni bis September, öfter blühend
Blatt: dunkelgrün, groß, dicht stehend, stark glänzend
Blattgesundheit: abschließende Ergebnisse liegen nicht vor
Regenfest: ✔
Verwendung/Besonderes: sehr wüchsig mit vielen Grundtrieben, hitzeverträglich, Duft: reichlich, fruchtig
Pflegeleicht: ✔

Morgensonne 88®

Klasse: Kletterrose
Herkunft: Züchter: W. Kordes' Söhne, Einführungsjahr: 1988
Aussehen: willig kletternd, schnell wachsend, bis 3 m hoch
Blüten: lichtgelb, gut gefüllt, mittelgroß
Blütezeit: Juni bis September, öfter blühend
Blatt: glänzend dunkelgrün
Blattgesundheit: 🌿🌿 bis 🌿🌿🌿
Regenfest: ✔
Verwendung/Besonderes: für Rankgerüste, Fassaden, Rosenbögen, Pergolen, ist ein vitaler Wachser, hitzeverträglich, Goldmedaille in Baden-Baden

Papi Delbard®

Klasse: Kletterrose
Herkunft: Züchter: Delbard, Einführungsjahr: 1995
Aussehen: kräftig, 2,5 m hoch
Blüten: orange, gelb, aprikot, dicht gefüllt, ähnlich den alten Rosen, hübsch gezeichnete Blütenblätter
Blütezeit: Juni bis September, öfter blühend
Blatt: dunkelgrün
Blattgesundheit: 🌿 bis 🌿🌿
Regenfest: ✔
Verwendung/Besonderes: Duft: fruchtig-frisch

Penny Lane®

Klasse: Kletterrose
Herkunft: Züchter: Harkness, Einführungsjahr: 2000
Aussehen: aufrecht klimmend, schnell wachsend, bis 3 m hoch
Blüten: honig-champagnerfarben, gefüllt, mittelgroß
Blütezeit: Juni bis September, öfter blühend
Blatt: sattgrün
Blattgesundheit: abschließende Ergebnisse liegen nicht vor
Regenfest: ✔
Verwendung/Besonderes: Einzelstellung, für Rankgerüste, Fassaden, Rosenbögen, Pergolen, hitzeverträglich, nostalgisch, romantisch, reich blühend, Duft: leicht

Salita®

Klasse: Kletterrose
Herkunft: Züchter: W. Kordes' Söhne, Einführungsjahr: 1987
Aussehen: straff aufrecht, langsam kletternd, bis 2 m hoch
Blüten: leuchtend orange, stark gefüllt, groß, einzeln und in lockeren Dolden, edelrosenähnlich geformt
Blütezeit: Juni bis September, öfter blühend
Blatt: matt glänzend, dunkelgrün
Blattgesundheit: 🌿🌿 bis 🌿🌿🌿
Regenfest: ✔
Verwendung/Besonderes: für Rankgerüste, Fassaden, Rosenbögen, Pergolen, hitzeverträglich, besticht durch ihren neuen Farbton unter den Kletterrosen

KLETTERROSEN
ROSA UND VIOLETT

Bonny®

Klasse: Kletterrose, Rambler
Herkunft: Züchter: Nieborg/W. Kordes' Söhne, Einführungsjahr: 1998
Aussehen: aufrecht, schnell wachsend, bis 3 m hoch
Blüten: reinrosa, halb gefüllt, in Dolden
Blütezeit: Juni, einmal blühend
Blatt: glänzend mittelgrün
Blattgesundheit: 🌿🌿🌿
Regenfest: ✔
Verwendung/Besonderes: für Rankgerüste, Fassaden, Rosenbögen, Pergolen, hitzeverträglich, reich blühend, sehr wüchsig

Compassion®

Klasse: Kletterrose, ADR-Rose 1976, als Kletterrose noch nicht durch andere Sorten ersetzbar
Herkunft: Züchter: Harkness, Einführungsjahr: 1974
Aussehen: aufrecht, 2 bis 2,5 m hoch
Blüten: hell salmrosa, orange schattiert, stark gefüllt, groß, edel geformt
Blütezeit: Juni bis September, öfter blühend
Blatt: grün
Blattgesundheit: 🌿🌿 bis 🌿🌿🌿
Regenfest: ✔
Verwendung/Besonderes: Einzelstellung, für Rankgerüste, Fassaden, Rosenbögen, Pergolen, hitzeverträglich, auch für große Gärten und Parks, die erste Rose, die bei der Neuheitenprüfung in St. Albans mit der Harry-Edland-Medaille für die duftendste Rose ausgezeichnet wurde, Duft: stark
Pflegeleicht: ✔

Deutsches Rosarium Dortmund®

Klasse: Kletterrose
Herkunft: Züchter: Noack, Einführungsjahr: 1994
Aussehen: aufrecht, bis 2,5 m hoch
Blüten: hellrosa, gefüllt, in Dolden zu 20 Blüten, Durchmesser 2 bis 3 cm
Blütezeit: Juni bis September, öfter blühend
Blatt: glänzend mittel- bis dunkelgrün
Blattgesundheit: 🌿🌿🌿
Regenfest: ✔
Verwendung/Besonderes: für Rankgerüste, Fassaden, Rosenbögen, Pergolen, hitzeverträglich, für Gärten und Parks

Fassadenzauber®

Klasse: Kletterrose
Herkunft: Züchter: Noack, Einführungsjahr:1997
Aussehen: aufrecht, bis 2,5 m hoch
Blüten: leuchtend reinrosa, gefüllt, sehr edel, etwa 25 Blütenblätter
Blütezeit: Juni bis September, öfter blühend
Blatt: glänzend mittel- bis dunkelgrün
Blattgesundheit: 🌿🌿🌿
Regenfest: ✔
Verwendung/Besonderes: für Rankgerüste, Fassaden, Rosenbögen, Pergolen, hitzeverträglich, für Gärten und Parks

Gloriana®

KLETTERROSEN
ROSA UND VIOLETT

Klasse: Kletterrose
Herkunft: Züchter: Warner, Einführungsjahr: 2002
Aussehen: stark aufrecht, 2,5 bis 3 m hoch
Blüten: purpurviolett, gefüllt, Durchmesser von 6 bis 7 cm
Blütezeit: Juni bis Oktober/November, öfter blühend
Blatt: leicht glänzend, mittel- bis dunkelgrün, ledrig
Blattgesundheit: abschließende Ergebnisse liegen nicht vor
Regenfest: ✔
Verwendung/Besonderes: für Rankgerüste, Fassaden, Rosenbögen, Pergolen, hitzeverträglich, auch sehr gut für Kübel, Balkon und Terrasse, Dauerblüher

Graciosa®

Klasse: Kletterrose
Herkunft: Züchter: Noack, Einführungsjahr: 2002
Aussehen: aufrecht, bis 3 m hoch
Blüten: pastellrosa bis weiß, stark gefüllt, sehr edel, etwa 30 Blütenblätter
Blütezeit: Juni bis Mitte November, öfter blühend
Blatt: glänzend dunkelgrün
Blattgesundheit: abschließende Ergebnisse liegen nicht vor
Regenfest: ✔
Verwendung/Besonderes: für Rankgerüste, Fassaden, Rosenbögen, Pergolen, hitzeverträglich, für Gärten und Parks, Duft: stark

Harlekin®

Klasse: Kletterrose
Herkunft: Züchter: W. Kordes' Söhne, Einführungsjahr: 1986
Aussehen: buschig, schnell wachsend, bis 2,5 m hoch
Blüten: cremeweiß mit rötlichem Rand, stark gefüllt, groß, in kleinen Büscheln
Blütezeit: Juni bis September, öfter blühend
Blatt: glänzend dunkelgrün
Blattgesundheit: ●● bis ●●●
Verwendung/Besonderes: für Rankgerüste, Fassaden, Rosenbögen, Pergolen, hitzeverträglich, auffallend lieblicher Farbton, Duft: stark, nach Wildrosen

Kir Royal®

Klasse: Kletterrose, ADR-Rose 2002
Herkunft: Züchter: Meilland, Einführungsjahr: 1995
Aussehen: aufrecht klimmend bis überhängend, schnell wachsend, 2 bis 3 m hoch
Blüten: seidenrosa, gefüllt, mit Nachblüte, 3 bis 4 Blüten pro Stiel, Größe 6 bis 7 cm, je 25 bis 30 Blütenblätter
Blütezeit: Juni bis September, starker Hauptflor, schwächer nachblühend
Blatt: glänzend mittel- bis dunkelgrün
Auch im Halbschatten (mindestens 5 Stunden Sonne): ✔
Blattgesundheit: ●●●●
Regenfest: ✔
Verwendung/Besonderes: Einzelstellung, für Rankgerüste, Fassaden, Rosenbögen, Pergolen, starker Hauptflor, schwächer nachblühend, Duft: leicht

Laguna®

Klasse: Kletterrose
Herkunft: Züchter: W. Kordes' Söhne, Einführungsjahr: 2004
Aussehen: buschig, aufrecht, bis 2 m hoch
Blüten: kräftig pink, sehr stark gefüllt, meist in Dolden von 6 bis 8 Blüten
Blütezeit: Juni bis September, öfter blühend
Blatt: dunkelgrün, dicht stehend, leicht glänzend
Blattgesundheit: abschließende Ergebnisse liegen nicht vor
Verwendung/Besonderes: stark ausgeprägter fruchtiger Duft

KLETTERROSEN
ROSA UND VIOLETT

Lawinia®

Klasse: Kletterrose
Herkunft: Züchter: Rosen Tantau, Einführungsjahr: 1980
Aussehen: aufrecht klimmend, 2 bis 3 m hoch
Blüten: leuchtend reinrosa, gefüllt, groß
Blütezeit: Juni bis September, öfter blühend
Blatt: glänzend dunkelgrün
Blattgesundheit: 🍃🍃 bis 🍃🍃🍃
Regenfest: ✔
Verwendung/Besonderes: Einzelstellung, für Rankgerüste, Fassaden, Rosenbögen, Pergolen, Blumenbeete, sehr wetterbeständig und hitzeverträglich, Duft: stark, fruchtig

Manita®

Klasse: Kletterrose, ADR-Rose 1997
Herkunft: Züchter: W. Kordes' Söhne, Einführungsjahr: 1996
Aussehen: aufrecht klimmend bis überhängend, schnell wachsend, bis 2,5 m hoch
Blüten: dunkelrosa mit gelblich weißer Mitte, halb gefüllt, sehr groß, meist in Dolden, schalenförmig, leuchtende Staubgefäße
Blütezeit: Juni bis September, öfter blühend
Blatt: glänzend dunkelgrün
Auch im Halbschatten (mindestens 5 Stunden Sonne): ✔
Blattgesundheit: 🍃🍃🍃 bis 🍃🍃🍃🍃
Regenfest: ✔
Verwendung/Besonderes: für Rankgerüste, Fassaden, Rosenbögen, Pergolen, Spaliere, hitzeverträglich, reich blühend, Duft: leicht, nach Wildrosen

Morning Jewel®

Klasse: Kletterrose, ADR-Rose 1975
Herkunft: Züchter: Cocker, Einführungsjahr: 1968
Aussehen: aufrecht klimmend bis überhängend, 2,5 bis 3 m hoch
Blüten: tiefrosa, halb gefüllt, gut geformt, mittelgroß
Blütezeit: Juni bis September, öfter blühend
Blatt: glänzend mittel- bis dunkelgrün
Auch im Halbschatten (mindestens 5 Stunden Sonne): ✔
Blattgesundheit: 🍃🍃🍃
Regenfest: ✔
Verwendung/Besonderes: für Einzelstellung, für Rankgerüste, Fassaden, Rosenbögen, Pergolen, auch für große Gärten und Parks, hitzeverträglich, unempfindlich gegen Wärmestau, reich blühend, Duft: angenehm

Nahéma®

Klasse: Kletterrose
Herkunft: Züchter: Delbard, Einführungsjahr: 1998
Aussehen: kräftig, bis 2,5 m hoch
Blüten: hellrosa, dicht gefüllt, weich
Blütezeit: Juni bis September, öfter blühend
Blatt: dunkelgrün
Blattgesundheit: abschließende Ergebnisse liegen nicht vor
Verwendung/Besonderes: nach dem gleichnamigen Guerlain-Parfum benannt, hitzeverträglich, Duft: Rosen- und Fruchtnuancen, mit einem Hauch von Zitronenkraut
Pflegeleicht: ✔

New Dawn

KLETTERROSEN
ROSA UND VIOLETT

Klasse: Kletterrose
Herkunft: Züchter: Somerset Rose Nursery, Einführungsjahr: 1930
Aussehen: stark wüchsig, mit biegsamen Langtrieben, überhängend, willig kletternd bis 3 m hoch
Blüten: zartes weißliches Rosa, gefüllt, mittelgroß
Blütezeit: Juni bis Oktober, öfter blühend
Blatt: tiefgrün, glänzend, sehr dicht
Blattgesundheit: 🌿🌿🌿
Regenfest: ✔
Verwendung/Besonderes: auffallender, anhaltender Blütenreichtum, hitzeverträglich, Duft: nach Gravensteiner Apfel

Klasse: Kletterrose, Rambler
Herkunft: Einführungsjahr: unbekannt
Aussehen: starktriebig, aufrecht, wachsend, 5 bis 10 m hoch
Blüten: violettrosa, rosettenförmig gefüllt, in Dolden blühend
Blütezeit: Juni bis Juli, einmal blühend
Blatt: mittelgrün
Auch im Halbschatten (mindestens 5 Stunden Sonne): ✔
Blattgesundheit: 🌿🌿
Regenfest: ✔
Verwendung/Besonderes: Beranken von Bäumen, Pergolen und Wänden, hitzeverträglich, Duft: gut

Raubritter

Klasse: Kletterrose, Rambler
Herkunft: Züchter: W. Kordes' Söhne, Einführungsjahr: 1936
Aussehen: dicht buschig, überhängend, bis 3 m hoch
Blüten: hell purpurrosa, gefüllt, klein, einzeln und in Dolden, ballförmig
Blütezeit: Juni, einmal blühend
Blatt: dunkelgrün, ledrig derb
Blattgesundheit: 🌿🌿 bis 🌿🌿🌿
Regenfest: ✔
Verwendung/Besonderes: Einzelstellung, für Rankgerüste, Fassaden, Rosenbögen, Pergolen, hitzeverträglich, Blütenreichtum, Duft: leicht

Open Arms®

Klasse: Kletterrose
Herkunft: Züchter: Warner, Einführungsjahr: 2000
Aussehen: aufrecht, 2 bis 2,5 m hoch
Blüten: rosa, leicht gefüllt, in großen Büschen
Blütezeit: Juni bis September, öfter blühend
Blatt: glänzend grün
Blattgesundheit: abschließende Ergebnisse liegen nicht vor
Regenfest: ✔
Verwendung/Besonderes: Einzelstellung, für Rankgerüste, Fassaden, Rosenbögen, Pergolen, auch für große Gärten und Parks, kompakt wachsend, reich blühend

Ramira®

Klasse: Kletterrose
Herkunft: Züchter: W. Kordes' Söhne, Einführungsjahr: 1988
Namen in anderen Ländern: Agatha Christie (Großbritannien)
Aussehen: aufrecht buschig, mit immer neuen Trieben, schnell wachsend, bis 2,5 m hoch
Blüten: leuchtend reinrosa, halb gefüllt, groß, edel, einzeln und in Büscheln
Blütezeit: Juni bis September, öfter blühend
Blatt: glänzend dunkelgrün
Blattgesundheit: 🌿 bis 🌿🌿
Regenfest: ✔
Verwendung/Besonderes: wetterfeste Blüten, für Rankgerüste, Fassaden, Rosenbögen, Pergolen, eine rosafarbene 'Sympathie', hitzeverträglich, Goldmedaille in Genf, Duft: nach Wildrosen

Rosendorf Steinfurth '04

Klasse: Kletterrose, Rambler
Herkunft: Züchter: Schultheis, Einführungsjahr: 2004
Aussehen: dünn triebig, 2,5 bis 3 m hoch
Blüten: rosa, halb gefüllt
Blütezeit: Juni bis Oktober, öfter blühend
Blatt: mittelgrün
Auch im Halbschatten (mindestens 5 Stunden Sonne): ✔
Blattgesundheit: abschließende Ergebnisse liegen nicht vor
Regenfest: ✔
Verwendung/Besonderes: kleine Kletterrose an Bögen oder Obelisken, Bodendecker, hitzeverträglich, Duft: leicht
Pflegeleicht: ✔

Paul's Himalayan Musk Rambler

KLETTERROSEN
ROSA UND VIOLETT

Rosanna®

Klasse: Kletterrose
Herkunft: Züchter: W. Kordes' Söhne, Einführungsjahr: 2002
Aussehen: breit buschig, schnell wachsend, bis 2 m hoch
Blüten: lachsrosa, sehr stark gefüllt, edelrosenartig, meist in Dolden
Blütezeit: Juni bis September, öfter blühend
Blatt: leicht glänzend, grün
Blattgesundheit: 🍃🍃🍃
Regenfest: ✔
Verwendung/Besonderes: für Rankgerüste, Fassaden, Rosenbögen, Pergolen, hitzeverträglich, besonders stark gefüllte und edle Blüten, reich blühend, Duft: leicht

Rosarium Uetersen®

Klasse: Kletterrose, Strauchrose
Herkunft: Züchter: W. Kordes' Söhne, Einführungsjahr: 1977
Aussehen: dicht buschig, aufrecht, überhängend, schnell wachsend, 2 bis 3 m hoch
Blüten: tief rosa, später silbrig rosa, dicht gefüllt, sehr groß, Blütenblätter dachziegelartig überlappend
Blütezeit: Juni bis September, öfter blühend
Blatt: glänzend mittel- bis dunkelgrün
Auch im Halbschatten (mindestens 5 Stunden Sonne): ✔
Blattgesundheit: 🍃🍃🍃
Regenfest: ✔

Verwendung/Besonderes: für Rankgerüste, Fassaden, Rosenbögen, Pergolen, reich blühend, als Kletter- und Strauchrose verwendbar, normal bis 2 m hoch, als Kletterrose aufgebunden bis 3 m hoch, hitzeverträglich, Duft: ähnlich wie Wildrosen

Rose Celeste®

Klasse: Kletterrose
Herkunft: Züchter: Delbard, Einführungsjahr: 1979
Aussehen: kräftig, schnell wachsend, 2,5 bis 3 m hoch
Blüten: hellrosa, roseockerfarben, mit dunklerer Mitte, lange haltbar
Blütezeit: Juni bis September, öfter blühend
Blatt: dunkelgrün
Blattgesundheit: abschließende Ergebnisse liegen nicht vor
Regenfest: ✔
Verwendung/Besonderes: Dauerblüher, hitzeverträglich
Pflegeleicht: ✔

Shogun®

Klasse: Kletterrose
Herkunft: Züchter: Rosen Tantau, Einführungsjahr: 1999
Aussehen: aufrecht klimmend, 3 bis 4 m hoch
Blüten: kräftig rosa, gefüllt, edel
Blütezeit: Juni bis September, öfter blühend
Blatt: mittel- bis dunkelgrün
Blattgesundheit: 🍃 bis 🍃🍃
Regenfest: ✔
Verwendung/Besonderes: für Rankgerüste, Fassaden, Rosenbögen, Pergolen, hitzeverträglich, Duft: zart

Sorbet®

Klasse: Kletterrose
Herkunft: Züchter: Meilland, Einführungsjahr: 1993
Aussehen: aufrecht, 2 bis 2,5 m hoch
Blüten: zartrosa mit Gelb, gefüllt, edelrosenartig, 3 bis 5 Blüten pro Stiel, Größe 10 bis 12 cm, je 30 bis 35 Blütenblätter
Blütezeit: Mai bis Oktober, öfter blühend
Blatt: mittel- bis dunkelgrün
Blattgesundheit: 🍃🍃 bis 🍃🍃🍃
Regenfest: ✔
Verwendung/Besonderes: für Einzelstellung, für Rankgerüste, Fassaden, Rosenbögen, Pergolen, hitzeverträglich, großblumig, Duft: mittel

Summer Wine

KLETTERROSEN
ROSA UND VIOLETT

Klasse: Kletterrose
Herkunft: Züchter: W. Kordes' Söhne, Einführungsjahr: 1985
Aussehen: aufrecht buschig, bis 2,5 m hoch
Blüten: lachsrosa mit gelber Mitte, halb gefüllt, meist in Dolden, mit weinroten Staubgefäßen
Blütezeit: Juni bis September, öfter blühend
Blatt: stark glänzend, dunkelgrün, ledrig
Blattgesundheit: 🍃🍃🍃
Regenfest: ✔
Verwendung/Besonderes: für Rankgerüste, Fassaden, Rosenbögen, Pergolen, hitzeverträglich, Duft: angenehm fruchtig

Super Dorothy®

Klasse: Kletterrose
Herkunft: Züchter: Hetzel, Einführungsjahr: 1986
Aussehen: überhängend, 2 bis 2,5 m hoch
Blüten: rosa, dicht gefüllt, an dichten kegelrispigen Blütenständen
Blütezeit: Juni bis September, öfter blühend
Blatt: glänzend mittelgrün
Auch im Halbschatten (mindestens 5 Stunden Sonne): ✔
Blattgesundheit: 🍃🍃 bis 🍃🍃🍃
Regenfest: ✔
Verwendung/Besonderes: für Rankgerüste, Fassaden, Rosenbögen, Pergolen, muss jedoch aufgebunden werden, hitzeverträglich, reich blühend, auch als Kaskadenrose

Super Excelsa®

Klasse: Kletterrose, ADR-Rose 1991
Herkunft: Züchter: Hetzel, Einführungsjahr: 1986
Aussehen: flach und mäßig wachsend, mit Rankhilfe auch aufrecht, 2 bis 2,5 m hoch
Blüten: karminrosa mit weißem Mittelstreifen, gefüllt, an vielblütigen Rispen
Blütezeit: Juni bis September, öfter blühend
Blatt: mittelgrün
Auch im Halbschatten (mindestens 5 Stunden Sonne): ✔
Blattgesundheit: 🍃🍃🍃
Regenfest: ✔
Verwendung/Besonderes: für Rankgerüste, Fassaden, Rosenbögen, Pergolen, muss jedoch aufgebunden werden, auch als Kaskadenrose, hitzeverträglich, reich blühend

The Generous Gardener

Klasse: Kletterrose oder Strauchrose, Englische Rose
Herkunft: Züchter: David Austin, Einführungsjahr: 2002
Aussehen: kletternd bis etwa 3 bis 4 m hoch, als überhängende Strauchrose 2 × 2 m
Blüten: sehr helles Rosa, beim Aufblühen zeigen sich die Staubgefäße in der Mitte
Blütezeit: Juli bis September, öfter blühend
Blatt: dunkelgrün
Auch im Halbschatten (mindestens 5 Stunden Sonne): ✔
Blattgesundheit: abschließende Ergebnisse liegen nicht vor
Regenfest: ✔
Verwendung/Besonderes: als Kletterrose an Wänden, Spalieren oder Rankobelisken, für Rosen- und Blumenbeete, auch in Kombination mit Stauden, hitzeverträglich, Duft: zart, an Wildrosen, Moschus und Myrte erinnernd
Pflegeleicht: ✔

Veilchenblau

Klasse: Kletterrose, Rambler
Herkunft: Züchter: Schmidt, Einführungsjahr: 1909
Aussehen: stark triebig, 3 bis 4 m hoch
Blüten: purpurviolett mit weißem Auge, klein, locker gefüllt
Blütezeit: Juni bis Juli, einmal blühend
Blatt: mittelgrün
Auch im Halbschatten (mindestens 5 Stunden Sonne): ✔
Blattgesundheit: 🍃🍃 bis 🍃🍃🍃
Regenfest: ✔
Verwendung/Besonderes: Beranken von Pergolen, Wänden und Rosenbögen, hitzeverträglich
Pflegeleicht: ✔

KLETTERROSEN
ROT

Amadeus®

Klasse: Kletterrose
Herkunft: Züchter: W. Kordes' Söhne, Einführungsjahr: 2003
Aussehen: aufrecht buschig, bis 2 m hoch
Blüten: blutrot, halb gefüllt, mittelgroß, meist in Dolden von 5 bis 7 Blüten
Blütezeit: Juni bis September, öfter blühend
Blatt: stark glänzend, dunkelgrün
Blattgesundheit: abschließende Ergebnisse liegen nicht vor
Regenfest: ✔
Verwendung/Besonderes: für Rankgerüste, Fassaden, Rosenbögen, Pergolen, leuchtende Blüten, besticht durch gute Fernwirkung, hitzeverträglich, Duft: leicht, nach Wildrose

Antike 89®

Klasse: Kletterrose
Herkunft: Züchter: W. Kordes' Söhne, Einführungsjahr: 1988
Namen in anderen Ländern: Antique (Großbritannien)
Aussehen: schnell wachsend, willig kletternd, bis 2,5 m hoch
Blüten: cremeweiß mit rotem Rand, stark gefüllt
Blütezeit: Juni bis September, öfter blühend
Blatt: stark glänzend, dunkelgrün, ledrig
Blattgesundheit:
Verwendung/Besonderes: für Rankgerüste, Fassaden, Rosenbögen, Pergolen, hitzeverträglich, erinnert durch ihre prall gefüllte Blüte an Alte Rosen

Chevy Chase

Klasse: Kletterrose, Rambler
Herkunft: Züchter: Hansen, Einführungsjahr: 1939
Aussehen: stark wüchsig, aufrecht, wachsend, 5 bis 7 m hoch
Blüten: rot, stark gefüllt, klein
Blütezeit: Juni bis Juli, einmal blühend
Blatt: mittelgrün
Auch im Halbschatten (mindestens 5 Stunden Sonne): ✔
Blattgesundheit: 🍂 bis 🍂🍂
Regenfest: ✔
Verwendung/Besonderes: Beranken von Bäumen, Pergolen, Wänden und Rosenbögen, hitzeverträglich
Pflegeleicht: ✔

Dortmund®

KLETTERROSEN
ROT

Dortmund®
Klasse: Kletterrose, ADR-Rose 1954
Herkunft: Züchter: W. Kordes' Söhne, Einführungsjahr: 1955
Aussehen: kräftig, schnell wachsend, bis 4 m hoch
Blüten: leuchtend blutrot mit großem Auge, ungefüllt, groß, in Dolden, gewellt, große Blütenstände
Blütezeit: Juni bis September, öfter blühend
Blatt: glänzend tiefgrün
Auch im Halbschatten (mindestens 5 Stunden Sonne): ✔
Blattgesundheit: bis
Regenfest: ✔
Verwendung/Besonderes: für Rankgerüste, Fassaden, Rosenbögen, Pergolen, hitzeverträglich, Duft: leicht

Flammentanz®
Klasse: Kletterrose, Rambler, ADR-Rose 1952, unverzichtbar wegen Gesundheit und Blütenwirkung
Herkunft: Züchter: W. Kordes' Söhne, Einführungsjahr: 1955
Aussehen: aufrecht klimmend, ausladend, bis 5 m hoch
Blüten: leuchtendes, feuriges Blutrot, gut gefüllt, mittelgroß
Blütezeit: Juni, einmal blühend
Blatt: mattgrün
Auch im Halbschatten (mindestens 5 Stunden Sonne): ✔
Blattgesundheit: bis
Regenfest: ✔
Verwendung/Besonderes: für Rankgerüste, Fassaden, Rosenbögen, Pergolen, einmal blühend, Vogelnährgehölz, hitzeverträglich, große, birnenförmige Hagebutten, die spät ausreifen

Flammentanz®

Meillands Rose Colonia®

Klasse: Kletterrose
Herkunft: Züchter: Meilland, Einführungsjahr: 1984
Namen in anderen Ländern: Exploit® (Frankreich)
Aussehen: aufrecht, 2 bis 3 m hoch
Blüten: dunkelblutrot, 3 bis 5 Blüten pro Stiel, Größe 7 bis 8 cm, je 8 bis 15 Blütenblätter
Blütezeit: Juni bis September, öfter blühend
Blatt: glänzend dunkelgrün
Blattgesundheit: bis
Regenfest: ✔
Verwendung/Besonderes: für Rankgerüste, Fassaden, Rosenbögen, Pergolen, heiße Standorte und Stauwärme vermeiden, gute Fernwirkung

KLETTERROSEN ROT

Messire Delbard®

Klasse: Kletterrose
Herkunft: Züchter: Delbard, Einführungsjahr: 1976
Aussehen: kräftig, 2,5 bis 3 m hoch
Blüten: samtig karminrot, dicht gefüllt, sehr groß
Blütezeit: Juni bis September, öfter blühend
Blatt: glänzend grün
Blattgesundheit: 🍃 bis 🍃🍃
Regenfest: ✔
Verwendung/Besonderes: reich blühende Kletterrose, hitzeverträglich

Momo®

Klasse: Kletterrose
Herkunft: Züchter: Noack, Einführungsjahr: 1994
Aussehen: aufrecht, bis 2,5 m hoch
Blüten: dunkelrot bis karminrot, gefüllt, in Dolden
Blütezeit: Juni bis September, öfter blühend
Blatt: glänzend dunkelgrün, ledrig
Blattgesundheit: 🍃🍃🍃
Regenfest: ✔
Verwendung/Besonderes: für Einzelstellung, für Rankgerüste, Fassaden, Rosenbögen, Pergolen, hitzeverträglich

Naheglut®

Klasse: Kletterrose
Herkunft: Züchter: Poulsen, Einführungsjahr: 1997
Aussehen: aufrecht klimmend, 2 bis 3 m hoch
Blüten: samtig dunkelrot, gefüllt, stehend, meist 5 bis 7 Stück in Dolden, selten einzeln, mit etwa 60 Blütenblättern, große, ovale Knospen
Blütezeit: Juni bis September, öfter blühend
Blatt: glänzend dunkelgrün
Blattgesundheit: 🍃🍃 bis 🍃🍃🍃
Regenfest: ✔
Verwendung/Besonderes: für Einzelstellung, für Rankgerüste, Fassaden, Rosenbögen, Pergolen, hitzeverträglich, nostalgisch, romantisch, Duft: leicht

Rotfassade®

Klasse: Kletterrose, ADR-Rose 1999
Herkunft: Züchter: Noack, Einführungsjahr: 1997
Aussehen: aufrecht klimmend, 2 bis 3 m hoch
Blüten: leuchtend rot, ungefüllt, in Dolden
Blütezeit: Juni bis September, öfter blühend
Blatt: glänzend mittel- bis dunkelgrün
Auch im Halbschatten (mindestens 5 Stunden Sonne): ✔
Blattgesundheit: 🍃🍃🍃 bis 🍃🍃🍃🍃
Regenfest: ✔
Verwendung/Besonderes: für Rankgerüste, Fassaden, Rosenbögen und Pergolen, hitzeverträglich

Santana®

Klasse: Kletterrose
Herkunft: Züchter: Rosen Tantau, Einführungsjahr: 1985
Aussehen: breit aufrecht klimmend, 2,5 bis 3,5 m hoch
Blüten: feurig rot
Blütezeit: Juni bis September, öfter blühend
Blatt: mittel- bis dunkelgrün, ledrig
Blattgesundheit: 🍃🍃 bis 🍃🍃🍃
Regenfest: ✔
Verwendung/Besonderes: für Rankgerüste, Fassaden, Rosenbögen und Pergolen, sehr hitzeverträglich, Kletterrose mit starker Ausdruckskraft, Duft: mild

Sympathie

Klasse: Kletterrose, ADR-Rose 1966, hoher Gartenwert wegen Blütenwirkung
Herkunft: Züchter: W. Kordes' Söhne, Einführungsjahr: 1964
Aussehen: aufrecht buschig bis überhängend, schnell wachsend, bis 4 m hoch
Blüten: samtig dunkelrot, leicht gefüllt, groß, in Büscheln
Blütezeit: Juni bis September, öfter blühend
Blatt: glänzend sattgrün
Auch im Halbschatten (mindestens 5 Stunden Sonne): ✔
Blattgesundheit: 🍃🍃 bis 🍃🍃🍃
Regenfest: ✔
Verwendung/Besonderes: wetterfeste Blüten, für Rankgerüste, Fassaden, Rosenbögen und Pergolen, große Blütenfülle, dankbare rote Spitzensorte, hitzeverträglich, Duft: ausgeprägter Wildrosenduft

Tradition 95®

Klasse: Kletterrose
Herkunft: Züchter: W. Kordes' Söhne, Einführungsjahr: 1995
Aussehen: aufrecht buschig, schnell wachsend, bis 2 m hoch
Blüten: leuchtend blutrot, leicht gefüllt, mittelgroß, in Büscheln, auffallend gelbe Staubgefäße
Blütezeit: Juni bis September, öfter blühend
Blatt: stark glänzend, dunkelgrün
Blattgesundheit: 🍃🍃🍃
Regenfest: ✔
Verwendung/Besonderes: für Rankgerüste, Fassaden, Rosenbögen und Pergolen, hitzeverträglich, reich blühend, Duft: leicht, mild

ZWERGROSEN
WEISS, GELB UND ORANGE

Honeymilk®

Klasse: Zwergrose
Herkunft: Züchter: Rosen Tantau, Einführungsjahr: 2002
Aussehen: kompakt wachsend, 40 bis 50 cm hoch
Blüten: milchweiß, zur Mitte hin cremegelb, gefüllt, in üppigen Dolden
Blütezeit: Juni bis September, öfter blühend
Blatt: mittelgrün
Blattgesundheit: 🍃 bis 🍃🍃
Verwendung/Besonderes: für Töpfe, Balkonkästen und Kübel, Steingärten, hitzeverträglich, kompakt wachsend, reich blühend

Schneeküsschen®

Klasse: Zwergrose
Herkunft: Züchter: W. Kordes' Söhne, Einführungsjahr: 1993
Aussehen: kompakt, bis 30 cm hoch
Blüten: weiß, zartrosa überhaucht, gefüllt, klein, in Büscheln, auffallend großer Kranz kräftig gelber Staubgefäße
Blütezeit: Juni bis September, öfter blühend
Blatt: frischgrün
Blattgesundheit: 🍃 bis 🍃🍃
Regenfest: ✔

Apricot Clementine®

Klasse: Zwergrose
Herkunft: Züchter: Rosen Tantau, Einführungsjahr: 2001
Aussehen: geschlossener Wuchs, kompakt wachsend, 40 bis 50 cm hoch
Blüten: aprikosenfarben, gefüllt, in Dolden blühend
Blütezeit: Juni bis September, öfter blühend
Blatt: mittelgrün
Blattgesundheit: 🍃🍃
Regenfest: ✔
Verwendung/Besonderes: für Töpfe, Balkonkästen und Kübel, Rosenbeete, Steingärten, hitzeverträglich

Cumba Meillandina®

Klasse: Zwergrose
Herkunft: Züchter: Meilland, Einführungsjahr: 1997
Aussehen: aufrecht buschig, 30 bis 40 cm hoch
Blüten: orange, stark gefüllt, 3 bis 5 Blüten pro Stiel, Größe 2 bis 3 cm, je 30 bis 35 Blütenblätter
Blütezeit: Juni bis September, öfter blühend
Blatt: glänzend mittel- bis dunkelgrün
Blattgesundheit: 🍃 bis 🍃🍃
Regenfest: ✔
Verwendung/Besonderes: für Töpfe, Balkonkästen und Kübel, für Gruppenpflanzungen, hitzeverträglich, auch in Kombination mit Stauden

Firefly®

Klasse: Zwergrose
Herkunft: Züchter: McGredy, Einführungsjahr: 1991
Aussehen: buschig, kompakt wachsend, 20 bis 40 cm hoch
Blüten: leuchtend orange, gefüllt, kleine, edelrosenartige Knospen
Blütezeit: Juni bis September, öfter blühend
Blatt: mittel- bis dunkelgrün
Blattgesundheit: 🍃 bis 🍃🍃
Regenfest: ✔
Verwendung/Besonderes: Gruppenpflanzung, für Rosen- und Blumenbeete, für Töpfe, Kübel, Balkonkästen, für Beeteinfassungen, Steingärten, Grabbepflanzungen, hitzeverträglich, verblühte Blüten sollten ausgeputzt werden

ZWERGROSEN
GELB UND ORANGE

Gold Symphonie® 2002

Klasse: Zwergrose
Herkunft: Züchter: Meilland, Einführungsjahr: 2002
Aussehen: aufrecht buschig kompakt wachsend, 30 bis 40 cm hoch
Blüten: dunkelgelb, stark gefüllt, 3 bis 5 Blüten pro Stiel, Größe 3 bis 4 cm, je 30 bis 40 Blütenblätter
Blütezeit: Juni bis September, öfter blühend
Blatt: glänzend dunkelgrün
Blattgesundheit: 🍃 bis 🍃🍃
Regenfest: ✔
Verwendung/Besonderes: für Töpfe, Balkonkästen und Kübel, für Gruppenpflanzungen, auch in Kombination mit Stauden, hitzeverträglich, blühwillig

Goldjuwel®

Klasse: Zwergrose
Herkunft: Züchter: Rosen Tantau, Einführungsjahr: 1993
Namen in anderen Ländern: Bijou d'Or (Frankreich, Italien)
Aussehen: buschig, kompakt wachsend, gedrungen, 40 bis 50 cm hoch
Blüten: goldgelb, gefüllt, mittelgroß, elegant geformt
Blütezeit: Juni bis September, öfter blühend
Blatt: glänzend dunkelgrün
Blattgesundheit: 🍃🍃
Regenfest: ✔
Verwendung/Besonderes: für Töpfe, Balkonkästen und Kübel, hitzeverträglich, für Einfassungen

Guletta®

Klasse: Zwergrose
Herkunft: Züchter: de Ruiter, Einführungsjahr: 1974
Namen in anderen Ländern: Rugul, Tapis jaune
Aussehen: aufrecht buschig, kompakt wachsend, 30 bis 40 cm hoch
Blüten: leuchtend zitronengelb, gefüllt, in dichten Büscheln
Blütezeit: Juni bis September, öfter blühend
Blatt: glänzend dunkelgrün, gelbe Herbstfärbung
Auch im Halbschatten (mindestens 5 Stunden Sonne): ✔
Blattgesundheit: 🍃 bis 🍃🍃
Regenfest: ✔
Verwendung/Besonderes: für Töpfe, Balkonkästen, Kübel, für Beeteinfassungen, Steingärten, Grabbepflanzungen, Duft: sehr leicht

Peach Clementine®

Klasse: Zwergrose
Herkunft: Züchter: Rosen Tantau, Einführungsjahr: 2002
Aussehen: aufrecht, 30 bis 40 cm hoch
Blüten: pfirsichcremefarben bis hellrosa, gefüllt, groß
Blütezeit: Juni bis September, öfter blühend
Blatt: mittel- bis dunkelgrün
Blattgesundheit: 🍃🍃
Regenfest: ✔
Verwendung/Besonderes: für Töpfe, Balkonkästen und Kübel, romantische, die Farbe wechselnde Blüten, reich nachblühend, sehr lange haltbar, hitzeverträglich

Sonnenkind®

Klasse: Zwergrose
Herkunft: Züchter: W. Kordes' Söhne, Einführungsjahr: 1986
Namen in anderen Ländern: Perestrorka (Großbritannien)
Aussehen: aufrecht buschig, kompakt wachsend, gedrungen, bis 35 cm hoch
Blüten: goldgelb, gut gefüllt, mittelgroß, zur zarten Spitze geraffte Blütenblätter, die ganze Pflanze bedeckend
Blütezeit: Juni bis September, öfter blühend
Blatt: glänzend dunkelgrün
Auch im Halbschatten (mindestens 5 Stunden Sonne): ✔
Blattgesundheit: 🍃 bis 🍃🍃
Regenfest: ✔
Verwendung/Besonderes: für Töpfe, Balkonkästen und Kübel, ideal für Steingärten, für Einzel- und Gruppenpflanzungen, hitzeverträglich

ZWERGROSEN
ROSA UND VIOLETT

Charmant®

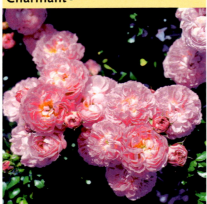

Klasse: Zwergrose
Herkunft: Züchter: W. Kordes' Söhne, Einführungsjahr: 1999
Aussehen: buschig, kompakt, bis 40 cm hoch
Blüten: rosa mit gelbweißer Mitte, unterseits cremeweiß, gefüllt, klein, in Dolden
Blütezeit: Juni bis September, öfter blühend
Blatt: stark glänzend, dunkelgrün
Blattgesundheit: 🍂🍂🍂 bis 🍂🍂🍂🍂
Verwendung/Besonderes: für Töpfe, Balkonkästen und Kübel, besticht durch Blütenreichtum im ersten Flor, hitzeverträglich, Duft: leicht, süßlich
Pflegeleicht: ✔

Mandarin®

Klasse: Zwergrose
Herkunft: Züchter: W. Kordes' Söhne, Einführungsjahr: 1987
Aussehen: buschig, kompakt wachsend, bis 25 cm hoch
Blüten: lachsrosa und orangegelb, innen heller, locker gefüllt, groß, in Büscheln, innen kürzer, teils löffelförmig
Blütezeit: Juni bis September, öfter blühend
Blatt: leicht glänzend mittelgrün
Blattgesundheit: 🍂 bis 🍂🍂
Regenfest: ✔
Verwendung/Besonderes: für Töpfe, Balkonkästen und Kübel, Beet- und Gruppenpflanzung, hitzeverträglich, fasziniert durch ihr Farbspiel in der Blüte

Medley® Pink

Klasse: Zwergrose
Herkunft: Züchter: Noack, Einführungsjahr: 2002/2003
Aussehen: buschig kompakt, 30 bis 40 cm hoch
Blüten: pink, halb gefüllt, Durchmesser 6 cm, etwa 24 Blütenblätter, in Dolden
Blütezeit: Juni bis September, öfter blühend
Blatt: mittel- bis dunkelgrün
Blattgesundheit: 🍂🍂🍂
Regenfest: ✔
Verwendung/Besonderes: für Töpfe, Balkonkästen und Kübel, hitzeverträglich, Goldmedaille bei der Bundesgartenschau 2001
Pflegeleicht: ✔

Medley® Soft Pink

Klasse: Zwergrose
Herkunft: Züchter: Noack, Einführungsjahr: 2002/2003
Aussehen: buschig kompakt, 30 bis 40 cm hoch
Blüten: pink, halb gefüllt, Durchmesser 6 cm, etwa 24 Blütenblätter, in Dolden
Blütezeit: Juni bis September, öfter blühend
Blatt: mittel- bis dunkelgrün
Blattgesundheit: abschließende Ergebnisse liegen nicht vor
Regenfest: ✔
Verwendung/Besonderes: für Töpfe, Balkonkästen und Kübel, Beet- und Gruppenpflanzung, hitzeverträglich
Pflegeleicht: ✔

Morena® 2002

ZWERGROSEN
ROSA UND VIOLETT

Klasse: Zwergrose
Herkunft: Züchter: Harkness, Einführungsjahr: 2002
Namen in anderen Ländern: Sweet Ballymaloe (England)
Aussehen: buschig, 30 bis 40 cm hoch
Blüten: rosa, beim Aufblühen mit gelbem Auge, halb gefüllt, klein
Blütezeit: Juni bis September, öfter blühend
Blatt: dunkelgrün
Blattgesundheit: abschließende Ergebnisse liegen nicht vor
Regenfest: ✔
Verwendung/Besonderes: Gruppenpflanzung, für Rosen- und Blumenbeete, für Töpfe, Balkonkästen, Kübel, für Beeteinfassungen, Steingärten, Grabbepflanzungen, hitzeverträglich, kompakt wachsend, sehr reich blühend
Pflegeleicht: ✔

Pepita®

Klasse: Zwergrose
Herkunft: Züchter: W. Kordes' Söhne, Einführungsjahr: 2004
Aussehen: kompakt, gut verzweigt, bis 50 cm hoch
Blüten: kräftig pink, stark gefüllt, 6 bis 8 Blüten pro Dolde
Blütezeit: Juni bis September, öfter blühend
Blatt: dunkelgrün, dicht stehend, stark glänzend
Blattgesundheit: abschließende Ergebnisse liegen nicht vor
Regenfest: ✔
Verwendung/Besonderes: lange haltbare Blüten, hitzeverträglich
Pflegeleicht: ✔

Pink Symphonie®

Klasse: Zwergrose
Herkunft: Züchter: Meilland, Einführungsjahr: 1987
Aussehen: aufrecht buschig, 30 bis 40 cm hoch
Blüten: zartrosa, halb gefüllt, edelrosenartig, 3 bis 5 Blüten pro Stiel, Größe 3,5 bis 4 cm, je 30 bis 35 Blütenblätter
Blütezeit: Juni bis September, öfter blühend
Blatt: glänzend dunkelgrün
Auch im Halbschatten (mindestens 5 Stunden Sonne): ✔
Blattgesundheit: 🍃🍃 bis 🍃🍃🍃
Regenfest: ✔
Verwendung/Besonderes: für Töpfe, Balkonkästen und Kübel, für Gruppenpflanzungen, auch in Kombination mit Stauden, kompakt wachsend, auch für kleine Einfassungen, hitzeverträglich
Pflegeleicht: ✔

Rosmarin 89®

Klasse: Zwergrose
Herkunft: Züchter: W. Kordes' Söhne, Einführungsjahr: 1989
Aussehen: kompakt, bis 20 cm hoch
Blüten: kräftiges Rosa, stark gefüllt, mittelgroß, in Dolden
Blütezeit: Juni bis September, öfter blühend
Blatt: dunkelgrün
Blattgesundheit: 🍃🍃 bis 🍃🍃🍃
Regenfest: ✔
Verwendung/Besonderes: für Töpfe, Balkonkästen und Kübel, hitzeverträglich, überreich blühend, gut nachtreibend

Sugar Baby®

Klasse: Zwergrose
Herkunft: Züchter: Rosen Tantau, Einführungsjahr: 1997
Aussehen: buschig, kompakt, bis 40 cm hoch
Blüten: intensives Rosa, gefüllt
Blütezeit: Juni bis September, Dauerblüher
Blatt: mittel- bis dunkelgrün
Blattgesundheit: 🍃🍃 bis 🍃🍃🍃
Regenfest: ✔
Verwendung/Besonderes: für Töpfe, Balkonkästen und Kübel, kleine, niedliche Rose, sehr hitzeverträglich
Pflegeleicht: ✔

Zwergkönigin 82®

Klasse: Zwergrose
Herkunft: Züchter: W. Kordes' Söhne, Einführungsjahr: 1982
Namen in anderen Ländern: Dwarf Queen (Südafrika)
Aussehen: buschig, bis 50 cm hoch
Blüten: kräftiges Reinrosa, locker gefüllt, in Dolden
Blütezeit: Juni bis September, öfter blühend
Blatt: dunkelgrün
Blattgesundheit: 🍃 bis 🍃🍃
Regenfest: ✔
Verwendung/Besonderes: wetterfeste, sehr haltbare Blüten, für Töpfe, Balkonkästen und Kübel, hitzeverträglich, eine gute Ergänzung zum 'Zwergkönig 78', Duft: leicht

ZWERGROSEN
ROT

Little Artist®

Klasse: Zwergrose
Herkunft: Züchter: McGredy, Einführungsjahr: 1984
Namen in anderen Ländern: Top Gear
Aussehen: buschig, niedrig wachsend, 20 bis 30 cm hoch
Blüten: blutrot mit weißer Mitte und gelben Staubgefäßen, halb gefüllt
Blütezeit: Juni bis September, öfter blühend
Blatt: glänzend dunkelgrün
Blattgesundheit: 🍃
Regenfest: ✔
Verwendung/Besonderes: Gruppenpflanzung, für Rosen- und Blumenbeete, für Töpfe, Balkonkästen, Kübel, für Beeteinfassungen, Steingärten, Grabbepflanzungen, hitzeverträglich, wirkt wie „handgemalt", Duft: sehr leicht

Maidy®

Klasse: Zwergrose
Herkunft: Züchter: W. Kordes' Söhne, Einführungsjahr: 1984
Aussehen: kompakt und dicht wachsend, bis 35 cm hoch

Blüten: blutrot, unterseits silbrig weiß mit rotem Rand, gut gefüllt, groß
Blütezeit: Juni bis September, öfter blühend
Blatt: moosgrün
Blattgesundheit: 🍃 bis 🍃🍃
Regenfest: ✔
Verwendung/Besonderes: für Töpfe, Balkonkästen und Kübel, unermüdlicher Blütenflor, gut haltbar

Medley® Red

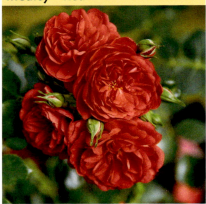

Klasse: Zwergrose
Herkunft: Züchter: Noack, Einführungsjahr: 2002/2003
Aussehen: buschig kompakt, 30 bis 40 cm hoch
Blüten: rot, halb gefüllt, Durchmesser 6 cm, etwa 24 Blütenblätter, in Dolden
Blütezeit: Juni bis September, öfter blühend
Blatt: mittel- bis dunkelgrün
Blattgesundheit: abschließende Ergebnisse liegen nicht vor
Regenfest: ✔
Verwendung/Besonderes: für Töpfe, Balkonkästen und Kübel, Beet- und Gruppenpflanzung, hitzeverträglich

Orange Juwel®

Klasse: Zwergrose
Herkunft: Züchter: W. Kordes' Söhne, Einführungsjahr: 1987
Aussehen: kräftig, kompakt, bis 30 cm hoch
Blüten: lachsorange, stark gefüllt, groß
Blütezeit: Juni bis September, öfter blühend
Blatt: dunkelgrün
Blattgesundheit: 🍃 bis 🍃🍃
Regenfest: ✔
Verwendung/Besonderes: für Töpfe, Balkonkästen und Kübel, hitzeverträglich, lange haltbar

Orange Meillandina®

Klasse: Zwergrose
Herkunft: Züchter: Meilland, Einführungsjahr: 1980
Namen in anderen Ländern: Orange Sunblaze (USA)
Aussehen: aufrecht buschig, kompakt wachsend, 30 bis 40 cm hoch
Blüten: signalrot, gefüllt, 3 bis 5 Blüten pro Stiel, Größe 3,5 bis 4,5 cm, je 30 bis 40 Blütenblätter
Blütezeit: Juni bis September, öfter blühend
Blatt: glänzend dunkelgrün
Auch im Halbschatten (mindestens 5 Stunden Sonne): ✔
Blattgesundheit: 🍃
Regenfest: ✔
Verwendung/Besonderes: für Töpfe, Balkonkästen und Kübel, für Gruppenpflanzungen, auch in Kombination mit Stauden, für Einfassungen, hitzeverträglich

ZWERGROSEN
ROT

Orange Symphonie®

Klasse: Zwergrose
Herkunft: Züchter: Meilland, Einführungsjahr: 1993
Aussehen: aufrecht buschig, 30 bis 40 cm hoch
Blüten: orangerot, gefüllt, 3 bis 5 Blüten pro Stiel, Größe 3,5 bis 4 cm, je 30 bis 35 Blütenblätter
Blütezeit: Juni bis September, öfter blühend
Blatt: glänzend mittel- bis dunkelgrün
Blattgesundheit: 🍃 bis 🍃🍃
Regenfest: ✔
Verwendung/Besonderes: für Töpfe, Balkonkästen und Kübel, für Gruppenpflanzungen, auch in Kombination mit Stauden, hitzeverträglich

Red Det 80®

Klasse: Zwergrose
Herkunft: Züchter: Cocker/Rosen-Union, Einführungsjahr: 1980
Aussehen: breit buschig, kompakt wachsend, 20 bis 40 cm hoch
Blüten: leuchtend scharlachrot, stark gefüllt, elegante, edelrosenartige Knospen
Blütezeit: Juni bis September, öfter blühend
Blatt: dunkelgrün
Blattgesundheit: 🍃
Regenfest: ✔
Verwendung/Besonderes: Gruppenpflanzung, für Rosen- und Blumenbeete, für Töpfe, Balkonkästen, Kübel, für Beeteinfassungen, Steingärten, Grabbepflanzungen, hitzeverträglich, sehr reich blühend

Tilt Symphonie®

Klasse: Zwergrose
Herkunft: Züchter: Meilland, Einführungsjahr: 1997
Aussehen: aufrecht buschig, 30 bis 40 cm hoch
Blüten: dunkelrot, halb gefüllt, rosettenartig, 4 bis 5 Blüten pro Stiel, Größe 3 bis 4 cm, je 30 bis 40 Blütenblätter
Blütezeit: Juni bis September, öfter blühend
Blatt: glänzend frischgrün
Blattgesundheit: 🍃
Regenfest: ✔
Verwendung/Besonderes: für Töpfe, Balkonkästen und Kübel, für Gruppenpflanzungen, auch in Kombination mit Stauden, hitzeverträglich

Zwergkönig 78®

Klasse: Zwergrose
Herkunft: Züchter: W. Kordes' Söhne, Einführungsjahr: 1978
Aussehen: aufrecht buschig, kompakt, bis 50 cm hoch
Blüten: leuchtend blutrot, locker gefüllt, mittelgroß, haltbar, wetterfest
Blütezeit: Juni bis September, öfter blühend
Blatt: dunkelgrün
Auch im Halbschatten (mindestens 5 Stunden Sonne): ja
Blattgesundheit: 🍃
Regenfest: ✔
Verwendung/Besonderes: haltbare, wetterfeste Blüten, für Töpfe, Balkonkästen und Kübel, für Gruppenpflanzungen, Einfassungen, für Heckenpflanzung, hitzeverträglich

WILDROSEN UND NATURNAHE GARTENROSEN
WEISS UND CREME

Herkunft
Viele der etwa 40 heimischen Wildrosen eignen sich für den Garten. In den letzten Jahrhunderten sind sie vielfach gärtnerisch untereinander und mit Gartenrosen gekreuzt worden. So entstanden viele Sorten von naturnahen, alten Gartenrosen.
Wenigstens einer der Elternteile ist eine heimische Wildrose und die Blüte ist ungefüllt oder maximal halb gefüllt. Dadurch werden Hagebutten ausgebildet. Diese Sorten sind in Wuchs und Auftreten nahezu unverfälscht. Sie werden von Tieren in der Regel genauso angenommen wie reine Wildarten und haben einen vergleichbaren ökologischen Wert. Allerdings weisen sie einige Eigenschaften auf, die sie „gartentauglicher" und attraktiver machen als ihre wilden Verwandten. Dazu gehören etwa eine andere Blütenfarbe, ein dichterer Blütenbehang, andere Wuchsformen oder eine längere Blütezeit.
Die Sortenbezeichnung ist nicht immer eindeutig. Hier sind sie, soweit möglich, unter dem botanischen Namen ihrer Abstammung eingeordnet. In vielen Katalogen der Rosenzüchter findet man sie aber auch nur unter dem Sortennamen.

Standort
Die heimischen Wildrosen wachsen auf fast allen Gartenböden. Da es sich durchweg um Sonnenanbeter handelt, vertragen oder lieben sie sogar warme, trockene und magere Böden, Staunässe mögen sie nicht. Die naturnahen Gartenformen sind meistens etwas anspruchsvoller. Ganztägig sonnige Plätze sind am besten, die meisten Vertreter vertragen auch noch einen halben Tag Schatten.

Pflanzung
Alle Wildrosen sollten als wurzelecht (unveredelt) gekauft und gepflanzt werden. So können sie die artspezifische Form und Wuchs einnehmen. Bei den Gartenrosen gibt es sowohl wurzelechte, als auch auf eine Unterlage veredelte Sorten. Beide Formen haben Vor- und Nachteile. Bei wurzelechten Sorten können keine missliebigen Wildtriebe entstehen, die man mühsam wieder abschneiden muss. Allerdings breiten sich einige Sorten, wie manche Bibernellrosen, durch Wurzelausläufer stark aus. In einem solchen Fall sind veredelte Sorten besser geeignet, da hier die Unterlage ihre Eigenschaften durchbringt.

Pflege
Wildrosen behandelt man wie heimische Wildsträucher. Sie benötigen nahezu keine Pflege, wachsen frei und werden nur nach Bedarf zurückgeschnitten. Alle 10 bis 15 Jahre kann man sie radikal auf den Stock zurücksetzen und so zu kräftigen Neuaustrieben anregen. Die naturnahen Gartenformen sind gleichfalls sehr robust und pflegeleicht. Die üblichen Rosenkrankheiten, Trockenheit, Frost oder Schnee können ihnen kaum etwas anhaben. Spritzen und Düngen sind fehl am Platz. Die Blüten werden nicht abgeschnitten, da sonst keine Hagebutten gebildet werden können.

Rosa alba 'Semiplena'

Deutscher Name: Halb gefüllte Weiße Rose
Klasse: Naturform
Herkunft: Mitteleuropa, Einführungsjahr: 1473
Aussehen: kräftiger, ausladender aufrechter Wuchs, 1,5 bis 2 m hoch
Blüten: weiß, reich blühend, halb gefüllt, 4 bis 6 cm breit
Blütezeit: Juni, einmal blühend
Frucht: viele, große, birnenförmige, orangerote Hagebutten ab September, 2 cm lang
Blatt: dunkel- bis mattgrün
Regenfest: ✓
Verwendung/Besonderes: Einzelpflanzung, Gruppe, Hecken, Vogelschutzgehölz und Bienenweide, nur sonnig, hitzeverträglich, stark duftend, eine der ältesten und robustesten Naturformen überhaupt
Pflegeleicht: ✓

Rosa arvensis

Deutscher Name: Kriechrose
Klasse: Wildrose
Herkunft: Mitteleuropa
Aussehen: kriechend buschig bis überhängend, 0,4 bis 1 m hoch
Blüten: weiß, ungefüllt, Größe 3 bis 5 cm
Blütezeit: Juni bis Juli, einmal blühend
Frucht: kleine, schmale, hellrot glänzende Hagebutten ab September, 1 bis 1,3 cm lang
Blattgesundheit: 🍂🍂🍂🍂
Blatt: mittelgrün
Regenfest: ✓
Verwendung/Besonderes: Bodendecker, Einzelbusch, Gruppe, kleine Hecken, Heckensaumbereiche, Zaunberankung, Kletterpflanze bis 4 m Höhe, Bienen- und Insektenweide, Vogelnährgehölz und Brutplatz, für sonnige und halbschattige Plätze, hitzeverträglich, bildet im freien Wuchs undurchdringliche Gebüsche, Duft: schwach
Pflegeleicht: ✓

Rosa canina

Deutscher Name: Hundsrose
Klasse: Wildrose
Herkunft: Mitteleuropa
Aussehen: aufrecht buschig, später bogig überhängend, keine Ausläufer, bis 3 bis 5 m hoch
Blüten: weiß bis rosa, innen heller, weißgelbe Staubgefäße, Schalenblüten, Staubgefäße, einfach, 3 bis 5 cm breit
Blütezeit: Mai bis Juli, einmal blühend
Frucht: glatte, hellrot glänzende Hagebutten ab Oktober, 2 cm lang
Blatt: glänzend dunkelgrün
Regenfest: ✓
Verwendung/Besonderes: Einzelbusch, Gruppe, große Hecken, Bienen- und Insektenweide, Vogelnährgehölz, Brutplatz, sonnig bis halbschattig, hitzeverträglich, wächst sehr schnell und wild, eher für hohe, undurchdringliche Hecken, starke Stacheln, Duft: aromatisch
Pflegeleicht: ✓

WILDROSEN UND NATURNAHE GARTENROSEN
WEISS UND CREME

Rosa × dupontii

Deutscher Name: Duponts-Rose
Klasse: Naturform
Herkunft: Mitteleuropa, Einführungsjahr: 1817
Aussehen: buschiger Wuchs, leicht überhängend, 100 bis 150 m hoch
Blüten: im Aufblühen zartrosa, dann cremefarben bis weiß, 5 bis 7 cm groß, ungefüllt
Blütezeit: Juni, einmal blühend
Frucht: rundliche, rot glänzende Hagebutten ab Oktober, 1 bis 2 cm groß
Blatt: tiefgrün
Regenfest: ✔
Verwendung/Besonderes: Einzelpflanzung, Buschgruppe, kleine Hecken, Vogelschutzgehölz und Bienenweide, sonnig bis halbschattig, hitzeverträglich, sehr alte Kreuzung zwischen Moschus- und Essigrose (R. moschata × R. gallica), Duft: leicht nach Moschus
Pflegeleicht: ✔

Rosa gallica × corymbifera var. alba

Deutscher Name: Essig-Busch-Rose
Klasse: Naturform
Herkunft: Mitteleuropa, Einführungsjahr: unbekannt
Aussehen: kräftiger, verzweigter aufrechter Wuchs, 3 m hoch
Blüten: weiß, reich blühend, halb gefüllt, 4 bis 6 cm breit
Blütezeit: Juni, einmal blühend
Frucht: viele, große birnenförmige, orangerote Hagebutten ab September, 2 cm lang
Blatt: hellgrün
Regenfest: ✔
Verwendung/Besonderes: Einzelpflanzung, Gruppe, Hecken, Vogelschutzgehölz und Bienenweide, nur sonnig, hitzeverträglich, Kreuzung unter anderem zwischen Essig- und Buschrose, Duft: stark
Pflegeleicht: ✔

Rosa pimpinellifolia, syn. Rosa spinossissima

Deutscher Name: Bibernellrose, Dünenrose
Klasse: Wildrose
Herkunft: Mitteleuropa
Aussehen: buschig, aufrecht, 1 bis 1,5 m hoch
Blüten: cremeweiß, einfach, 3 bis 7 cm breit, einfach
Blütezeit: April bis Juni, einmal blühend
Frucht: erst rotbraune, dann schwarze Hagebutten ab Juli, kahl, kugelig 1 cm im Durchmesser
Blatt: hellgrün
Regenfest: ✔
Verwendung/Besonderes: Einzelbusch, Gruppe, kleine Hecken, Bienen- und Insektenweide, Vogelnährgehölz, Brutplatz, Erosionsschutz, für sonnige und halbschattige Stellen, hitzeverträglich, frühe Blüte, bildet durch dichte Ausläufer undurchdringliche Gebüsche, dekorative schwarze Hagebutten, Duft: zart
Pflegeleicht: ✔

Rosa scabriuscula

Deutscher Name: Kratzrose
Klasse: Wildrose
Herkunft: Mitteleuropa
Aussehen: aufrecht buschig, 1,3 bis 1,8 m hoch
Blüten: weiß (selten rosa), ungefüllt, Größe 3 bis 4 cm
Blütezeit: Juni bis Juli, einmal blühend
Frucht: drüsige, rote Hagebutten ab September, 0,5 bis 1,5 cm
Blatt: glänzend mittel- bis dunkelgrün
Regenfest: ✔
Verwendung/Besonderes: für Einzel- und Gruppenpflanzung, dichte, kleine und große Hecken, Vogelnährgehölz, Brutplatz, sonnig bis halbschattig, hitzeverträglich, samtig weiche, stark behaarte Blätter
Pflegeleicht: ✔

Rosa tomentosa

Deutscher Name: Filzrose
Klasse: Wildrose
Herkunft: Mitteleuropa
Aussehen: aufrecht buschig, 1,3 bis 1,8 m hoch
Blüten: weiß, einfach, 3 bis 5 cm groß
Blütezeit: Juni, einmal blühend
Frucht: rote, drüsige, glänzende Hagebutten ab September, 0,5 bis 1 cm lang
Blatt: glänzend mittel- bis dunkelgrün
Regenfest: ✔
Verwendung/Besonderes: für Einzel- und Gruppenpflanzung, dichte, kleine und große Hecken, Insekten- und Bienenweide, Vogelnährgehölz, Brutplatz, sonnig bis halbschattig, hitzeverträglich, samtweiche Blätter, Drüsenhaare an Hagebutten
Pflegeleicht: ✔

WILDROSEN UND NATURNAHE GARTENROSEN
GELB, ORANGE

Rosa hugonis

Deutscher Name: Chinesische Goldrose, Seidenrose
Klasse: Wildrose, Strauchrose
Herkunft: Züchter/Herkunft: Hemsley/China, Einführungsjahr: 1899
Aussehen: aufrecht ausladend bis überhängend, 1,5 bis 3 m hoch
Blüten: gelb, 4 bis 5 cm groß, ungefüllt
Blütezeit: April bis Mai, einmal blühend
Frucht: braunrote Hagebutten ab Juli, 2 bis 3 cm lang
Blatt: glänzend mittel- bis dunkelgrün
Regenfest: ✔
Verwendung/Besonderes: Einzelbusch, Gruppe, große Heckenpflanzungen, sonnige Plätze, hitzeverträglich, bringt Gelb in die reine Wildrosenhecke, da mitteleuropäische Wildrosen keine gelbe Blüten haben
Pflegeleicht: ✔

Rosa pimpinellifolia 'Double Yellow'

Deutscher Name: Halb gefüllte Gelbe Bibernellrose
Klasse: Naturform
Herkunft: Mitteleuropa, *Rosa pimpinellifolia*, Einführungsjahr: 1828
Aussehen: buschig überhängend wachsend, dicht stachelig, 1,2 bis 1,5 m hoch, viele Ausläufer
Blüten: goldgelb, halb gefüllt, 5 bis 7 cm groß
Blütezeit: April bis Mai, einmal blühend
Frucht: kugelrunde, schwarze Hagebutten ab August, 1 cm groß
Blatt: tiefgrün
Regenfest: ✔
Verwendung/Besonderes: Einzelstrauch, Vorpflanzung für Hecken, Vogelschutzgehölz und Bienenweide, duftend, sonnig bis halbschattig, hitzeverträglich, die hier vorgestellte 'Double Yellow' ist fruchtbar und bringt Hagebutten, es gibt unter dem Namen aber auch ganz gefüllte, unfruchtbare Sorten, starke Vermehrung durch Ausläufer
Pflegeleicht: ✔

Rosa pimpinellifolia 'Dunwich'

Deutscher Name: Dunwich-Bibernellrose
Klasse: Naturform
Herkunft: Mitteleuropa, *Rosa pimpinellifolia*, Einführungsjahr: unbekannt
Aussehen: flach wachsend, kriechend, dicht stachelige, lange Seitentriebe, 0,3 bis 0,5 m hoch, keine Ausläufer
Blüten: cremegelb, goldgelbe Staubbeutel, einfach, 4 bis 5 cm groß
Blütezeit: April bis Mai, einmal blühend
Frucht: viele, kugelrunde, schwarze Hagebutten ab August, 1 cm groß
Blatt: dunkelgrün
Regenfest: ✔
Verwendung/Besonderes: Bodendecker, Einzelstrauch, Vorpflanzung für Hecken, Vogelschutzgehölz und Bienenweide, duftend, sonnig bis halbschattig, hitzeverträglich, Naturfund im englischen Dunwich, Norfolk, eine der ersten Rosen des Jahres, hübscher Bodendecker
Pflegeleicht: ✔

Rosa pimpinellifolia 'Lutea'

Deutscher Name: Gelbe Bibernellrose
Klasse: Naturform
Herkunft: Mitteleuropa, Einführungsjahr: unbekannt
Aussehen: aufrechte Einzeltriebe, leicht überhängend, Ausläufer bildend, 0,8 bis 1 m hoch
Blüten: hellgelb, einfach bis leicht gefüllt, 4 bis 6 cm groß
Blütezeit: Mai bis Juni, einmal blühend
Frucht: viele, kugelrunde, schwarze Hagebutten ab August, 1 cm groß
Blatt: dunkelgrün
Regenfest: ✔
Verwendung/Besonderes: Einzelpflanzung, Gruppe, kleine Hecke, Vogelschutzgehölz und Bienenweide, sonnig bis halbschattig, hitzeverträglich, Ausläufer bildend
Pflegeleicht: ✔

Rosa rubiginosa 'Lord Penzance'

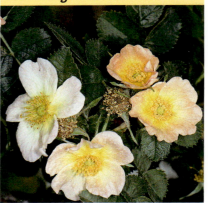

Deutscher Name: Lord-Penzance-Weinrose
Klasse: Naturform
Herkunft: Mitteleuropa, *Rosa rubiginosa*, Einführungsjahr 1890
Aussehen: kräftiger, aufrechter Wuchs, 1,5 bis 2 m hoch, starke Dornen
Blüten: bernsteingelb mit rötlichem Rand, ungefüllt, 3 bis 5 cm
Blütezeit: Juni bis Juli, einmal blühend
Frucht: hellrot glänzende, leicht bedrüste Hagebutten ab September, 1,5 bis 2 cm groß
Blatt: glänzend grün, Blattduft nach Apfel
Regenfest: ✔
Verwendung/Besonderes: Einzelpflanzung, für Hecken, Vogelschutzgehölz und Bienenweide, sonnig bis halbschattig, hitzeverträglich, eine anmutige naturnahe Züchtung aus England nach dem Namen des berühmten Züchters, der typische Apfelduft blieb erhalten
Pflegeleicht: ✔

WILDROSEN UND NATURNAHE GARTENROSEN
ROSA

Rosa arvensis 'Splendens'

Deutscher Name: Prächtige Kriechrose
Klasse: Naturform
Herkunft: Mitteleuropa, Einführungsjahr: unbekannt
Aussehen: kriechend, kletternd, 1 bis 3 m hoch
Blüten: schalenförmig, weiß mit einem Hauch von Rosa an den Rändern, halb gefüllt, Größe 3 bis 5 cm
Blütezeit: Juni bis Juli, einmal blühend
Frucht: kleine, schmale, hellrot glänzende Hagebutten ab September, 1 bis 1,3 cm lang
Blatt: dunkelgrün
Regenfest: ✔
Verwendung/Besonderes: Kletterpflanze für kleine Hecken, Bäume, Zaun und Pergola, Bienen- und Insektenweide, für sonnige und halbschattige Plätze, hitzeverträglich, eine der wenigen Kletterrosen mit heimischem Ursprung, speziell für kleine Berankungen, Duft: schwach nach Myrrhe
Pflegeleicht: ✔

Rosa × aunieri

Deutscher Name: Kriechende Essig-Hundsrose
Klasse: Naturform
Herkunft: Mitteleuropa, Einführungsjahr: unbekannt
Aussehen: kriechender Wuchs, buschig, verzweigt, breit, 0,3 bis 0,5 m hoch, keine Ausläufer
Blüten: rosa, mit 5 bis 9 cm sehr groß, ungefüllt
Blütezeit: Mai bis Juni, einmal blühend
Frucht: viele, orangerote, kugelig ovale Hagebutten ab September, 1,5 cm lang
Blatt: hell- bis mattgrün
Regenfest: ✔
Verwendung/Besonderes: Bodendecker, Einzelpflanzung, Vorpflanzung von Hecken, Insekten- und Bienenweide, sonnig bis halbschattig, hitzeverträglich, Naturhybride von Essig- und Hundsrose (R. gallica × R. canina), im Blütenbild gleicht sie der Complicata-Essigrose, nur eben viel kleiner, Duft: schwach
Pflegeleicht: ✔

Rosa canina × andersonii

Deutscher Name: Anderson-Hundsrose
Klasse: Naturform
Herkunft: Mitteleuropa, Einführungsjahr: 1912
Aussehen: dichter, breiter, überhängender Wuchs, 1,5 bis 2 m hoch, sehr stachelig
Blüten: tiefrosa, in großen Büscheln, groß, 5 bis 8 cm
Blütezeit: Juni bis Juli, einmal, aber sehr lange blühend
Frucht: sehr harte, große ovale, scharlachrote Hagebutten ab September, 2 bis 3 cm lang
Blatt: dunkelgrün
Regenfest: ja
Verwendung/Besonderes: Einzelstrauch, Buschgruppe, Hecken, Vogelschutzgehölz und Bienenweide, sonnig bis halbschattig, hitzeverträglich, viel kompaktere, attraktive Variante der heimischer Hundsrose mit längerer Blütezeit und hübscher Blütenfarbe, Spontankreuzung zwischen Hundsrose (R. canina) und Kriechrose (R. arvensis) oder Essigrose (R. gallica), Duft: süß
Pflegeleicht: ✔

Rosa gallica 'Complicata'

Deutscher Name: Complicata-Essigrose
Klasse: Naturform
Herkunft: Mitteleuropa, Rosa gallica, Einführungsjahr: unbekannt
Aussehen: starker überhängender Wuchs, dadurch breit werdend, 0,8 bis 2 m hoch, keine Ausläufer
Blüten: rosa, mit 5 bis 9 cm sehr groß, ungefüllt
Blütezeit: Mai bis Juni, einmal blühend
Frucht: viele, orangerote, eher kugelige Hagebutten ab September, 1 bis 2 cm lang
Blatt: hell- bis mattgrün
Regenfest: ✔
Verwendung/Besonderes: für Einzelpflanzung, niedrige Hecke, klettert etwas in höhere Sträucher, Vogelschutzgehölz und Bienenweide, sonnig bis halbschattig, hitzeverträglich, eine der gesündesten und dankbarsten Gallica-Naturformen, große „Schwester" der Essig-Hundsrose, sogar als „Kletterrose" in lichten höheren Gehölzen einzusetzen, Duft: schwach
Pflegeleicht: ✔

Rosa gallica 'Pumila'

Deutscher Name: Kriechende Essigrose
Klasse: Naturform
Herkunft: Mitteleuropa, Einführungsjahr: vor 1789
Aussehen: buschig, niedrig, kriechend, 0,3 bis 0,8 m hoch
Blüten: rot mit weißem Nagel, sehr groß, 5 bis 7 cm breit
Blütezeit: Juni bis Juli, einmal blühend
Frucht: rundliche, orange bräunliche Hagebutten ab September, 1 bis 2 cm groß
Blatt: matt- bis dunkelgrün
Regenfest: ✔
Verwendung/Besonderes: Bodendecker, Einzelpflanzung, Kleinstrauchhecken, Vogelschutzgehölz und Bienenweide, sonnig bis halbschattig, hitzeverträglich, Duft: stark
Pflegeleicht: ✔

WILDROSEN UND NATURNAHE GARTENROSEN
ROSA UND VIOLETT

Rosa gallica 'Versicolor', 'Mundi'

Deutscher Name: Zweifarbige/Gestreifte Essigrose
Klasse: Naturform
Herkunft: Mitteleuropa, *Rosa gallica*, Einführungsjahr: vor 1581 in Kultur
Aussehen: ausladend bis überhängend, 1 bis 1,5 m hoch, keine Ausläufer
Blüten: rosa und weiß gestreift, halb gefüllt
Blütezeit: Mai bis Juni, einmal blühend
Frucht: rundliche, rote Hagebutten ab September, 1 bis 2 cm groß
Blatt: glänzend mittel- bis dunkelgrün
Regenfest: ✔
Verwendung/Besonderes: Einzelstrauch, kleine Hecken, Bienenweide, hitzeverträglich, Farbmutation der Essigrose, schon seit Jahrhunderten in Kultur, Duft: stark
Pflegeleicht: ✔

Rosa glauca

Deutscher Name: Rotblättrige Rose, Hechtrose
Klasse: Wildrose
Herkunft: Mitteleuropa
Aussehen: aufrecht, leicht überhängend, 1 bis 2,5 m hoch
Blüten: außen rosarot, innen weißer Nagel, 3 bis 4 cm breit, einfach
Blütezeit: einmal blühend Juni bis August
Frucht: dunkelrot glänzende Hagebutten ab August, fast kugelig, Durchmesser 1 bis 2,5 cm
Blatt: bläulich grün, bereift
Regenfest: ✔
Verwendung/Besonderes: für Einzelpflanzung, Buschgruppe, für kleine und große Hecken, Vogelschutz- und Brutgehölz, Bienen- und Insektenweide, sonnig bis halbschattig, hitzeverträglich, längste Blütezeit aller heimischen Wildrosen, attraktive blaugrüne Laubfärbung und rötliche Triebe, starker Fruchtbehang, Duft: schwach
Pflegeleicht: ✔

Rosa hibernica

Deutscher Name: Bibernell-Hundsrose
Klasse: Naturform
Herkunft: Herkunft: Mitteleuropa, Einführungsjahr: 1802
Aussehen: kräftiger, aufrechter Wuchs, 1 bis 2 m hoch
Blüten: hellrosa mit weißem Nagel, ungefüllt bis halb gefüllt, 5 bis 6 cm breit
Blütezeit: Mai bis Juni, einmal blühend
Frucht: mittelgroße birnenförmige, orangerote Hagebutten ab September, 2 cm lang
Blatt: glänzend mittel- bis dunkelgrün
Regenfest: ✔
Verwendung/Besonderes: Einzelpflanzung, Buschgruppe, große Hecken, Vogelschutzgehölz und Bienenweide, sonnig bis halbschattig, hitzeverträglich, sehr robuste Naturkreuzung zwischen Hunds- und Bibernellrose (*R. canina* × *R. pimpinellifolia*), bildet durch Ausläufer dichte Gebüsche, Duft: leicht
Pflegeleicht: ✔

Rosa jundzillii

Deutscher Name: Raublättrige Rose
Klasse: Wildrose
Herkunft: Mitteleuropa
Aussehen: buschig, Ausläufer bildend, 1,5 bis 2,5 m hoch
Blüten: blassrosa, großblütig, 5 bis 8 cm breit, ungefüllt
Blütezeit: Juni bis Juli, einmal blühend
Frucht: drüsige, scharlachrote Hagebutten ab September, 1,5 bis 2,5 cm lang
Blatt: glänzend dunkelgrün
Regenfest: ✔
Verwendung/Besonderes: Einzelpflanzung, Buschgruppe, für kleine und große Hecken, Bienen- und Insektenweide, Vogelnährgehölz, Brutplatz, sonnig bis halbschattig, hitzeverträglich, Duft: stark
Pflegeleicht: ✔

Rosa majalis

Deutscher Name: Zimtrose, Mairose
Klasse: Wildrose
Herkunft: Mitteleuropa
Aussehen: aufrecht, buschig, Ausläufer bildend, 1 bis 1,5 m hoch
Blüten: im Aufblühen rot, dann karmin bis tiefrosa, einfach, 4 bis 7 cm breit
Blütezeit: Mitte Mai/Juni, einmal blühend
Frucht: kleine, tiefrote kahle, glänzende Hagebutten ab August, fast rund, Durchmesser 1 bis 1,5 cm
Blatt: dunkelgrün, schöne orange Herbstfärbung

WILDROSEN UND NATURNAHE GARTENROSEN
ROSA UND VIOLETT

Regenfest: ✔
Verwendung/Besonderes: Einzelpflanzung, Buschgruppe, kleine Hecken, Vogelschutz- und Brutgehölz, Bienen- und Insektenweide, sonnig bis halbschattig, hitzeverträglich, verträgt als einzige Wildrose feuchte Standorte (Bachufer, Teichufer), braucht von allen Wildrosen am wenigsten Sonne, bildet dichte undurchdringliche Gebüsche, typischer Rosenduft
Pflegeleicht: ✔

Rosa majalis × multiflora

Deutscher Name: Zimt-Büschel-Rose
Klasse: Naturform
Herkunft: Mitteleuropa, Einführungsjahr: unbekannt
Aussehen: buschig, aufrechter Wuchs, verzweigt, 1,5 bis 2 m hoch, fast stachellos
Blüten: reinrosa oder rosa mit roten Streifen, leicht gefüllt, 4 bis 5 cm
Blütezeit: April bis Mai, einmal blühend
Frucht: runde, orange Hagebutten ab August, 1 bis 1,5 cm groß
Blatt: hellgrün
Regenfest: ✔
Verwendung/Besonderes: Einzelstrauch, Buschgruppe, Vorpflanzung für Hecken, Bienenweide, sonnig bis halbschattig, hitzeverträglich, Kreuzung zwischen Zimt- und Büschelrose (R. majalis × R. multiflora), die in Sangerhausen überlebte
Pflegeleicht: ✔

Rosa micrantha

Deutscher Name: Kleinblütige Rose
Klasse: Wildrose
Herkunft: Mitteleuropa
Aussehen: aufrecht, leicht überhängend, 2 bis 4 m hoch

Blüten: hellrosa bis weißlich, einfach, 2,5 bis 3,5 cm groß
Blütezeit: einmal blühend im Juni und Juli, späte Art
Frucht: kleine, drüsige, rote Hagebutten ab Oktober, 1,2 bis 1,7 cm lang
Blatt: mittelgrün
Regenfest: ✔
Verwendung/Besonderes: Buschgruppe, große Hecken, Vogelschutz- und Brutgehölz und Bienen- und Insektenweide, sonnig bis halbschattig, hitzeverträglich, nach Apfel duftende Blätter, verhältnismäßig starker Wuchs, große Stacheln, drüsige, duftende Hagebutten
Pflegeleicht: ✔

Rosa mollis

Deutscher Name: Weiche Rose
Klasse: Wildrose
Herkunft: Mitteleuropa
Aussehen: aufrecht, buschig, Ausläufer bildend, 0,5 bis 1,5 m hoch
Blüten: tiefrosa, selten auch weiß, einfach, 3 bis 5 cm breit
Blütezeit: Juni bis Juli, einmal blühend
Frucht: kleine, fast kugelige, tiefrote, kahle, glänzende Hagebutten ab August, Durchmesser 2 cm
Blatt: dunkelgrün, samtig weich
Regenfest: ✔
Verwendung/Besonderes: Einzelpflanzung, Buschgruppe, kleine Hecken, Vogelschutz- und Brutgehölz, Bienen- und Insektenweide, sonnig bis halbschattig, hitzeverträglich, Duft: zart
Pflegeleicht: ✔

Rosa pimpinellifolia 'Carnea'

Deutscher Name: Carnea-Bibernellrose
Klasse: Naturform
Herkunft: Mitteleuropa, Einführungsjahr: unbekannt
Aussehen: flach wachsend, kriechend, dicht stachelige, lange Seitentriebe, 0,3 bis 0,5 m hoch, schwache Ausläuferbildung
Blüten: hellrosa, goldgelbe Staubbeutel, einfach, 4 bis 6 cm groß
Blütezeit: April bis Mai, einmal blühend
Frucht: kugelrunde, schwarzrote Hagebutten ab August, 1 cm groß
Blatt: dunkelgrün
Regenfest: ✔
Verwendung/Besonderes: Bodendecker, Einzelstrauch, Vorpflanzung für Hecken, Bienenweide, sonnig bis halbschattig, hitzeverträglich, seltene rosa Form der Kriechenden Bibernellrose (Rosa pimpinellifolia repens), früher Blüher, duftend
Pflegeleicht: ✔

Rosa pimpinellifolia 'Glory of Edzell'

Deutscher Name: Glory-of-Edzell-Bibernellrose
Klasse: Naturform
Herkunft: Mitteleuropa, Einführungsjahr 1900
Aussehen: aufrecht, bogig überhängende Zweige, 1,2 bis 2 m hoch, keine Ausläufer
Blüten: hellrosa mit weißem Nagel, 6 bis 7 cm groß
Blütezeit: Mitte April bis Mai, einmal blühend
Frucht: wenige, kleine, schwarze Hagebutten ab August, 1 cm groß
Blatt: mattgrün
Regenfest: ✔
Verwendung/Besonderes: Einzelstrauch, kleine und große Hecken, Vogelschutzgehölz und Bienenweide, sonnig bis halbschattig, hitzeverträglich, frühe Blüte, duftend
Pflegeleicht: ✔

WILDROSEN UND NATURNAHE GARTENROSEN
ROSA UND VIOLETT

Rosa pimpinellifolia 'Subspinosa'

Deutscher Name: Subspinosa-Bibernellrose
Klasse: Naturform
Herkunft: Mitteleuropa, *Rosa pimpinellifolia*
Aussehen: buschig aufrecht, bogig überhängende Zweige, 1,5 bis 1.8 m hoch
Blüten: hellrosa, 5 bis 7 cm groß, halb gefüllt
Blütezeit: April bis Mai, einmal blühend
Frucht: kleine weinrote Hagebutten ab August, 1 cm groß
Blatt: mattgrün
Regenfest: ✔
Verwendung/Besonderes: Einzelstrauch, kleine Hecken, Vogelschutzgehölz und Bienenweide, sonnig bis halbschattig, hitzeverträglich, Duft: leicht
Pflegeleicht: ✔

Rosa polliniana

Deutscher Name: Blassrote Kriechrose
Klasse: Naturform
Herkunft: Mitteleuropa, Einführungsjahr: um 1800
Aussehen: niederliegend, flach wachsend, lange Triebe, 0,3 bis 0,4 m hoch
Blüten: hellrosa, ungefüllt, 5 bis 7 cm groß
Blütezeit: Juni bis Juli, einmal blühend
Frucht: wenige, kleine, rundliche, orangebraune Hagebutten ab September, 1 cm groß
Blatt: glänzend mittel- bis dunkelgrün
Regenfest: ✔
Verwendung/Besonderes: Bodendecker, Einzel- und Gruppenpflanzung, Bienenweide und Vogelschutzgehölz, Kletterstrauch für Zäune und Wände bis 2 m Höhe, sonnig bis halbschattig, hitzeverträglich, Naturhybride zwischen Essig- und Kriechrose (*R. gallica* × *R. arvensis*), Blütezeit der Essigrose und Größe der Kriechrose mit immensem Wuchs und meterlangen Trieben
Pflegeleicht: ✔

Rosa rubiginosa

Deutscher Name: Weinrose, Schottische Zaunrose
Klasse: Wildrose
Herkunft: Mitteleuropa
Aussehen: aufrecht, leicht überhängend, 2 bis 3 m hoch
Blüten: rosa mit weißem Nagel, ungefüllt, Größe 3 bis 5 cm
Blütezeit: Mai bis Juni, einmal blühend
Frucht: hellrot glänzende, leicht bedrüste Hagebutten ab September, 1,5 bis 2 cm groß
Blatt: glänzend dunkelgrün
Regenfest: ✔
Verwendung/Besonderes: Einzelbusch, Gruppe, kleine und große Hecken, Bienen- und Insektenweide, Vogelnähr- und Brutgehölz, sonnig bis halbschattig, hitzeverträglich, bildet undurchdringliche Gebüsche, starke Bestachelung, anregender Apfelduft der Blätter, drüsige, schmackbare Hagebutten, duftend
Pflegeleicht: ✔

Rosa rubiginosa 'Duplex'

Deutscher Name: Halb gefüllte Weinrose
Klasse: Naturform
Herkunft: Mitteleuropa, Einführungsjahr: unbekannt
Aussehen: kräftig, aufrecht, leicht überhängend, 1,5 bis 2 m hoch
Blüten: im Aufblühen hellrot, dann tiefrosa, halb gefüllt, 5 bis 7 cm groß, duftend
Blütezeit: Juni bis Juli, einmal blühend
Frucht: ovale, orangerote Hagebutten ab September, 1,5 bis 2 cm lang
Blatt: dunkelgrün
Regenfest: ✔
Verwendung/Besonderes: Einzelstrauch, Buschgruppe, in großen Hecken, Vogelschutzgehölz und Bienenweide, sonnig bis halbschattig, Schnittblume, hitzeverträglich
Pflegeleicht: ja

Rosa rubiginosa 'Hebe's Lip'

Deutscher Name: Hebe's-Lip-Weinrose
Klasse: Naturform
Herkunft: Mitteleuropa, *Rosa rubiginosa*, Einführungsjahr: 1912
Aussehen: lockerer buschiger Wuchs, breit überhängend, 1,5 bis 2 m hoch
Blüten: rahmweiß, an den Rändern karminrosa, 5 bis 7 cm breit, halb gefüllt, nach Moschus duftend
Blütezeit: Juni bis Juli, einmal blühend
Frucht: zahlreiche ovale, orangerote Hagebutten ab September, 1,5 bis 2 cm lang
Blatt: mittelgrün, Apfelduft der Blätter
Regenfest: ✔
Verwendung/Besonderes: Einzelstrauch, Buschgruppe, Hecken, Vogelschutzgehölz und Bienenweide, sonnig bis halbschattig, hitzeverträglich, wunderbares Kreuzungsergebnis aus Damaszenerrose mit der heimischen Weinrose (*R. damascena* × *R. rubiginosa*), robust und anspruchslos mit sehr vielen Hagebutten
Pflegeleicht: ✔

WILDROSEN UND NATURNAHE GARTENROSEN
ROSA UND VIOLETT

Rosa rubiginosa 'Magnifica'

Deutscher Name: Prächtige Weinrose
Klasse: Naturform
Herkunft: Mitteleuropa, *Rosa rubiginosa*, Einführungsjahr: 1916
Aussehen: kräftig, aufrecht, leicht überhängend, 1,5 bis 1,8 m hoch
Blüten: im Aufblühen hellrot, dann lachsrosa, halb gefüllt, 5 bis 7 cm groß
Blütezeit: Juni bis Juli, einmal, aber überreich blühend
Frucht: ovale, orangerote Hagebutten ab September, 1,5 bis 2 cm lang
Blatt: dunkelgrün
Regenfest: ✔
Verwendung/Besonderes: Einzelstrauch, Buschgruppe, in großen Hecken, Vogelschutzgehölz und Bienenweide, sonnig bis halbschattig, Schnittblume, hitzeverträglich, eine der prächtigsten Gartenformen der Weinrose, unglaublicher Blütenbehang, sicherer Fruchtansatz und Gesundheit, duftend
Pflegeleicht: ✔

Rosa rubiginosa 'Meg Merrilies'

Deutscher Name: Meg-Merrilies-Weinrose
Klasse: Naturform
Herkunft: Mitteleuropa, *Rosa rubiginosa*, Einführungsjahr: 1894
Aussehen: kräftiger, aufrechter Wuchs, 2 bis 2,5 m hoch
Blüten: im Aufblühen karminrot, dann rosarot, halb gefüllt, 5 bis 7 cm groß
Blütezeit: Juni bis Juli, einmal blühend
Frucht: starker Behang mit ovalen, orangeroten Hagebutten ab September, 1,5 bis 2 cm lang
Blatt: dunkelgrün, Apfelduft
Regenfest: ✔

Verwendung/Besonderes: Einzelpflanzung, für Hecken, Vogelschutzgehölz und Bienenweide, sonnig bis halbschattig, hitzeverträglich, Schnittblume, Superrose englischer Züchter, überaus attraktiv von der Blüte bis zur Frucht und ausgesprochen robust
Pflegeleicht: ✔

Rosa villosa

Deutscher Name: Apfelrose
Klasse: Wildrose
Herkunft: Mitteleuropa
Aussehen: kompakter, gedrungener Strauch, leicht überhängend, 1 bis 2 m hoch
Blüten: rot aufblühend, dann rosa mit weißem Nagel, 4 bis 7 cm, ungefüllt
Blütezeit: Mai bis Juni, einmal blühend
Frucht: imposante, tiefrote, drüsige, glänzende Hagebutten ab August, 2,5 bis 4 cm lang
Blatt: mattes Mittelgrün
Regenfest: ✔
Verwendung/Besonderes: Einzelpflanzung, Buschgruppe, kleine und große Hecken, Vogelschutz- und Brutgehölz, Bienen- und Insektenweide, sonnig bis halbschattig, hitzeverträglich, duftend, sehr große Blüten und die größten Hagebutten aller heimischen Wildrosen, samtig, filzige Blätter. Die Blätter der Form *R. villosa* var. *microphylla* f. *personata* duften nach Mandarinen
Pflegeleicht: ✔

Rosa villosa 'Duplex'

Deutscher Name: Halb gefüllte Apfelrose
Klasse: Naturform
Herkunft: Mitteleuropa, Einführungsjahr 1900
Aussehen: aufrecht, kräftige Triebe, 1,5 bis 2 m hoch, keine Ausläufer
Blüten: hellrosa, halb gefüllt, 5 bis 7 cm groß, zart duftend
Blütezeit: Juni bis Juli, einmal blühend
Frucht: imposante, orangerote, drüsige, glänzende Hagebutten ab August, 2,5 bis 4 cm lang
Blatt: dunkelgrün, matt
Regenfest: ✔
Verwendung/Besonderes: Einzelpflanze, kleine Hecken, Bienenweide, Vogelfutter, sonnig bis halbschattig, hitzeverträglich, Duft: zart
Pflegeleicht: ✔

Rosa vosagiaca

Deutscher Name: Blaugrüne Rose, Vogesenrose
Klasse: Wildrose
Herkunft: Mitteleuropa
Aussehen: aufrecht buschig, später bogig überhängend, keine Ausläufer, 1 bis 2 m hoch
Blüten: weiß bis rosa, 3 bis 5 cm breit, ungefüllt
Blütezeit: Juni bis Juli, einmal blühend
Frucht: kahle, rot glänzende Hagebutten ab August, 2 bis 3,5 cm
Blatt: glänzend dunkelgrün
Regenfest: ✔
Verwendung/Besonderes: Einzelpflanzung, Buschgruppe, kleine und große Hecken, Vogelschutz- und Brutgehölz, Bienen- und Insektenweide, sonnig bis halbschattig, hitzeverträglich, große, oft asymmetrische Hagebutten, starke Stacheln, Duft: zart
Pflegeleicht: ✔

WILDROSEN UND NATURNAHE GARTENROSEN
ROT

Rosa canina 'Von Kiese'

Deutscher Name: Von-Kiese-Hundsrose
Klasse: Naturnahe Form
Herkunft: Mitteleuropa, Einführungsjahr: 1910
Aussehen: stark wüchsig, überhängend, 2 bis 3 m hoch
Blüten: feuerrot in großen Büscheln, sehr groß, 6 bis 9 cm, einfach
Blütezeit: Juni bis Juli, einmal blühend
Frucht: große, ovale, orangerote Hagebutten ab September, 2 bis 3 cm lang
Blatt: glänzend grün
Regenfest: ✔
Verwendung/Besonderes: Einzelstrauch, Hecken, Vogelschutzgehölz und Bienenweide, sonnig bis halbschattig, hitzeverträglich, Kreuzung zwischen Hundsrose und 'General Jacqueminot', große und farbige Blüten und auffällige Hagebutten
Pflegeleicht: ✔

Rosa × francofurtana

Deutscher Name: Frankfurter Rose
Klasse: Naturform
Herkunft: Mitteleuropa, Einführungsjahr: 1583
Aussehen: kräftiger, buschiger Wuchs, Ausläufer bildend, 0,8 bis 1,2 m hoch, fast stachellos
Blüten: im Aufblühen tiefrot, dann dunkel purpurrosa, 6 bis 9 cm breit, ungefüllt bis halb gefüllt, am Rand gewellt
Blütezeit: Juni bis Juli einmal blühend
Frucht: viele birnenförmige, orangerote Hagebutten ab September, 2 bis 3 cm lang
Blatt: graugrün
Regenfest: ✔
Verwendung/Besonderes: Einzelpflanzung, niedrige Hecken, Vorpflanzung größerer Hecken, Vogelschutzgehölz und Bienenweide, sonnig bis halbschattig, hitzeverträglich, Kreuzung zwischen Essigrose und Zimtrose (R. gallica × R. majalis), Duft: zart
Pflegeleicht: ✔

Rosa gallica

Deutscher Name: Essigrose
Klasse: Wildrose
Herkunft: Mitteleuropa
Aussehen: aufrecht bis überhängend, 0,5 bis 1 m hoch, Ausläufer bildend
Blüten: rosakarmin, ungefüllt, 5 bis 9 cm breit
Blütezeit: Juni bis Juli, einmal blühend
Frucht: kleine, braunrote, drüsige, Hagebutten ab September, 1 bis 1,5 cm lang
Blatt: glänzend grün
Regenfest: ✔
Verwendung/Besonderes: Bodendecker, Einzelgehölz, Buschgruppe, kleine Hecken, Bienen- und Insektenweide, Vogelnähr- und Brutgehölz, sonnig bis halbschattig, hitzeverträglich, besitzt die größten Blüten aller Wildrosen, Stammmutter vieler naturnaher Gartenrosen, Duft: stark
Pflegeleicht: ✔

Rosa gallica × damascena 'The Portland'

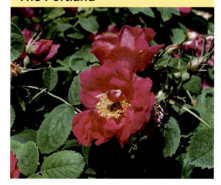

Deutscher Name: Portland-Essigrose
Klasse: Naturform
Herkunft: Mitteleuropa, Rosa gallica × R. damascena, Einführungsjahr: 1790
Aussehen: buschig gedrungener Wuchs, 0,8 bis 0,9 m hoch
Blüten: karminrot, 7 bis 9 cm, halb gefüllt, wunderbarer Duft
Blütezeit: Juni bis Oktober, öfter blühend
Frucht: birnenförmige, orangerote Hagebutten ab September, 1 bis 2 cm lang
Blatt: dunkelgrün, matt, dicht laubig
Regenfest: ✔
Verwendung/Besonderes: Bodendecker, Einzelpflanzung, Buschgruppe, für kleine, dichte Hecken, Vogelschutzgehölz und Bienenweide, sonnig bis halbschattig, hitzeverträglich, dichter, hoher Wuchs, Duft: stark
Pflegeleicht: ✔

Rosa gallica 'Officinalis'

Deutscher Name: Apothekerrose
Klasse: Naturform
Herkunft: Mitteleuropa, Rosa gallica, Einführungsjahr: vor 1310
Aussehen: buschiger Wuchs, etwas überhängend, 1 bis 1,2 m hoch, wenig Ausläufer
Blüten: hellkarmesinrot, 7 bis 9 cm groß, halb gefüllt
Blütezeit: Juni bis Juli, einmal blühend
Frucht: birnenförmige, orangerote Hagebutten ab September, 1,5 bis 2,5 cm lang
Blatt: grüngrau
Regenfest: ja
Verwendung/Besonderes: Einzelpflanzung, kleine Hecken, Vogelschutzgehölz und Bienenweide, sonnig bis halbschattig, hitzeverträglich, erstmals von Plinius 79 nach Christus beschrieben, 2000 Jahre in Kultur und Nutzung (Rosenöl), Duft: stark
Pflegeleicht: ✔

WILDROSEN UND NATURNAHE GARTENROSEN
ROT

Rosa gallica 'Splendens'

Deutscher Name: Prächtige Essigrose
Klasse: Naturform
Herkunft: Mitteleuropa
Aussehen: starker, kräftiger Wuchs, aufrecht, 1,5 bis 1,8 m hoch, Ausläufer
Blüten: hellkarmesinrot, 7 bis 9 cm groß, ungefüllt
Blütezeit: Juni bis Juli, einmal blühend
Frucht: birnenförmige, orangerote Hagebutten ab September, 1,5 bis 2,5 cm lang
Blatt: grüngrau
Regenfest: ✔
Verwendung/Besonderes: Einzelpflanzung, Buschgruppe, kleine und größere Hecken, Vogelschutzgehölz und Bienenweide, sonnig bis halbschattig, hitzeverträglich, Duft: stark
Pflegeleicht: ✔

Rosa gallica 'Violacea'

Deutscher Name: Veilchen-Essigrose
Klasse: Naturform
Herkunft: Mitteleuropa, *Rosa gallica*, Einführungsjahr: 1876

Aussehen: im Gegensatz zu anderen *Gallica*-Rosen steil aufrechter Wuchs, nicht überhängend, 1 bis 1,5 m hoch, Ausläufer bildend
Blüten: schwärzlich karmin, die dunkelste Essigrosenform, halb gefüllt, 6 bis 9 cm breit
Blütezeit: Juni, einmal blühend
Frucht: birnenförmige, orangerote Hagebutten ab September, 1 bis 2 cm lang
Blatt: dunkelgrün
Regenfest: ✔
Verwendung/Besonderes: für Einzelpflanzung, für kleine Hecken, Vogelschutzgehölz und Bienenweide, sonnig bis halbschattig, hitzeverträglich, duftend
Pflegeleicht: ✔

Rosa pendulina

Deutscher Name: Alpenheckenrose
Klasse: Wildrose
Herkunft: Mitteleuropa
Aussehen: aufrecht, vereinzelt, Ausläufer bildend, kaum bestachelt, 0,5 bis 1,5 m hoch
Blüten: rosa, purpur, tiefrot, 4 bis 5 cm groß, einfach
Blütezeit: April bis Juni, einmal blühend
Frucht: braunrote, flaschenförmige, gefleckte Hagebutten ab August, 1,5 bis 3 cm lang
Blatt: mattes Mittelgrün
Regenfest: ✔
Verwendung/Besonderes: Einzelpflanzung, Buschgruppe, kleine Hecken, Bienen- und Insektenweide, sonnig bis halbschattig, hitzeverträglich, frühe Blüte, ungewöhnliche Hagebuttenform, verträgt auch Halbschatten noch gut, duftend
Pflegeleicht: ✔

Rosa pimpinellifolia 'Single Red', 'Single Cherry'

Deutscher Name: Rote Bibernellrose, Kirsch-Bibernellrose
Klasse: Naturform
Herkunft: Mitteleuropa, *Rosa pimpinellifolia*
Aussehen: buschig, überhängend, 1,2 bis 1,5 m hoch, Ausläufer bildend
Blüten: außen weißgrau, innen kirschrot, 5 bis 7 cm breit, überreich blühend, ungefüllt
Blütezeit: April bis Juni, einmal blühend
Frucht: schwarze Hagebutten ab August, 1 bis 2 groß
Blatt: mattgrün, orangefarbene Herbstfärbung
Regenfest: ✔
Verwendung/Besonderes: Einzelpflanzung, Buschgruppe, kleine Hecken, Vogelschutzgehölz und Bienenweide, sonnig bis halbschattig, hitzeverträglich, Sorten 'Single Red' und 'Single Cherry' sind nahezu identisch

Rosa sweginzowii 'Macrocarpa'

Klasse: Naturform
Herkunft: China, sehr alt
Aussehen: überhängend, bis 2,5 m hoch
Blüten: karminrot, einfach
Blütezeit: Juni, einmal blühend
Blatt: mittel- bis dunkelgrün
Regenfest: ✔
Verwendung/Besonderes: sehr große Hagebutten, stark wachsend, junge Triebe sind weinrot, hitzeverträglich
Pflegeleicht: ✔

ROSEN-FINDER

Welche Rose für mich –
der Rosen-Finder

Damit Sie Ihre Wunsch-Rosen schnell finden, haben wir alle Sorten dieses
Buches nach Farben geordnet. Suchen Sie also Ihre Wunschfarbe und wählen
Sie innerhalb der Rosenklasse. In der dritten Spalte finden Sie alle Duftrosen
markiert, in der vierten, ob sich die Sorte für Kübel und Töpfe eignet. Viel Spaß!

Name	Klasse	Farbe	Duft	für Töpfe und Kübel	Seite
Weiß und creme					
Beetrosen					
Aspirin® Rose	Beetrose	weiß		✔	92
Bella Weiß®	Beetrose	weiß		✔	92
Brautzauber®	Beetrose	weiß		✔	92
Class Act	Beetrose	reinweiß			92
Diamond Border®	Beetrose	reinweiß		✔	92
Innocencia®	Beetrose	reinweiß		✔	93
Jubilee du Prince de Monaco®	Beetrose	weiß mit rotem Rand		✔	93
La Paloma® 85	Beetrose	reinweiß		✔	93
Ledreborg®	Beetrose	weiß		✔	93
Lions-Rose®	Beetrose	cremeweiß		✔	93
Liz®	Beetrose	weißrosa			94
Marie Antoinette®	Beetrose	elfenbeinfarben	stark, aromatisch	✔	94
Margaret Merril®	Beetrose	perlweiß	stark, berauschend	✔	94
Petticoat®	Beetrose	cremeweiß	leicht, süßlich		94
Princess of Wales®	Beetrose	reinweiß	leicht	✔	94
Edelrosen					
Ambiente®	Edelrose	cremeweiß, in der Mitte leicht gelb		✔	116
Annapurna®	Edelrose	weiß	sehr stark, lieblich	✔	116
Elina®	Edelrose	cremeweiß	leicht, angenehm	✔	116
Evening Star®	Edelrose	leuchtend reinweiß	herrlich		116
Grand Nord®	Edelrose	weiß			116
Karl Heinz Hanisch®	Edelrose	cremeweiß	stark, nach Zitrone und Gewürztraminer		116
Marie-Luise Marjan®	Edelrose	cremeweiß, rosa und aprikotfarben überhaucht, im Verblühen reinweiß	süßlich und würzig		117
Memoire®	Edelrose	reinweiß, cremefarben schattiert	mittel		117
Poker®	Edelrose	weiß, Blütenmitte zart rosa	stark, nach Gewürztraminer und Pfirsich		117
Polarstern®	Edelrose	weiß	leicht	✔	117
Roy Black®	Edelrose	reinweiß, cremefarben schattiert	sehr leicht	✔	117
Sweet Lady	Edelrose	zart cremefarben-caramel, innen goldcaramel	mittel	✔	117

ROSEN-FINDER

Name	Klasse	Farbe	Duft	für Töpfe und Kübel	Seite
Kleinstrauchrosen					
Alba Meidiland®	Kleinstrauchrose	reinweiß		✔	142
Apfelblüte®	Kleinstrauchrose	reinweiß		✔	142
Blanche Cascade®	Kleinstrauchrose	weiß, rosa überhaucht			142
Diamant®	Kleinstrauchrose	reinweiß		✔	142
Heidesommer®	Kleinstrauchrose	blendend weiß	lieblich, süß		142
Ice Meidiland®	Kleinstrauchrose	weiß			142
Kent®	Kleinstrauchrose	reinweiß mit gelber Mitte		✔	143
Little White Pet	Kleinstrauchrose	weiß	leicht	✔	143
Medeo®	Kleinstrauchrose	weiß, leicht rosa		✔	143
Nemo®	Kleinstrauchrose	reinweiß		✔	143
Pearl Meidiland®	Kleinstrauchrose	weiß/pastellrosa			143
Schneeflocke®	Kleinstrauchrose	leuchtend weiß	leicht	✔	144
Schnee-Eule®	Kleinstrauchrose	reinweiß	stark		144
Schneekönigin®	Kleinstrauchrose	strahlend weiß mit gelber Mitte	sehr gut		144
Sea Foam	Kleinstrauchrose	leuchtend weiß, zartrosa überhaucht	leicht		144
Snow Ballet®	Kleinstrauchrose	reinweiß		✔	144
Sternenflor	Kleinstrauchrose	kleine weiße Sternchenblüten	sehr gut	✔	145
Swany®	Kleinstrauchrose	weiß		✔	145
Venice®	Kleinstrauchrose	weiß		✔	145
White Meidiland®	Kleinstrauchrose	weiß		✔	145
White Roadrunner®	Kleinstrauchrose	reinweiß	stark, Rugosa-Duft	✔	145
Strauchrosen					
Flora Romantica®	Strauchrose	cremeweiß	mittel	✔	160
Leda	Strauchrose	weiß mit karminrotem Rand	sehr stark		160
Martine Guillot®	Strauchrose	gebrochen weiß mit rosa Schimmer	nach Rose, Veilchen, Lilie und Gardenie		160
Maxima	Strauchrose	weiß	gut		160
Rosalita	Strauchrose	weiß, Knospe gelb	intensiv	✔	160
Schneewittchen®	Strauchrose	schneeweiß	voll		160
Suaveolens	Strauchrose	gelblich weiß	nach Linde		161
Weiße Wolke	Strauchrose	reinweiß	angenehm lieblich		161
White Gold®	Strauchrose	weiß mit gelblicher Mitte	stark	✔	161
Winchester Cathedral	Strauchrose	weiß	angenehmer Wild-rosenduft mit einer Honig- und Mandelblütennote		161
Kletterrosen					
Ayrshire Queen	Kletterrose	weiß bis zartrosa	zart		188
Bobbie James	Kletterrose	cremeweiß	gut, nach Wildrosen		188
Elfe®	Kletterrose	grünlich, elfenbeinfarben	leicht, mild und fruchtig	✔	188
Félicité et Perpétue	Kletterrose	milchweiß	gut		188
Guirlande d'Amour®	Kletterrose	weiß	feiner Duft nach *Rosa multiflora*	✔	188

ROSEN-FINDER

Name	Klasse	Farbe	Duft	für Töpfe und Kübel	Seite
Ilse Krohn Superior®	Kletterrose	leuchtend weiß	mittel, herrlich		189
Louis' Rambler	Kletterrose	cremeweiß	Wildrosenduft nach *Rosa moschata*		189
Lykkefund	Kletterrose	rahmweiß	gut		189
Schneewalzer®	Kletterrose	reinweiß	süßlich	✔	189
Schwanensee®	Kletterrose	leuchtend weiß, zur Mitte zartrosa überhaucht	leicht		189
White Cockade®	Kletterrose	reinweiß	mittel	✔	189
Zwergrosen					
Honeymilk®	Zwergrose	milchweiß, zur Mitte hin cremegelb		✔	204
Schneeküsschen®	Zwergrose	weiß, zartrosa überhaucht		✔	204
Wildrosen und Naturformen					
Rosa alba 'Semiplena'	Naturform	weiß	stark duftend		210
Rosa arvensis	Wildrose	weiß	schwacher Duft		210
Rosa canina	Wildrose	weiß bis rosa, innen heller, weißgelbe Staubgefäße	aromatisch duftend		210
Rosa × dupontii	Naturform	im Aufblühen zartrosa, dann cremefarben bis weiß	leichter Moschusduft		211
Rosa gallica × corymbifera var. *alba*	Naturform	weiß	stark duftend		211
Rosa pimpinellifolia	Wildrose	cremeweiß	zarter Duft		211
Rosa scabriuscula	Wildrose	weiß (selten rosa)			211
Rosa tomentosa	Wildrose	weiß			211

Gelb und orange

Name	Klasse	Farbe	Duft	für Töpfe und Kübel	Seite
Beetrosen					
Amber Queen®	Beetrose	tief ambergelb	leicht	✔	95
Anthony Meilland®	Beetrose	leuchtend goldgelb	leicht		95
Aprikola®	Beetrose	aprikosengelb	fruchtig, herb	✔	95
Banquet®	Beetrose	zart lachsfarben		✔	95
Bayerngold®	Beetrose	reingelb		✔	95
Benita®	Beetrose	dunkelgelb	weich und mild		96
Bernstein-Rose®	Beetrose	bernsteingelb	sehr schön	✔	96
Carte d'Or®	Beetrose	leuchtend dunkelgelb		✔	96
Donaugold®	Beetrose	leuchtend gelb		✔	96
Easy Going®	Beetrose	goldgelb		✔	96
Friesia®	Beetrose	leuchtend goldgelb	stark lieblich	✔	96
Galaxy®	Beetrose	pastellgelb	leicht nach Leinöl	✔	97
Gebrüder Grimm®	Beetrose	leicht orangerot bis pfirsichfarben			97
Goldina®	Beetrose	intensiv goldgelb	leicht	✔	97
Goldelse®	Beetrose	kupfergelb bis orange	leicht, fruchtig	✔	97
Goldmarie 82®	Beetrose	goldgelb	leicht		98
Goldquelle®	Beetrose	gelb		✔	98
Goldschatz®	Beetrose	in leichtem Gelbton		✔	98
Lisa®	Beetrose	intensiv gelb bis orange		✔	98

ROSEN-FINDER

Name	Klasse	Farbe	Duft	für Töpfe und Kübel	Seite
Marie Curie®	Beetrose	goldbraun	mittel	✔	98
Papagena®	Beetrose	leuchtend orange mit goldgelben Streifen, gelb geflammt	sehr leicht	✔	99
Peacekeeper®	Beetrose	goldorange	leicht	✔	99
Pigalle®85	Beetrose	zweifarbig, gelb und rot		✔	99
Samba®	Beetrose	goldgelb, im Verblühen von außen her leuchtend rot			99
Sangerhäuser Jubiläumsrose®	Beetrose	zart aprikotfarben	leicht, süßlich	✔	100
Sunlight Romantica®	Beetrose	leuchtend gelb	intensiv	✔	100
Tschaikovski®	Beetrose	cremegelb	leicht		100
Tequila® 2003	Beetrose	leuchtend orange	leicht	✔	100
Vinesse®	Beetrose	orangerot, im Aufblühen hell-orangerosa, später gelborange	leicht	✔	100
Edelrosen					
Adolf Horstmann	Edelrose	leuchtend goldgelb, unterseits bernsteinfarben	stark		118
Apéritif®	Edelrose	reingelb	leicht		118
Ashram®	Edelrose	kupferbraun-orange, dezent geflammt	leicht, fruchtig		118
Augusta Luise®	Edelrose	champagner-rosé bis pfirsichfarben	stark, fruchtig süß	✔	118
Ave Maria®	Edelrose	kräftig lachsorange	stark, angenehm		118
Bad Homburg®	Edelrose	champagnerfarben	leicht, angenehm	✔	119
Banzai® 83	Edelrose	kanariengelb mit orangeroter Zeichnung	intensiv	✔	119
Berolina®	Edelrose	zitronengelb mit rotem Anflug	herrlich		119
Candlelight®	Edelrose	dunkelgelb	stark, Edelrosenduft		119
Cherry Brandy® 85	Edelrose	leuchtend kupferorange	Edelrosenduft	✔	120
Christel von der Post®	Edelrose	postgelb	leicht, fein		120
Christoph Columbus®	Edelrose	kräftig kupferlachsrot	mittel, nach Gewürz	✔	120
ELLE®	Edelrose	gelb/lachsrosa	stark, nach Limone und Pfirsich		120
Fruite	Edelrose	lachsrot, gelb geflammt	leicht		120
Funkuhr®	Edelrose	goldgelb mit Kupfer, geht bei Sonne in leuchtendes Rot über	leicht		120
Gaby Morlay®	Edelrose	kupfergelb	leicht, angenehm	✔	121
Gloria Dei	Edelrose	gelb mit rötlichem Rand			121
Golden Lady®	Edelrose	tief goldgelb	stark, sehr intensiv	✔	121
Golden Medaillon®	Edelrose	leuchtend goldgelb	lieblich		121
Helmut Schmidt®	Edelrose	leuchtend zitronengelb	stark		121
Indian Summer®	Edelrose	kräftig kupfergelb	leicht	✔	122
Königin der Rosen®	Edelrose	lachsorange, außen goldgelb, bei Sonnenlicht orangerot überhaucht	herrlich		122
Kupferkönigin®	Edelrose	kräftig kupfergelb	leicht		122
Landora®	Edelrose	leuchtend gelb		✔	122
Las Vegas®	Edelrose	orange, unterseits gelb	leicht		122
Lolita®	Edelrose	leuchtend Honiggelb mit kupfrigem Anflug	stark, berauschend		123
Mabella®	Edelrose	zitronengelb	stark		123

ROSEN-FINDER

Name	Klasse	Farbe	Duft	für Töpfe und Kübel	Seite
Maja Oetker®	Edelrose	goldorange	leicht, angenehm	✔	123
Marco Polo®	Edelrose	goldgelb	mittel, nach Gewürz	✔	123
Marvelle®	Edelrose	kräftig gelb, rot und orange geflammt			123
Michelangelo®	Edelrose	goldgelb	mittel	✔	124
Paul Ricard®	Edelrose	pastellgelb	stark, nach Anis		124
Peer Gynt	Edelrose	goldgelb mit zartem, rotem Rand	stark		124
Philippe Noiret®	Edelrose	bernsteingelb		✔	124
Pullmann Orient Express®	Edelrose	gelb mit dunkelrosa Rand	intensiv	✔	124
Rosemary Harkness®	Edelrose	orangegelb bis lachsorange	stark	✔	125
Samaritan®	Edelrose	aprikosenfarben-orange, rosa überhaucht	stark, angenehm	✔	125
Speelwark®	Edelrose	pfirsichgelb, im Verblühen rötlich überhaucht	mittel, angenehm lieblich		125
Starlite®	Edelrose	reingelb	nach Gewürz	✔	125
Sterntaler®	Edelrose	mittelgelb mit teilweise rotem Rand	angenehm		125
Super Star®	Edelrose	lachsfarbig	stark, nach Himbeeren		126
Tea Time®	Edelrose	kupfergoldorange		✔	126
Valencia®	Edelrose	warmes Kupfergelb	stark		126
Whisky®	Edelrose	rein bronzegelb			126
Kleinstrauchrosen					
Amber Cover®	Kleinstrauchrose	bernsteinfarben		✔	146
Bessy	Kleinstrauchrose	goldorange mit Aprikot		✔	146
Celina®	Kleinstrauchrose	hellgelb	leicht	✔	146
Concerto® 94	Kleinstrauchrose	gelbrosa		✔	146
Golden Border®	Kleinstrauchrose	schwefelgelb	leicht		147
Loredo®	Kleinstrauchrose	leuchtend gelb	leicht	✔	147
Sonnenschirm®	Kleinstrauchrose	zitronengelb			147
Sunny Rose®	Kleinstrauchrose	hellgelb		✔	147
Strauchrosen					
Abraham Darby®	Strauchrose	gelborange bis aprikot	stark		162
Belvedere®	Strauchrose	sauber orange		✔	162
Bonanza®	Strauchrose	leuchtend gelb mit rotem Rand	leicht		162
Buff Beauty	Strauchrose	goldgelb	sehr gut	✔	162
Caramella®	Strauchrose	hell bernsteingelb			162
Citron-Fraise®	Strauchrose	gelb, frischrosa			162
Claude Monet®	Strauchrose	weiß, himbeerfarben, gelb geflammt			163
Crocus Rose	Strauchrose	zart aprikot, an den äußeren Blütenblättern nach Creme verblassend, später ganz cremeweiß	schwach nach Teerosen		163
Crown Princess Margareta	Strauchrose	satt aprikosenorange			163
Emilien Guillot®	Strauchrose	orange	nach Rose, Aprikose und weißem Pfeffer		163
Emil Nolde®-Rose	Strauchrose	gelb	leicht, nach Wildrosen	✔	163

ROSEN-FINDER

Name	Klasse	Farbe	Duft	für Töpfe und Kübel	Seite
France Info®	Strauchrose	beim Öffnen karminrot umrandet, später satt goldgelb		✔	164
France Libre®	Strauchrose	leuchtend orange			164
Golden Celebration	Strauchrose	intensiv goldgelb, stark gefüllt	sehr stark, anfangs nach Teerosen, später mit Wein- und Erdbeertönen		164
Golden Wings	Strauchrose	gelb, orangerote Staubfäden	leicht		164
Grace	Strauchrose	aprikot, die Blütenblätter heller	angenehm und intensiv		164
Graham Thomas®	Strauchrose	bernsteinfarben, hellen beim Verblühen zu Gelb auf	frisch mit kühlem Veilchenduft		165
Grimaldi®	Strauchrose	orange mit weißen Streifen			165
Herzogin Frederike®	Strauchrose	zartrosa, mit gelber Mitte		✔	165
Johannes Rau®	Strauchrose	dunkelgelb, außen leicht rosa		✔	165
Kaiser von Lautern®	Strauchrose	karamellfarben	angenehm	✔	165
Klostertaler Power	Strauchrose	leuchtend orange		✔	165
Lichtkönigin Lucia®	Strauchrose	kräftig zitronengelb	mittel		166
Mischka®	Strauchrose	goldgelb		✔	166
Molineux	Strauchrose	intensiv gelb, an der Außenseite heller	intensiver Teerosenduft		166
Pat Austin	Strauchrose	innen intensiv kupferfarben, außen hell kupfergelb	starker Teerosenduft		166
Pimprenelle®	Strauchrose	gelb bis cremegelb			167
Pierre Gagnaire®	Strauchrose	orange, unterseits rosa, im Aufblühen ins Weiße übergehend	blumig fruchtig		167
Polka® 91	Strauchrose	bernsteingelb	intensiv		167
Postillion®	Strauchrose	leuchtend gelb	mittel		167
Pur Caprice®	Strauchrose	strohgelb mit rosa Tupfen, cremefarben			168
Rokoko®	Strauchrose	cremegelb	wundervoll, nach Wildrosen	✔	168
Rugelda®	Strauchrose	zitronengelb, rötlich gerandet	leicht		168
Sahara®	Strauchrose	goldgelb bis bronzerot	leicht	✔	168
Souvenir de Marcel Proust®	Strauchrose	leuchtend gelb	frischer Zitronenduft		168
Teasing Georgia	Strauchrose	reingelb an den äußeren Blütenblättern verblassend	starker Teerosenduft		169
Westerland®	Strauchrose	leuchtend kupferorange	stark		169
Westfalenpark – Kordes' Rose Westfalenpark®	Strauchrose	bernsteinfarben	leicht		169
Yellow Romantica®	Strauchrose	hellgelb	mittel	✔	169

Kletterrosen					
Albéric Barbier	Kletterrose	weiß mit gelblicher Mitte, gelbe Knospe			190
Alchymist	Kletterrose	goldgelb	stark		190
Aloha - Kordes' Rose Aloha®	Kletterrose	aprikosenfarbig	fein, fruchtig		190
Barock®	Kletterrose	gelb bis cremegelb	stark, süßlich herb	✔	190
Dune®	Kletterrose	reingelb	nach Rose und Zitronenkraut		190

ROSEN-FINDER

Name	Klasse	Farbe	Duft	für Töpfe und Kübel	Seite
Ghislaine de Féligonde	Kletterrose	gelb, die weiß aufhellen		✔	191
Goldener Olymp®	Kletterrose	goldgelb, kupferfarben überhaucht	leicht		191
Goldfinch	Kletterrose	weiß bis hellgelb			191
Goldstern®	Kletterrose	goldgelb		✔	191
Liane®	Kletterrose	kupfrig orange	sehr leicht	✔	192
Looping®	Kletterrose	orange bis aprikosenfarbig	leicht		192
Maréchal Niel	Kletterrose	gelb	wunderbare Duftrose		192
Moonlight – Kordes' Rose Moonlight®	Kletterrose	kupfergelb, im Verblühen heller werdend mit rosa Hauch	reichlich, fruchtig		192
Morgensonne 88®	Kletterrose	lichtgelb			193
Papi Delbard®	Kletterrose	orange, gelb, aprikot	fruchtig, frisch		193
Penny Lane®	Kletterrose	honig-champagnerfarben	leicht	✔	193
Salita®	Kletterrose	leuchtend orange			193
Zwergrosen					
Apricot Clementine®	Zwergrose	aprikosenfarben		✔	204
Cumba Meillandina®	Zwergrose	orange		✔	204
Firefly®	Zwergrose	leuchtend orange		✔	204
Gold Symphonie® 2002	Zwergrose	dunkelgelb			205
Goldjuwel®	Zwergrose	goldgelb		✔	205
Guletta®	Zwergrose	leuchtend zitronengelb	sehr leicht	✔	205
Peach Clementine®	Zwergrose	pfirsichcremefarben bis hellrosa		✔	205
Sonnenkind®	Zwergrose	goldgelb		✔	205
Wildrosen und Naturformen					
Rosa hugonis	Wildrose/ Strauchrose	gelb			212
Rosa pimpinellifolia 'Double Yellow'	Naturform	goldgelb	duftend		212
Rosa pimpinellifolia 'Dunwich'	Naturform	cremegelb, goldgelbe Staubbeutel	duftend		212
Rosa pimpinellifolia 'Lutea'	Naturform	hellgelb			212
Rosa rubiginosa 'Lord Penzance'	Naturform	bernsteingelb mit rötlichem Rand	nach Apfel duftend		212

Rosa und violett

Name	Klasse	Farbe	Duft	für Töpfe und Kübel	Seite
Beetrosen					
Acropolis®	Beetrose	rosa verwaschen, im Verblühen altrosa			101
Amulett®	Beetrose	kräftig rosarot		✔	101
Atlantic Star®	Beetrose	bronze-lachsfarben	stark	✔	101
Bad Birnbach®	Beetrose	leuchtend lachsrosa		✔	101
Ballade®	Beetrose	hellrosa		✔	101
Bella Rosa®	Beetrose	kräftiges Reinrosa mit gelber Mitte	nach Wildrosen	✔	102
Bernd Weigel Rose®	Beetrose	hellrosa bis rosa	leicht	✔	102
Blühwunder®	Beetrose	leuchtend lachsrosa, silbrig überhaucht	leicht nach Apfel	✔	102

ROSEN-FINDER

Name	Klasse	Farbe	Duft	für Töpfe und Kübel	Seite
Bonica® 82	Beetrose	zartrosa		✔	102
Cassetta®	Beetrose	aprikot-weiß-rosa		✔	102
Coral Palace®	Beetrose	korallenrosa	leicht	✔	103
Crescendo®	Beetrose	reinrosa		✔	103
Donauprinzessin®	Beetrose	dunkelrosa		✔	103
Fortuna®	Beetrose	zart lachsrosa mit weißer Mitte		✔	103
Granny®	Beetrose	reinrosa, mit dunkler Mitte	leicht	✔	103
Heimatmelodie®	Beetrose	weiß mit Purpurfarben		✔	104
Home & Garden®	Beetrose	reinrosa, im Verblühen heller werdend		✔	104
Johann Strauß®	Beetrose	porzellanrosa	reichlich		104
Leona®	Beetrose	rosa		✔	104
Leonardo da Vinci®	Beetrose	dunkelrosa		✔	104
Ludwigshafen am Rhein®	Beetrose	karminrosa	stark		105
Manou Meilland®	Beetrose	fliederrosa	intensiv	✔	105
Mariatheresia®	Beetrose	zartrosa	leicht		105
Matilda®	Beetrose	hellrosa mit cremegelber Innenseite			105
Maxi Vita®	Beetrose	leuchtend orangerosa, mit gelborangem Blütenboden		✔	105
Mazurka®	Beetrose	hellrosa		✔	106
Münchner Kindl®	Beetrose	silberrosa	leicht	✔	106
NDR 1 Radio Niedersachsen®	Beetrose	altrosa, im Verblühen heller werdend	zart, nach Wildrosen		106
Neon®	Beetrose	karminrosa		✔	106
Nicole®	Beetrose	cremeweiß mit rosarotem Rand	leicht		106
Noack's Blühendes Barock®	Beetrose	rosa		✔	106
Noack's Rose Melissa®	Beetrose	zartrosa		✔	107
Pastella®	Beetrose	von intensiv Rosé bis grünlich Weiß		✔	107
Poesie – Jackson & Perkins Rose Poesie®	Beetrose	fleischrosa, innen dunkler			107
Rhapsody in Blue	Beetrose	purpurviolett mit weißer Mitte und gelben Staubgefäßen, im Verblühen graublau			107
Queen Mother®	Beetrose	hellrosa	leicht, süßlich	✔	108
Rosenprofessor Sieber®	Beetrose	reinrosa, geht beim Aufblühen in Porzellanrosa über	nach Wildrosen	✔	108
Royal Bonica®	Beetrose	dunkelrosa		✔	108
Shocking Blue®	Beetrose	magentalila	stark, ausgeprägt		108
Träumerei®	Beetrose	hummerfarben, lachsorange aufhellend	stark		108
Trier 2000®	Beetrose	leuchtend reinrosa mit rötlichen Nerven	leicht		109
Tutti Frutti®	Beetrose	zart rosa/weiß	intensiv, nach Teerose	✔	109
Vicky®	Beetrose	zartrosa bis orangerosa		✔	109
Yesterday®	Beetrose	rosa bis lavendelfarben	leicht	✔	109

ROSEN-FINDER

Name	Klasse	Farbe	Duft	für Töpfe und Kübel	Seite
Edelrosen					
Aachener Dom® – Meilland Rose	Edelrose	kräftig rosa	mittel	✔	127
André le Notre®	Edelrose	zartrosa	stark, nach alten Rosen und Zitrone		127
Arioso®	Edelrose	karmesinrosa	mittel, nach Zitrone	✔	127
Arosia®	Edelrose	rosa		✔	127
Bayerntraum®	Edelrose	reinrosa	leicht	✔	127
Big Purple®	Edelrose	kräftiges Lila, wird im Verblühen stärker	stark		127
Blue River®	Edelrose	magentalila mit dunkler Umrandung, nach innen wie weiß überstäubt	stark		128
Brinessa®	Edelrose	rosa	stark		128
Caprice de Meilland®	Edelrose	dunkelrosa	stark, nach alten Rosen	✔	128
Derby® – Hagen Gmelin Rose®	Edelrose	magenta-lila	stark	✔	128
Duftrausch®	Edelrose	violettrosa	stark	✔	128
Eliza®	Edelrose	silbrig rosa, im Verblühen heller werdend	leicht, nach Wildrosen		129
Esmeralda – Kordes' Rose Esmeralda®	Edelrose	kräftiges Altrosa	lieblich, stark nach Himbeeren		129
FOCUS®	Edelrose	lachsrosa		✔	129
Frederic Mistral®	Edelrose	hellrosa	sehr stark, nach alten Rosen und Zitrone	✔	129
Freude®	Edelrose	gelblich schimmerndes Rosa, unterseits heller	leicht		129
Glendora®	Edelrose	zartrosa und honiggelb mit cremefarbenem Rand	sehr ausgeprägt, erinnert an klassisches Rosenparfüm		130
Gräfin Sonja®	Edelrose	kirschrosa, innen heller, voll erblüht silbrig rosa, dunkler Rand	leicht, nach Wildrosen		130
Hamburger Deern®	Edelrose	lachsfarben mit cremefarbener Rückseite	würzig		130
Harmonie®	Edelrose	lachsrosa	stark, lieblich		130
Honoré de Balzac®	Edelrose	zartrosa	mittel	✔	130
Inspiration®	Edelrose	außen rosa, innen lachsrosa mit Gelb		✔	131
Kaiserin Farah®	Edelrose	champagnerfarben, innen weiß und außen mit karminrot gesäumten Blütenblättern	leicht, angenehm		131
Lady Like®	Edelrose	kräftig rosa	stark, Edelrosenduft		131
Mainauduft®	Edelrose	rosarot	stark, nach alten Rosen und Himbeeren	✔	131
Mainzer Fastnacht®	Edelrose	silbrig, fliederfarben	stark, frisch, würzig		131
Mamy Blue®	Edelrose	malvenfarbig	stark		132
Märchenkönigin®	Edelrose	zartrosa	leicht		132
Mondiale®	Edelrose	dezent lachsrosa, äußere Blütenblätter heller			132
Myriam®	Edelrose	altrosa	stark, berauschend	✔	132
Nostalgie®	Edelrose	cremeweiß mit kirschrotem Rand	gut, Rosenduft	✔	132
Old Port®	Edelrose	dunkelviolett bis dunkellilarosa	mittel, angenehm	✔	133

ROSEN-FINDER

Name	Klasse	Farbe	Duft	für Töpfe und Kübel	Seite
Parole®	Edelrose	kräftig pink, lila überhaucht	stark, strömend		133
Peter Frankenfeld	Edelrose	kräftig karminrosa	angenehm		133
Piroschka®	Edelrose	leuchtend reinrosa	stark, nach Edelrose		133
Princesse Alexandra®	Edelrose	lilarosa	stark, herrlich		134
Regatta®	Edelrose	zweifarbig lachsrosa bis gelb	stark, nach Zitrone und Johannisbeere		134
Savoy Hotel®	Edelrose	pastellrosa		✔	134
Sebastian KNEIPP®	Edelrose	cremeweiß, mit gelblich rosa Mitte	stark, süßlich und berauschend		134
Sila®	Edelrose	reinrosa	mittel		134
Silver Jubilee®	Edelrose	frischrosa, hell und dunkel schattiert	leicht, angenehm	✔	135
The McCartney Rose®	Edelrose	hellrosa	stark, nach alten Rosen und Zitrone		135
Violina®	Edelrose	zartrosa	leicht, angenehm		135
Walzertraum®	Edelrose	intensives Rosa	stark, Edelrosenduft	✔	135

Kleinstrauchrosen

Name	Klasse	Farbe	Duft	für Töpfe und Kübel	Seite
Bayernland®	Kleinstrauchrose	reinrosa		✔	148
Bingo Meidiland®	Kleinstrauchrose	zartrosa bis weiß		✔	148
Estima®	Kleinstrauchrose	hellrosa, mit gelber Mitte	leicht	✔	148
Foxi®	Kleinstrauchrose	violettrosa	stark		148
Heidekönigin®	Kleinstrauchrose	reinrosa	leicht, nach Wildrose		149
Heidetraum®	Kleinstrauchrose	karminrosarot			149
Immensee – Kordes' Rose Immensee®	Kleinstrauchrose	perlmuttrosa	stark	✔	149
Knirps®	Kleinstrauchrose	kräftig rosa		✔	149
Lavender Dream®	Kleinstrauchrose	lavendelfarben	stark	✔	149
Lovely Fairy®	Kleinstrauchrose	kräftig rosa, zur Mitte heller		✔	150
Lovely Meidiland®	Kleinstrauchrose	hellrosa		✔	150
Magic Meidiland®	Kleinstrauchrose	dunkelrosa	mittel, nach Lindenblüte	✔	150
Medusa®	Kleinstrauchrose	lavendelrosa		✔	150
Mirato®	Kleinstrauchrose	leuchtend pink		✔	150
Palmengarten Frankfurt – Kordes' Rose Palmengarten Frankfurt®	Kleinstrauchrose	tiefrosa		✔	151
Pearl Mirato®	Kleinstrauchrose	zartrosa bis rosa		✔	151
Phlox Meidiland®	Kleinstrauchrose	violettrosa mit weißer Mitte		✔	151
Pierette®	Kleinstrauchrose	kräftig pink			151
Pink Bassino®	Kleinstrauchrose	apfelblütenrosa, im Ansatz weiß		✔	151
Pink Meidiland®	Kleinstrauchrose	lachsrosa mit weißer Mitte			152
Pink Roadrunner®	Kleinstrauchrose	rosa	stark, Rugosa-Duft	✔	152
Pink Swany®	Kleinstrauchrose	kräftig rosa		✔	152
Play Rose®	Kleinstrauchrose	rosa	leicht	✔	152
Relax Meidiland®	Kleinstrauchrose	lachsrosa			152
Romantic Roadrunner®	Kleinstrauchrose	kräftig rosa	stark strömend	✔	153
Satina®	Kleinstrauchrose	zartrosa		✔	153
Schöne Dortmunderin®	Kleinstrauchrose	intensiv rosa		✔	153

ROSEN-FINDER

Name	Klasse	Farbe	Duft	für Töpfe und Kübel	Seite
Sibelius	Kleinstrauchrose	dunkelviolett	leicht	✔	153
Simply®	Kleinstrauchrose	hellrosa		✔	153
Smart Roadrunner®	Kleinstrauchrose	dunkelrosa	stark	✔	154
Sommermärchen®	Kleinstrauchrose	kräftig pink	leicht	✔	154
Sommerwind®	Kleinstrauchrose	leuchtend reinrosa		✔	154
Souvenir de Greuville	Kleinstrauchrose	lilarosa bis weiß	leicht	✔	154
Stadt Hildesheim®	Kleinstrauchrose	lachsrosa		✔	154
Sublime®	Kleinstrauchrose	dunkel magenta-rosa		✔	154
Sweet Haze®	Kleinstrauchrose	rosa		✔	155
Sweet Meidiland®	Kleinstrauchrose	hellrosa			155
The Fairy	Kleinstrauchrose	lachsrosa			155
Wildfang®	Kleinstrauchrose	intensiv reinrosa		✔	155
Windrose®	Kleinstrauchrose	weiß bis zartrosa		✔	155
Strauchrosen					
Angela®	Strauchrose	pink schimmerndes, kräftiges Altrosa		✔	170
Armada®	Strauchrose	rosa	leicht	✔	170
A Shropshire Lad	Strauchrose	pfirsichrosa	stark, fruchtig		170
Astrid Lindgren®	Strauchrose	hellrosa	angenehm	✔	170
Benjamin Britten	Strauchrose	intensiv lachsrosa	fruchtig		170
Bouquet Parfait	Strauchrose	cremerosa, im Hochsommer heller		✔	171
Bremer Stadtmusikanten®	Strauchrose	cremerosa mit dunkler Mitte	fein strömend, süßlich		171
Brother Cadfael	Strauchrose	reinrosa	sehr starker Wildrosenduft		171
Cardinal de Richelieu	Strauchrose	violett	leicht	✔	171
Celsiana	Strauchrose	zartrosa			172
Centenaire de Lourdes® rose	Strauchrose	dunkelrosa			172
Cesar®	Strauchrose	rosa/gelb	leicht		172
Chantal Mérieux®	Strauchrose	rosa, die äußeren Blätter sind heller und umrahmen die Blüte zart	nach Rose, Himbeere, Myrrhe, Anis und Cidre		172
Chartreuse de Parme®	Strauchrose	karmesinrosa	stark, betörend		172
Charles de Mills	Strauchrose	violett	sehr gut	✔	173
Christian Schultheis	Strauchrose	kräftig rosa		✔	173
Cinderella®	Strauchrose	zartrosa	stark, nach Apfel		173
Colette®	Strauchrose	goldbraunrosa	mittel	✔	173
Comtesse de Ségur®	Strauchrose	leuchtend rosa			173
Constance Spry	Strauchrose	rosa	nach Myrte		174
Cristata	Strauchrose	rosa	sehr gut	✔	174
Dames de Chenonceau®	Strauchrose	rosa, orange, aprikot	stark	✔	174
Dentelle de Malines	Strauchrose	zartrosa	leicht		174
Dinky®	Strauchrose	kräftiges, dunkles Pink		✔	174
Dornröschenschloss Sababurg®	Strauchrose	reines Rosa	typisch rosenartig		175
Dortmunder Kaiserhain®	Strauchrose	altrosa		✔	175

ROSEN-FINDER

Name	Klasse	Farbe	Duft	für Töpfe und Kübel	Seite
Eden Rose® 85	Strauchrose	hellrosa	leicht	✔	175
Elveshörn®	Strauchrose	hellrot mit rosa silbrigem Schimmer	leicht, ähnlich einer Wildrose		175
Fantin Latour	Strauchrose	zartrosa	sehr gut		176
Felicia	Strauchrose	rosa		✔	176
Felicitas®	Strauchrose	karminrosa	leicht		176
Freisinger Morgenröte – Kordes' Rose Freisinger Morgenröte®	Strauchrose	orangegelb bis rosaorange	stark		176
Fritz Nobis	Strauchrose	lachsrosa	nach Apfelblüten		176
Gertrude Jekyll	Strauchrose	tiefrosa	sehr starker reiner Wildrosenduft		176
Grand Siècle®	Strauchrose	rosa	typischer starker Rosenduft		177
Guy Savoy®	Strauchrose	scharlachrot, purpur, blasslila, granatfarben, schattiert, blassrosa gestreift	fruchtiger, krautiger Duftcocktail		177
Heavenly Pink®	Strauchrose	hellrosa, nicht verblassend	leicht	✔	177
Heritage®	Strauchrose	hellrosa	nach Früchten, Honig und Nelken mit Unterton von Myrte		177
IGA 83 München®	Strauchrose	karminrosa	leicht	✔	177
Ilse Haberland®	Strauchrose	karminrosa mit silbrigen Reflexen	stark		178
Jacques Cartier	Strauchrose	leuchtend rosa	sehr stark, nach Damaszenerrose	✔	178
John Clare	Strauchrose	tiefrosa	schwach		178
Königin von Dänemark	Strauchrose	leuchtend rosa, nach außen hin aufhellend	sehr gut		178
Linderhof®	Strauchrose	leuchtend rosa mit gelber Mitte	schwach, nach Wildrosen		178
Madame Bovary®	Strauchrose	malvenfarben		✔	178
Madame Figaro®	Strauchrose	blassrosa, nach innen etwas dunkler rosa		✔	179
Maiden's Blush	Strauchrose	zartrosa, nach außen hin aufhellend	sehr gut		179
Mary Rose®	Strauchrose	rosa	Duftrose		179
Mein schöner Garten®	Strauchrose	zartrosa, hellere Nuancen zur Blütenmitte	frisch, fruchtig		179
Michel Bras®	Strauchrose	reinrosa, außen weißlich	angenehm nach Lindenblüten		179
Mme Boll	Strauchrose	kräftig rosa, zum Rand aufhellend	sehr stark, nach Damaszenerrose	✔	180
Mortimer Sackler	Strauchrose	hellrosa	starker, fruchtiger Wildrosenduft		180
Münsterland®	Strauchrose	lachsrosa	stark	✔	180
Olivier Roellinger®	Strauchrose	gelb, dunkelrosa			180
Provence Panachée	Strauchrose	weiß-violett gestreift	gut		180
Quatre Saison	Strauchrose	reinrosa	gut		180
Romanze®	Strauchrose	leuchtend pinkfarben	typischer Rosenduft		181
Rosario®	Strauchrose	leuchtend reinrosa	Rosenduft	✔	181
Rose des Cisterciens®	Strauchrose	rosa mit Gelb			181
Rosenresli®	Strauchrose	rosaorange	stark, wie eine Teerose		181

231

ROSEN-FINDER

Name	Klasse	Farbe	Duft	für Töpfe und Kübel	Seite
Rosenstadt Freising®	Strauchrose	weiß mit rotem Rand		✔	181
Rosenstadt Zweibrücken®	Strauchrose	zweifarbig, rosarot und goldgelb			181
Rosika®	Strauchrose	reinrosa	stark	✔	182
Rush®	Strauchrose	rosa mit weißem Auge		✔	182
Saremo®	Strauchrose	dunkelrosa	leicht	✔	182
Scepter d'Isle	Strauchrose	hellrosa	sehr stark nach Myrthe		182
Souvenir de la Malmaison	Strauchrose	zartes Rosa, später rostiges Weiß	wunderbar nach süßen Früchten		182
Souvenir de Louis Amade®	Strauchrose	rosa	stark, lang anhaltend		182
Stanwell Perpetual	Strauchrose	zartes Rosa	wunderbar		183
The Countryman	Strauchrose	reinrosa	extrem stark und intensiv nach Wildrosen mit einer Erdbeernote		183
The Mayflower	Strauchrose	reines Rosarot	starker Wildrosenduft		183
Vegesacker Charme®	Strauchrose	lachsrosa mit weißer Mitte und gelben Staubgefäßen	leicht		183
Vogelpark Walsrode – Kordes' Rose Vogelpark Walsrode®	Strauchrose	zartrosa, später aufhellend	leicht		183
William Morris®	Strauchrose	aprikot-rosa	stark		183
Kletterrosen					
Bonny®	Kletterrose	reinrosa			194
Compassion®	Kletterrose	hell salmrosa, orange schattiert	stark	✔	194
Deutsches Rosarium Dortmund®	Kletterrose	hellrosa			194
Fassadenzauber®	Kletterrose	leuchtend reinrosa		✔	194
Gloriana	Kletterrose	purpurviolett		✔	194
Graciosa®	Kletterrose	pastellrosa bis weiß	stark	✔	195
Harlekin®	Kletterrose	cremeweiß mit rötlichem Rand	stark, nach Wildrosen		195
Kir Royal®	Kletterrose	seidenrosa	leicht	✔	195
Laguna	Kletterrose	kräftig pink	stark ausgeprägter fruchtiger Duft		195
Lawinia®	Kletterrose	leuchtend reinrosa	stark, fruchtig	✔	196
Manita®	Kletterrose	dunkelrosa mit gelblich weißer Mitte	leicht, nach Wildrosen		196
Morning Jewel®	Kletterrose	tiefrosa	angenehm	✔	196
Nahéma®	Kletterrose	hellrosa	Rosen- und Fruchtnuancen, mit einem Hauch von Zitronenkraut		196
New Dawn	Kletterrose	zartes weißliches Rosa	nach Gravensteiner Apfel		196
Open Arms®	Kletterrose	rosa		✔	197
Paul's Himalayan Musk Rambler	Kletterrose	violettrosa	gut		197
Ramira®	Kletterrose	leuchtend reinrosa	nach Wildrosen		197
Raubritter	Kletterrose	hell purpurrosa	leicht		197
Rosendorf Steinfurth '04	Kletterrose	rosa	leicht	✔	197
Rosanna®	Kletterrose	lachsrosa	leicht		198

ROSEN-FINDER

Name	Klasse	Farbe	Duft	für Töpfe und Kübel	Seite
Rosarium Uetersen®	Kletterrose	tief rosa, später silbrig rosa	ähnlich wie Wildrosen		198
Rose Celeste®	Kletterrose	hellrosa, roseockerfarben			198
Shogun®	Kletterrose	kräftig rosa	zart		198
Sorbet®	Kletterrose	zartrosa mit gelb	mittel		198
Summer Wine	Kletterrose	lachsrosa mit gelber Mitte	angenehm fruchtig		198
Super Dorothy®	Kletterrose	rosa		✔	199
Super Excelsa®	Kletterrose	karminrosa mit weißem Mittelstreifen		✔	199
The Generous Gardener	Kletterrose	sehr helles Rosa	zart, an Wildrosen, Moschus und Myrthe erinnernd		199
Veilchenblau	Kletterrose	purpurviolett mit weißem Auge			199

Zwergrosen					
Charmant®	Zwergrose	rosa mit gelbweißer Mitte, unterseits cremeweiß	leicht, süßlich	✔	206
Mandarin®	Zwergrose	lachsrosa und orangegelb, innen heller		✔	206
Medley® Pink	Zwergrose	pink		✔	206
Medley® Soft Pink	Zwergrose	pink		✔	206
Morena® 2002	Zwergrose	rosa, beim Aufblühen mit gelbem Auge		✔	206
Pepita®	Zwergrose	kräftig pink		✔	207
Pink Symphonie®	Zwergrose	zartrosa		✔	207
Rosmarin 89®	Zwergrose	kräftiges Rosa		✔	207
Sugar Baby®	Zwergrose	intensives Rosa		✔	207
Zwergkönigin 82®	Zwergrose	kräftiges Reinrosa	leicht	✔	207

Wildrosen und Naturformen					
Rosa arvensis 'Splendens'	Naturform	weiß mit einem Hauch von Rosa an den Rändern	schwacher Duft nach Myrrhe		213
Rosa × aunieri	Naturform	rosa	schwach duftend		213
Rosa canina × andersonii	Naturform	tiefrosa	süß duftend		213
Rosa gallica 'Complicata'	Naturform	rosa	schwach duftend		213
Rosa gallica 'Pumila'	Naturform	rot mit weißem Nagel	stark duftend		213
Rosa gallica 'Versicolor', 'Mundi'	Naturform	rosa und weiß, gestreift	starker Duft		214
Rosa glauca	Wildrose	außen rosarot, innen weißer Nagel	schwacher Duft		214
Rosa hibernica	Naturform	hellrosa mit weißem Nagel	leichter Duft		214
Rosa jundzillii	Wildrose	blassrosa	starker Duft		214
Rosa majalis	Wildrose	im Aufblühen rot, dann karmin bis tiefrosa	typischer Rosenduft		214
Rosa majalis × multiflora	Naturform	reinrosa oder rosa mit roten Streifen			215
Rosa micrantha	Wildrose	hellrosa bis weißlich	Apfelduft der Blätter		215
Rosa mollis	Wildrose	tiefrosa, selten weiß	zarter Rosenduft		215
Rosa pimpinellifolia 'Carnea'	Naturform	hellrosa, goldgelbe Staubbeutel	duftend		215

ROSEN-FINDER

Name	Klasse	Farbe	Duft	für Töpfe und Kübel	Seite
Rosa pimpinellifolia 'Glory of Edzell'	Naturform	hellrosa mit weißem Nagel	duftend		215
Rosa pimpinellifolia 'Subspinosa'	Naturform	hellrosa	leichter Rosenduft		216
Rosa polliniana	Naturform	hellrosa			216
Rosa rubiginosa	Wildrose	rosa mit weißem Nagel	Rosenduft, anregender Apfelduft der Blätter		216
Rosa rubiginosa 'Duplex'	Naturform	im Aufblühen hellrot, dann tiefrosa	duftend		216
Rosa rubiginosa 'Hebe's Lip'	Naturform	rahmweiß, an den Rändern karminrosa	nach Moschus duftend, Apfelduft der Blätter		216
Rosa rubiginosa 'Magnifica'	Naturform	im Aufblühen hellrot, dann lachsrosa	duftend		217
Rosa rubiginosa 'Meg Merrilies'	Naturform	im Aufblühen karminrot, dann rosarot	Apfelduft der Blätter		217
Rosa villosa	Wildrose	rot aufblühend, dann rosa mit weißem Nagel	duftend		217
Rosa villosa 'Duplex'	Naturform	hellrosa	zart duftend		217
Rosa vosagiaca	Wildrose	weiß bis rosa	zart duftend		217

Rot

Beetrosen

Name	Klasse	Farbe	Duft	für Töpfe und Kübel	Seite
Andalusien®	Beetrose	leuchtend blutrot		✔	110
Bad Füssing®	Beetrose	leuchtend blutrot	nach Wildrosen		110
Bukavu®	Beetrose	karminrot mit weißer Mitte		✔	110
Chorus®	Beetrose	leuchtend rot			110
Colossal Meidiland®	Beetrose	dunkelrot		✔	110
Crimson Meidiland®	Beetrose	dunkelrot			110
Domstadt Fulda®	Beetrose	leuchtend orangerot	leicht, nach Wildrosen		111
Duftwolke®	Beetrose	leuchtend korallenrot	besonders stark		111
Erfordia®	Beetrose	dunkelrot	leicht	✔	111
Fellowship®	Beetrose	leuchtend orangerot	leicht	✔	111
Gartenzauber 84®	Beetrose	leuchtend blutrot	leicht, nach Wildrosen		111
Happy Wanderer®	Beetrose	leuchtend dunkelrot	leicht	✔	112
Insel Mainau®	Beetrose	blutrot, samtig schimmernd	mittel		112
Kronjuwel®	Beetrose	dunkelrot		✔	112
La Sevillana®	Beetrose	blutrot		✔	112
Lavaglut®	Beetrose	samtig schwarzrot	nach Wildrosen	✔	112
Lilli Marleen®	Beetrose	samtig feuerrot	leicht		113
Lübecker Rotspon®	Beetrose	leuchtendes Bordeauxrot		✔	113
Mariandel®	Beetrose	leuchtendes, dunkles Blutrot	nach Wildrosen		113
Matthias Meilland®	Beetrose	leuchtend blutrot			113
Montana®	Beetrose	leuchtend rot			113
Papageno®	Beetrose	dunkelrot mit unregelmäßigen weißen Streifen		✔	114
Red Leonardo da Vinci®	Beetrose	johannisbeerrot	mittel	✔	114
Red Yesterday®	Beetrose	dunkelrot mit weißer Mittte	leicht	✔	114

ROSEN-FINDER

Name	Klasse	Farbe	Duft	für Töpfe und Kübel	Seite
Roman Herzog®	Beetrose	leuchtend rot	leicht	✔	114
Rotilia – Kordes' Rose Rotilia®	Beetrose	leuchtend karminrot	nach Wildrosen	✔	114
Ruby Celebration®	Beetrose	tief dunkelrot			115
Schloss Mannheim®	Beetrose	leuchtend blutorange	leicht		115
Stadt Eltville®	Beetrose	leuchtend rot		✔	115
Tornado®	Beetrose	orangeblutrot	leicht		115
Travemünde®	Beetrose	kräftig dunkelrot			115

Edelrosen

Name	Klasse	Farbe	Duft	für Töpfe und Kübel	Seite
Acapella®	Edelrose	innen kirschrot, außen silbern	stark, fruchtig berauschend	✔	136
Alec's Red®	Edelrose	kirschrot	stark	✔	136
Alexander®	Edelrose	leuchtend zinnoberrot	leicht, angenehm	✔	136
Barkarole®	Edelrose	samtig dunkelrot	herrlich	✔	136
Black Magic®	Edelrose	samtig dunkelrot			137
Burgund 81®	Edelrose	samtiges, leuchtendes Blutrot	mittel		137
Crimson Glory	Edelrose	samtig blutrot	herrlich		137
Duftfestival®	Edelrose	samtrot	stark, nach alten Rosen	✔	137
Duftzauber 84®	Edelrose	dunkelrot	stark		138
Erotika®	Edelrose	dunkelrot	gut, würzig		138
Florentina – Kordes' Rose Florentina®	Edelrose	intensives, dunkles Blutrot	leicht		138
Graf Lennart®	Edelrose	samtrot	stark, nach alten Rosen und Himbeeren	✔	138
Grande Amore®	Edelrose	leuchtendes Blutrot	schwach		138
Holsteinperle®	Edelrose	leuchtend korallen- bis lachsrot, verstärkt sich bei Sonneneinstrahlung			139
Ingrid Bergman®	Edelrose	dunkelrot	leicht	✔	139
Kleopatra®	Edelrose	innen weinrot, außen messingfarben	mittel		139
Le Rouge et le Noir®	Edelrose	dunkel samtrot	nach Rose und Vanille		139
Liebeszauber®	Edelrose	leuchtend blutrot	stark		139
Madame Delbard®	Edelrose	leuchtend tiefrot			140
Papa Meilland®	Edelrose	samtrot	stark, nach alten Rosen und Pfirsich		140
Philatelie®	Edelrose	rotweiß geflammt		✔	140
Porta Nigra®	Edelrose	dunkelrot			140
Rebell®	Edelrose	leuchtend rot	leicht		140
Schwarze Madonna®	Edelrose	samtig schwarzrot	leicht		140
Senator Burda®	Edelrose	dunkelrot	mittel, nach Johannisbeere	✔	141
Tatjana®	Edelrose	samtig, blutrot	stark, wundervoll		141
Terracotta®	Edelrose	terrakottarot	leicht		141
Traviata®	Edelrose	johannisbeerrot			141
Velvet Fragrance®	Edelrose	samtig dunkelrot	stark	✔	141

ROSEN-FINDER

Name	Klasse	Farbe	Duft	für Töpfe und Kübel	Seite
Kleinstrauchrosen					
Alcantara®	Kleinstrauchrose	dunkelrot	leicht		156
Alpenglühen®	Kleinstrauchrose	leuchtend signalrot			156
Bassino®	Kleinstrauchrose	leuchtend blutrot		✔	156
Cherry Meidiland®	Kleinstrauchrose	rot mit weißer Mitte			156
Fairy Dance®	Kleinstrauchrose	blutrot	sehr leicht	✔	157
Fairy Red® 92	Kleinstrauchrose	scharlachrot mit weißen Streifen		✔	157
Fairy Queen®	Kleinstrauchrose	karminrot		✔	157
Famosa®	Kleinstrauchrose	leuchtend rot			157
Gärtnerfreude®	Kleinstrauchrose	himbeerrot		✔	158
Heidefeuer®	Kleinstrauchrose	leuchtend rot			158
Mainaufeuer®	Kleinstrauchrose	blutrot			158
Purple Meidiland®	Kleinstrauchrose	magentarot			158
Red Meidiland®	Kleinstrauchrose	dunkelrot		✔	158
Rote Max Graf®	Kleinstrauchrose	leuchtend rot			159
Royal Bassino®	Kleinstrauchrose	leuchtend blutrot	leicht	✔	159
Scarlet Meidiland®	Kleinstrauchrose	dunkelrot			159
Schwarzwaldfeuer	Kleinstrauchrose	leuchtend orangerot	leicht	✔	159
Sommerabend®	Kleinstrauchrose	leuchtend dunkelrot			159
Strauchrosen					
Aimable Rouge	Strauchrose	purpurrot	sehr gut	✔	184
Astrid Gräfin von Hardenberg	Strauchrose	bordeauxrot	einmalig bezaubernder Rosenduft		184
Burghausen®	Strauchrose	hellrot	leicht		184
Cookie®	Strauchrose	leuchtend rot			184
Dirigent®	Strauchrose	leuchtend blutrot		✔	184
Falstaff	Strauchrose	dunkelkarminrot, nach Purpur verfärbend	starker Wildrosenduft		184
Feuerwerk®	Strauchrose	feuriges orangerot		✔	185
Grandhotel®	Strauchrose	leuchtend blutrot mit samtigem Schimmer			185
Kordes' Brillant®	Strauchrose	orange bis hummerrot	leicht, nach Wildrose		185
L. D. Braithwaite®	Strauchrose	leuchtend karmesinrot	angenehm, reizvoll		185
Othello®	Strauchrose	karminrot	duftend		185
Red Eden Rose®	Strauchrose	johannisbeerrot	mittel, fruchtig		186
Rose de Resht	Strauchrose	leuchtend rot bis purpurrot	stark		186
Roter Korsar®	Strauchrose	dunkelrot, sehr leuchtend, nicht verblauend	zarter Wildrosenduft		186
Rote Woge®	Strauchrose	dunkelrot		✔	186
Royal Show®	Strauchrose	johannisbeerrot			186
Sophy's Rose	Strauchrose	hellrot	schwacher Teerosenduft		186
Triade®	Strauchrose	leuchtend dunkelrot			187
Tuscany	Strauchrose	dunkelrot	sehr gut	✔	187
Ulmer Münster®	Strauchrose	leuchtend blutrot	nach Wildrose		187
Ulrich Brunner Fils	Strauchrose	hellrot	sehr gut	✔	187

ROSEN-FINDER

Name	Klasse	Farbe	Duft	für Töpfe und Kübel	Seite
William Skakespeare 2000	Strauchrose	dunkel samtrot, nach purpur verblühend	starker, angenehmer Wildrosenduft		187

Kletterrosen

Name	Klasse	Farbe	Duft	für Töpfe und Kübel	Seite
Amadeus	Kletterrose	blutrot	leicht, nach Wildrose		200
Antike 89®	Kletterrose	roter Rand, innen cremeweiß			200
Chevy Chase	Kletterrose	rot			200
Dortmund®	Kletterrose	leuchtend blutrot mit großem Auge	leicht		200
Flammentanz®	Kletterrose	leuchtendes, feuriges Blutrot			201
Meillands Rose Colonia®	Kletterrose	dunkelblutrot			201
Messire Delbard®	Kletterrose	samtig karminrot			202
Momo®	Kletterrose	dunkelrot bis karminrot			202
Naheglut®	Kletterrose	samtig dunkelrot	leicht	✔	202
Rotfassade®	Kletterrose	leuchtend rot			202
Santana®	Kletterrose	feurig rot	mild	✔	202
Sympathie	Kletterrose	samtig dunkelrot	ausgeprägter Wildrosenduft		203
Tradition 95®	Kletterrose	leuchtend blutrot	leicht, mild		203

Zwergrosen

Name	Klasse	Farbe	Duft	für Töpfe und Kübel	Seite
Little Artist®	Zwergrose	blutrot mit weißer Mitte und gelben Staubgefäßen	sehr leicht	✔	208
Maidy®	Zwergrose	blutrot, unterseits silbrig weiß mit rotem Rand			208
Medley® Red	Zwergrose	rot		✔	208
Orange Juwel®	Zwergrose	lachsorange		✔	208
Orange Meillandina®	Zwergrose	signalrot		✔	208
Orange Symphonie®	Zwergrose	orangerot			209
Red Det 80®	Zwergrose	leuchtend scharlachrot		✔	209
Tilt Symphonie®	Zwergrose	dunkelrot			209
Zwergkönig 78®	Zwergrose	leuchtend blutrot		✔	209

Wildrosen und Naturformen

Name	Klasse	Farbe	Duft	für Töpfe und Kübel	Seite
Rosa canina 'Von Kiese'	Naturnahe Form	feuerrot in großen Büscheln			218
Rosa × francofurtana	Naturform	im Aufblühen tiefrot, dann dunkel purpurrosa	zarter Rosenduft		218
Rosa gallica	Wildrose	rosakarmin	stark duftend		218
Rosa gallica 'Officinalis'	Naturform	hellkarmesinrot	stark duftend		218
Rosa gallica 'Splendens'	Naturform	hellkarmesinrot	stark duftend		218
Rosa gallica × damascena 'The Portland'	Naturform	karminrot	stark duftend		219
Rosa gallica 'Violacea'	Naturform	schwärzlich karmin, die dunkelste Essigrosenform	duftend		219
Rosa pendulina	Wildrose	rosa, purpur, tiefrot	duftend		219
Rosa pimpinellifolia 'Single Red', 'Single Cherry'	Naturform	außen weißgrau, innen kirschrot			219
Rosa sweginzowii 'Macrocarpa'	Naturform	karminrot			219

BEZUGSQUELLEN

Die Rosenzüchter und -versender, die mitgewirkt haben

Kordes Rosen

Am 1. Oktober 1887 gründetet Wilhelm Kordes I die Rosenschule W. Kordes' Söhne, die sich mittlerweile in der vierten Generation in Familienbesitz befindet. Als einer der führender Rosenzüchter hat die Firma W. Kordes' Söhne die Herausforderung angenommen und nennt seit geraumer Zeit die Widerstandsfähigkeit gegenüber Pilzkrankheiten wie Sternrußtau und Mehltau als uneingeschränkt höchstes Ziel der Rosenzüchtung. Bei der Züchtung der Gartenrosen verzichtet man im Hause Kordes schon seit 1990 vollständig auf den Einsatz chemischer Pflanzenschutzmittel. Eine Entscheidung, die auch im eigenen Hause nicht unumstritten war und in dieser Konsequenz von kaum einem anderen Rosenzüchter durchgeführt wird. Heute, 15 Jahre später, ist man bei Kordes in der glücklichen Lage, die Früchte dieser einschneidenden Kehrtwende in der Rosenzüchtung ernten zu können. In den vergangenen Jahren konnte man das Sortiment um eine ganze Reihe neuer Sorten bereichern, die sich durch eine sehr hohe Widerstandsfähigkeit gegenüber pilzlichen Schaderregern, wie Sternrußtau und Echter Mehltau, auszeichnen. Zum Beispiel unsere neuen Sortimente der Rigo-Rosen® und Märchenrosen®. Zur Rosenblüte kann man unseren Rosengarten jederzeit besichtigen. Der Rosengarten ist ein gut besuchtes Ausflugsziel und bietet eine Auswahl angepflanzter Kordes-Züchtungen, die man dann nicht nur in unserem Katalog, sondern auch in natura bewundern kann.

W. Kordes' Söhne
Rosenschulen GmbH & Co KG
Rosenstraße 54
D-25365 Kleinoffenseth-Sparrieshoop
Tel: 0 41 21-4 87 00
Fax: 0 41 21-8 47 45
Email: info@kordes-rosen.com
Internet: www.gartenrosen.de

Rosenwelt Tantau

Die Firma Rosen Tantau wurde im Jahre 1906 durch Mathias Tantau sen. gegründet. Später übernahm die Züchtungsarbeit Mathias Tantau jun., der den Betrieb 1984 an Herrn Hans Jürgen Evers übergab. Rosen Tantau firmierte von Anfang an im Tornrescher Weg 13, 25436 Uetersen. Natürlich sind hier bei uns im Hause Privatkunden jederzeit herzlich willkommen. Wir stehen für persönliche Besuche zur Verfügung, wobei wir schon sagen müssen, dass die meisten Rosenprivatverkäufe über den Katalogversand aktiviert werden.

Besonderen Wert legen wir in unserer Züchtungsarbeit auf Rosen, die in der praktischen Anwendung in den heutigen Gärten der Privatkunden von hohem Wert sind, dass bedeutet, dass neben der Pflanzengesundheit auch ganz besonders Attribute wie Blumengröße, Schönheit des Gesamterscheinungsbildes ein harmonischer, möglichst kompakter Pflanzenaufbau, Blumenfestigkeit sowie Duft von Bedeutung sind. Besonders herausstechend ist hier seit einigen Jahren das Programm an modernen Nostalgierosen. Diese Züchtungsarbeit ist in den letzten Jahren ja auch immer wieder in Baden-Baden sowie in anderen Prüfgärten honoriert worden. Herausragende Sorten in diesem Sortiment sind die Sorten Augusta Luise®, Candlelight®, Pastella®, Nostalgie®, Barock® sowie Gräfin von Hardenberg®.

Rosenwelt Tantau
Tornescher Weg 13
D-25436 Uetersen bei Hamburg
Tel: 0 41 22-70 84
Fax: 0 41 22-70 87
Email: tantau@rosen-tantau.com
Internet: www.rosen-tantau.com

Meilland/BKN Strobel

Seit 53 Jahren produziert BKN Strobel Rosen, die in Frankreich gezüchtet werden. „Wir verkaufen nicht nur Pflanzen – wir leben mit ihnen!" So lautet die Firmenphilosophie der BKN Strobel in Holm, Kreis Pinneberg. BKN Strobel baut derzeit zu 80% Baumschulpflanzen an. Rund 20% der Gesamtproduktion nehmen Rosen ein. Sie besitzen einen besonderen Stellenwert im Unternehmen. Über 300 Sorten umfasst das Sortiment.

Als 1951 die Generalvertretung des französischen Rosenzüchters Meilland für Deutschland übernommen hat, begann die Zeit der Rose. BKN STROBEL beschäftigt sich seitdem mit Rosen: ihrer Züchtung und Selektion, ihrer Gesundheit, Sorten und Trends.

Die Rosen werden in Frankreich gezüchtet. Es hat sich gezeigt, dass dort, in der südlichen Sonne, die Rosen besser Hagebutten ansetzen und die Saat eine höhere Keimfähigkeit hat. In Holm beobachten wir die 1.000 Sorten auf unserem Versuchsfeld zwei bis drei Jahre lang, ohne die Hilfe von Pflanzenschutzmittel einzusetzen. Auf diese Weise können wir den Gesundheitsstatus der einzelnen Rosenpflanzen objektiv erkennen. Und wir selektieren natürlich auch im Hinblick auf die jeweiligen Marktbedürfnisse.

Nachdem wir 10 Jahre hauptsächlich auf Gesundheit gezüchtet haben, vor allem bei Rosen, die im öffentlichen Grün verwendet werden, stellte sich 1985 die Frage: Was können wir für unsere Kunden tun, die das Emotionale, das Erlebnis suchen? So entwickelten wir mit dem Züchter ein Programm, alle Edelrosen auf ihren Duft zu testen. Nach der Testphase von vier bis fünf Jahren hatten wir ein Sortiment von sieben bis acht Sorten zusammen, die wir „Duftrosen der Provence" genannt haben. Parallel zu dieser Zeit ab 1983, kam die Welle mit der Nachfrage nach romantischen Rosen in Deutschland an. 1985 entstand unsere Eden Rose® 85. Ab 1993 haben wir daraus die Serie Romantica®-Rosen geschaffen. Sie umfasst heute eine Gruppe von 12 bis 15 Sorten.

BKN Strobel
Pinneberger Str. 238
D-25488 Holm-Kreis Pinneberg
Tel: 0 41 03-1 21 20
Email: info@bkn.de
Internet: www.bkn.de

Hinweis für Privatkunden:
BKN Strobel beliefert ausschließlich Großhandelsbaumschulen.

Privatkunden, die Rosen von BKN Strobel bestellen wollen, wenden sich an:

ROSAROT Pflanzenversand
Besenbek 4b
25335 Raa-Besenbeck
Tel: 0 41 21-42 38 84
Fax: 0 41 21-42 38 85
Email: hartung-rosen@t-online.de
Internet: www.rosarot-pflanzenversand.de

BEZUGSQUELLEN

ROSEN UNION
Rosen-Union

Die Firma Rosen-Union wurde 1961 in Steinfurth (heute Ortsteil von Bad Nauheim) als Erzeuger-Genossenschaft gegründet. Bereits am Ende des Geschäftsjahres 1962 waren 33 Rosenanbaubetriebe als Mitglieder der Rosen-Union beigetreten, drei Monate später war die Zahl auf 72 angestiegen. In den nachfolgenden Jahren pegelte sich der Mitgliederstand auf 80 bis 90 ein. Diese Zahl wurde aber wieder rückläufig, so haben wir zur Zeit noch 58 Mitgliedsbetriebe. Alle zwei Jahre, z. B. 2004, findet in Steinfurth ein großes Rosenfest statt. Nähere Informationen finden Sie unter www.steinfurth-online.de/rosenfest/
Das Steinfurther Anbaugebiet umfasst neben Steinfurth die Orte Wisselsheim, Oppershofen und Rockenberg, in denen es ebenfalls einige Rosenanbaubetriebe gibt. Jeder Rosenanbauer geht nach Möglichkeit jährlich auf ein anderes Rosenfeld, deshalb liegen die „Steinfurther Rosenfelder" etwa 15 bis 20 km im Umkreis verstreut.
Das Sortiment umfasst alle Arten von Rosen in ca. 600 Sorten. Der Verkauf geht größtenteils an Baumschulen, Gartencenter, Garten- und Landschaftsbau und die öffentliche Hand.

Rosen-Union eG
Steinfurther Hauptstraße 27
61231 Bad Nauheim-Steinfurth
Tel: 0 60 32-96 53 01
Fax: 0 60 32-86 22 0
Email: info@rosen-union.de
Internet: www.rosen-union.de

Noack Rosen
Der Schwerpunkt der Firma, die 1953 von Werner Noack gegründet wurde, liegt in der Neuzüchtung blattgesunder Gartenrosen. Darüber hinaus sind neben der Blühwilligkeit, Langlebigkeit, Duft und Innovation einschließlich der Öffentlichkeitsarbeit mit der Gartenrose das Ziel unserer Arbeit. Kurz gefasst heißt das: das Schöne mit dem Nützlichen zu kombinieren. Im Rosengarten von Noack Rosen sind die Rosen in Kombination mit Stauden und Gehölze gepflanzt und inspirieren zu Ideen für den eigenen Garten. Der Rosengarten ist von April bis November täglich geöffnet. In unserer Gärtnerei können Sie alle Rosen aus unserem Sortiment erwerben und erhalten zusätzlich zu vielen schönen Dingen rund um die Rose eine kompetente Beratung und viele Tipps.

Noack Rosen
Im Waterkamp 12
33334 Gütersloh
Tel: 0 52 41-2 01 87
Fax: 0 52 41-1 40 85
Email: Noack-Rosen@t-online.de

Rosenhof Schultheis
Der Rosenhof Schultheis führt über 1.000 Sorten historischer, seltener und moderner Rosen. Eine Schwerpunkt unseres Sortiments sind zum Beispiel über 130 verschiedene Rambler.
Unser Betrieb ist spezialisiert auf den Rosenversand an Privatkunden in Deutschland und Österreich.
Die älteste deutsche Rosenschule wurde 1868 von Heinrich Schultheis in Steinfurth gegründet und befindet sich heute unter Führung von Heinrich Schultheis in der 5ten Generation im Familienbesitz. Christian Schultheis, der Juniorchef, schrieb das Kapitel „Gestalten mit Rosen" in diesem Buch.
Für unsere österreichischen Rosenfreunde wurde 2001 in Eferding bei Wels das Rosarium Gruber gegründet. Wir laden Rosenbegeisterte herzlich ein uns auch in Steinfurth oder auf unserer Homepage zu besuchen.

Rosenhof Schultheis
Bad Nauheimerstr. 3
61231 Bad Nauheim-Steinfurth
Tel: 0 60 32-8 10 13
Fax: 0 60 32-8 58 90
Email: bestellen@rosenhof-schultheis.de
Internet: www.rosenhof-schultheis.de

David Austin Rosen
David Austin Rosen sind als Heimat Englischer Rosen bekannt. Wir züchten auch Historische Rosen, Strauchrosen, Wildarten, Kletter- und Rambler-Rosen und moderne Kleinstrauchrosen. Wir versenden unsere Rosen weltweit nach Europa, Kanada und Japan und beliefern Gartencenter, Gärtnereien und Landschaftsgärtner. In über 200 Ländern werden unserer Rosen in Lizenz produziert. Der Firmenhauptsitz mit Rosarium, Gartencenter, Rosenfeldern und Gewächshäusern liegt in Albrighton, Shropshire, im Westen Englands. Im Katalog, der in sechs verschiedenen Ländereditionen erscheint, führen wir über 900 Sorten. David Austin begann in den 40er Jahren des letzten Jahrhunderts mit der Rosenzucht, als viele Alte Rosen außer Mode kamen und verloren gingen. Edelrosen waren damals sehr beliebt. David Austin kombinierte nun die Farbvielfalt und das Öfterblühen der Edelrosen mit dem Charakter und Duft der historischen Sorten. Die erste dieser neuen Sorten war die einmal blühende 'Constance Spry' im Jahr 1961. Seit damals entstanden über 100 so genannter Englischer Rosen. Heute liegt der Schwerpunkt der Züchtung auf der Selektion gesunder Englischer Rosen ohne auf Duft, Charme und Schönheit zu verzichten.
Unser Rosarium mit über 700 Sorten ist das ganze Jahr für die Öffentlichkeit zugänglich.

David Austin Roses Ltd
Bowling Green Lane
Albrighton
Wolverhampton WV7 3 HB
Großbritannien
Tel: 00 44-19 02-37 63 71
Fax: 00 44-19 02-37 51 77
Email: deutsch@davidaustinroses.com
Internet: www.davidaustinroses.com

Delbard
Die Firma Delbard ist ein Familienbetrieb, der im Jahr 1935 gegründet wurde. Heute steht er unter Leitung von Henri Delbard in Malicorne, im Zentrum Frankreichs, am nördlichen Rand der Auvergne. In Frankreich werden 18 eigene Gartencenter betrieben. Bei der Züchtung sind Blütenfarbe, -form, Duft, Gesundheit und Reichblütigkeit die wichtigsten Kriterien, wobei Delbard eine von andere Züchtern differenzierte Zuchtrichtung verfolgt. So wird intensiv an gezeichneten und gestriften Blüten, den sogenannten Malerrosen®, gearbeitet. Ein weiteres Kriterium, das einen hohen Stellenwert genießt, ist der Rosenduft. In Malicorne gibt es auch ein für das Publikum geöffnetes Rosarium und eine Obstplantage.

Versandvertreter in Deutschland sind:
Lacon
Baldur Garten Versand
Rosengärtnerei Kalbus

BEZUGSQUELLEN

Pépinières et Roseraies Georges Delbard
Malicorne
F-03600 Commentry
Tel: 00 33-4 70 64 33 34
Fax: 00 33-4 70 64 58 61
Email: commercial@delbardpro.com
Internet: www.delbard.com

Lacon
Der Schwerpunkt unserer Firma, die 1991 von Lioba Riedel-Laule gegründet wurde, liegt bei Historischen Rosen, und solchen, die zu diesen vom Typ her passen und durch Wuchs, Farbe oder Blütezeit Lücken füllen. Es gibt nur wenige gelb oder aprikotfarben blühende Historische Rosen oder kleinwüchsige Bodendecker. Zudem blühen viele Sorten höchstens zweimal im Jahr. Unser Sortiment umfasst zur Zeit über 300 Sorten mit steigender Tendenz. Züchter unserer modernen Sorten sind überwiegend Delbard, Harkness und Guillot. Seit 2004 ist Lacon Generalagent für Guillot.
Wir legen größten Wert auf eine umfassende Beratung unserer Endkunden und die hervorragende Qualität unserer Rosen. Nach diesen Gesichtspunkten haben wir auch die uns beliefernden Züchtungs- und Vermehrungsbetriebe ausgewählt. Des weiteren bieten wir eine Palette bewährter, ungiftiger Pflege- und Düngerprodukte an.

Lacon GmbH
J.-S.-Piazolostr. 4
D-68759 Hockenheim
Tel: 0 62 05-40 01 und 0 62 05-70 33
Fax: 0 62 05-18 67 41
Email: info@lacon-rosen.de
Internet: www.lacon-rosen.de

Lens
Die Rosenschule Lens hat etwa 800 verschiedene Rosensorten im Programm, darunter eine große Auswahl Alter Rosen, Kletterrosen und Strauchrosen. Eine Spezialität sind unsere Hybrid-Moschus-Rosen. Jedes Jahr führen wir einige neue Sorten ein, dabei liegt unser Züchtungsschwerpunkt auf wüchsigen, gesunden und blühwilligen Sorten.
Die Baumschule wurde 1870 von der Familie Lens in Onze Lieve-Vrouw-Waver in Belgien gegründet. Im Jahr 1992 wurde der Betrieb von Rudy und Ann Velle-Boudolf übernommen und ist nach Oudenburg umgezogen.

Wir bieten Beratungs- und Schnittkurse sowie im Sommer Führungen durch unser Rosarium an. Unser Rosengarten ist von Juni bis September freitags und samstags von 8 bis 12 und 13 bis 17 Uhr geöffnet.
Wir ziehen alle unsere Rosen selbst an und bieten von November bis Ende März wurzelnackte, von Mai bis Oktober Containerrosen an.
Versandvertreter in Deutschland:
BKN Strobel
Rosen Karl Zundel
Rosarot Pflanzenversand

Lens Roses
Redinnestraat 11
B-8460 Oudenburg
Belgien
Tel: 00 32 (0) 59 26 78 30
Fax: 00 32 (0) 59 26 56 14
Email: info@lens-roses.com
Internet: www.lens-roses.com

Weitere Bezugsquellen

Deutschland (nach Postleitzahlen geordnet)

Pflanzenhandel Renate Richter
Hohendorfer Weg 1a
06217 Merseburg

Baumschule und Pflanzenmarkt
Daniel Kuhn
06528 Liedersdorf

Sangerhäuser Baumschulen GmbH
Am Fußstieg
06536 Roßla

Baumschule Deegen
Deegenstraße 1
07586 Bad Köstritz

Schloßgärtnerei Gartenbau Lützow
Rosenowerstr. 2
19209 Lützow
www.schlossgaertnerei-luetzow.de

Vierländer Rosenhof Jan D. Janssen
Kirchwerder Hausdeich 182
21037 Hamburg
JanDJanssen@web.de

Baum- und Rosenschule Clausen
Schleswiger Str. 46
24860 Böklund
info@baumschule-clausen.de

Rosen Jensen
Am Schloßpark 2b
24960 Glücksburg
www.rosen-jensen.de

Rosarot Pflanzenversand
Gert Hartung
Besenbek 4b
25335 Raa-Besenbek
Hartung-Rosen@t-online.de
www.rosenversand24.de

Gustav Schlüter
Bahnhofstraße 5
25335 Bokholt-Hanredder

Karl Baum
Adenauerdamm 100
25337 Elmshorn

Walther Uhl
Mühlenweg 10
25495 Kummerfeld

Rosen-Direct Michael Gust
Brannenweg 21
25499 Tangstedt
info@rosen-direct.de

BdB Markenbaumschule Schütt
Vorder-Neuendorf 16
25554 Vorder - Neuendorf bei Wilster

Baumschule Rosenzeiten
Steegenweg 14
26160 Bad Zwischenahn

Rosen Karl Zundel
Warburger Str. 2
34246 Vellmar

Christoph Kruchem
Gartenweg 6
37136 Waake bei Göttingen
christoph.kruchem@hortensis.de

Baumschule Beyme
Seehof 1 / Breite Str. 23
39221 Pechau bei Magdeburg

Weber – Baumschule
Laurentiusstr. 109a
41189 Mönchengladbach

Baumschule Igel
Im Eikrode 10
49565 Bramsche-Engter
baumschule.igel@t-online.de

Moorbaumschule Vennegerts
Torfabfuhrweg
49828 Georgsdorf
info@moorbaumschule.de

Ahornblatt
Postfach 1125
55001 Mainz
www.ahornblatt-garten.de

Wildgehölzgärtnerei Strickler
Lochgasse 1
55232 Alzey
www.gaertnerei-strickler.de

Rosenbogen M. Heidrich
Zum Küsterland 10
59939 Olsberg
info@rosenbogen-heidrich.de

Rosen Gönewein
Inh. Manuela Dräger
Steinfurther Hauptstr. 1–5
61231 Bad Nauheim-Steinfurth
www.rosen-goenewein.de

Rosenschule Ruf
Bioland-Betrieb
Zum Sauerbrunnen 35
61231 Bad Nauheim-Steinfurth
www.rosenschule-ruf.de

BEZUGSQUELLEN

Rosenschulen Weihrauch
Steinfurther Hauptstraße
61231 Bad Nauheim-Steinfurth

Baumschule Huben
Schriesheimer Fußweg 7
68526 Ladenburg/Rosenhof
Huben-Baumschulen
@t-online.de

Baumschule Zuber-Goos
Alte Hohl 7
69168 Wiesloch-Baiertal

Casa Verde
Gruolerstr. 19
72401 Haigerloch
info@casaverde-pflanzen.de

Gärtnerei Greiner
Aichenbachstr. 108
73614 Schorndorf

Rosen Hammer
Bei der Schleuse
74394 Hessigheim

Karl Hetzel
Am Stadion 18
75038 Oberderdingen

Treffinger-Hofmann
Am Stadion 20
75038 Oberderdingen

Gärtnerei Brandl
Ungerer Str. 141
80805 München

Baumschule Wörlein
Baumschulweg 9
86911 Diessen am Ammersee
info@woerlein.de

Schmid Gartenpflanzen
Allgäuerstr. 15
87700 Memmingen
schmid.gartenpflanzen
@t-online.de

Rosengärtnerei Kalbus
Inh. J. Malinakova
Hagenhausener Hauptstr.112
90518 Altdorf
rosen@rosen-kalbus.de

Rosenvertrieb Kalbus junior
Danziger Straße 32
90518 Altdorf
rosenvertrieb@kalbus.de

Rosen- und Beerenobst
Baumschulen Rönigk
Rumbachstraße
99947 Bad Langensalza

Rosenschule für Historische
Rosen Weingart
Hirtengasse 16
(Ortsteil Ufhoven)
99947 Bad Langensalza

Infos ADR-Rosen

www.adr-rose.de

Österreich

Grumer Rosen
Raasdorfer Straße 28-30
A-2285 Leopoldsdorf
www.grumer.at

Gärtner Starkl
Baumschulen
A-3430 Frauenhofen/Tulln
www.gaertner-starkl.at

Schweiz

Richard Huber AG
Rothenbühl 8
CH-5605 Dottikon AG
www.rosen-huber.ch

Hauenstein AG
Landstraße 42
CH-8197 Rafz ZH
www.hauenstein-rafz.ch

Liebhabervereine

Deutschland

Thomas Lolling
Europa-Rosarium Sangerhausen
Steinberger Weg 3
06526 Sangerhausen
www.europa-rosarium.de

Verein zur Förderung der Rosen-
kultur des Bergischen Landes
Solingen e. V.
c/o Renate Graumann
Mastweg 21
43249 Wuppertal-Cronenberg
www.rosenfreundesolingen.de

**Verein Deutscher Rosenfreunde
e.V.
Waldseestr. 14
76530 Baden-Baden
www.rosenfreunde.de**

Im Verein Deutscher Rosenfreunde (VDR) finden Rosenliebhaber (Anfänger sowie Fortge-
schrittene) ein Forum, in dem
Sie fachliche Informationen für
ihr Rosen-Hobby erhalten. Auf
regionaler Ebene arbeiten über
40 Freundeskreise in ganz
Deutschland. Sie bieten mit
interessanten Vortragsveranstal-
tungen praktische und nützliche
Anregungen für den Garten-
freund. Die über 9.000 Mitglieder im VDR erhalten viermal im
Jahr den ROSENBOGEN mit
wichtigen Beiträgen aus der Welt
der Rose. Jährlich erscheint das
ROSENJAHRBUCH für alle Mitglieder kostenlos. Hier findet
man außer den Beschreibungen
der Rosen-Neuheiten des letzten
Jahres Übersichten über die Ergebnisse internationaler Rosenwettbewerbe, aber auch fachliche
Aufsätze zu bestimmten Schwer-
punkt-Themen.

Österreich

Österreichische Rosenfreunde
in der Österreichischen
Gartenbau-Gesellschaft
Parkring 12
A-1010 Wien

Schweiz

Gesellschaft Schweizerischer
Rosenfreunde
Professor Dr. Theodor Zwygart
Schlossbergstrasse 23
CH-8820 Wädenswil
www.rosenfreunde.ch

Gesellschaft Schweizer Rosen-
freunde
Gerda Wirth
Schmiedgasse 40
CH-8640 Rapperswil

Rezepte

**Rosentrüffel,
Rosen-Creme,
Rosenbowle,
Blattsalat mit Rosen-Dressing,
Rosenblütenbutter**
Schaper-Partyservice Mietkoch
GmbH
Im Bohrer 29
79289 Horben
Tel. 07665/939374
Fax 07665/9390537
www.schaper-partyservice.de

Rosenblütengelee
Brunnenhof Kräuter und mehr
Fritz Hartmann
& Gerhard Seidler
Kornstraße 61
88370 Ebenweiler
Tel. 07584/3233
www.brunnenhof-kraeuter-und-
mehr.de

**Rosenzucker,
Rosen-Himbeersoße**
Hedwig Dickhaut

**Gurkensüppchen
im Rosengartenduft**
Hotel Sonnhalde
Bernd Roser
79683 Bürchau
im Kleinen Wiesental
Tel. 07629/260
Fax 07629/1737
www.sonnhalde-buerchau.de

**Rosenessig,
Rosenblütensalbe**
Wild- und Heilpflanzenschule
Doris Grappendorf
Helpershainerstrasse 19
36325 Feldatal-Ködding en
Tel./Fax 06645/780560
www.heilpflanzenschule-
grappendorf.de

Rosengesichtswasser
Dr. Brigitte Klemme
Am Hügel 4
53505 Berg-Ahrweiler
www.un-kraut.de

Informationen
zu naturnahen Rosen

Interesse am pflegeleichten naturnahen Garten mit heimischen
Wildrosen und naturnahen Gartenrosen (ab Buchseite 216)?
Wir haben ein dickes Infopaket
gepackt mit Telefonnummern für
kostenlose Beratung, Bezugsquellen, Adressen, Schaugärten.
Dazu ein kleines (Wildblumen)
Extra. Bestellen Sie Ihr persön-
liches Infopaket „Naturgarten"
gegen € 7,– als Scheck, per
Überweisung oder in Briefmar-
ken bei:

Naturgarten e.V.
Kernerstr. 64
74076 Heilbronn
Tel. 07131/6499996

**Oder stöbern Sie kostenlos im
Internet:**
www.naturgarten.org
www.naturgarten-fachbetriebe.de
www.naturnaher-garten.de

**Folgende Rosenschulen führen
ein breites Sortiment an Wildrosen und naturnahen Sorten**

Schloßgärtnerei Gartenbau
Lützow
Rosenowerstr. 2
19209 Lützow
www.schlossgaertnerei-luet-
zow.de

Rosen Jensen
Am Schloßpark 2b
24960 Glücksburg
www.rosen-jensen.de

Ahornblatt
Postfach 1125
55001 Mainz
www.ahornblatt-garten.de

Wildgehölzgärtnerei Strickler
Lochgasse 1
55232 Alzey
www.gaertnerei-strickler.de

Rosenschule Ruf
Bioland-Betrieb
Zum Sauerbrunnen 35
61231 Bad Nauheim-Steinfurth
www.rosenschule-ruf.de

Rosenhof Schultheis
Bad Nauheimerstr. 3–7
61231 Bad Nauheim/Steinfurt
www.rosenhof-schultheis.de

REGISTER

Register

Halbfette Seitenzahlen
verweisen auf Abbildungen.

Sachregister

Abdecken **46**
Acer negundo 'Variegatum' 62
Acer rufinerve 62
Achillea filipendulina 'Coronation Gold' 54
Achillea filipendulina 'Parker' 54
Aconitum carmichaelii 'Arendsii' 56
Aconitum × cammarum 'Bicolor' 56
ADR-Rosen 34
Ageratum houstonianum 'Schnittstar Blau' 58
Ahorn 62
Ahorn, Rotnerviger 62
Ajuga reptans 60
Akelei 54
Albarose 83
Alchemilla mollis 'Robustica' 54
Allium giganteum 54
Alte Rosen 33
Amelanchier lamarckii 62
Anemone, Herbst- 53
Anemone-Japonica-Gruppe 53
Angießen **36**
Anhäufeln **36**
Anlage, Rosenbeet 17
Antike, Rosen 82
Apothekerrose 82
Aquilegia-Hybride 'Crimson-Star' 54
Aralia elata 62
Argyranthemum frutescens 58
Aristolochia macrophylla 61
Artemisia absinthium 60
Asphodeline lutea 54
Aster amellus 56
Astsäge **39**
Australisches Gänseblümchen 58
Auswahl, Rosen 34
Avena sempervirens 57

Balkonkasten 25
Ballierte Rosen **34,** 35
Ballierte, Pflanzung **37**
Ballonblume 56, **56**
Bartblume 62
Bäume 62
Beete 14
Beeteinfassung 12
Beetrosen 32
Begonia semperflorens 58
Begonie 58
Berberis buxifolia 'Nana' 62
Berberis × stenophylla 62
Berberitze 62, 63, **63**
Berg-Aster 56
Bergenia cordifolia 'Morgenröte' 54
Bergenie 54, **54**
Bittere Schleifenblume 59
Blattlaus, Rosen- **41**
Blattrollwespe, Rosen- **41**
Blattsalat mit Rosen-Dressing 71, **71**

Blattwespe, Rosen- **41**
Blaustrahlhafer 57
Blühzeitraum verlängern 29
Blumenhartriegel, Japanischer 62
Bourbon-Rose 84
Bouteloua olygostachya 57
Brachyscome multifida 'Moonlight' 58
Briza media 57
Brunnera macrophylla 56
Buchsbaum 62
Buddleja davidii 'Black Knight' 62
Buxus sempervirens 'Suffruticosa' 62
Buxus sempervirens var. *arborescens* 62

Calamagrostis olygostachia 57
Campanula latifolia 'Alba' 53
Campanula medium 'Champion Blau' 58
Campanula persicifolia 56
Carex buchananii 57
Carex grayi 57
Caryopteris clandonensis 62
Centaurea cyanus 'Blauer Junge' 58
Centifolien 83
Chamaecyparis lawsoniana 'Silver Queen' 62
Chamaecyparis optusa 'Nana Gracilis' 62
Chinaschilf 57, **57**
Clematis **22**, 61, **61**
Clematis-Hybride 61
Container, Pflanzung **37**
Container-Rosen **34,** 35
Cornus cousa 62
Cosmos bipinatus 58
Cotinus coggygria 'Rubrifolius' 62
Cotoneaster dammeri 'Coral Beauty' 62
Currykraut 60, **60**

Dachterrasse 29
Damaszenerrosen 83
Delphinium cultorum Pacific-Hybride 56
Delphinium × belladonna 'Völkerfrieden' 56
Deschampsia caespidosa 'Bronzeschleier' 57
Deutschlands Rosengärten 88
Deutzia × magnifica 62
Dianthus chinensis 58
Dimorphotheca sinuata 58
Dost 60
Duftrosen 66
Duftschneeball 63
Duftsteinrich 59
Düngen 38, 43

Echter Mehltau **42**
Edelrosen 32
Ehrenpreis 56
Einfassungsbuchs 62
Einkauf, Rosen 34
Eisenhut 56, **56**
Eisenkraut, Hohes 56
Elfenblume 54
Englische Rosen 33
Epimedium grandiflorum 'Rose Queen' 54
Epimedium pinnatum 'Elegans' 54
Eremurus bungei 54

Eremurus robustus 54
Erigeron-Hybride 56
Eulaliagras 57
Euonymus alatus 62
Euonymus europaeus 63
Europäische Gartenrosen 82

Falscher Mehltau **42**
Federborstengras 57, **57**
Feinstrahl 56
Felsenbirne, Kahle 62
Fetthenne 55
Fingerstrauch 63, **63**
Fleißiges Lieschen 59
Frauenmantel 54, **54**
Frostschutz 46
Fuchsrote Segge 57

Gallica-Rose 82
Gamander 60
Gänseblümchen, Australisches 58
Gartenhortensie 63
Gartenmagnolie 63
Gartenrosen, Europäische 82
Garten-Salbei 60, **60**
Gazanie 58, 58
Gazania-Hybride 'Czardas Golden Yellow' 58
Geflügeltes Pfaffenhütchen 62
Geißblatt 61, **61**
Gelenkblume 55
Gemeine Spinnmilbe **41**
Geranium platypetalum 56
Geranium sanguineum 'Aviemore' 55
Geranium × cantabrigiense 55
Geschichte der Rosen 82 ff.
Gesichtswasser 72, **72**
Gießen 38, **38**
Glockenblume 53, **53,** 56
Glockenblume, Wald- 53
Goldährengras 57
Gräser 57
Grauschimmel **43**
Günsel 60, **60**
Gurkensüppchen 70, **70**
Güteklassen 35, **35**
Gypsophila paniculata 'White Festival' 53
Gypsophila-Hybride 'Happy Festival' 53

Hacken 39
Hainsimse 57
Halbschattige Rabatte 16
Hamamelis mollis 63
Hamamelis-Rosen-Gesichtswasser 72, **72**
Heiligenblume 55
Heiligenkraut 55, **55**
Helichrysum italicum 60
Heliopsis helianthoides 55
Hemerocallis-Hybride 55
Herbst-Anemone 53
Himbeersoße, Rosen- 68, **68**
Historische Rosen 33
Hochstammrosen 22
Hochstammrosen, Pflanzung **37**
Hohes Eisenkraut 56
Hornveilchen 55
Hortensie, Kletter- 61, **61**
Hydrangea paniculata 63
Hydrangea petiolaris 61

Iberis amara 'Empress' 59
Impatiens walleriana 59

Japanischer Angelikabaum 62
Japanischer Blumenhartriegel 62
Junkerlilie 54, 55, **55**

Kahle Felsenbirne 62
Kaisernelke 58
Kapkörbchen 59, **59**
Kapkörchen, Orangefarbenes 58
Kapmargerite 59
Kaskadenrosen 22
Kaukasus-Vergissmeinnicht 56
Kegeleibe 63
Kirschcreme 67, **67**
Kletter-Hortensie 61, **61**
Kletterrosen 33, 61, **61**
Kletterrosen, Pflanzung **37**
Koeleria glauca 57
Kolkwitzia amabilis 63
Kolkwitzie 63
Königslilie 53, **53**
Kordes II, Wilhelm 76, **81**
Kornblume 58, 59, **59**
Krätzkraut 56
Kräuter 60
Kreuzkraut 59
Kriechmispel 62
Kübel, Rosen 26

L'Haÿ les Roses 86, **86**
Lampenputzergras 57
Lauch, Zier- 55, **55**
Lavandula angustifolia 63
Lavendel 63
Leberbalsam 58, 59, **59**
Liatris spicata 'Floristan Violett' 55
Liatris spicata 'Floristan Weiß' 55
Lilie, Türkenbund 55, **55**
Lilium candidum 53
Lilium martagon 55
Lilium regale 53
Limonium latifolium 56
Lobelia fulgens 59
Lobularia maritima 'Snowdrift' 59
Lonicera heckrottii 61
Luzula sylvatica 57

Madonnenlilie 53, **53**
Magnolia soulangiana 63
Magnolia stellata 63
Mangelerscheinungen **38**
Männertreu 59
Marienglockenblume 58
Mehltau, Echter **42**
Mehltau, Falscher **42**
Miscanthus sinensis 'Gracillimus' 57
Miscanthus sinensis 'Variegatum' 57
Mittagsgold 58
Mixed Borders 14
Moderne Rosen 85
Morgensternsegge 57, **57**
Moskitogras 57
Mulchen 38, **38**
Muschelzypresse 62

Orangefarbenes Kapkörbchen 58
Origanum vulgare 60
Osteospermum ecklonis 59

REGISTER

Pennisetum compressum 57
Perovskia abrotanoides 63
Perückenstrauch, Rotblättriger 62
Pfaffenhütchen 63
Pfaffenhütchen, Geflügeltes 62
Pfeifenblume 61
Pfingstveilchen 53
Pflanzdichte 12
Pflanzenschutz 40
Pflanzlochtiefe **36**
Pflanzung 37, **37**
Pflanzzeit 35
Pflegefehler 40
Phlox paniculata 55
Pilzkrankheiten 42
Pinzieren 39
Planung 36
Planung, Rosenbeet 17
Platycodon grandiflorum 56
Polyantha-Rosen 85
Potentilla fruticosa 'Goldfinger' 63
Prachtscharte 55
Praxis, Rosen- 30 ff.
Purpurglöckchen 55

Rabatte 14
Rabatte, halbschattige 16
Rabatte, sonnige 16
Rauer Sonnenhut 59
Reiherfedergras 57
Reitgras 57
Remontantrosen 85
Rezepte, Rosen- 64 ff.
Riesenlauch 54
Rispen-Schleierkraut 53, **53**
Rittersporn 56, **56**
Rosarien 86 ff.
Rose, Bourbon- 84
Rose, Gallica- 82
Rosen Einkauf 34
Rosen, ADR- 34
Rosen, Alte 33
Rosen, Antike 82
Rosen, Auswahl 34
Rosen, Balkonkasten 25
Rosen, Ballierte **34**, 35
Rosen, Container- **34**, 35
Rosen, Dachterrasse 29
Rosen, Englische 33
Rosen, Geschichte der 82 ff.
Rosen, Historische 33
Rosen, Kübel 26
Rosen, Moderne 85
Rosen, Polyantha- 85
Rosen, Schnitt 44
Rosen, Topf 28
Rosen, Verwendungsmöglich-
  keiten 32
Rosen, Wintergarten 29
Rosen, Wurzelnackte 34, **34**
Rosenbeet 12, 14
Rosenbeet, Anlage 17
Rosenbeet, Planung 17
Rosenbegleitpflanzen 52 ff.
Rosen-Blattlaus **41**
Rosen-Blattrollwespe **41**
Rosen-Blattwespe **41**
Rosenblütengelee 68, **68**
Rosenblütensalbe 72, **72**
Rosenbogen **21**, 23
Rosenbowle 67, **67**
Rosenbutter 71, 71
Rosen-Creme mit Kirschen 67,
  67

Rosen-Dressing, Blattsalat mit 71,
  71
Rosenecken 20
Rosenessig 73, **73**
Rosengärten 86 ff.
Rosengärten, Deutschland 88
Rosen-Gesichtswasser, Hamame-
  lis- 72, **72**
Rosengirlanden 23
Rosenhecken 25
Rosen-Himbeersoße 68, **68**
Rosenkauf 34
Rosenpflege, Sommer 38
Rosen-Praxis 30 ff.
Rosen-Rezepte 64 ff.
Rosenrost **43**
Rosenschere **39**
Rosenschnitt 44
Rosensortiment 34
Rosen-Terrassen 26
Rosen-Triebbohrer **41**
Rosentrüffel 66, **66**
Rosen-Zikade **41**
Rosenzüchtung 76 ff.
Rosenzucker 69, **69**
Rosmarin 60, **60**
Rosmarinus officinalis 60
Rotblättriger Perückenstrauch 62
Rotnerviger Ahorn 62
Rudbeckia fulgida var. *sullivanti*
  'Goldstern' 55
Rudbeckia hirta 'Indian Summer'
  59
Rußtau **43**

Salbei 55, 56, 60
Salbei, Garten- 60, **60**
Salbei, Zier- 56, **56**, 59
Salvia farinacea 'Catima' 59
Salvia nemorosa 'Amethyst' 55
Salvia officinalis 60
Salvia × *superba* 56
Sämling **78**, 79
Samtrosen 82
Santolina chamaecyparissus 55
Scabiosa caucasica 'Blauer Atlas'
  56
Schädlinge **39**, 41
Schafgarbe 54
Schillergras 57
Schleierkraut 53
Schleierkraut, Rispen- 53, **53**
Schleifenblume, Bittere 59
Schlingpflanzen 61
Schmetterlingsstrauch 62, **62**
Schmuckkörbchen 58, **58**
Schneeball 63
Schneiden, Rosen 44, **44**
Sedum floriferum 'Weihenstepha-
  ner' 55
Sedum telephium 'Matrona' 55
Segge, Fuchsrote 57
Senecio cineraria 'Silberzwerg' 59
Silberfahnengras 57
Silberstrauch 63
Sommer, Rosenpflege 38
Sommerblumen 58
Sommerflieder 62
Sonnenauge 55
Sonnenhut 54 f., **54**, 55
Sonnenhut, Rauer 59
Sonnige Rabatte 16
Spierstrauch 63, **63**
Spinnmilbe, Gemeine **41**

Spirea arguta 63
Standort 12
Stauden 15, 52 ff.
Staudenphlox 55
Steckhölzer 48, **48**
Stecklinge 48, **48**
Steppenkerze 54, 55, **55**
Sternchenstrauch 62
Sternmagnolie 63, **63**
Sternrußtau **42**
Stipa barbata 57
Stipa gigantea 57
Storchschnabel 55, 56
Strandflieder 56
Sträucher 62
Strauchmargerite 58, 59, **59**
Strauchrosen 18, 32

Tafeleibe 63
Taglilie 55
Taxus baccata 'Overeyndery' 63
Taxus baccata 'Repandens' 63
Terrasse, Rosen- 26
Teucrium chamaedrys 60
Töpfe, Rosen in 28
Triebbohrer, Rosen- **41**
Triebschnitt **36**
Türkenbundlilie 55, **55**

Unkraut **38**, 39

Verbena bonariensis 56
Verbena-Hybride 59
Verbene 59
Veredeln 49, **49**
Vergissmeinnicht, Kaukasus- 56
Vermehrung 48
Veronica teucrium 56
Viburnum calcephalum 63
Viburnum × *burkwodii* 63
Viola cornuta 56
Viola sororia 53

Wald-Glockenblume 53
Waldschmiede 57
Wässern **36**
Wermut 60
Wildrosen 33
Wintergarten, Rosen 29
Wurzelnackte Rosen 34, **34**
Wurzelschnitt **36**

Zaubernuss 63
Zier-Lauch 55, **55**
Zier-Salbei 56, **56**, 59
Zikade, Rosen- **41**
Zittergras 57
Züchtung 76 ff.
Zwergrosen 33
Zypresse 62

Register der Rosen-arten und Sorten

'A Shropshire Lad' 170, **170**
'Aachener Dom®' - Meilland Rose
  126, 126
'Abraham Darby®' 162, **162**
'Acapella®' 136, **136**
'Acropolis®' 101, **101**
'Adolf Horstmann' 118, **118**
'Aimable Rouge' 184, **184**
'Alba Meidiland®' 142, **142**
'Albéric Barbier' 190, **190**
'Alcantara®' 156, **156**
'Alchymist' 190, **190**
'Alec's Red®' 136, **136**
'Alexander®' 136, **136**
'Aloha' – 'Kordes' Rose Aloha®'
  190, **190**
'Alpenglühen®' 156, **156**
'Amadeus®' 200, **200**
'Amber Cover®' 146, 146
'Amber Queen®' 95, **95**
'Ambiente®' 116, **116**
'Amelia' **83**
'Amulett®' 101, **101**
'Andalusien®' 110, **110**
'André le Notre®' 127, **127**
'Angela®' 170, **170**
'Annpurna®' 116, **116**
'Anthony Meilland®' 95, **95**
'Antike 89®' 200, **200**
'Apéritif®' 118, **118**
'Apfelblüte®' 142, **142**
'Apricot Clementine®' 204, **204**
'Aprikola®' 95, **95**
'Arioso®' 127, **127**
'Armada®' 170, **170**
'Arosia®' 127, **127**
'Ashram®' 118, **118**
'Aspirin®Rose' 32, 92, **92**
'Astrid Gräfin von Hardenberg'
  184, **184**
'Astrid Lindgren®' 170, **170**
'Atlantic Star®' 101, **101**
'Augusta Luise®' 118, **118**
'Ave Maria®' 118, **118**
'Ayrshire Queen' 188, **188**

'Bad Birnbach®' 101, **101**
'Bad Füssing®' 110, **110**
'Bad Homburg®' 119, **119**
'Ballade®' 101, **101**
'Banquet®' 95, **95**
'Banzai® 83' 119, **119**
'Barkarole®' 136, **136**
'Barock®' 190, **190**
'Bassino®' 156, **156**
'Bayerngold®' 95, **95**
'Bayernland®' 148, **148**
'Bayerntraum®' 127, **127**
'Bella Rosa®' 102, **102**
'Bella Weiß®' 92, **92**
'Belvedere®' 162, **162**
'Benita®' 96, **96**
'Benjamin Britten' 170, **170**
'Bernd Weigel Rose®' 102, **102**
'Bernstein-Rose®' 96, **96**
'Berolina®' 96, **96**
'Bessy' 146, **146**
'Big Purple®' 127, **127**
'Bingo Meidiland®' 148, **148**
'Black Magic®' 137, **137**

243

REGISTER

'Blanche Cascade®' 142, **142**
'Blue River®' 128, **128**
'Blühwunder®' 102, **102**
'Bobbie James' 21, 188, **188**
'Bonanza®' 162, **162**
'Bonica® 82' 102, **102**
'Bonny®' 194, **194**
'Bouquet Parfait' 171, **171**
'Brautzauber®' 92, **92**
'Bremer Stadtmusikanten®' 171, **171**
'Brinessa®' 128, **128**
'Brother Cadfael' 171, **171**
'Buff Beauty' 162, **162**
'Bukavu®' 110, **110**
'Burghausen®' 184, **184**
'Burgund 81®' 137, **137**

'**C**andlelight®' 119, **119**
'Caprice de Meilland®' 128, **128**
'Caramella®' 162, **162**
'Cardinal de Richelieu' 171,**171**
'Carte d'Or®' 96, **96**
'Cassetta®' 102, **102**
'Celina®' 146, **146**
'Celsiana' 172, **172**
'Centenaire de Lourdes® rose' 172, **172**
'Cesar®' 172, **172**
'Chantal Mérieux®' 172, **172**
'Charles de Mills' 173, **173**
'Charmant®' 206, **206**
'Chartreuse de Parme®' 172, **172**
'Cherry Brandy® 85' 120, **120**
'Cherry Meidiland®' 156, **156**
'Chevy Chase®' 21, 200, **200**
'Chorus®' 110, **110**
'Christel von der Post®' 120, **120**
'Christian Schultheis®' 173, **173**
'Christoph Columbus®' 137, **137**
'Cinderella®' 173, **173**
'Citron-Fraise®' 162, **162**
'Class Art®' 92, **92**
'Claude Monet®' 163, **163**
'Colette®' 173, **173**
'Colossal Meidiland®' 110, **110**
'Compassion®' 194, **194**
'Comtesse de Ségur®' 173, **173**
'Concerto®' 94 146, **146**
'Constance Spry' 174, **174**
'Cookie®' 184, **184**
'Coral Palace®' 103, **103**
'Crescendo®' 103, **103**
'Crimson Glory' 137, **137**
'Crimson Meidiland®' 110, **110**
'Cristata' 174, **174**
'Crocus Rose' 163, **163**
'Crown Princess Margareta' 163, **163**
'Cumba Meillandina®' 204, **204**

'**D**ames de Chenonceau®' 174, **174**
'Dentelle de Malines' 174, **174**
'Derby®' – 'Hagen Gmelin Rose®' 128, **128**
'Deutsches Rosarium Dortmund®' 194, **194**
'Diamant®' 142, **142**
'Diamond Border®' 92, **92**
'Dinky®' 174, **174**
'Dirigent®' 184, **184**
'Domstadt Fulda®' 111, **111**
'Donaugold®' 96, **96**

'Donauprinzessin®' 103, **103**
'Dornröschenschloss Sababurg®' 175, **175**
'Dortmund®' 200, **200**
'Dortmunder Kaiserhain®' 175, **175**
'Duftfestival®' 137, **137**
'Duftrausch®' 128, **128**
'Duftwolke®' 111, **111**
'Duftzauber 84®' 138, **138**
'Dune®' 190, **190**

'**E**asy Going®' 96, **96**
'Eden Rose® 85' 175, **175**
'Elfe®' 188, **188**
'Elina®' 116, **116**
'Eliza®' 129, **129**
'ELLE®' 120, **120**
'Elveshörn®' 175, **175**
'Emil Nolde®-Rose' 163, **163**
'Emilien Guillot®' 163, **163**
'Erfordia®' 111, **111**
'Erotika®' 138, **138**
'Esmeralda' – 'Kordes' Rose Esmeralda®' 129, **129**
'Estima®' 148, **148**
'Evening Star®' 116, **116**

'**F**airy Dance®' 157, **157**
'Fairy Queen®' 157, **157**
'Fairy Red® 92' 157, **157**
'Falstaff' 184, **184**
'Famosa®' 157, **157**
'Fantin Latour' 176, **176**
'Fassadenzauber®' 194, **194**
'Felicia' 13, 176, **176**
'Felicitas®' 176, **176**
'Félicité et Perpétue®' 188, **188**
'Fellowship®' 111, **111**
'Feuerwerk®' 185, **185**
'Firefly®' 204, **204**
'Flammentanz®' 201, **201**
'Flora Romantica®' 160, **160**
'Florentina' – 'Kordes' Rose Florentina®' 138, **138**
'FOCUS®' 129, **129**
'Fortuna®' 103, **103**
'Foxi®' 148, **148**
'France Info®' 164, **164**
'France Libre®' 164, **164**
'Frederic Mistral®' 129, **129**
'Freisinger Morgenröte' – 'Kordes' Rose Freisinger Morgenröte®' 176, **176**
'Freude®' 129, **129**
'Friesia®' 96, **96**
'Fritz Nobis' 176, **176**
'Frühlingsgold' **77**
'Fruite®' 138, **138**
'Funkuhr®' 120, **120**

'**G**aby Morlay®' 121, **121**
'Galaxy®' 97, **97**
'Gartenzauber 84®' 111, **111**
'Gärtnerfreude®' 158, **158**
'Gebrüder Grimm®' 97, **97**
'Gertrude Jekyll®' 176, **176**
'Ghislaine de Féligonde®' 191, **191**
'Glendora®' 130, **130**
'Gloria®' 195, **195**
'Gloria Dei®' 121, **121**
'Gloriana®' 194
'Gold Symphonie® 2002' 205, **205**
'Goldelse®' 97, **97**
'Golden Border®' 147, **147**

'Golden Celebration' 164, **164**
'Golden Lady®' 121, **121**
'Golden Medaillon®' 121, **121**
'Golden Wings®' 164, **164**
'Goldener Olymp®' 191, **191**
'Goldfinch®' 191, **191**
'Goldina®' 97, **97**
'Goldjuwel®' 205, **205**
'Goldmarie82®' 98, **98**
'Goldquelle®' 98, **98**
'Goldschatz®' 98, **98**
'Goldstern®' 191, **191**
'Grace' 164, **164**
'Graciosa®' 195, **195**
'Graf Lennart®' 138, **138**
'Gräfin Sonja®' 130, **130**
'Graham Thomas®' 15, 85, 165, **165**
'Grand Nord®' 116, **116**
'Grand Siècle®' 177, **177**
'Grande Amore®' 138, **138**
'Grandhotel®' 185, **185**
'Granny®' 103, **103**
'Grimaldi®' 165, **165**
'Guirlande d'Amour®' 188, **188**
'Guletta®' 205, **205**
'Guy Savoy®' 177, **177**

'**H**amburger Deern®' 130, **130**
'Happy Wanderer®' 112, **112**
'Harlekin®' 195, **195**
'Harmonie®' 130, **130**
'Heavenly Pink®' 177, **177**
'Heidefeuer®' 158, **158**
'Heidekönigin®' 148, **148**
'Heidesommer®' 142, **142**
'Heidetraum®' 19, 149, **149**
'Heimatmelodie®' 104, **104**
'Helmut Schmidt®' 121, **121**
'Heritage®' 33, 177, **177**
'Herzogin Frederike®' 165, **165**
'Holsteinperle®' 139, **139**
'Home & Garden®' 104, **104**
'Honeymilk®' 204, **204**
'Honore de Balzac®' 130, **130**

'**I**ce Meidiland®' 142, **142**
'IGA 83 München®' 177, **177**
'Ilse Haberland®' 178, **178**
'Ilse Krohn Superior®' 189, **189**
'Immensee' – 'Kordes' Rose Immensee®' 149, **149**
'Indian Summer®' 122, **122**
'Ingrid Bergman®' 139, **139**
'Innocencia ®' 93, **93**
'Insel Mainau®' 112, **112**
'Inspiration®' 131, **131**

'**J**acques Cartier®' 84, 178, **178**
'Johann Strauß®' 104, **104**
'Johannes Rau®' 165, **165**
'John Clare' 178, **178**
'Jubilee du Prince de Monaco®' 93, **93**

'**K**aiser von Lautern®' 165, **165**
'Kaiserin Farah®' 131, **131**
'Karl Heinz Hanisch®' 116, **116**
'Kent' 143, **143**
'Kiftsgate' 24
'Kir Royal®' 195, **195**
'Kleopatra®' 139, **139**
'Klostertaler Power' 165, **165**
'Knirps®' 149, **149**

'Königin der Rosen®' 122, **122**
'Königin von Dänemark' 33, 178, **178**
'Kordes` Brillant®' 185, **185**
'Kronjuwel®' 112, **112**
'Kupferkönigin®' 122, **122**

'**L**. D. Braithwaite®' 185, **185**
'La Paloma® 85' 93, **93**
'La Sevillana®' 112, **112**
'Lady Like®' 131, **131**
'Laguna®' 195, **195**
'Landora®' 122, **122**
'Las Vegas®' 122, **122**
'Lavaglut®' 112, **112**
'Lavender Dream®' 149, **149**
'Lawinia®' 196, **196**
'Le Rouge et le Noir®' 139, **139**
'Leda' 160, **160**
'Ledreborg' 93, **93**
'Leona®' 104, **104**
'Leonardo da Vinci®' 19, 104, **104**
'Liane®' 192, **192**
'Lichtkönigin Lucia®' 25, 166, **166**
'Liebeszauber®' 139, **139**
'Lilli Marleen®' 113, **113**
'Linderhof®' 178, **178**
'Lions-Rose®' 93, **93**
'Lisa®' 98, **98**
'Little Artist®' 208, **208**
'Little White Pet' 143, **143**
'Liz®' 94, **94**
'Lolita®' 123, **123**
'Looping®' 192, **192**
'Loredo®' 147, **147**
'Louis' Rambler' 189, **189**
'Lovely Fairy®' 150, **150**
'Lovely Meidiland®' 150, **150**
'Lübecker Rotsporn®' 113, **113**
'Ludwigshafen am Rhein®' 105, **105**
'Lykkefund' 189, **189**

'**M**abella®' 123, **123**
'Madame Bovary®' 178, **178**
'Madame Delbard®' 140, **140**
'Madame Figaro®' 179, **179**
'Magic Meidiland®' 150, **150**
'Maiden's Blush' 179, **179**
'Maidy®' 208, **208**
'Mainauduft®' 131, **131**
'Mainaufeuer®' 158, **158**
'Mainzer Fastnacht®' 131, **131**
'Maja Oetker®' 123, **123**
'Mamy Blue®' 132, **132**
'Mandarin®' 206, **206**
'Manita®' 196, **196**
'Manou Meilland®' 105, **105**
'Märchenkönigin®' 132, **132**
'Marco Polo®' 123, **123**
'Maréchal Niel®' 192, **192**
'Margaret Merril®' 94, **94**
'Maria Lisa' 17
'Mariandel®' 113, **113**
'Mariatheresia®' 105, **105**
'Marie Antoinette®' 94, **94**
'Marie Curie®' 98, **98**
'Marie Luise Marjan®' 117, **117**
'Martine Guillot®' 160, **160**
'Marvelle®' 123, **123**
'Mary Rose®' 179, **179**
'Matilda®' 105, **105**
'Matthias Meilland®' 113, **113**
'Maxi Vita®' 105, **105**

REGISTER

'Maxima' 160, **160**
'Mazurka®' 106, **106**
'Medeo®' 143, **143**
'Medley® Pink' 206, **206**
'Medley® Soft Pink' 33, 206, **206**
'Medley®Red' 208, **208**
'Medusa®' 150, **150**
'Meillands Rose Colonia®' 201, **201**
'Mein schöner Garten®' **32**, 179, **179**
'Memoire®' 117, **117**
'Messire Delbard®' 202, **202**
'Michangelo®' 124, **124**
'Michel Bras®' 179, **179**
'Michka®' 166, **166**
'Mirato®' 150, **150**
'Mme Boll' 21, 180, **180**
'Mme Isaac Pereire' **85**
'Molineux' 166, **166**
'Momo®' 202, **202**
'Mondiale®' 132, **132**
'Montana®' 113, **113**
'Moonlight – Kordes' Rose Moonlight®' 192, **192**
'Morena® 2002' 206, **206**
'Morgensonne 88®' 193, **193**
'Morning Jewel®' 196, **196**
'Mortimer Sackler' 180, 180
'Mosel' **17**, 21
'Münchner Kindl®' 106, **106**
'Münsterland®' 180, **180**
'Myriam®' 132, **132**

'Naheglut®' 202, **202**
'Nahéma®' 196, **196**
'NDR1 Radio Niedersachsen®' 106, **106**
'Nemo®' **45**, 143, **143**
'Neon®' 106, **106**
'New Dawn' 24, 27, 196, **196**
'Nicole®' 106, **106**
'Noack's Blühendes Barock®' 106, **106**
'Noack's Rose Melissa®' 107, **107**
'Nostalgie®' 132, **132**

'Old Port®' 133, **133**
'Olivier Roellinger®' 180, **180**
'Open Arms®' 197, **197**
'Orange Juwel®' 208, **208**
'Orange Meillandina®' 208, **208**
'Orange Symphonie®' 209, **209**
'Othello®' 185, **185**

'Palmengarten Frankfurt' – 'Kordes' Rose Palmengarten Frankfurt®' 151, **151**
'Papa Meilland®' 140, **140**
'Papagena®' 99, **99**
'Papageno®' 114, **114**
'Papi Delbard®' 193, **193**
'Parole®' 133, **133**
'Pastella®' 107, **107**
'Pat Austin' 166, **166**
'Paul Ricard®' 124, **124**
'Paul's Himalayan Musk Rambler' 197, **197**
'Peacekeeper®' 99, **99**
'Peach Clementine®' 205, **205**
'Pearl Meilland®' 143, **143**
'Pearl Mirato®' 151, **151**
'Peer Gynt' 124, **124**

'Penny Lane®' 193, **193**
'Pepita®' 207, **207**
'Perle von Weissenstein' **83**
'Peter Frankenfeld' 133, **133**
'Petticoat®' 94, **94**
'Philatelie®' 140, **140**
'Philippe Noiret®' 124, **124**
'Phlox Meidiland®' 151, **151**
'Pierette®' 151, **151**
'Pierre Gagnaire®' 167, **167**
'Pigalle®85' 99, **99**
'Pimprenelle®' 167, **167**
'Pink Bassino®' 151, **151**
'Pink Grootendorst' 24
'Pink Meidiland®' 152, **152**
'Pink Roadrunner®' 152, **152**
'Pink Swany®' 152, **152**
'Pink Symphonie®' 207, **207**
'Piroschka®' 133, **133**
'Play Rose®' 152, **152**
'Poesie' – 'Jackson & Perkins Rose Poesie®' 107, **107**
'Poker®' 117, **117**
'Polarstern®' 117, **117**
'Polka® 91' 167, **167**
'Porta Nigra®' **32**, 140, **140**
'Postillion®' 167, **167**
'Princess of Wales®' 94, **94**
'Princesse Alexandra®' 134, **134**
'Provence Panachée' 180, **180**
'Pullmann Orient Express®' 124, **124**
'Pur Caprice®' 168, **168**
'Purple Meidiland®' 158, **158**

'Quatre Saison' 180, **180**
'Queen Mother®' 108, **108**

'Rambling Rektor' 24
'Ramira®' 197, **197**
'Raubritter' **24**, 197, **197**
'Rebell®' 140, **140**
'Red Det 80®' 209, **209**
'Red Eden Rose®' 186, **186**
'Red Leonardo da Vinci®' 114, **114**
'Red Meidiland®' 158, **158**
'Red Yesterday®' 114, **114**
'Regatta®' 134, **134**
'Relax Meidiland®' 152, **152**
'Rhapsody in Blue' 107, **107**
'Rokoko®' 168, **168**
'Roman Herzog®' 114, **114**
'Romantic Roadrunner®' **33**, 153, **153**
'Romanze®' 181, **181**
Rosa alba 'Semiplena' 210, **210**
Rosa arvensis 210, **210**
Rosa arvensis 'Splendens' 213, **213**
Rosa arvensis 210, **210**
Rosa × aunieri 213, **213**
Rosa canina 'Von Kiese' 218, **218**
Rosa canina × andersonii 213, **213**
Rosa canina 210, **210**
Rosa × dupontii 211, 211
Rosa × francofurtana 218, **218**
Rosa gallica 'Complicata' 213, **213**
Rosa gallica 'Mundi' 217, **217**
Rosa gallica 'Officinalis' 82, **82**, 218, **218**
Rosa gallica 'Pumila' 213, **213**
Rosa gallica 'Splendens' 218, **218**
Rosa gallica 'Versicolor' 82, 214, **214**
Rosa gallica 'Violacea' 219, **219**

Rosa gallica × corymbifera var. alba 211, **211**
Rosa gallica × damascena 'The Portland' 219, **219**
Rosa gallica 218, **218**
Rosa glauca 214, **214**
Rosa hibernica 214, **214**
Rosa hugonis 212, **212**
Rosa jundzillii 214, **214**
Rosa × kordesii 76
Rosa majalis × multiflora 215, **215**
Rosa majalis 215, **215**
Rosa micrantha 215, **215**
Rosa mollis 215, **215**
Rosa pendulina 219, **219**
Rosa pimpinellifolia 'Carnea' 215, **215**
Rosa pimpinellifolia 'Double Yellow' 212, **212**
Rosa pimpinellifolia 'Dunwich Rose' 212, **212**
Rosa pimpinellifolia 'Glory of Edzell' 216, **216**
Rosa pimpinellifolia 'Lutea' 212, **212**
Rosa pimpinellifolia 'Single Cherry' 219, **219**
Rosa pimpinellifolia 'Single Red' 219, **219**
Rosa pimpinellifolia 'Subspinosa' 216, **216**
Rosa pimpinellifolia 33, 211, **211**
Rosa polliniana 216, **216**
Rosa rubiginosa 'Duplex' 216, **216**
Rosa rubiginosa 'Hebe's Lip' 216, **216**
Rosa rubiginosa 'Lord Penzance' 212, **212**
Rosa rubiginosa 'Magnifica' 217, **217**
Rosa rubiginosa 'Merrilies' 217, **217**
Rosa rubiginosa 216, **216**
Rosa scabriuscula 211, **211**
Rosa spinossissima 211, **211**
Rosa sweginzowii 'Macrocarpa' 219, **219**
Rosa tomentosa 211, **211**
Rosa villosa 217, **217**
Rosa villosa 'Duplex' 217, **217**
Rosa vosagiaca 217, **217**
'Rosalita' 160, **160**
'Rosanna®' 198, **198**
'Rosario®' 181, **181**
'Rosarium Uetersen®' 198, **198**
'Rose Celeste®' 198, **198**
'Rose de Cisterciens®' 181, **181**
'Rose de Resht' 186, **186**
'Rosemary Harkness®' 125, **125**
'Rosendorf Steinfurth '04' 197, **197**
'Rosenprofessor Sieber®' 108, **108**
'Rosenresli®' 168, **168**
'Rosenstadt Freising®' 181, **181**
'Rosenstadt Zweibrücken®' 181, **181**
'Rosika®' 182, **182**
'Rosmarin 89®' 207, **207**
'Rosy Carpet' 13
'Rote Max Graf®' 159, **159**
'Rote Woge®' 186, **186**
'Roter Korsar®' 186, **186**
'Rotfassade®' 202, **205**
'Rotilia' – 'Kordes' Rose Rotilia®' 114, **114**

'Roy Black®' 117, **117**
'Royal Bassino®' 159, **159**
'Royal Bonica®' 108, **108**
'Royal Show®' 186, **186**
'Ruby Celebration®' 115, **115**
'Rugelda®' 168, **168**
'Rush®' 182, **182**

'Sahara®' 168, **168**
'Salita®' 193, **193**
'Samaritan®' 125, **125**
'Samba®' 99, **99**
'Sangerhäuser Jubiläumsrose®' 100, **100**
'Santana®' **25**, 202, **202**
'Saremo®' 182, **182**
'Satina®' 153, **153**
'Savoy Hotel®' 134, **134**
'Scarlet Meidiland®' 159, **159**
'Scepter`d Isle' 182, **182**
'Schloss Mannheim®' 115, **115**
'Schnee-Eule®' 144, **144**
'Schneeflocke®' 144, **144**
'Schneekönigin®' 144, **144**
'Schneeküsschen®' 204, **204**
'Schneewalzer®' 189, **189**
'Schneewittchen®' 160, **160**
'Schöne Dortmunderin®' 153, **153**
'Schwanensee®' 189, **189**
'Schwarze Madonna®' 140, **140**
'Schwarzwaldfeuer®' 159, **159**
'Sea Foam' 144, **144**
'Sebastian KNEIPP®' 134, **134**
'Senator Burda®' 141, **141**
'Shocking Blue®' 108, **108**
'Shogun®' 198, **198**
'Sibelius' 153, **153**
'Sila®' 134, **134**
'Silver Jubilee®' 135, **135**
'Simply®' 153, **153**
'Smart Roadrunner®' 154, **154**
'Snow Ballet®' 144, **144**
'Sommerabend®' 159, **159**
'Sommermärchen®' 154, **154**
'Sommerwind®' 154, **154**
'Sonnenkind®' 205, **205**
'Sonnenschirm®' 147, **147**
'Sophy`s Rose' 186, **186**
'Sorbet®' 198, **198**
'Souvenir de Greuville' 154, **154**
'Souvenir de la Malmaison' 182, **182**
'Souvenir de Louis Amade®' 182, **182**
'Souvenir de Marcel Proust®' 168, **168**
'Speelwark®' 125, **125**
'Stadt Eltville®' 115, **115**
'Stadt Hildesheim®' 154, **154**
'Stanwell Perpetual' 183, **183**
'Starlite®' 125, **125**
'Sternenflor' 145, **145**
'Sterntaler®' 125, **125**
'Suaveolens' 169, **169**
'Sublime®' 154, **154**
'Sugar Baby®' 207, **207**
'Summer Wine®' 198, **198**
'Sunlight Romantica®' 100, **100**
'Sunny Rose®' 147, **147**
'Super Dorothy®' **33**, 199, **199**
'Super Excelsa®' 199, **199**
'Super Star®' 126, **126**
'Swany®' 145, **145**

245

REGISTER

'Sweet Haze®' 155, **155**
'Sweet Lady' 117, **117**
'Sweet Meidiland®' 155, **155**
'Sympathie' 203, **203**

'Tatjana®' 141, **141**
'Tea Time®' 126, **126**
'Teasing Georgia' 169, **169**
'Tequila®2003' 100, **100**
'Terracotta®' 141, **141**
'The Countryman' 183, **183**
'The Fairy' **19**, **49**, 155, **155**
'The Generous Gardener' 199, **199**
'The Mayflower' 183, **183**
'The McCartney Rose®' 135, **135**
'Tilt Symphonie®' 209, **209**
'Tornado' 115, **115**
'Tradition 95®' 203, **203**
'Träumerei®' 108, **108**
'Travemünde®' 115, **115**
'Traviata®' '141, **141**
'Triade®' 187, **187**
'Trier 2000®' 109, **109**
'Trigintipetala' **83**
'Tschaikovski®' 100, **100**
'Tuscany' **82**, 187, **187**
'Tutti Frutti' 109, **109**

'Ulmer Münster®' 187, **187**
'Ulrich Brunner Fils' 187, **187**

'Valencia®' 126, **126**
'Vegesacker Charme®' 183, **183**
'Veilchenblau' 199, **199**
'Velvet Fragrance®' 141, **141**
'Venice®' 145, **145**
'Versicolor' **18, 82**
'Vicky' 109, **109**
'Vinesse®' 100, **100**
'Violina®' 135, **135**
'Vogelpark Walsrode' – 'Kordes'
    Rose Vogelpark Walsrode®'
    183, **183**

'Walzertraum®' 135, **135**
'Weiße Wolke' 161, **161**
'Westerland®' 169, **169**
'Westfalenpark-Kordes' Rose
    Westfalenpark®' 169, **169**
'Whisky®' 126, **126**
'White Cockade®' 189, **189**
'White Gold' 161, **161**
'White Meidiland®' 145, **145**
'White Roadrunner®' 145, **145**
'Wildfang®' 155, **155**
'William Lobb' **84**
'William Morris®' 183, **183**
'William Skakespeare 2000' 187,
    187
'Winchester Cathedral' 161, **161**
'Windrose®' 155, **155**

'Yellow Romantica®' 169, **169**
'Yesterday®' 109, **109**

'Zwergkönig® 78' 209, **209**
'Zwergkönigin® 82' **37**, 207, **207**

Rosennamen
in anderen Ländern

'Agatha Christie' 197
'Alba Meillandecor®' 142
'Alexandra' 136
'Anisley Dickson' 106
'Annalivia' 109
'Antique' 200

'Barry Fearn' 140
'Bataclan' 119
'Beauce' 151
'Berkshire' 154
'Bijou d'Or' 205
'Bingo Meillandecor®' 148
'Black Madonna' 140
'Blanc Meillandecor®' 145
'Blue Moon' 131
'Bonapart' 101
'Botero®' 137
'Bride's Dream' 132
'Broadlands' 147
'Busy Bee' 101
'Buxom Beauty' 133

'Candide' 97
'Canicule' 147
'Caribbean Dawn' 105
'Centenary' 106
'Cervia' 100
'Charles Aznavour®' 105
'Charlies Rose' 136
'Charming Cover' 159
'Chatsworth' 150
'Cheer' 129
'Cherry Meillandecor®' 156
'Chilterns' 158
'City of Windsor' 139
'Cleopatra' 139
'Colour Wonder' 122
'Comtesse Du Barry®' 147
'Coronation Gold' 123
'Cream Brulei' 147
'Crimson Meillandecor®' 110
'Crimson Spire' 139

'Dame Elisabeth Murdoch' 125
'Dawn Sunsation' 105
'Deborah®' 152
'Diamont' 142
'Douceur Normande' 154
'Dream Sequence' 170
'Dreaming' 109
'Dwarf Queen' 207

'Electric Blanket' 101
'Emera®' 149
'Eric Tabarly®' 186
'Eternal Flame' 97
'Exploit®' 201

'Fairy Castle' 175
'Fée des Neiges' 161
'Fiery Sunsation' 158
'First Blush®' 131
'Flower Carpet® Gold' 147
'Flower Carpet® Pink' 149
'Flower Carpet® Red' 156
'Flower Carpet® White' 144
'Flower Carpet® Yellow' 146
'Flower Power' 102
'Fox-Trot' 118

'Fragrant Cloud' 111
'Fragrant Memories' 134
'Fragrant Surprise' 125
'Francine Jordi' 188

'Gardener's Pleasure' 158
'Gioia' 121
'Glacier Magic' 92
'Glad Tiding' 113
'Global Beauty' 119
'Goldbay' 95
'Goldsmith' 121
'Goldstar' 97
'Grand Chateau' 136
'Grouse' 149

'Harewood' 153
'Heartache' 106
'Heidi' 139
'Hilde Umdasch®' 114

'Ice Cream' 117
'Ice Meillandecor®' 143
'Iceberg' 161
'Impératrice Farah®' 131
'Intrigue' 112

'Jardins de Bagatelle®' 116
'Joie' 129

'Kardinal König Rose' 140
'Karen Blixen' 117
'Knock Out®' 158
'Korresia' 96

'L'Alcazar' 188
'La Garçonne' 132
'Lancashire' 158
'Land Brandenburg' 103
'Laser Beam' 120
'Latina' 143
'Lava Glow' 112
'Leonora Christine' 138
'Les Quatre Saisons®' 152
'Little Chap' 149
'Livin Easy' 111
'Lolita Lempica' 131
'Lovely Meillandecor®' 150
'Loving Memory' 137

'Majorie Fair' 114
'Marcel Pagnol®' 138
'Mme A Meilland' 121
'Mon Jardin & Ma Maison®' 160
'Neige d'été' 144
'New Day' 123
'Nuit de Chine' 184

'Opalia®' 144
'Orange Sunblaze' 208
'Our Copper Queen' 122
'Our Rosy Carpet' 151

'Palissade Rose' 149
'Panthere Rose®' 126
'Peace of Vereeniging' 139
'Peace' 121
'Pearl La Sevillana' 109
'Pearl' 171
'Peaudouce' 116
'Perestrorka' 205
'Perle Meillandecor®' 143
'Pheasant' 149
'Pierre de Ronsard®' 175
'Pink Meillandecor®' 152

'Pink Panther' 126
'Pink Sunsation' 154
'Ponderosa' 102
'Prestige de Lyon®' 134
'Prinz Eugen von Savoyen' 95
'Pyrénées' 143

'Rachel' 118
'Radox Bouquet' 182
'Red Barrier' 187
'Red Finesse' 114
'Red Max Graf' 159
'Red Ribbons' 158
'Red Velvet®' 156
'Regina della Neve' 144
'Reine des Roses' 122
'Relax Meillandecor®' 152
'Rêverie' 109
'Rosiga®' 177
'Rouge Meillandecor®' 159
'Royal William' 138
'Rugul' 205

'Salmon Sunsation' 101
'Sandton Smile' 109
'Scarlet Meillandecor®' 159
'Selfridges' 119
'Siesta®' 151
'Simba' 121
'Sissi' 131
'Sorbet Fruite®' 138
'Special Child' 92
'St. Tiggywinkles' 151
'Stadt Kortrijk' 181
'Suffolk' 156
'Summer Breeze' 178
'Summer Fairytale' 154
'Summer's Evening' 159
'Sunrise' 176
'Sunshine' 146
'Sunsprite' 96
'Surrey' 154
'Swanlake' 189
'Sweet Ballymaloe' 207

'Taboo' 136
'Tapis d' Orient' 109
'Tapis jaune' 205
'Tequila La Sevillana®' 100
'Testa Rossa' 139
'The Faun' 103
'The Halcyon Days Rose' 108
'The Times Rose' 113
'Top Gear' 208
'Toscana' 158
'Toynbee Hall' 102
'Trinity Fair' 170
'Tropical Sunset' 123

'United Nations Rose' 99

'Velours Parfumé' 141
'Vent d'été' 154
'Vesuvia®' 156
'Victor Hugo®' 141
'Vini Rosso®' 113
'Violette Parfumée' 128

'White Cloud' 161
'White Cover' 143
'White Sunsation' 142
'Winschoten®' 137

'XXL' 133

SORTENSCHUTZNAMEN

Sortenschutznamen

Die meisten Sorten unterliegen einem Sorten- und/oder Marken-schutz und dürfen ohne Geneh-migung des Züchters nicht ver-mehrt werden. Die folgende Liste erhebt keinen Anspruch auf Voll-ständigkeit.

Sortenname	Sorten-schutzname
'A Shropshire Lad'	Ausled
'Aachener Dom®' – Meilland Rose	Meicapinal
'Abraham Darby®'	Auscot
'Acropolis®'	Meicrado
'Alba Meidiland®'	Meiflopan
'Alcantara®'	Noare
'Aloha' – 'Kordes' Rose Aloha®'	KORwesrug
'Amadeus®'	KORlabriax
'Amber Cover®'	Poulbombe
'Amber Queen®'	HARronny
'Ambiente®'	Noaenta
'Andalusien®'	KORdalu
'André le Notre®'	Meiceppus
'Angela®'	KORday
'Annpurna®'	DORblan
'Anthony Meilland®'	Meibaltaz
'Antike 89®'	KORdalen
'Apéritif®'	MACwairar
'Aprikola®'	KORorbe
'Arioso®'	Meimucas
'Armada®'	HARuseful
'Arosia®'	Noasia
'Astrid Lindgren®'	Pouluff
'Atlantic Star®'	Fryworld
'Ave Maria®'	KORav
'Bad Birnbach®'	KORpancom
'Bad Füssing®'	KORbad
'Bad Homburg®'	PLAcham
'Banzai® 83'	Meizalitaf
'Bassino®'	KORmixal
'Bayernland®'	Poulrijk
'Bayerntraum®'	COClust
'Bella Rosa®'	KORwonder
'Bella Weiß®'	KORtuel
'Benita®'	DICquarrel
'Benjamin Britten'	Ausencart
'Berolina®'	KORpriwa
'Big Purple®'	STEbigpu
'Bingo Meidiland®'	Meipotal
'Blanche Cascade®'	delboul
'Blue River®'	KORsicht
'Blühwunder®'	KORedan
'Bonanza®'	KORmarie
'Bonica® 82'	Meidomonac
'Bonny®'	KORniebon
'Bouquet Parfait'	Lenbofa
'Brautzauber®'	Noazauber
'Bremer Stadt-musikanten®'	KORterschi
'Brother Cadfael'	Ausglobe
'Bukavu®'	Lenbrirus
'Burghausen®'	KORonto
'Burgund 81®'	KORgund
'Caprice de Meilland®'	Meisionver
'Caramella®'	KORkinteral

Sortenname	Sorten-schutzname
'Carte d'Or®'	Meidresia
'Cassetta®'	DICcuddle
'Celina®'	Noason
'Centenaire de Lourdes®' rose	delge
'Cesar®'	Meisardan
'Chantal Mérieux®'	Maschame
'Charmant®'	KORpeligo
'Chartreuse de Parme®'	delviola
'Cherry Meidiland®'	Meirumor
'Chorus®'	Meijulita
'Christel von der Post®'	KORpora
'Christoph Columbus®'	Meironsse
'Cinderella®'	KORfobalt
'Citron-Fraise®'	delcifra
'Class Act®'	JACare
'Claude Monet®'	jacdesa
'Colette®'	Meiroupis
'Colossal Meidiland®'	Meicoloss
'Comtesse de Ségur®'	deltendre
'Concerto®' 94	Meihaitoil
'Constance Spry'	Ausfirst
'Cookie®'	Meikousie
'Coral Palace®'	Pouldron
'Crescendo®'	Noacres
'Crimson Meidiland®'	Meiuscki
'Crocus Rose'	Ausquest
'Crown Princess Margareta'	Auswinter
'Cumba Meillandina®'	Meineyta
'Dames de Chenonceau'	delpara
'Dentelle de Malines'	Lenfiro
'Diamant®'	KORgazell
'Diamond Border®'	Pouldiam
'Dinky®'	Velheav
'Domstadt Fulda®'	KORtanken
'Donaugold®'	HARamity
'Donauprinzessin®'	Noaprinz
'Dornröschen-schloss Sababurg®'	KORtensei
'Duftfestival®'	Meiafone
'Duftzauber 84®'	KORzaun
'Dune®'	delgrim
'Easy Going®'	HARflow
'Eden Rose® 85'	Meiviolin
'Elina®'	DICjana
'Eliza®'	KORaburg
'ELLE®'	Meibderos
'Elveshörn®'	KORbotaf
'Emilien Guillot®'	Masemgui
'Erfordia®'	Mattspy
'Esmeralda' – 'Kordes' Rose Esmeralda®'	KORmalda
'Estima®'	Noapas
'Evening Star®'	JACven
'Falstaff'	Ausverse
'Fassadenzauber®'	Noasafa

Sortenname	Sorten-schutzname
'Felicitas®'	KORberis
'Fellowship®'	HARwelcome
'Flammentanz®'	KORflata
'Flora Romantica®'	Meichavrin
'FOCUS®'	Noagut
'Fortuna®'	KORatomi
'France Info®'	deljam
'France Libre®'	deljaunor
'Frederic Mistral®'	Meitebros
'Freisinger Morgen-röte' – 'Kordes' Rose Freisinger Morgenröte®'	KORmarter
'Freude®'	Decorat
'Friesia®'	KORresia
'Fruite®'	Meihestries
'Funkuhr®'	KORport
'Gaby Morlay'	DORsand
'Galaxy®'	Meihuterb
'Gartenzauber 84®'	KORnacho
'Gärtnerfreude®'	KORstesgli
'Gebrüder Grimm®'	KORassenet
'Gertrude Jekyll'	Ausboard
'Glendora®'	KORhuba
'Gold Symphonie® 2002'	Meiskaille
'Golden Border®'	Havobog
'Golden Celebration'	Ausgold
'Golden Lady®'	MACfine
'Golden Medaillon®'	KORnanze
'Goldener Olymp®'	KORschnuppe
'Goldmarie82®'	KORfalt
'Grace'	Auskeppy
'Graf Lennart®'	Meisoyris
'Gräfin Sonja®'	KORfeimot
'Graham Thomas®'	Ausmas
'Grand Nord®'	delgrord
'Grand Siècle®'	delegran
'Grande Amore®'	KORcoluma
'Grandhotel®'	MACtel
'Granny®'	Pouloma
'Grimaldi®'	delstror
'Guirlande d'Amour®'	Lenalbi
'Guy Savoy®'	Delstrimen
'Hamburger Deern®'	KORpalud
'Harlekin®'	KORlupo
'Harmonie®'	KORtember
'Heavenly Pink®'	Lennedi
'Heidefeuer®'	Noafeuer
'Heidekönigin®'	KORdapt
'Heidesommer®'	KORlirus
'Heidetraum'	Noatraum
'Helmut Schmidt®'	KORbelma
'Heritage®'	Ausblush
'Holsteinperle®'	KORdiam
'Home & Garden®'	KORgrasotra
'Honore de Balzac®'	Meiparnin
'Ice Meidiland®'	Meivahyn
'IGA 83 München®'	Meibalbika
'Immensee®' – 'Kordes' Rose Immensee®'	KORimro

Sortenname	Sorten-schutzname
'Ingrid Bergman®'	Poulman
'Innocencia®'	KORstarnow
'Inspiration®'	Noa195597 (angemeldet)
'Johann Strauß®'	Meioffic
'John Clare'	Auscent
'Jubilee du Prince de Monaco®'	Meisponge
'Kaiserin Farah®'	delivour
'Karl Heinz Hanisch®'	Meimafris
'Kent®'	Poulcov
'Kir Royal®'	Meinibur
'Kleopatra®'	KORverpea
'Knirps®'	KORverlandus
'Königin der Rosen®'	KORbico
'Kordes' Brillant®'	KORbisch
'Kronjuwel®'	Noawel
'Kupferkönigin®'	KORanderer
'L. D. Braithwaite®'	Auscrim
'La Sevillana®'	Meigekanu
'Laguna®'	KORadigel
'Las Vegas®'	KORgane
'Lavaglut®'	KORlech
'Lavender Dream®'	INTERlav
'Le Rouge et le Noir®'	delcart
'Ledreborg®'	Poulcsoo4
'Leonardo da Vinci®'	Meideauri
'Lichtkönigin Lucia®'	KORlilub
'Liebeszauber®'	KORmiach
'Lilli Marleen®'	KOlima
'Linderhof®'	KORelasting
'Lions-Rose®'	KORvanaber
'Liz®'	Meirebuc
'Lolita®'	LitaKOR
'Looping®'	Meirovonex
'Loredo®'	Noalesa
'Louis' Rambler'	Lensena
'Lovely Fairy®'	SPEvu
'Lovely Meidiland®'	Meiratcan
'Ludwigshafen am Rhein®'	KORludwig
'Mabella®'	KORgold
'Madame Bovary®'	deljam
'Madame Delbard®'	deladel
'Madame Figaro®'	delrona
'Magic Meidiland®'	Meibonrib
'Maidy®'	KORwalbe
'Mainauduft®'	Meizincaro
'Mainaufeuer®'	KORtemma
'Mamy Blue®'	delblue
'Mandarin®'	KORcelin
'Manita®'	KORberuhig
'Manou Meilland®'	Meitulimon
'Märchenkönigin®'	KORoyness
'Marco Polo®'	Meipaleo
'Margaret Merril®'	HARkuly
'Mariandel®'	KORpeahn
'Marie Curie®'	Meilomit
'Marie Luise Marjan®'	KORfinger
'Martine Guillot®'	Masmabay
'Marvelle®'	MACtaurang
'Mary Rose®'	Ausmary

247

SORTENSCHUTZNAMEN

Sortenname	Sorten-schutzname	Sortenname	Sorten-schutzname	Sortenname	Sorten-schutzname	Sortenname	Sorten-schutzname
'Matilda®'	Meibeausi	'Pigalle®85'	Meicloux	'Samaritan®'	HARverag	'Velvet Fragrance®'	Fryperdee
'Matthias Meilland®'	Meifolio	'Pimprenelle®'	deldog	'Samba®'	KORcapas	'Vinesse®'	Noanes
'Maxi Vita®'	KORfeining	'Pink Bassino®'	KORbasren	'Sangerhäuser		'Vogelpark	
'Mazurka®'	Meitune	'Pink Meidiland®'	Meipoque	Jubiläumsrose®'	KORmamtiza	Walsrode'	
'Medeo®'	KORtraste	'Pink Road-		'Savoy Hotel®'	HARvintage	– 'Kordes' Rose	
'Medley® Pink'	Noaley	runner®'	UHLarium	'Scarlet		Vogelpark	
'Medley® Red'	Noapu	'Pink Swany®'	Meifafiot	Meidiland®'	Meikrotal	Walsrode®'	KORlomet
'Medley® Soft Pink'	Noa167897	'Pink Symphonie®'	Meitonje	'Scepter`d Isle'	Ausland		
	(angemeldet)	'Play Rose®'	Meinoiral	'Schloss		'Weiße Wolke®'	KORstacha
'Medusa®'	Noasa	'Poesie' –		Mannheim®'	KORschloss	'Westerland®'	KORlawe
'Meillands Rose		'Jackson &		'Schneeflocke®'	Noaschnee	'Westfalenpark –	
Colonia®'	Meilider	Perkins		'Schneeküsschen®'	KORnemuta	Kordes' Rose	
'Mein schöner		Rose Poesie®'	JACient	'Schneewittchen®'	KORbin	Westfalenpark®'	KORplavi
Garten®'	KOR-	'Poker®'	Meipazdia	'Schöne		'White Gold®'	COCquiriam
	meneint	'Polka® 91'	Meitosier	Dortmunderin®'	Noadort	'White Meidiland®'	Meicoublan
'Memoire®'	KORzuri	'Porta Nigra®'	Meirgano	'Schwarze		'White	
'Messire Delbard®'	delsire	'Postillion®'	KORtionza	Madonna®'	KOR	Roadrunner®'	UHLsylt
'Michangelo®'	Meitelov	'Princess of Wales®'	HARdinkum		schwama	'Wildfang®'	Noawild
'Michel Bras®'	deltil	'Princesse		'Schwarzwaldfeuer'	Poulharm	'William Morris®'	Auswill
'Michka®'	Meivalier	Alexandra®'	Pouldra	'Sebastian		'William	
'Molineux'	Ausmol	'Pullmann Orient		KNEIPP®'	KORpastato	Skakespeare	
'Mondiale®'	KORozon	Express®'	Baipeace	'Shocking Blue®'	KORblue	2000'	Ausromeo
'Moonlight' – 'Kordes'		'Pur Caprice®'	deljavert	'Sibelius'	Lenbari	'Winchester	
Rose Moonlight®'	KORklemol	'Purple Meidiland®'	Radrazz	'Simply®'	Noa250092	Cathedral'	Auscat
'Morena® 2002'	HARbloom			'Smart			
'Morgensonne 88®'	KORhoro	'Queen Mother®'	KORquemu	Roadrunner®'	UHLrutida	'Yellow Romantica®'	Meijacolet
'Mortimer Sackler'	Ausorts			'Sommerabend®'	KORmarec		
'Münchner Kindl®'	Dickimono	'Ramira®'	KORmeita	'Sommermärchen®'	KORpinka	'Zwergkönig® 78'	KORkönig
'Myriam®'	COCgrand	'Rebell®'	KORvegata	'Sommerwind®'	KORlanum	'Zwergkönigin® 82'	KORwerk
		'Red Eden Rose®'	Meidrason	'Sonnenkind®'	KORhitom		
'Naheglut®'	Poulnorm	'Red Leonardo		'Sophy`s Rose'	Auslot	Alle Angaben ohne Gewähr	
'Nahéma®'	deléri	da Vinci®'	Meiangele	'Souvenir de			
'NDR1 Radio		'Red Meidiland®'	Meineble	Louis Amade®'	delalac		
Niedersachsen®'	KORledas	'Regatta®'	Meinimo	'Souvenir de			
'Neon®'	KORdatura	'Relax Meidiland®'	Meidarwet	Marcel Proust®'	delpapy		
'Nicole®'	KORicole	'Rhapsody in Blue'	FRANtasia	'Speelwark®'	KORwarpeel		
'Noack's Blühen-		'Roman Herzog®'	Noaher	'Stadt			
des Barock®'	Noabell	'Romantic		Hildesheim®'	Meipopul		
'Noack's Melissa®'	Noalis	Roadrunner®'	UHLrom	'Starlite®'	Meilupin		
		'Rosalita®'	Lentrihel	'Sterntaler®'	KORquelda		
'Old Port®'	MACkati	'Rosanna®'	KORhokhel	'Summer Wine'	KORizont		
'Olivier		'Rosarium		'Sunlight			
Roellinger®'	delkal	Uetersen®'	KORtersen	Romantica®'	Meihecluz		
'Open Arms®'	CHEWpixel	'Rose Celeste®'	delroceles	'Sunny Rose®'	KORkilgwen		
'Orange Juwel®'	KORkister	'Rose de		'Swany®'	Meiburenac		
'Orange		Cisterciens®'	delarie	'Sweet Lady'	HARzazz		
Meillandina®'	Meijikatar	'Rosemary		'Sweet Meidiland®'	Meifloccus		
'Orange		Harkness®'	HARrowband				
Symphonie®'	Meininrut	'Rosenprofessor		'Tatjana®'	KORtat		
'Othello®'	Auslo	Sieber®'	KORparesni	'Teasing Georgia'	Ausbaker		
		'Rosenresli®'	KORresli	'Tequila®2003'	Meipomolo		
'Palmengarten		'Rosenstadt		'Terracotta®'	Simchoka		
Frankfurt' –		Freising®'	KORcoptru	'The Countryman'	Ausman		
'Kordes' Rose		'Rosenstadt		'The Generous			
Palmengarten		Zweibrücken®'	KORstatis	Gardener'	Ausdrawn		
Frankfurt®'	KORsilan	'Rosmarin 89®'	KORfanto	'The Mayflower'	Austilly		
'Papa Meilland®'	Meisar	'Rosy Carpet'	INTERcarp	'The McCartney			
'Papi Delbard®'	delaby	'Rote Max Graf®'	KORmax	Rose®'	Meizeli		
'Parole®'	KORbilant	'Rote Woge®'	Meinirlo	'Tilt Symphonie®'	Meivraivou		
'Pat Austin'	Ausmum	'Roter Korsar®'	KORromalu	'Tornado®'	KORtor		
'Paul Ricard®'	Meinivoz	'Rotfassade®'	Noaroca	'Tradition 95®'	KORkeltin		
'Peacekeeper®'	HARbella	'Rotilia' – 'Kordes'		'Träumerei®'	ReiKOR		
'Pearl Meidiland®'	Meiplatin	Rose Rotilia®'	KORvillade	'Traviata®'	Meilavio		
'Penny Lane®'	HARdwell	'Roy Black®'	Poulari	'Trier 2000®'	KORmetter		
'Pepita®'	KORtufee	'Royal Bassino®'	KORfungo	'Tschaikovski®'	Meichibon		
'Petticoat®'	KOR-	'Royal Bonica®'	Meimodac	'Tutti Frutti®'	Meichonar		
	gretaum	'Royal Show®'	Meirasimac				
'Philatelie®'	MACcarthy	'Rugelda®'	KORruge	'Ulmer Münster®'	KORtello		
'Philippe Noiret®'	Meizoele	'Rush®'	Lenmobri				
'Phlox Meidiland®'	Meicascal			'Valencia®'	KORreklia		
'Pierre Gagnaire®'	delroli	'Salita®'	KORmorlet	'Vegesacker			
				Charme®'	KORutilta		